MARIO VARGAS LLOSA

SABLES Y UTOPÍAS
VISIONES DE AMÉRICA LATINA

SELECCIÓN Y PRÓLOGO DE
CARLOS GRANÉS

SABLES Y UTOPÍAS. VISIONES DE AMÉRICA LATINA
© 2009, Mario Vargas Llosa
© De esta edición:
  2009, Santillana USA Publishing Company
  2023 N.W. 84th Ave. Doral, FL 33122
  Teléfono (305) 591-9522

ISBN 10: 1-60396-657-9
ISBN 13: 978-1-60396-657-3
Primera edición: julio 2009

Diseño de cubierta: Vladimir León
Fotografía de portada: Timothy Archibald.

Corrección: Jorge Coaguila
Índice onomástico: Cecilia Otálora

Published in the United States of America
Printed in Colombia by D'Vinni S.A.

14 13 12 11 10 09   1 2 3 4 5 6 7 8 9 10

Aguilar es un sello editorial del Grupo Santillana

Argentina
Av. Leandro N. Alem, 720
C 1001 AAP Buenos Aires
Tel. (54 114) 119 50 00
Fax (54 114) 912 74 40

Bolivia
Avda. Arce, 2333
La Paz
Tel. (591 2) 44 11 22
Fax (591 2) 44 22 08

Chile
Dr. Aníbal Ariztía, 1444
Providencia
Santiago de Chile
Tel. (56 2) 384 30 00
Fax (56 2) 384 30 60

Colombia
Calle 80, 10-23
Bogotá
Tel. (57 1) 635 12 00
Fax (57 1) 236 93 82

Costa Rica
La Uruca
Del Edificio de Aviación Civil 200 m al Oeste
San José de Costa Rica
Tel. (506) 22 20 42 42 y 25 20 05 05
Fax (506) 22 20 13 20

Ecuador
Avda. Eloy Alfaro, 33-3470 y Avda. 6 de
Diciembre
Quito
Tel. (593 2) 244 66 56 y 244 21 54
Fax (593 2) 244 87 91

El Salvador
Siemens, 51
Zona Industrial Santa Elena
Antiguo Cuscatlan - La Libertad
Tel. (503) 2 505 89 y 2 289 89 20
Fax (503) 2 278 60 66

España
Torrelaguna, 60
28043 Madrid
Tel. (34 91) 744 90 60
Fax (34 91) 744 92 24

Estados Unidos
2023 N.W. 84th Avenue
Doral, F.L. 33122
Tel. (1 305) 591 95 22
Fax (1 305) 591 91 45

Guatemala
7ª Avda. 11-11
Zona 9
Guatemala C.A.
Tel. (502) 24 29 43 00
Fax (502) 24 29 43 43

Honduras
Colonia Tepeyac Contigua a Banco Cuscatlan
Boulevard Juan Pablo, frente al Templo
Adventista 7º Día, Casa 1626
Tegucigalpa
Tel. (504) 239 98 84

México
Avda. Universidad, 767
Colonia del Valle
03100 México D.F.
Tel. (52 5) 554 20 75 30
Fax (52 5) 556 01 10 67

Panamá
Vía Transísmica, Urb. Industrial Orillac,
Calle segunda, local #9.
Ciudad de Panamá.
Tel. (507) 261 29 95

Paraguay
Avda. Venezuela, 276,
entre Mariscal López y España
Asunción
Tel./fax (595 21) 213 294 y 214 983

Perú
Avda. Primavera 2160
Surco
Lima 33
Tel. (51 1) 313 4000
Fax (51 1) 313 4001

Puerto Rico
Avda. Roosevelt, 1506
Guaynabo 00968
Puerto Rico
Tel. (1 787) 781 98 00
Fax (1 787) 782 61 49

República Dominicana
Juan Sánchez Ramírez, 9
Gazcue
Santo Domingo R.D.
Tel. (1809) 682 13 82 y 221 08 70
Fax (1809) 689 10 22

Uruguay
Constitución, 1889
11800 Montevideo
Tel. (598 2) 402 73 42 y 402 72 71
Fax (598 2) 401 51 86

Venezuela
Avda. Rómulo Gallegos
Edificio Zulia, 1º - Sector Monte Cristo
Boleita Norte
Caracas
Tel. (58 212) 235 30 33
Fax (58 212) 239 10 51

ÍNDICE

CAPÍTULO 2
AUGE Y DECLIVE DE LAS REVOLUCIONES

CAPÍTULO 3
OBSTÁCULOS AL DESARROLLO: NACIONALISMO, POPULISMO, INDIGENISMO, CORRUPCIÓN

CAPÍTULO 4

DEFENSA DE LA DEMOCRACIA Y DEL LIBERALISMO

CAPÍTULO 5

LOS BENEFICIOS DE LA IRREALIDAD: ARTE Y LITERATURA LATINOAMERICANA

PRÓLOGO

La instintiva lucha por la libertad

Por Carlos Granés

No hace mucho, en un congreso de literatura peruana, oí a un escritor indigenista asegurar que si Mario Vargas Llosa hubiera ganado las elecciones a la presidencia del Perú, habría cambiado el escudo nacional por la esvástica. En otras circunstancias he oído decir de él que es un antiperuano, un derechista, un «facha», un ingenuo en materia política. De Vargas Llosa se han dicho y se dicen muchas cosas, excepto que es un liberal, un liberal con el que algunos estarán de acuerdo y otros no, pero al fin y al cabo un liberal. Y tratándose del intelectual que más ha luchado por combatir los estereotipos y desfases que distorsionan los análisis de la realidad latinoamericana, especialmente los que se hacen desde los países desarrollados, resulta paradójico que sobre él recaigan clichés y etiquetas empeñadas en distorsionar su pensamiento.

¿Cuáles son los postulados liberales de Vargas Llosa? ¿Cuál es su posición ante la realidad latinoamericana? ¿Cuáles son los peligros y esperanzas que vislumbra para el continente? ¿Cómo han tomado forma sus ideas y compromisos? La selección de ensayos que compone este volumen pretende aclarar estas cuestiones. En ellos, además de verse reflejado el recorrido intelectual del escritor, se analizan todos los grandes acontecimientos que han marcado la historia reciente de América Latina. No están ordenados cronológicamente sino por temas, ilustrando las batallas que Vargas Llosa ha dado por la libertad, desde su oposición frontal a las dictaduras, su ilusión y posterior desencanto con las revoluciones, sus críticas al nacionalismo, al populismo, al indigenismo y a la corrupción —mayor amenaza para la credibilidad de las democracias—, hasta el descubrimiento de las ideas liberales, su defensa irrestricta del sistema democrático y su pasión por la literatura y el arte latinoamericano. Al igual que los personajes de sus novelas, encarnación de alguna de esas fuerzas ciegas de la naturaleza que llevan al ser humano a realizar grandes hazañas o a causar terribles cataclismos, Vargas Llosa ha sido un instintivo defensor de la libertad, atento siempre a las ideas, sistemas o reformas sociales que intentan reducir el contorno de la autonomía individual. Su criterio para medir el clima de libertad de una sociedad ha sido siempre el mismo: el espacio que se le da al escritor para que exprese libremente sus ideas. En los sesenta, cuando revolucionaba la narrativa latinoamericana y se perfilaba como intelectual comprometido, sus primeras incursiones en debates públicos estuvieron guiadas menos por doctrinas políticas que por intuiciones literarias. Aunque muy influenciado por las posturas ideológicas de Sartre, sus ideas juveniles acerca de lo que debía ser una sociedad libre y justa partieron, en gran medida, de reflexiones en torno al oficio de la escritura y al rol social del escritor.

Vargas Llosa siempre tuvo claro que la libertad, aquel requisito sin el cual el novelista no podía desplegar sus intereses y obsesiones, era vital para que floreciera un mundo cultural rico, capaz de fomentar un debate de ideas que facilitara el tránsito de América Latina hacia la modernidad. Solo con plena libertad para criticar, amar u odiar al gobierno, nación o sistema político que lo acogiera, el escritor podía dar forma a ese producto personal, en gran medida irracional, y siempre fermentado por pasiones, deseos, filias y fobias individuales, que era la novela. Los resultados de plegarse mansamente a poderes externos o a causas políticas solo podían ser loas serviles al tirano de turno o el lastre artificioso del compromiso. En «El papel del intelectual en los movimientos de liberación nacional», artículo publicado en 1966, manifestaba las tensiones que debía soportar un novelista cuyo compromiso consciente lo ligaba a una causa política. Si los demonios personales y las causas públicas coincidían, feliz casualidad para el creador. En caso contrario, el novelista debía asumir el desgarramiento interno y mantenerse fiel a su vocación literaria.

En los años cincuenta, década en la que el flirteo juvenil de Vargas Llosa con la literatura se convertía en un compromiso marital, el símbolo de la opresión del espíritu y del recorte de libertades fue el dictador. Solo en el Perú, a lo largo del siglo XX habían brotado cinco gobiernos dictatoriales, que sumados a los otros seis que ensangrentarían la vida política del país en las siguientes décadas, hasta la fuga intempestiva de Alberto Fujimori, darían un total de casi sesenta años bajo regímenes autoritarios. Esta atmósfera viciada y sórdida, causante de frustraciones, escepticismo y abulia moral, tuvo una presencia desbordante en las tres primeras novelas de Vargas Llosa. *La ciudad y los perros*, *La casa verde* y *Conversación en La Catedral*, publicadas, respectivamente, en 1963, 1966 y 1969, fueron grandes construcciones ficticias en las que se hacía un minucioso análisis de las sociedades peruanas, revelando las consecuencias del militarismo, del machismo, del dogmatismo religioso o de cualquier otra forma de poder atrabiliario sobre las personas. Bien fuera en academias militares, prostíbulos, misiones, zonas selváticas o ambientes burgueses, los personajes de Vargas Llosa acababan siempre mal, minados espiritualmente, sumidos en la más abyecta mediocridad o convertidos en aquello que no querían ser.

Aunque estas novelas fueron grandes creaciones imaginativas, inspiradas más por ideales formales y literarios que por compromisos ideológicos, en ellas se observa el universo mental y moral con el que Vargas Llosa interpretaba la realidad latinoamericana en los sesenta. Los ensayos que escribió en aquellos años fueron un eco consciente de los anhelos revolucionarios que bullían en sus obras narrativas. Si en «Toma de posición», manifiesto de 1965, expresaba su apoyo a los movimientos de liberación nacional, en sus novelas dejaba entrever que solo el derrumbe del sistema capitalista y de la burguesía corrupta podría romper los círculos viciosos que impedían el avance del Perú hacia la modernidad.

Eso explica la euforia con que recibió la Revolución cubana, el primer intento por fundar una sociedad bajo el signo socialista. La ilusión, sin embargo, no duró mucho. Cuando el sueño empezó a convertirse en realidad, y Fidel Castro, el gigante incombustible que había impresionado a Vargas Llosa por su receptividad hacia las críticas de los intelectuales (véase «Crónica de la revolución»), adoptó el mismo tipo de censuras que habían sido frecuentes en las dictaduras, la ilusión empezó a resquebrajarse. El hecho crucial que sentenció su ruptura con la revolución ocurrió a principios de los setenta. En 1971, el poeta Heberto Padilla fue acusado de «actividades subversivas» tras la publicación de un poemario, *Fuera del juego,* en el que las autoridades cubanas entrevieron críticas contrarrevolucionarias. Padilla fue obligado a retractarse y a hacer una autocrítica que revivió las prácticas más obtusas del estalinismo. Aquella farsa no pasó desapercibida. Vargas Llosa, que conocía a Padilla y advirtió que aquel espectáculo había sido orquestado desde las altas esferas de la isla, movilizó a los más prestigiosos intelectuales de izquierda para manifestar, mediante la firma de una carta dirigida a Fidel Castro, su repudio por el trato infligido a Padilla y a otros escritores cubanos (véase «Carta a Fidel castro» y «Carta a Haydée Santamaría»).

No era la primera vez que Vargas Llosa se manifestaba en contra de las censuras. En 1966, las autoridades de la Unión Soviética habían condenado a dos escritores rusos, Yuli Daniel y Andrei Siniavski, por motivos similares, y el peruano había reaccionado airadamente publicando «Una insurrección permanente», ensayo en el que criticaba sin paliativos los recortes a la libertad de expresión en la Unión Soviética. La gran virtud que Vargas Llosa veía en la

Revolución cubana era, precisamente, la de haber armonizado la justicia con la libertad. Aunque Castro había justificado la invasión soviética de Checoslovaquia, su liderazgo en Cuba parecía «ejemplar en su respeto al ser humano y en su lucha por la liberación». Pero el Caso Padilla quitaba el velo al fantasma y dejaba a la vista el rostro oculto de aquel «modelo dentro del socialismo» que Vargas Llosa vio —o quiso ver— en los viajes previos que había hecho a la isla. La sociedad utópica que proponía Castro se había cobrado su primera víctima, la libertad de expresión, y con ella entraban en cuarentena la literatura, el periodismo y cualquier tipo de actividad intelectual. Después de una década de entusiasmo, las dos máximas con las que Vargas Llosa había organizado su vida, la literatura y el socialismo, se veían enfrentadas. Y ante el dilema de escoger entre su vocación y el compromiso político, Vargas Llosa finalmente optó por la primera.

La evidencia de que Cuba no era la concreción de una utopía, sino una gran trampa para escritores y opositores al régimen, obligó a Vargas Llosa a revisar sus ideas con respecto a la revolución y la democracia (véase «Ganar batallas, no la guerra»). Su mundo mental, sin embargo, permaneció igual: su escala de valores siguió inmutable y el diagnóstico de los males del Perú siguió siendo el mismo. No se dio esa transformación política de un Dr. Vargas a un Mr. Llosa con la que ha sido caricaturizado. El escritor siguió pensando que la prioridad para América Latina era transitar el camino de los países occidentales y modernizarse (lo sugirió por primera vez en 1958, luego del viaje a la selva peruana que le mostró un mundo de violencia y atropellos, ajeno a la civilidad occidental, y que inspiraría *La casa verde*, *Pantaleón y las visitadoras* y *El hablador*), corregir sus desigualdades y reparar las injusticias sufridas por las poblaciones minoritarias del Perú. Lo que cambió fueron los métodos, no las metas, y eso se vio reflejado en los ensayos que empezó a publicar en la segunda mitad de los setenta.

En una conferencia ofrecida en Acción Popular, en 1978, afirmaba que el espectáculo de pobreza y explotación reinante en su país seguía horrorizándolo igual que antes, pero hacía hincapié en la desconfianza que ahora le producía el marxismo como método para corregir las desigualdades e injusticias. Más eficaces habían demostrado ser las doctrinas liberales y democráticas, «es decir, aquellas que no sacrifican la libertad en nombre de la justicia», que en países como Suecia e Israel habían logrado equilibrar la libertad individual y los sistemas de justicia social. Este cambio de postura fue el resultado de nuevas exploraciones intelectuales. El desplome de la fe en el socialismo había forzado a Vargas Llosa a dejar a Sartre a un lado y a buscar nuevos referentes con los cuales juzgar los acontecimientos mundiales. Esa búsqueda lo había conducido a revisar las interpretaciones tempranas que había hecho de Camus, y a leer apasionadamente los libros de Jean-François Revel e Isaiah Berlin, dos autores muy distintos entre sí pero con un objetivo común: la defensa del sistema democrático y de la libertad como garantes del pluralismo y de la tolerancia.

Revel, filósofo de formación pero periodista por vocación, fue junto con Raymond Aron una de las pocas voces que en Francia se enfrentó al marxismo y a la estela pro soviética sembrada por Sartre. Más que las teorías, a Revel le importaban los hechos, y por eso no dudó en criticar a los intelectuales que, con tal de defender la ideología, justificaban los desmanes del totalitarismo estalinista. Aquella ceguera ideológica impedía ver que no eran los países socialistas los que habían encabezado las grandes revoluciones sociales, sino las democracias capitalistas, donde la mujer, los jóvenes y las minorías sexuales y culturales se rebelaban para cuestionar la ortodoxia de las instituciones, exigir derechos e imprimir cambios en la vida de las sociedades. Las reformas democráticas demostraban ser el camino más corto y eficaz para mejorar las condiciones de vida, no las revoluciones totales que pretendían reinstaurar piedra por piedra la sociedad. La gran paradoja del siglo XX fue demostrar que, mientras las dictaduras socialistas se anquilosaban, el mecanismo interno del capitalismo demandaba la revolución constante de modas, costumbres, gustos, tendencias, deseos, modos de vida, etcétera, para sobrevivir.

El pensamiento de Isaiah Berlin también fue fundamental. Aunque como escritor e intelectual público Vargas Llosa se acercaba más al polémico Revel que al circunspecto Berlin, las ideas de este último le fueron vitales para entender por qué, mientras en el arte y la literatura la ambición absoluta y el sueño de la perfección humana eran loables, en la realidad solían conducir a hecatombes colectivas. La desgarradora lección de Berlin es que los mundos perfectos no existen. El sueño de la Ilustración, según el cual las sociedades recorrerían la ruta ascendente del progreso guiadas por la ciencia y la razón, partía de una premisa errónea. Ni la ciencia ni la razón ofrecen respuestas únicas y definitivas a las preguntas fundamentales del ser humano. Cómo vivir, cómo valorar o qué desear son interrogantes sin respuestas precisas, o al menos no cotejables con verdades científicas. Aquel que se alza por encima de sus pares y asegura tener un conocimiento superior, haber descubierto la naturaleza humana y por ende la verdadera forma de vivir y solucionar todos los problemas, acaba, por lo general, sometiendo a sus congéneres a la tiranía de su razón. Las soluciones integrales que entusiasmaron a los filósofos del siglo XVIII no existen, y todo aquel que diga poseerlas debe ser temido, pues lo que propone es una ficción, un modelo ideal que aviva las fantasías prístinas de un paraíso perdido, pero que en la realidad niega la ambigüedad y la diferencia humana. Las metas a la luz de las cuales los individuos y las culturas organizan sus existencias no son reducibles a un solo proyecto. La vida se nutre de diversos ideales y valores, y, lamentablemente, es imposible que todos ellos armonicen sin fricciones. Si se quiere evitar la opresión, no hay más remedio que fomentar el pluralismo, la tolerancia y la libertad, o más exactamente lo que Berlin llama libertad negativa: una esfera de la vida en la que ningún poder externo pueda bloquear la acción humana.

Las ideas de Isaiah Berlin tuvieron un poderoso efecto en el pensamiento de Vargas Llosa. Si en 1975 aún guardaba esperanzas de que la dictadura socialista de Velasco combatiera el horror y la barbarie del subdesarrollo, en 1976, con el golpe palaciego del general Francisco Morales Bermúdez, sus ilusiones se habían evaporado por completo. De las revoluciones solo había quedado un «ruido de sables», y una vez más, en lugar de igualdad y justicia, el pueblo peruano había recibido nuevos recortes en la libertad de expresión (véase «Carta abierta al general Juan Velasco Alvarado»).

Ni la revolución de izquierdas ni el cuartelazo de derechas; ni la utopía ni la sociedad perfecta: desde 1976 Vargas Llosa va a defender la vía de las urnas como único medio legítimo de acceder al poder. Solo el sistema democrático tolera las verdades contradictorias; por eso es el que menos riesgos entraña para la convivencia, el que tolera la elección entre distintos modos de vida, y el que no solo permite sino que demanda el debate y la libre circulación de ideas (véase «Las metas y los métodos»). Desde este nuevo ángulo, la revolución ya no se observa como remedio para los problemas sino como síntoma de los mismos. Hay un mal más profundo, enquistado en las entrañas de América Latina, que nada tiene que ver con la injusticia o la desigualdad. Revolucionarios de izquierda, militares de derecha, visionarios religiosos, nacionalistas fogosos y racistas de todo pelaje tienen cierta base común: el desprecio por las reglas de juego democráticas, el particularismo y el sectarismo. Las ideas de cada grupo se han plegado sobre sí mismas hasta degenerar en fanatismos fratricidas. Esa también es la historia del continente. Todas las ideologías colectivistas, desde la fe católica al socialismo, pasando por las distintas formas de indigenismo, populismo y nacionalismo, han echado raíces robustas y se han defendido con un arma en la mano y una venda en los ojos.

Vargas Llosa vio con claridad esta problemática no solo gracias a Isaiah Berlin y a Karl Popper, el otro filósofo liberal, crítico de las sociedades cerradas y del determinismo histórico, que leyó juiciosamente a finales de los ochenta, sino a Euclides da Cunha, periodista y sociólogo brasileño que presenció una de las carnicerías latinoamericanas más absurdas y trágicas, la guerra de Canudos. *Os Sertões*, el libro en el que da Cunha explica cómo la ceguera ideológica distorsionó la realidad y condujo al ejército brasileño a liquidar un levantamiento de campesinos —detrás del cual se empeñaron en ver al Imperio británico—, no solo inspiró la obra más ambiciosa de Vargas Llosa, *La guerra del fin del mundo*; también le mostró que las grandes tragedias latinoamericanas han nacido de la incomunicación, del desconocimiento mutuo y de las distintas temporalidades que separan y generan desconfianza entre sectores de la población.

Vargas Llosa empezó a escribir *La guerra del fin del mundo* a finales de los setenta, sin sospechar que a la vuelta de la esquina, el 17 de mayo de 1980, Sendero Luminoso quemaría las urnas de votación en el pueblo ayacuchano de Chuschi y declararía una de las guerras revolucionarias más sangrientas y fundamentalistas de la historia moderna de América Latina. La realidad pareció confundirse con la ficción. Mientras el escritor recreaba episodios de fanáticos religiosos que veían en la naciente República brasileña la obra de Satán, revolucionarios maoístas colgaban perros de los postes de Lima para denunciar la traición del «perro» Den Xiaoping a la revolución cultural china.

Eran los ochenta, el muro de Berlín se tambaleaba, se urdía esa gran alianza democrática que es la Unión Europea y América Latina aún se debatía entre el fanatismo, el autoritarismo y la revolución. En Chile se mantenía enhiesto el puño opresor de Augusto Pinochet; Argentina había cedido el poder a la Junta Militar de Videla, Massera y Agosti; Brasil seguía bajo gobiernos militares; la misma suerte había sufrido Bolivia entre 1964 y 1982; Paraguay era el feudo de Alfredo Stroessner; Ecuador, después de dos dictaduras militares, se involucraba en 1981 en una disputa territorial con el Perú; Colombia, aunque sin escaramuzas dictatoriales, sostenía una lucha interna con varios movimientos guerrilleros, entre ellos el M-19, el EPL, el ELN y las FARC; Venezuela disfrutaba de las bases democráticas sentadas por Rómulo Betancourt, pero en 1989 se enfrentaba al Caracazo y en 1992 el golpe militar —frustrado— de Hugo Chávez; en Panamá estaba Noriega; en Nicaragua la revolución sandinista derrocaba a Somoza; Honduras salía de la dictadura de Paz García; en El Salvador comenzaba una guerra civil entre militares y guerrilleros del Frente Farabundo Martí para la Liberación Nacional; Guatemala seguía en medio de un atroz conflicto armado; México permanecía bajo la «dictadura perfecta» del PRI; en Haití estaba Baby Doc; y en Cuba se mantenía inexorable Fidel Castro. El panorama estaba lejos de ser alentador. Entre golpes de Estado y revoluciones, la democracia fue una especie rara que difícilmente pudo adaptarse a un hábitat dominado por caudillos populistas, hombres fuertes, políticos corruptos, revolucionarios fanáticos y tiranos de galones y charreteras estrelladas.

En el Perú, sin embargo, y a pesar de la amenaza que representaban Sendero Luminoso y el MRTA, el sistema democrático parecía volver a consolidarse con el gobierno de Belaunde Terry y el posterior relevo de Alan García. Siete años de estabilidad constitucional devolvían la fe en las instituciones, hasta que el 28 de julio de 1987, en un discurso ante el Congreso, García amenazó con estatizar los bancos, las compañías de seguros y las financieras. Aquella medida pretendía otorgarle al gobierno el control sobre los créditos, dejando al sector industrial, incluyendo a los medios de comunicación, a merced del presidente y del APRA. El poder legítimo que las urnas le habían dado a García se hubiera visto desbordado, y la sombra del autoritarismo hubiera vuelto a rondar la frágil democracia peruana (véase «Hacia el Perú totalitario»).

Si García no logró apoderarse de la banca, fue porque Vargas Llosa y un grupo de empresarios encabezaron protestas y una multitudinaria manifestación en la plaza San Martín, que, apoyada por miles de ciudadanos, finalmente hicieron derogar la ley. A raíz de esta movilización surgió el Movimiento Libertad, una organización de ciudadanos que seguiría políticamente activa, y que aliada con Acción Popular y el Partido Popular Cristiano llevaría a Vargas Llosa a disputar las elecciones presidenciales de 1990. Aquello supuso un gran cambio —también una gran aventura— para el escritor. Ya no solo iba a escribir columnas de opinión, debatir ideas y enfrentarse con abstracciones; ahora tendría que medirse ante la tribuna pública, hacer propuestas electorales y lidiar con problemas cotidianos.

Debido a que su salto a la política había estado motivado por la política económica de García, era evidente que su plan de gobierno tendría que diferenciarse del de aquel en los mismos términos. Una postura sólida en materia económica suponía consultar a expertos en el tema, intelectuales cuyas ideas sintonizaran con la noción de sociedad abierta que tanto lo había persuadido, pero cuya argumentación estuviera cifrada en términos especializados. El liberalismo de Berlin y Popper podía dar ideas generales sobre cómo organizar la vida productiva de un país, pero difícilmente se podía traducir en propuestas concretas para aliviar la tasa inflacionaria o reactivar el sector empresarial. En cambio, las ideas del economista Friedrich August von Hayek, el más férreo crítico de las economías centralizadas, resultaban de gran utilidad para contrarrestar los estragos de décadas de estatismo, mercantilismo y adormecimiento burocrático.

Si en los sesenta habían sido Sartre, Camus y Bataille los referentes a la luz de los cuales Vargas Llosa contrastaba sus ideas, para finales de los ochenta y principios de los noventa eran Berlin, Popper y Hayek. Mientras los dos primeros daban serios argumentos para combatir el nacionalismo, el fascismo, el marxismo, el populismo, el indigenismo y todas las ideologías que pretendían encerrar al individuo en un ente mayor, bien fuera la nación, el partido, la raza, la Historia o cualquier forma de redil auspiciado por caudillos, visionarios o revolucionarios, Hayek afirmaba que la planificación estatal de la economía, en auge durante los años en que publicó *Camino de servidumbre* (1944), concentraba el poder económico en el Estado, reducía los ámbitos de participación ciudadana y, en consecuencia, establecía una relación de dependencia que socavaba la libertad individual. Si en algo se parecían el fascismo y el comunismo era en este punto: ambos sistemas aglutinaban las fuerzas productivas en manos del Estado. Con ello no solo minaban la iniciativa individual y las libertades económicas, sino que expandían los tentáculos del poder estatal hasta llegar al ámbito privado.

Después de leer a Hayek, Vargas Llosa quedó persuadido de que la defensa de la libertad individual pasaba por la defensa de la libre empresa y del mercado. La libertad era una e indivisible. No podían diferenciarse las libertades políticas y las libertades económicas, pues las unas dependían de las otras. El estatismo predicado por

Perón en los cuarenta, por Castro y el general Velasco en los sesenta, por Alan García en los ochenta, por Hugo Chávez y Evo Morales en el 2000 y por el PRI mexicano a lo largo de toda su historia, reproducía el sistema mercantilista que otorgaba al gobierno un poder desmedido, ponía sobre la cuerda floja las libertades, abría las puertas al clientelismo y la corrupción, moldeaba una mentalidad rentista, adormilaba la iniciativa y el dinamismo económico y fomentaba el centralismo, mal endémico de la vida pública latinoamericana.

Durante su campaña presidencial, Vargas Llosa promovió las privatizaciones, el orden fiscal, la inversión extranjera, y logró convencer a gran parte del electorado peruano de que el camino para superar la pobreza a corto plazo pasaba por seguir el ejemplo de países que, como Japón, Taiwán, Corea del Sur, Singapur o España, se habían insertado en los mercados mundiales y habían sacado provecho de la globalización. Pero en la recta final, cuando todo hacía prever su triunfo en las urnas, resurgieron los demonios que Vargas Llosa había tratado de exorcizar de la vida política, y el ingeniero Alberto Fujimori, haciendo suyas las armas del populismo y la demagogia —y luego del racismo—, forzó una segunda vuelta electoral que sentenciaba de antemano la derrota del escritor.

El triunfo de Fujimori no solo significó un tropezón en el empeño personal y colectivo por transformar la realidad del Perú a través de las ideas liberales. Dos años después, en 1992, Fujimori cerraría el Congreso, la Corte Suprema y el Tribunal de Garantías Constitucionales, suspendería la Constitución y empezaría a gobernar mediante decretos leyes, dando un autogolpe de Estado que le otorgaba el control de la justicia, la legislación, la economía y las fuerzas militares (véase «¿Regreso a la barbarie?»). La peste del autoritarismo, en apariencia purgada de la vida pública desde hacía doce años, volvía a corromper el sistema democrático peruano. Además, dejaba un precedente que se impondría en los años siguientes como moda nociva en América Latina: la de copar las ramas del poder desde la legalidad, accediendo al Ejecutivo por medios democráticos para luego traicionar las reglas de juego, reformar Constituciones, infiltrar poderes judiciales, asegurar mayorías parlamentarias e intimidar a opositores y medios de comunicación. Rompiendo la promesa de no volver a opinar sobre el Perú, Vargas Llosa protestó airadamente y reclamó una condena por parte de la comunidad internacional. Los esfuerzos fueron en vano. A los atentados de Sendero Luminoso y del MRTA se sumaba ahora el autoritarismo, y el Perú, una vez más, volvía a debatirse entre la dictadura y la revolución.

A pesar de que el régimen de Fujimori se encargó de ensuciar su imagen y de enemistarlo con las bases populares del país, Vargas Llosa a la larga ganó esta batalla. Los escándalos de corrupción que provocaron los «vladivideos», cintas en las que se veía al hombre fuerte del régimen, el ex capitán Vladimiro Montesinos, repartiendo sobornos a diestra y siniestra, causó gran malestar entre la ciudadanía. En noviembre de 2000, aprovechando un viaje a Japón, Fujimori preparó la madriguera donde hibernaría su resaca dictatorial, y envió una carta al Congreso comunicando su renuncia.

Volvía la democracia al Perú, mas no por ello la estabilidad política. Una nueva ola de populismo revolucionario llevaba varios años, desde el triunfo electoral del ex golpista Hugo Chávez en Venezuela, arrastrando a miles de personas hacia nuevas formas de autoritarismo (véase «¡Fuera el loco!»). Reviviendo el mito de Simón Bolívar y de Fidel Castro, de la lucha antiimperialista y de la unidad bolivariana, Chávez había iniciado un proceso de toma y derribo de las instituciones democráticas venezolanas, haciendo suyas las tácticas de Fujimori para controlar el Tribunal Supremo de Justicia, gobernar mediante decretos, apoderarse de las empresas más rentables (el petróleo, sobre todo), formar Milicias Bolivarianas, cerrar medios de comunicación y crear un clima de confrontación social. Esta réplica del guevarismo al interior del sistema democrático no tardó en convertirse en un proyecto de exportación. Chávez intentó arraigar su revolución bolivariana en varios países de América Latina, y entre ellos el Perú, apoyando la candidatura presidencial del ex militar Ollanta Humala.

La dinastía de los Humala, encabezada por el patriarca Isaac Humala, maneja un discurso nacionalista y xenófobo, cuyas propuestas van desde la jerarquización de la sociedad en función de la raza (solo los peruanos de «piel cobriza» tendrían plenos derechos; los blancos serían ciudadanos de segunda) hasta la persecución de los homosexuales y el linchamiento público de los «neoliberales vende patrias». El 1 de enero de 2005, demostrando que no bromeaban, Antauro, hermano de Ollanta y líder del movimiento etnocacerista, tomó por las armas una comisaría de la ciudad andina de Andahuaylas para exigir la renuncia del presidente Alejandro Toledo (véase «Payasada con sangre»). Aunque semejantes despropósitos debieron haberle negado cualquier opción política, Humala ganó la primera vuelta de las elecciones de 2006. Antes de saber quién sería su contendiente en la siguiente ronda —si Alan García o Lourdes Flores—, Vargas Llosa promovió una alianza de demócratas para evitar el triunfo del etnocacerista. Los antecedentes de García no dejaban mucho margen al optimismo, pero permitir el triunfo de Humala hubiera supuesto, además de la injerencia directa de Chávez en el Perú, la consolidación de un régimen de estirpe fascista, animado por las más rancias causas nacionalistas, demagógicas, xenófobas, homófobas y beligerantes. Ante tal posibilidad, Vargas Llosa no lo dudó: dio su voto a García y celebró su triunfo como el mal menor que podía sufrir el Perú.

Aunque el clima actual en América Latina es menos turbulento que en décadas anteriores, los países de la región aún están lejos de alcanzar los consensos sociales y políticos que garantizan la estabilidad de los gobiernos. Aún hay encarnizadas polémicas sobre si América Latina debe seguir el rumbo de Chile y Brasil, países donde una izquierda pragmática y desideologizada ha dado pasos de gigante hacia el desarrollo, o el de Cuba y Venezuela, en donde caudillos omnipotentes con ropajes revolucionarios repiten las fórmulas económicas y la retórica demagógica que desde los años cuarenta han demostrado ineficacia. Las cifras económicas y los datos reales hacen evidente la respuesta, pero la tentación utópica sigue siendo un vicio irreprimible de la mentalidad latinoamericana. Los paraísos perdidos —el bíblico, el bolivariano, el indigenista, el peronista, el guevarista, el castrista, el pinochetista— siguen alimentando esperanzas a lo largo y ancho del continente. En política, esa tendencia a vivir en la irrealidad y a construir mundos ficticios donde todo es perfecto ha sido nefasta. En las artes, en cambio, ha inspirado grandes obras literarias y artísticas cuyos excesos imaginativos han deslumbrado por su exuberancia. Esa es la otra cara de América Latina, la de García Márquez, la de Botero, la de Borges, la de Cortázar, la de Frida Khalo, la de Cabrera Infante, la de Szyszlo, la del propio Vargas Llosa. Los mundos ficticios que han salido de sus manos se han favorecido de ese empeño por negar la realidad. En el arte el creador puede imponer su criterio a los hechos y hacer que todo encaje, que lo lógico y lo ilógico convivan, como en Macondo, que la realidad se redimensione arbitrariamente, como en los cuadros de Botero, que la ficción se cuele en el mundo y lo transfigure, como en los relatos de Borges. En la realidad, en cambio, aquellos intentos por forzar los hechos a un modelo prefabricado suelen acabar en tragedia. Las batallas por la libertad de Vargas Llosa han buscado que los creadores puedan dar rienda suelta a su fantasía y crear mundos utópicos, tan imposibles, nefastos, sangrientos o perfectos como su imaginación se los permita, y para que ningún ideólogo meta gato por liebre y encarcele al individuo en un proyecto similar. Mientras los artistas pueden ensayar formas míticas e irracionales, ser deicidas y fantasear con un mundo a su medida, los políticos deben bajar de las nubes, tomar el pulso a la realidad y sentar las bases de ese sistema imperfecto y mundano, tan modesto como eficaz, que es la democracia.

Madrid, noviembre de 2008

CAPÍTULO 1

LA PESTE DEL AUTORITARISMO

EL PAÍS DE LAS MIL CARAS

La ciudad en la que nací, Arequipa, situada en el sur del Perú, en un valle de los Andes, ha sido célebre por su espíritu clerical y revoltoso, por sus juristas y sus volcanes, la limpieza de su cielo, lo sabroso de sus camarones y su regionalismo. También, por «la nevada», una forma de neurosis transitoria que aqueja a sus nativos. Un buen día, el más manso de los arequipeños deja de responder el saludo, se pasa las horas con la cara fruncida, hace y dice los más extravagantes disparates, y, por una simple divergencia de opiniones, trata de acogotar a su mejor amigo. Nadie se extraña ni enoja, pues todos entienden que este hombre está con «la nevada» y que mañana será otra vez el benigno mortal de costumbre. Aunque al año de haber nacido, mi familia me sacó de Arequipa y nunca he vuelto a vivir en esa ciudad, siempre me he sentido muy arequipeño, y yo también creo que las bromas contra nosotros que corren por el Perú —dicen que somos arrrogantes, antipáticos y hasta locos— se deben a que nos tienen envidia. ¿No hablamos el castellano más castizo del país? ¿No tenemos ese prodigio arquitectónico, Santa Catalina, un convento de clausura donde llegaron a vivir quinientas mujeres durante la Colonia? ¿No hemos sido el escenario de los más grandilocuentes terremotos y del mayor número de revoluciones en la historia peruana?

De uno a diez años viví en Cochabamba, Bolivia, y de esa ciudad, donde fui inocente y feliz, recuerdo, más que las cosas que hice y las personas que conocí, los libros que leí: *Sandokán*, Nostradamus, *Los tres mosqueteros,* Cagliostro, *Tom Sawyer, Simbad.* Las historias de piratas, exploradores y bandidos, los amores románticos, y, también, los versos que escondía mi madre en el velador (y que yo leía sin entender, solo porque tenían el encanto de lo prohibido) ocupaban lo mejor de mis horas. Como era intolerable que esos libros hechiceros se acabaran, a veces les inventaba nuevos capítulos o les cambiaba el final. Esas continuaciones y enmiendas de historias ajenas fueron las primeras cosas que escribí, los primeros indicios de mi vocación de contador de historias.

Como ocurre siempre a las familias forasteras, vivir en el extranjero acentuó nuestro patriotismo. Hasta los diez años fui un convencido de que la mejor de las suertes era ser peruano. Mi idea del Perú, entonces, tenía que ver más con el país de los incas y de los conquistadores que con el Perú real. A este solo lo conocí en 1946. La familia se trasladó de Cochabamba a Piura, adonde mi abuelo había sido nombrado prefecto. Viajamos por tierra, con una escala en Arequipa. Recuerdo mi emoción al llegar a mi ciudad natal, y los mimos del tío Eduardo, un solterón que era juez y muy beato. Vivía con su sirvienta Inocencia, como un caballero español de provincia, atildado, metódico, envejeciendo en medio de viejísimos muebles, viejos retratos y viejísimos objetos. Recuerdo mi excitación al ver por primera vez el mar, en Camaná. Chillé y fastidié hasta que mis abuelos accedieron a detener el automóvil para que pudiera darme una zambullida en esa playa brava y salvaje. Mi bautizo marino no fue muy exitoso porque me picó un cangrejo. Pero, aun así, mi amor a primera vista con la costa peruana ha continuado. Esos tres mil kilómetros de desiertos, apenas interrrumpidos por breves valles surgidos a las márgenes de los ríos que bajan de los Andes y contra los que rompen las aguas del Pacífico, tienen detractores. Los defensores a ultranza de nuestra tradición india y denostadores de lo hispánico, acusan a la costa de extranjerizante y frívola, y aseguran que fue una gran desgracia que el eje de la vida política y económica peruana se desplazara de la sierra a la costa —del Cusco a Lima—, pues esto fue el origen del asfixiante centralismo que ha hecho del Perú una suerte de araña: un país con una enorme cabeza —la capital— y unas extremidades raquíticas. Un historiador llamó a Lima y a la costa «el Anti Perú». Yo, como arequipeño, es decir «serrano», debería tomar partido por los Andes y en contra de los desiertos marinos en esta polémica. Sin embargo, si me pusieran en el dilema de elegir entre este paisaje, o los Andes, o la selva amazónica —las tres regiones que dividen longitudinalemnte al Perú—, es probable que me quedara con estas arenas y estas olas.

La costa fue la periferia del imperio de los incas, civilización que irradió desde el Cusco. No fue la única cultura peruana prehispánica, pero sí la más poderosa. Se extendió por Perú, Bolivia, Ecuador y parte de Chile, Colombia y Argentina. En su corta existencia de poco más de un siglo, los incas conquistaron decenas de pueblos, construyeron caminos, regadíos, fortalezas, ciudadelas, y establecieron un sistema administrativo que les permitió producir lo suficiente para que todos los peruanos comieran, algo que ningún otro régimen ha conseguido después. A pesar de que los monumentos que dejaron, como Machu Picchu o Sacsayhuamán, me deslumbran, siempre he pensado que la tristeza peruana —rasgo saltante de nuestro carácter— acaso nació con el Incario: una sociedad regimentada y burocrática, de hombres-hormigas, en los que un rodillo compresor omnipotente anuló toda personalidad individual.

Para mantener sometidos a los pueblos que sojuzgaron, los incas se valieron de refinadas astucias, como apropiarse de sus dioses y elevar a su aristocracia a los curacas vasallos. También, de los *mitimaes*, o trasplantes de poblaciones, a las que arrancaban de su hábitat e injertaban en otro, muy alejado. Los más antiguos poemas quechuas que han llegado hasta nosotros son elegías de estos hombres aturdidos en tierras extrañas que cantan a su patria perdida. Cinco siglos antes que la Gran Enciclopedia soviética y que la novela *1984*, de George Orwell, los incas practicaron la manipulación del pasado en función de las necesidades políticas del presente. Cada emperador cusqueño subía al trono con una corte de *amautas* o sabios encargados de rectificar la historia para demostrar que esta alcanzaba su apogeo con el inca reinante, al que se atribuían desde entonces todas las conquistas y hazañas de sus predecesores. El resultado es que es imposible reconstruir esta historia tan borgeanamente tergiversada. Los incas tuvieron un elaborado sistema nemotécnico para registrar cantidades —los *quipus*—, pero no conocieron la escritura y a mí siempre me ha parecido persuasiva la tesis de que no quisieron conocerla, ya que constituía un peligro para su tipo de sociedad. El arte de los incas es austero y frío, sin la fantasía y la destreza que se advierten en otras culturas preíncas, como las de Nazca y Paracas, de donde proceden esos mantos de plumas de increíble delicadeza y esos tejidos de enigmáticas figuras que han conservado hasta hoy sus colores y su hechizo.

Después del Incario, el hombre peruano debió soportar otro rodillo compresor: el dominio español. Los conquistadores trajeron al Perú el idioma y la religión que hoy hablamos y profesamos la mayoría de los peruanos. Pero la glorificación indiscriminada de la Colonia es tan falaz como la idealización de los incas. Porque la Colonia, aunque hizo del Perú la cabeza de un virreinato que abarcó, también, territorios que son hoy los de varias repúblicas, y, de Lima, una capital donde refulgían una suntuosa corte y una importante vida académica y ceremonial, significó el oscurantismo religioso, la Inquisición, una censura que llegó a prohibir un género literario —la novela— y la persecución del impío y el hereje, lo que quería decir en muchos casos, simplemente, la del hombre que se atrevía a pensar. La Colonia significó la explotación del indio y del negro y el establecimiento de castas económicas que han pervivido, haciendo del Perú un país de inmensas desigualdades. La Independencia fue un fenómeno político, que alteró apenas esta sociedad escindida entre una minoría, que disfruta de los privilegios de la vida moderna, y una masa que vive en la ignorancia y la pobreza. Los fastos del Incario, la Colonia y la República no han podido hacerme olvidar que todos los regímenes bajo los cuales hemos vivido, han sido incapaces de reducir a proporciones tolerables las diferencias que separan a los peruanos, y este estigma no puede ser compensado por monumentos arquitectónicos ni hazañas guerreras o brillos cortesanos.

Nada de esto se me pasaba por la cabeza, desde luego, al volver de Bolivia. Mi familia tenía costumbres bíblicas: se trasladaba entera —tíos y tías, primos y primas— detrás de los abuelos, el tronco familiar. Así llegamos a Piura. Esta ciudad, rodeada de arenales, fue mi primera experiencia peruana. En el Colegio Salesiano, mis compañeros se burlaban de mí porque hablaba como «serrano» —haciendo sonar las *erres* y las *eses*— y porque creía que a los bebes los traían las cigüeñas de París. Ellos me explicaron que las cosas sucedían de manera menos aérea.

Mi memoria está llena de imágenes de los dos años que pasé en esa tierra. Los piuranos son extrovertidos, superficiales, bromistas, cálidos. En la Piura de entonces se tomaba muy buena chicha y se bailaba con gracia el baile regional —el tondero— y las relaciones entre «cholos» y «blancos» eran menos estiradas que en otros lugares: la informalidad y el espíritu jaranista de los piuranos acortaban las distancias sociales. Los enamorados daban serenatas al pie del balcón a las muchachas, y los novios que encontraban oposición se robaban a la novia: se la llevaban a una hacienda por un par de días para luego —final feliz, familias reconciliadas— realizar el matrimonio religioso a todo bombo, en la catedral. Los raptos eran anunciados y festejados, como la llegada del río, que, por unos meses al año, traía la vida a las haciendas algodoneras.

El gran pueblo que era Piura estaba lleno de sucesos que encendían la imaginación. Había la Mangachería, de cabañas de barro y caña brava, donde estaban las mejores chicherías, y la Gallinacera, entre el río y el camal. Ambos barrios se odiaban y surgían a veces batallas campales entre «mangaches» y «gallinazos». Y había también la «casa verde», el prostíbulo de la ciudad levantado en pleno desierto, del que en la noche salían luces, ruidos y siluetas inquietantes. Ese sitio, contra el que tronaban los padres del Salesiano, me asustaba y fascinaba, y me pasaba las horas hablando de él, espiándolo y fantaseando sobre lo que ocurriría en su interior. Esa precaria armazón de madera, donde tocaba una orquesta de la Mangachería y adonde los piuranos iban a comer, oír música, hablar de negocios tanto como a hacer el amor —las parejas lo hacían al aire libre, bajo las estrellas, en la tibia arena— es uno de mis más sugestivos recuerdos de infancia. De él nació *La casa verde*, una novela en la que, a través de los trastornos que en la vida y en la fantasía de los piuranos causa la instalación del prostíbulo, y de las hazañas e infortunios de un grupo de aventureros de la Amazonía, traté de unir, en una ficción, a dos regiones del Perú —el desierto y la jungla— tan distantes como distintas. A recuerdos de Piura debo también el impulso que me llevó a escribir varias historias de mi primer libro: *Los jefes*. Cuando esta colección de relatos apareció, algunos críticos vieron en ella una radiografía del «machismo» latinoamericano. No sé si es verdad: pero sí sé que los peruanos de mi edad crecimos en medio de esa tierna violencia —o ternura violenta— que intenté recrear en mis primeros cuentos.

Conocí Lima cuando empezaba a dejar de ser niño y es una ciudad que odié desde el primer instante, porque fui en ella bastante desdichado. Mis padres habían estado separados y, luego de diez años, volvieron a juntarse. Vivir con mi padre significó separarme de mis abuelos y tíos y someterme a la disciplina de un hombre severísimo que era para mí un desconocido. Mis primeros recuerdos de Lima están asociados a esta experiencia difícil. Vivíamos en Magdalena, un típico distrito de clase media. Pero yo iba a pasar los fines de semana, cuando sacaba buenas notas —era mi premio— donde unos tíos, en Miraflores, barrio más próspero, vecino al mar. Allí conocí a un grupo de muchachos y muchachas de mi edad con los que compartí los ritos de la adolescencia. Eso era lo que se llamaba entonces «tener un barrio»: familia paralela, cuyo hogar era la esquina, y con quienes se jugaba al fútbol, se fumaba a escondidas, se aprendía a bailar el mambo y a declararse a las chicas. Comparados con las generaciones que nos han seguido, éramos arcangélicos. Los jóvenes limeños de hoy hacen el amor al mismo tiempo que la primera comunión y fuman su primer «pito» de marihuana cuando aún están cambiando la voz. Nosotros ni sabíamos que las drogas existían. Nuestras mataperradas no iban más allá de colarnos a las películas prohibidas —que la censura eclesiástica calificaba de «impropias para señoritas»— o tomarnos un «capitán» —venenosa mezcla de *vermouth* y pisco—, en el almacén de la esquina, antes de entrar a la fiesta de los sábados, en las que nunca se servía bebidas alcohólicas. Recuerdo una discusión muy seria que tuvimos los varones del barrio —seríamos de catorce o quince años— para determinar la manera legítima de besar a la enamorada en la matiné del domingo. Lo que Giacomo Casanova llama chauvinísticamente el «estilo italiano» —o beso lingüístico— fue unánimemente descartado, como pecado mortal.

La Lima de entonces era todavía —fines de los cuarenta— una ciudad pequeña, segura, tranquila y mentirosa. Vivíamos en compartimentos estancos. Los ricos y acomodados en Orrantia y San Isidro; la clase media de más ingresos en Miraflores, y la de menos en Magdalena, San Miguel, Barranco; los pobres, en La Victoria, Lince, Bajo el Puente, El Porvenir. Los muchachos de clases privilegiadas a los pobres casi no los veíamos y ni siquiera nos dábamos cuenta de su existencia: ellos estaban allá, en sus barrrios, sitios peligrosos y remotos donde, al parecer, había crímenes. Un muchacho de mi medio, si no salía de Lima, podía pasarse la vida con la ilusión de vivir en un país de hispanohablantes, blancos y mestizos, totalmente ignorante de los millones de indios —un tercio de la población—, quechuahablantes y con unos modos de vida completamente diferentes.

Yo tuve la suerte de romper en algo esa barrera. Ahora me parece una suerte. Pero, entonces —1950— fue un verdadero drama. Mi padre, que había descubierto que yo escribía poemas, tembló por mi futuro —un poeta está condenado a morirse de hambre— y por mi «hombría» (la creencia de que los poetas son todos un poco maricas está aún muy extendida en cierto sector) y, para precaverme contra estos peligros, pensó que el antídoto ideal era el Colegio Militar Leoncio Prado. Permanecí dos años en dicho internado. El Leoncio Prado era un microcosmos de la sociedad peruana. Entraban a él muchachos de clases altas, a quienes sus padres mandaban allí como a un reformatorio, muchachos de clases medias que aspiraban a seguir las carreras militares, y también jóvenes de los sectores humildes, pues el colegio tenía un sistema de becas que abría sus puertas a los hijos de las familias más pobres. Era una de las pocas instituciones del Perú donde convivían ricos, pobres y medianos; blancos, cholos, indios, negros y chinos; limeños y provincianos. El encierro y la disciplina militar fueron para mí insoportables, así como la atmósfera de brutalidad y matonería. Pero creo que en esos dos años aprendí a conocer la verdadera sociedad peruana, esos contrastes, tensiones, prejuicios, abusos y resentimientos que un muchacho miraflorino no llegaba a sospechar que existían. Estoy agradecido al Leoncio Prado también por otra cosa: me dio la experiencia que fue la materia prima de mi primera novela. *La ciudad y los perros* recrea, con muchas invenciones por supuesto, la vida de ese microcosmos peruano. El libro tuvo un llamativo recibimiento. Mil ejemplares fueron quemados ceremonialmente en el patio del colegio y varios generales lo atacaron con dureza. Uno de ellos dijo que el libro había sido escrito por «una mente degenerada», y otro, más imaginativo, que sin duda era una novela pagada por Ecuador para desprestigiar al Ejército peruano. El libro tuvo éxito, pero yo me quedé siempre con la duda de si era por sus méritos o por el escándalo.

En los últimos veinte años, millones de emigrantes de la sierra han venido a instalarse en Lima, en barriadas —eufemísticamente llamadas pueblos jóvenes— que cercan a los antiguos barrios. A diferencia de nosotros, los muchachos de la clase media limeña descubren hoy la realidad del país con solo abrir las ventanas de su casa. Ahora, los pobres están por todas partes, en forma de vendedores ambulantes, de vagabundos, de mendigos, de asaltantes. Con sus cinco y medio o seis millones de habitantes y sus enormes problemas —las basuras, el deficiente transporte, la falta de viviendas, la delincuencia—, Lima ha perdido muchos encantos como su barrio colonial y sus balcones con celosías, su tranquilidad y sus ruidosos y empapados carnavales. Pero ahora es, verdaderamente, la capital del

Perú, porque ahora todas las gentes y los problemas del país están representados en ella.

Dicen que el odio se confunde con el amor y debe ser cierto porque a mí, que me paso la vida hablando pestes de Lima, hay muchas cosas de la ciudad que me emocionan. Por ejemplo, su neblina, esa gasa que la recubre de mayo a noviembre y que impresionó tanto a Melville cuando pasó por aquí (llamó a Lima, en *MobyDick*, «la ciudad más triste y extraña que se pueda imaginar», porque «ha tomado el velo blanco» que «acrecienta el horror de la angustia»). Me gusta su garúa, lluviecita invisible que uno siente como patitas de araña en la cara y que hace que todo ande siempre húmedo y que los vecinos de la ciudad nos sintamos en invierno algo batracios. Me gustan sus playas de aguas frías y olas grandes, ideales para el *surf*. Y me gusta su viejo estadio donde voy a los partidos de fútbol a hacerle barra al Universitario de Deportes. Pero sé que estas son debilidades muy personales y que las cosas más hermosas de mi país no están en ella sino en el interior, en sus desiertos, o en los Andes, o en la selva.

Un surrealista peruano, César Moro, fechó uno de sus poemas, agresivamente, en «Lima, la horrible». Años después, otro escritor, Sebastián Salazar Bondy, retomó la agraviante expresión y escribió, con ese título, un ensayo destinado a demoler el mito de Lima, la idealización de la ciudad en los cuentos y leyendas y en las letras de la música criolla, y a mostrar los contrastes entre esa ciudad supuestamente morisca y andaluza, de celosías de filigrana, detrás de las cuales las «tapadas», de belleza misteriosa y diabólica, tentaban a los caballeros de pelucas empolvadas, y la Lima real, difícil, sucia y enconada. Toda la literatura peruana podría dividirse en dos tendencias: los endiosadores y los detractores de Lima. La verdadera ciudad probablemente no es tan bella como dicen unos ni tan atroz como aseguran los otros.

Aunque, en conjunto, es una ciudad sin personalidad, hay en ella lugares hermosos, como ciertas plazas, conventos e iglesias, y esa joya que es Acho, la plaza de toros. Lima mantiene la afición taurina desde la época colonial y el aficionado limeño es un conocedor tan entendido como el de México o el de Madrid. Soy uno de esos entusiastas que procura no perderse ninguna corrida de la Feria de Octubre. Me inculcó esta afición mi tío Juan, otro de mis infinitos parientes por el lado materno. Su padre había sido amigo de Juan Belmonte, el gran torero, y este le había regalado uno de los trajes de luces con los que toreó en Lima. Ese vestido se guardaba en casa del tío Juan como una reliquia y a los niños de la familia nos lo mostraban en las grandes ocasiones.

Tan limeñas como las corridas de toros son las dictaduras militares. Los peruanos de mi generación han vivido más tiempo bajo gobiernos de fuerza que en democracia. La primera dictadura que sufrí en carne propia fue la del general Manuel Apolinario Odría, de 1948 a 1956, años en que los peruanos de mi edad pasamos de niños a hombres. El general Odría derrocó a un abogado arequipeño, José Luis Bustamante y Rivero, primo de mi abuelo. Yo lo conocía pues, cuando vivíamos en Cochabamba, vino a alojarse a casa de mis abuelos y recordaba lo bien hablado que era —lo escuchábamos boquiabiertos— y las propinas que me deslizaba en las manos antes de partir. Bustamante fue candidato de un Frente Democrático en las elecciones de 1945, una alianza dentro de la cual tenía mayoría el Partido Aprista, de Víctor Raúl Haya de la Torre. Los apristas —de centro izquierda— habían sido duramente reprimidos por las dictaduras. Bustamante, un independiente, fue candidato del APRA porque este partido no podía presentar candidato propio. Apenas elegido —por una gran mayoría— el APRA comenzó a actuar como si Bustamante fuera un títere suyo. Al mismo tiempo, la derecha —cavernícola y troglodita— desató una hostilidad feroz contra quien consideraba un instrumento de su bestia negra: el APRA. Bustamante mantuvo su independencia, resistió las presiones de izquierda y de derecha, y gobernó respetando la libertad de expresión, la vida sindical y los partidos políticos. Solo duró tres años, con agitación callejera, crímenes políticos y levantamientos, hasta el golpe de Odría. La admiración que tuve de niño por ese señor de corbata pajarita, que caminaba como Chaplin, la sigo teniendo, pues de Bustamante se pueden decir cosas que son rarezas en la serie de gobernantes que ha tenido mi país: que salió del poder más pobre de lo que entró, que fue tolerante con sus adversarios y severo con sus partidarios a fin de que nadie pudiera acusarlo de parcial, y que respetó las leyes hasta el extremo de su suicidio político.

Con el general Odría, la barbarie volvió a instalarse en el Perú. Aunque Odría mató, encarceló y deportó a buen número de peruanos, el «ochenio» fue menos sanguinario que otras dictaduras sudamericanas de la época. Pero, compensatoriamente, fue más corrupta. No solo porque los jerarcas del régimen se llenaron los bolsillos, sino cosa aun más grave, porque la mentira, la prebenda, el chantaje, la delación, el abuso, adquirieron carácter de instituciones públicas y contaminaron toda la vida del país.

Yo entré a la Universidad de San Marcos en esa época (1953), a estudiar Derecho y Letras. Mi familia tenía la esperanza de que entrara a la Católica, universidad a la que iban los jóvenes de lo que se conocía entonces como «familias decentes». Pero yo había perdido la fe entre los catorce y los quince y no quería ser un «niño bien». Había descubierto el problema social en el último año del colegio, de esa manera romántica en la que un niño descubre el prejuicio y las desigualdades sociales y quería identificarme con los pobres y hacer una revolución que trajera la justicia al Perú. San Marcos —universidad laica y nacional— tenía una tradición de inconformismo que a mí me atraía tanto como sus posibilidades académicas.

La dictadura había desmantelado la universidad. Había profesores en el exilio, y, el año anterior, 1952, una gran redada había enviado a decenas de estudiantes a la cárcel o al extranjero. Una atmósfera de recelo reinaba en las aulas, donde la dictadura tenía matriculados como alumnos a muchos policías. Los partidos estaban fuera de la ley y los apristas y los comunistas —grandes rivales, entonces— trabajaban en la clandestinidad.

Al poco tiempo de entrar a San Marcos comencé a militar en Cahuide, nombre con el que trataba de resucitar el Partido Comunista, muy golpeado por la dictadura. Nuestra militancia resultó bastante inofensiva. Nos reuníamos secretamente, en pequeñas células, a estudiar marxismo; imprimíamos volantes contra el régimen, peleábamos con los apristas; conspirábamos para que la universidad apoyara las luchas obreras —nuestra hazaña fue conseguir una huelga de San Marcos en solidaridad con los obreros tranviarios— y para que nuestra gente copara los organismos universitarios. Era la época del reinado absoluto del estalinismo, y, en el campo literario, la estética oficial del partido era el realismo socialista. Fue eso, creo, lo que primero me desencantó de Cahuide. Aunque con reticencias, que se debían a la contrainfluencia de Sartre —a quien admiraba mucho—, llegué a resignarme al materialismo dialéctico y al materialismo histórico. Pero nunca pude aceptar los postulados aberrantes del realismo socialista, que eliminaban el misterio y convertían el quehacer literario en un gimnasio propagandístico. Nuestras discusiones eran interminables y en uno de esos debates, en el que dije que *Así se templó el acero*, de Nikolai Ostrovski, era una novela anestésica y defendí *Los alimentos terrestres*, del decadente André Gide, uno de mis camaradas me apostrofó así: «Eres un subhombre».

Y, en cierta forma, lo era, pues leía con voracidad y admiración creciente a una serie de escritores considerados por los marxistas de la época «sepultureros de la cultura occidental»: Henry Miller, Joyce, Hemingway, Proust, Malraux, Céline, Borges. Pero, sobre todo, Faulkner. Quizá lo más perdurable de mis años universitarios no fue lo que aprendí en las aulas, sino en las novelas y cuentos que relatan la saga de Yoknapatawpha County. Recuerdo el deslumbramiento que fue leer —lápiz y papel a la mano— *Luz de agosto, Las palmeras salvajes, Mientras agonizo, El sonido y la furia*, etcétera, y aprender en esas páginas la infinita complejidad de matices y resonancias y la riqueza textual y conceptual que podía tener la novela. También, que contar bien exigía una técnica de prestidigitador. Mis modelos literarios de juventud se han ido empequeñeciendo, como Sartre, a quien ahora no puedo releer. Pero Faulkner sigue siendo un autor de cabecera y cada vez que lo releo me convenzo de que su obra es una *summa* novelesca comparable a la de los grandes clásicos. En los años cincuenta, los latinoamericanos leíamos sobre todo a europeos y norteamericanos y apenas a nuestros escritores. Esto ha cambiado: los lectores de América Latina descubrieron a sus novelistas al mismo tiempo que lo hacían otras regiones del mundo.

Un hecho capital para mí, en esos años, fue conocer al jefe de seguridad de la dictadura, el hombre más odiado después del propio Odría. Era yo entonces delegado de la Federación Universitaria de San Marcos. Había muchos sanmarquinos en la cárcel y supimos que los tenían durmiendo en el suelo de los calabozos, sin colchones ni mantas. Hicimos una colecta y compramos frazadas. Pero cuando quisimos llevárselas, en la Penitenciaría —la cárcel, que estaba donde se halla hoy el Hotel Sheraton, en algunos de cuyos cuartos, se dice, «penan» las almas de los torturados en la antigua mazmorra—, nos dijeron que solo el director de Gobierno, don Alejandro Esparza Zañartu, podía autorizar la entrega. En la Federación se acordó que cinco delegados le solicitaran la audiencia. Yo fui uno de los cinco.

Tengo muy vívida la impresión que me hizo ver de cerca —en su oficina del Ministerio de Gobierno, en la plaza Italia— al temido personaje. Era un hombre menudo, cincuentón, apergaminado y aburrido, que parecía mirarnos a través del agua y no escucharnos en absoluto. Nos dejó hablar —nosotros temblábamos— y cuando terminamos todavía nos quedó mirando, sin decir nada, como burlándose de nuestra confusión. Luego, abrió un cajón de su escritorio y sacó unos números de *Cahuide*, un periodiquito a mimeógrafo que publicábamos clandestinamente y en el que, por supuesto, lo atacábamos. «Yo sé quién de ustedes ha escrito cada uno de estos artículos —nos dijo—, dónde se reúnen para imprimirlo y lo que traman en sus células». Y, en efecto, parecía dotado de omnisciencia. Pero, a la vez, daba una impresión deplorable, de lastimosa mediocridad. Se expresaba con faltas gramaticales y su indigencia intelectual era patente. En esa entrevista, viéndolo, tuve por primera vez la idea de una novela que escribiría quince años más tarde: *Conversación en La Catedral*. En ella quise describir los efectos que en la vida cotidiana de la gente —en sus estudios, trabajo, amores, sueños y ambiciones— tiene una dictadura con las características del «ochenio» odriísta. Me costó tiempo encontrar un hilo conductor para la masa de personajes y episodios: el encuentro casual y la charla que celebran, a lo largo de la historia, un antiguo guardaespaldas y esbirro de la dictadura y un periodista, hijo de un hombre de negocios que prosperó con el régimen. Al salir el libro, el ex director de Gobierno —retirado ya de la política y dedicado a la filantropía— comentó: «Si Vargas Llosa hubiera venido a verme, yo hubiera podido contarle cosas más interesantes».

Así como el Colegio Militar Leoncio Prado me ayudó a conocer a mi país, también me abrió muchas de sus puertas el periodismo, profesión que me llevó a explorar todos los ambientes, clases sociales, lugares y actividades. Empecé a trabajar de periodista a los quince años, en las vacaciones del cuarto año de secundaria, en el diario *La Crónica*, como redactor de locales, y, luego, de policiales. Era alucinante recorrer de noche las comisarías para averiguar qué crímenes, robos, asaltos, accidentes, habían ocurrido, y, también, las investigaciones sobre los casos espectaculares, como el de «La Mariposa Nocturna», una prostituta asesinada a cuchilladas en El Porvenir, que me llevó a hacer una excursión por los centros prostibularios de Lima, las *boîtes* de mala muerte, los bares de rufianes y maricones. En aquel tiempo, el periodismo y el hampa —o por lo menos, la bohemia más malafamada— confundían un poco sus fronteras. Al terminar el trabajo, era un ritual obligado ir a sepultarse con los colegas en algún luctuoso cafetín, generalmente atendido por chinos y con el suelo lleno de aserrín para disimular los vómitos de los borrachos. Y, luego, a los burdeles, donde los periodistas policiales —por el temor al escándalo— recibían un tratamiento preferente.

Durante los últimos años en la universidad trabajé en una radio —Panamericana—, en los boletines informativos. Allí tuve ocasión de ver de cerca —de adentro— el mundo del radioteatro, universo fascinante, de sensiblerías y truculencias, casualidades maravillosas e infinita cursilería, que parecía una versión moderna del folletín decimonónico y que tenía una audiencia tal que, se decía, un transeúnte podía escuchar, caminando por cualquier calle de Lima, los capítulos de *El derecho de nacer,* de Félix B. Caignet, pues no había un solo hogar que no los escuchara. Ese mundillo efervescente y pintoresco me sugirió el tema de otra de mis novelas: *La tía Julia y el escribidor.* En apariencia, se trata de una novela sobre el radioteatro y el melodrama: en el fondo, es una historia sobre algo que siempre me ha fascinado, algo a lo que dedico la mayor parte de mi vida y que nunca he acabado de entender: por qué escribo, qué es escribir. Desde niño, he vivido acosado por la tentación de convertir en ficciones todas las cosas que me pasan, al extremo que a ratos tengo la impresión de que todo lo que hago y me hacen —toda la vida— no es más que un pretexto para fabricar historias. ¿Qué hay detrás de esa incesante transmutación de la realidad en cuento? ¿La pretensión de salvar del tiempo devorador ciertas experiencias queridas? ¿El deseo de exorcizar, transfigurándolos, ciertos hechos dolorosos y terribles? ¿O, simplemente, un juego, una borrachera de palabras y fantasía? Mientras más escribo, la respuesta me parece más difícil de encontrar.

Terminé la universidad en 1957. Al año siguiente presenté mi tesis y obtuve una beca para hacer un doctorado en Madrid. Ir a Europa —llegar de algún modo a París— era un sueño que acariciaba desde que leí a Alejandro Dumas, Julio Verne y Víctor Hugo. Estaba feliz, preparando mis maletas, cuando un hecho casual me brindó la posibilidad de hacer un viaje a la Amazonía. Un antropólogo mexicano, Juan Comas, iba a recorrer el Alto Marañón, donde se hallan las tribus aguarunas y huambisas, y en la expedición había un sitio, que ocupé gracias a una amiga de San Marcos.

Estas semanas en el Alto Marañón, visitando tribus, caseríos y aldeas, fueron una experiencia inolvidable, que me mostró otra dimensión de mi país (el Perú, está visto, es el país de las mil caras). Pasar de Lima a Chicais o Urakusa era saltar del siglo XX a la edad de piedra, entrar en contacto con compatriotas que vivían semidesnudos, en condiciones de primitivismo extremo y que, además, eran explotados de manera inmisericorde. Los explotadores, a su vez, eran pobres mercaderes, descalzos y semianalfabetos, que comerciaban en caucho y pieles compradas a las tribus a precios irrisorios, seres que castigaban con salvajismo cualquier intento de los indígenas de emanciparse de su tutela. Al llegar al caserío de Urakusa, salió a recibirnos el cacique, un aguaruna llamado Jum, y verlo y escuchar su historia fue tremendo, pues este hombre había sido torturado hacía poco, por haber intentado crear una cooperativa. En las aldeas perdidas del Alto Marañón vi y palpé la violencia que podía alcanzar la lucha por la vida en mi país.

Pero la Amazonía no era solo sufrimiento, abuso, áspera coexistencia de peruanos de distintas mentalidades y épocas históricas. Era, también, un mundo de exuberancia y fuerza prodigiosas, donde alguien venido de la ciudad descubría la naturaleza sin domesticar ni depredar, el soberbio espectáculo de grandes ríos caudalosos y de bosques vírgenes, animales que parecían salidos de leyendas y hombres y mujeres de vidas arriesgadas y libérrimas, parecidas a las de esos protagonistas de las novelas de aventuras que habían hecho un viaje más fértil que ese, a mediados de 1958. Muchas de las cosas que hice, vi y oí, fermentaron más tarde en historias.

En ese viaje tuve por primera vez la intuición de lo que Isaiah Berlin llama «las verdades contradictorias». Fue en Santa María de Nieva, pequeña localidad donde, en los años cuarenta, se había instalado una misión. Las monjitas abrieron una escuela para las niñas de las tribus. Pero como estas no acudían voluntariamente, las traían con ayuda de la Guardia Civil. Algunas de estas niñas, luego de un tiempo en la misión, habían perdido todo contacto con su mundo familiar y no podían retomar la vida de la que habían sido rescatadas. ¿Qué ocurría con ellas, entonces? Eran confiadas a los representantes de la «civilización» que pasaban por Santa María de Nieva —ingenieros, militares, comerciantes—, quienes se las llevaban como sirvientas. Lo dramático era que las misioneras no solo no advertían las consecuencias de toda la operación, sino que, para llevarla a cabo, daban pruebas de verdadero heroísmo. Las condiciones en que vivían eran muy difíciles y su aislamiento prácticamente total en los meses de crecida de los ríos. Que con las mejores intenciones del mundo y a costa de sacrificio ilimitado se pudiera causar tanto daño es una lección que tengo siempre presente. Ella me ha enseñado lo escurridiza que es la línea que separa el bien y el mal, la prudencia que hace falta para juzgar las acciones humanas y para decidir las soluciones a los problemas sociales si se quiere evitar que los remedios resulten más nocivos que la enfermedad.

Partí a Europa y no volví a vivir en mi país de manera estable hasta 1974. Entre los veintidós años que tenía cuando me fui y los treinta y ocho que había cumplido al regresar, pasaron muchas cosas, y, en muchos sentidos, al volver yo era una persona totalmente distinta. Pero en lo que se refiere a la relación con mi país creo que sigue siendo la de mi adolescencia. Una relación que podría definirse con ayuda de metáforas más que de conceptos. El Perú es para mí una especie de enfermedad incurable y mi relación con él es intensa, áspera, llena de la violencia que caracteriza a la pasión. El novelista Juan Carlos Onetti dijo una vez que la diferencia entre él y yo, como escritores, era que yo tenía una relación matrimonial con la literatura, y él, una relación adúltera. Tengo la impresión de que mi relación con el Perú es más adulterina que conyugal: es decir, impregnada de recelos, apasionamientos y furores. Conscientemente lucho contra toda forma de «nacionalismo», algo que me parece una de las grandes taras humanas y que ha servido de coartada para los peores contrabandos. Pero es un hecho que las cosas de mi país me exasperan o me exaltan más y que lo que ocurre o deja de ocurrir en él me concierne de una manera íntima e inevitable. Es posible que si hiciera un balance, resultaría que, a la hora de escribir, lo que tengo más presente del Perú son sus defectos. También, que he sido un crítico severo hasta la injusticia de todo aquello que lo aflige. Pero creo que, debajo de esas críticas, alienta una solidaridad profunda. Aunque me haya ocurrido odiar al Perú, ese odio, como en el verso de César Vallejo, ha estado siempre impregnado de ternura.

Lima, agosto de 1983

CARTA ABIERTA AL GENERAL
JUAN VELASCO ALVARADO

El novelista Mario Vargas Llosa dirigió desde México, donde se encuentra, una carta abierta el presidente Velasco, para protestar por el cierre de *Caretas* y la deportación de su director. He aquí su texto íntegro:

México D. F., 22 de marzo de 1975

Sr. General de División
Juan Velasco Alvarado
Presidente del Perú

Señor presidente:

El objeto de esta carta es protestar públicamente por la clausura de la revista *Caretas*, la detención de sus redactores y la deportación a Buenos Aires de Enrique Zileri, su director. Con el cierre de esta publicación, desaparece el último órgano independiente del Perú y se instala definitivamente la noche de la obsecuencia en los medios de comunicación del país. Con la misma firmeza con que he aplaudido todas las reformas de la revolución —como la entrega de la tierra a los campesinos, la participación de los trabajadores en la gestión y propiedad de las empresas, el rescate de las riquezas naturales y la política internacional independiente—, quiero manifestar mi desacuerdo con esta política autoritaria, que ha ido agravándose de manera sistemática en los últimos meses, desde que, con el argumento de su transferencia a los «sectores nacionales» (que no existen y que, como usted bien sabe, tardarán todavía muchos años en organizarse en federaciones y sindicatos genuinamente representativos), los diarios fueron expropiados, entregados a comités de incondicionales y convertidos en meros ventrílocuos del poder.

Quienes desde el primer momento criticamos esta Ley de Prensa, no desde el punto de vista de los dueños de los diarios expropiados sino desde el punto de vista de la propia revolución, para lo cual nada podría ser tan dañino como la eliminación de las voces independientes y los excesos inevitables en todo proceso revolucionario, hemos visto, con angustia creciente, ir desapareciendo, una tras otra, las revistas que se atrevían a discrepar de la política oficial, y a sus redactores ser encarcelados y exiliados. Se ha dicho que los órganos suprimidos son todos de derecha. Aunque yo no admito que profesar ideas conservadoras sea una razón suficiente para ser silenciado y castigado (estoy por la destrucción de los intereses conservadores, pero no por la persecución de las ideas conservadoras, que deberían tener también derecho a comparecer en el debate político y que, aun cuando sea como negatividad polémica, pueden prestar un servicio a la revolución), quiero desmentir esa falsedad que ha circulado por América Latina. Entre las publicaciones cerradas figuran revistas como *Sociedad y Política* y *Oiga*, que estaban identificadas con el cambio y que criticaban a la revolución desde sus posiciones progresistas. Este es también el caso de la víctima. *Caretas* criticó muy severamente los regímenes de Prado y Belaunde y durante este gobierno se ha limitado a combatir (en condiciones realmente heroicas) los abusos —por desgracia los ha habido y los hay— y no los aciertos del régimen.

Mucho me temo que usted no haya advertido el daño que le haya causado a la revolución la intolerancia para con la crítica. Esta actitud le ha enajenado la adhesión de millares de peruanos de la clase media y de los sectores populares, es decir, de personas que deberían constituir los cimientos de la revolución. Un hecho decisivo, para esta pérdida de popularidad del régimen, ha sido la política represora en materia de información y opinión. El hecho de que la radio, la televisión y la prensa entera del país se hayan convertido en organismos de exclusiva propaganda ha conseguido el efecto contrario al perseguido: en vez de eliminar la crítica la ha multiplicado. Es cierto que ellas no aparecen en los diarios, donde solo se leen la loa y la alabanza, pero esas críticas están en las mentes y en las bocas de los peruanos, y eso es, a fin de cuentas, lo que debería importarle al régimen. Permítame decirle, señor presidente, que comete un error en preferir, en vez de periodistas como Enrique Zileri y Francisco Igartua, que, con honestidad y valentía obligaban a la revolución a reflexionar continuamente sobre sí misma, a ese enjambre de mediocres que, en la prensa oficial, solo escriben lo que les ordenan o (lo que es todavía peor) lo que suponen que les ordenarían. Por ese camino hay el peligro de que la revolución peruana, como muchas otras, deje de serlo.

Porque nada me entristecería más que el que eso ocurriera, he decidido enviarle esta carta abierta, que, como ya no tengo tribuna donde opinar en el Perú, me veo obligado a publicar en el extranjero.

Atentamente,

Mario Vargas Llosa

CARTA AL GENERAL
JORGE RAFAEL VIDELA

Lima, 22 de octubre de 1976

General Jorge Rafael Videla
Presidente de la República Argentina
Casa Rosada
Buenos Aires, Argentina

Señor presidente:

El PEN Internacional, organización mundial de escritores que tengo el honor de presidir, ha recibido el informe titulado «La persecución a artistas, intelectuales y periodistas en Argentina», que me permito adjuntarle, así como un complemento documental —fotocopias de publicaciones periodísticas— en que se apoyan algunas de sus afirmaciones.

Aunque en el informe aparezcan, de cuando en cuando, expresiones que puedan atribuirse a la pasión política y algunas apreciaciones de carácter subjetivo, el grueso de su contenido, sin embargo, constituye una relación de hechos de una gravedad tal que no puede dejar de consternar a cualquier persona civilizada. La lista de acciones que atentan contra principios básicos de la cultura cubre un amplísimo registro: libros secuestrados de bibliotecas universitarias y particulares que han sido quemados públicamente, clausura temporal o definitiva de periódicos y revistas y establecimiento de una rígida censura, detención de escritores y artistas, sin especificar los cargos que pesan sobre ellos y sin transferirlos al Poder Judicial, hostigamiento y cierre de editoriales, allanamientos de instituciones dedicadas al arte y a la investigación sociológica.

Paralelamente a estas acciones oficiales hay las que llevan a cabo comandos armados de gentes vestidas de civil, que su gobierno hasta el momento no ha impedido ni castigado, y que han sembrado el horror en muchos hogares argentinos. El informe cita a intelectuales que han sido secuestrados en sus casas y luego asesinados, a otros que han sido torturados, a otros que han desaparecido sin que se tenga noticias de su paradero. Asimismo, decenas de escritores, artistas y periodistas han debido de huir del país, porque habían recibido amenazas de muerte. Ni siquiera el exilio es un lugar seguro para algunos, pues se ha visto, en el caso reciente del poeta Juan Gelman, cómo sus hijos y su nuera eran secuestrados en Buenos Aires por una de estas bandas terroristas en represalia de sus opiniones políticas.

Quiero, en nombre del PEN Internacional, hacerle llegar nuestra más enérgica protesta por estos hechos, que constituyen crímenes imperdonables contra el espíritu, y que resultan particularmente insólitos en un país con el grado de civilización de Argentina. En nombre de la rica tradición de pensamiento y creatividad que ha hecho de su país un centro cultural de primer orden, lo exhorto a poner fin a la persecución de las ideas y de los libros, a respetar el derecho de disentir, a salvaguardar la vida de los ciudadanos y a permitir que los escritores argentinos desempeñen libremente la función que les corresponde en la sociedad y contribuyan de este modo a su progreso.

Cumplo asimismo con hacerle saber que, por la gravedad de sus acusaciones, voy a recomendar al PEN la publicación de este informe y su difusión internacional. Esta no es una medida inspirada en convicciones políticas partidistas de ninguna clase, sino, dentro del espíritu de la Carta del PEN, una estricta acción de solidaridad humana y de defensa de los más elementales principios morales que hacen posible la cultura.

Atentamente,

Mario Vargas Llosa
Presidente Internacional del PEN

LA CAÍDA DE SOMOZA

Esta vez, la caída de Anastasio Somoza parece inevitable e inminente. Es probable que haya ocurrido cuando se publique este artículo. Es un hecho que solo puede producir alegría y alivio en todo el mundo, pues la satrapía que encarnaba ha sido una de las más abyectas de una historia en la que, como es sabido, ellas abundan.

La dictadura de Somoza representaba ya un anacronismo en nuestros días, que son los de las dictaduras institucionales e ideológicas, sombría manifestación de modernidad firmemente arraigada en América Latina, como se advierte con una ojeada, por ejemplo, al Cono Sur. Los regímenes de un Pinochet y un Videla, de los militares uruguayos o el que presidió Banzer en Bolivia, son de naturaleza distinta a los de aquellos «caudillos bárbaros» que describieron Alcides Arguedas y Francisco García Calderón y que dieron a nuestros países, en el resto del mundo, esa lastimosa imagen de republiquetas gobernadas por pistoleros. Las dictaduras institucionales e ideológicas no son, por cierto, menos sanguinarias ni menos propensas a la corrupción (inseparable de todo sistema inmunizado contra la crítica) que las folclóricas.

La diferencia es que ellas cometen sus crímenes en nombre de una filosofía, de un proyecto social y económico que pretenden materializar aunque sea a sangre y fuego.

El régimen de los Somoza ha sido algo más rudimentario, menos descarnado y abstracto, que la dictadura tecnológica de nuestro tiempo: su antecedente troglodita. Pertenece a esa variedad de la que fueron prototipos un Trujillo, un Papa Doc, un Pérez Jiménez, y de la que sobreviven un Stroessner y un Baby Doc. Es decir, la dictadura individual, del bribón con entorchados, sin pretensiones ni coartadas históricas cuyos móviles son simples y claros: atornillarse en el poder a como dé lugar y saquear el país hasta dejarlo anémico.

El *The New York Times* calcula que la fortuna de la familia Somoza en tierras, empresas agrarias, marítimas y comerciales y predios urbanos, en Nicaragua, asciende a unos 500 millones de dólares. No está nada mal, como operación, si se considera que el país es uno de los más pobres del planeta, que sin duda la familia tiene una suma parecida, a buen recaudo, en el extranjero, y que el primero de la dinastía en usufructuar el poder —Tacho Somoza, padre del actual— era hace medio siglo un pobre diablo que malvivía en el pintoresco empleo de revisor de letrinas en Managua, con lo que se ganó el pomposo apodo de «Mariscal de Escusados».

La historia de la dinastía se ciñe a un modelo que ha resultado clásico. Como Trujillo en la República Dominicana, Tacho Somoza inició su carrera política a la sombra de una intervención militar norteamericana, sirviendo primero como traductor a los *marines,* y luego como oficial y jefe de la Guardia Nacional creada por los ocupantes para implementar la política que impusieron en Nicaragua. Somoza-papá fue diligente ejecutor de esta política y su primera proeza de marca consistió en el alevoso asesinato de Sandino, cuando este había aceptado desarmar a las fuerzas con las que se enfrentó, a lo largo de seis años, a las tropas de ocupación. Poco después, en 1936, depuso al presidente Juan Bautista Sacasa y se hizo elegir en su lugar, en unas elecciones grotescamente amañadas. Desde entonces, hasta 1956, en que fue asesinado de cuatro balazos en un baile, Tacho Somoza fue señor omnímodo de vidas y haciendas y empleó esos veinte años, sin desvelo, en tiranizar a las primeras y apoderarse de las segundas. Sus herederos —Luis, por espacio de once años y Anastasio, desde 1967 hasta ahora— fueron dignos émulos de sus fechorías y, además de ejercer el poder, siguieron incrementando el botín de la familia.

La responsabilidad de Estados Unidos, en el martirio que ha significado para el pueblo nicaragüense el casi medio siglo de somozato, no debe ser disimulada por quienes, como el que esto escribe, quieren para los países latinoamericanos regímenes democráticos, basados en elecciones, en los que se respeten la libertad de prensa y los partidos. La política de Washington en lo que se refiere a Nicaragua fue excepcionalmente mezquina y obtusa. Satisfechos con este aliado, que los secundaba sin chistar en los organismos internacionales, siete presidentes norteamericanos —tres republicanos y cuatro demócratas— mantuvieron buena amistad con los Somoza, a los que, a cambio de obsecuencia, prestaron ayuda financiera, armaron, condecoraron y hasta educaron en West Point (de donde son graduados el actual Anastasio y uno de sus hijos). En esos mismos años, en cambio, rompiendo el principio de no-intervención —que se respetaba para favorecer a los Somoza—, Washington intervenía en Guatemala, en 1954, para deponer al gobierno de Arbenz, y en la República Dominicana, en 1965, para sofocar un levantamiento popular contra la dictadura castrense que derrocó a Juan Bosch.

Esta política era mezquina porque anteponía a los intereses de un pueblo martirizado por un régimen de malhechores y a normas elementales de justicia y ética, las ventajas de contar con un voto en la ONU para todo servicio y la seguridad de que en ese país los intereses de unas cuantas compañías norteamericanas no se verían afectados. Y era obtusa porque quien se acuesta con bribones, tarde o temprano se despierta embarrado. Y eso es lo que le ha ocurrido a Washington en Nicaragua.

Los verdaderos intereses del pueblo norteamericano no consisten en tener secuaces de la estirpe de los Somoza, tiranuelos detestados por sus pueblos, que, como es lógico, extenderán este odio a todo aquello que se vincule a sus verdugos, sino en fomentar el establecimiento de regímenes que pongan en práctica los principios de libertad, tolerancia, equidad y representatividad que consagra la Constitución de Estados Unidos. Gobiernos de esta índole, que de veras encarnan a sus pueblos, son la única alternativa eficaz a la proliferación de las tesis marxistas, para las cuales las tiranías resultan un espléndido caldo de cultivo. Pero esos gobiernos deben ser tratados de igual a igual, respetados en sus decisiones, escuchados, y Washington ha preferido casi siempre, en vez del aliado soberano y democrático, el gorila servil.

Hace tiempo que el régimen de Somoza hubiera caído, como lo deseaba la inmensa mayoría de los nicaragüenses, sin los estragos de esta guerra civil, si Estados Unidos hubiera, simplemente, retirado el apoyo financiero, diplomático y militar que le servía de base de sustentación. Desde hace muchos años, los mejores hombres de este país una y otra vez intentaron sustituir a la tiranía por un régimen civilizado y ellos jamás tuvieron el apoyo que Washington prestaba a quien —Tacho, Luis o Anastasio— los encarcelaba, exiliaba o —como ocurrió con el periodista Pedro Joaquín Chamorro— asesinaba. Pues bien, lo que pudo hacerse con la ayuda de Estados Unidos lo ha hecho el pueblo nicaragüense solo (y, claro está, con ayuda de otros países) y no es extraño que muchos de los combatientes que derrotaron a la tiranía piensen que han derrotado también a quien la amparaba y a quien ella servía. Las consecuencias políticas de ello pueden colegirse sin dificultad.

¿Qué ocurrirá en Nicaragua con la caída del dictador? El Frente Sandinista de Liberación Nacional es una alianza disímil, de tendencias que van desde liberales y socialistas democráticos hasta distintas variantes del marxismo, y es obvio que, una vez vencida la dictadura, objetivo que hizo posible la unión, entren en pugna y tal vez en conflicto abierto las distintas opciones. Al final, estas, una vez más, quedarán reducidas a la inevitable alternativa de todo pueblo que se libra de sus gorilas: socialismo autoritario o democracia representativa. Lo menos que se puede decir es que, con su política, Estados Unidos ha hecho extremadamente difícil la tarea de los nicaragüenses que defiendan la segunda opción. Y que ha facilitado el trabajo de quienes sostendrán que la única defensa real contra el imperialismo y la vía más rápida para reconstruir el país arrasado por la tiranía es el modelo soviético, chino o cubano.

Lo importante, en todo caso, es que sea el pueblo nicaragüense en toda libertad el que decida lo que hará de su país, la manera como curará sus heridas y emprenderá la titánica tarea de derrotar a las bestias que aún colean: el hambre, la ignorancia, el desempleo, las desigualdades. Su decisión, cualquiera que ella sea, tiene que ser respetada por todos, empezando por Washington.

Pues aún más nefasta que la equivocación de haber apoyado a los Somoza durante 43 años, sería, para la causa de la libertad y la democracia en el continente, que Estados Unidos cediera una vez más a la tentación de intervenir militarmente en Nicaragua para imponer una solución a su medida, es decir, nuevos Somozas…

Madrid, julio de 1979

HACIA EL PERÚ TOTALITARIO

La decisión del gobierno de Alan García de estatizar los bancos, las compañías de seguros y las financieras es el paso más importante que se ha dado en el Perú para mantener a este país en el subdesarrollo y la pobreza y para conseguir que la incipiente democracia de que goza desde 1980 en vez de perfeccionarse se degrade, volviéndose ficción.

A los argumentos del régimen según los cuales este despojo, que convertirá al Estado en el amo de los créditos y de los seguros y que a través de los paquetes accionarios de las entidades estatizadas extenderá sus tentáculos por innumerables industrias y comercios privados, se lleva a cabo para transferir aquellas empresas de «un grupo de banqueros a la Nación», hay que responder: «Eso es demagogia y mentira». La verdad es esta. Aquellas empresas son arrebatadas —en contra de la letra y el espíritu de la Constitución, que garantiza la propiedad y el pluralismo económico y prohíbe los monopolios— a quienes las crearon y desarrollaron, para ser confiadas a burócratas que, en el futuro, como ocurre con todas las burocracias de los países subdesarrollados sin una sola excepción, las administraran en provecho propio y en el del poder político a cuya sombra medran.

En todo país subdesarrollado, como en todo país totalitario, la distinción entre Estado y gobierno es un espejismo jurídico. Ello solo es realidad en las democracias avanzadas. En aquellos países las leyes y Constituciones fingen separarlos y también los discursos oficiales. En la práctica, se confunden como dos gotas de agua. Quienes ocupan el gobierno se apoderan del Estado y disponen de sus resortes a su antojo. ¿Qué mejor prueba que el famoso Sinacoso (Sistema Nacional de Comunicación Social), erigido por la dictadura militar y que, desde entonces, ha sido un dócil ventrílocuo de los gobiernos que la han sucedido? ¿Expresan acaso en modo alguno, esa cadena de radios, periódicos y canal de televisión, al Estado, es decir, a *todos* los peruanos? No. Esos medios publicitan, adulan y manipulan la información exclusivamente en favor de quienes gobiernan, con olímpica prescindencia de lo que piensan y creen los demás peruanos.

La ineficiencia y la inmoralidad que acompañan, como su doble, a las estatizaciones y a las nacionalizaciones, se originan principalmente en la dependencia servil en que la empresa transferida al sector público se halla del poder político. Los peruanos lo sabemos de sobra desde los tiempos de la dictadura velasquista, que, traicionando las reformas que todos anhelábamos, se las arregló, a fuerza de expropiaciones y confiscaciones, para quebrar industrias que habían alcanzado un índice notable de eficiencia —como la pesquería, el cemento o los ingenios azucareros— y hacernos importadores hasta de las papas que nuestros industriosos antepasados crearon para felicidad del mundo entero. Extendiendo el sector público de menos de diez a casi ciento setenta empresas, la dictadura —que alegaba, como justificación, la «justicia social»— acrecentó la pobreza y las desigualdades y dio a la práctica del cohecho y el negociado ilícito un impulso irresistible. Ambos han proliferado desde entonces de manera cancerosa, convirtiéndose en un obstáculo mayor para la creación de riqueza en nuestro país.

Este es el modelo que el presidente García hace suyo, imprimiendo a nuestra economía, con la estatización de los bancos, los seguros y las financieras, un dirigismo controlista que nos coloca inmediatamente después de Cuba y casi a la par con Nicaragua. No olvido, claro está, que, a diferencia del general Velasco, Alan García es un gobernante elegido en comicios legítimos. Pero tampoco olvido que los peruanos lo eligieron, de esa manera abrumadora que sabemos, para que consolidara nuestra democracia política con reformas sociales; no para que hiciera una «revolución» cuasi socialista que acabara con ella.

Porque no hay democracia que sobreviva con una acumulación tan desorbitada del poder económico en manos del poder político. Si no, hay que preguntárselo a los mexicanos, donde, sin embargo, el Estado no dispone de un sector público tan basto como el que usufructuará el gobierno aprista una vez que se apruebe la ley de estatización.

Su primera víctima será la libertad de expresión. El gobierno no necesitará proceder a la manera velasquista, asaltando, pistola en mano, los diarios, estaciones de radio y de televisión, aunque no se puede descartar que lo haga: ya hemos comprobado que a sus promesas se las lleva el viento como si fueran plumas, ecos... Convertido en el primer anunciador del país, bastará que los chantajee con el avisaje. O que, para ponerlos de rodillas, les cierre los créditos, sin los cuales ninguna empresa puede funcionar. No hay duda que, ante la perspectiva de morir de consunción, muchos medios optaran por el silencio o la obsecuencia; los dignos perecerán. Y cuando la crítica se esfuma de la vida pública, la vocación congénita a todo poder de crecer y eternizarse tiene cómo hacerse realidad. De nuevo, la omisa silueta del «ogro filantrópico» (como ha llamado Octavio Paz al PRI) se dibuja sobre el horizonte peruano.

El progreso de un país consiste en la extensión de la propiedad y la libertad al mayor número de ciudadanos y en el fortalecimiento de unas reglas de juego —una legalidad y unas costumbres— que premien el esfuerzo y el talento, estimulen la responsabilidad, la iniciativa y la honestidad, y sancionen el parasitismo, el rentismo, la abulia y la inmoralidad. Todo ello es incompatible con un Estado macrocefálico donde el protagonista de la actividad económica será el funcionario en vez del empresario y el trabajador; y donde, en la mayoría de sus campos, la competencia habrá sido sustituida por un monopolio. Un Estado de esta índole desmoraliza y anula el espíritu comercial y hace el tráfico de influencias y favores la profesión más codiciable y rentable. Ese es el camino que ha llevado a tantos países del Tercer Mundo a hundirse en el marasmo y a convertirse en feroces satrapías.

El Perú está todavía lejos de ello, por fortuna. Pero medidas como esta que critico pueden catapultarnos en esa dirección. Hay que decirlo en alta voz para que lo oigan los pobres —que serán sus víctimas propiciatorias— y tratar de impedirlo por todos los medios legales a nuestro alcance. Sin atemorizarnos por las invectivas que lanzan ahora contra los críticos del gobierno sus validos en la prensa adicta ni por «las masas» que el Partido Aprista, por boca de su secretario general, amenaza con sacar a las calles para intimidar a quienes protestamos. Ambas cosas son inquietantes anticipos de lo que ocurrirá en nuestro país si el gobierno concentra en sus manos ese poder económico absoluto, que es siempre el primer paso hacia el absolutismo político.

Ciudadanos, instituciones y partidos democráticos debemos tratar de evitar que nuestro país —que padece ya tantas desgracias— se convierta en una seudodemocracia manejada por burócratas incompetentes donde solo prosperará la corrupción.

Lima, agosto de 1987

LA DICTADURA PERFECTA

Por haber llamado «una dictadura perfecta» al sistema político del PRI —en el Encuentro de Intelectuales que organizó la revista *Vuelta*, en México, en setiembre de 1990— recibí numerosos jalones de oreja, incluido el de alguien que yo admiro y quiero mucho como Octavio Paz, pero, la verdad, sigo pensando que aquella calificación es defendible. Creado en 1929, por el general Plutarco Elías Calle, el Partido Revolucionario Institucional estabilizó una sociedad donde, desde las convulsiones revolucionarias de 1910, los asuntos políticos se dirimían a balazos, y se posesionó de un Estado al que, a partir de entonces, modela y administra en su provecho, confundido con él de una manera tan sutil como las tres famosas personas en la Santísima Trinidad.

Para todos los efectos prácticos, México es ahora el PRI, y lo que no es el PRI, incluidos sus más enérgicos críticos e impugnadores, también sirve, de una manera misteriosa, genial y horripilante, a perpetuar el control del PRI sobre la vida política y la sociedad mexicana. Durante mucho tiempo, el PRI fabricaba y subsidiaba a sus partidos de oposición, de manera que esos extraordinarios *happenings* de la vida del país —las elecciones— tuvieran cierto semblante democrático. Ahora ni siquiera necesita el esfuerzo de ese dispendio, pues, como Eva de una costilla de Adán, ha generado una excrecencia rival, el PRD, de Cuauhtémoc Cárdenas, partido que, con prodigiosa ceguera, ha hecho suyas todas las lacras y taras ideológicas —populismo, estatismo, socialismo, nacionalismo económico— de las que el camaleónico PRI necesitaba desprenderse a fin de mostrarse renovado —democrático, internacionalista, pro mercado y liberal—, y permeable a los vientos que corren si esa es la alternativa que se le presenta al pueblo mexicano —el viejo PRI camuflado bajo el nombre de PRD o el de la cara modernizada que encarna Salinas de Gortari—, no es de extrañar que el partido en el poder no haya necesitado amañar las últimas elecciones para ganarlas.

No niego que este sistema haya traído algunos beneficios a México, como una estabilidad que no han tenido otros países latinoamericanos y librarlo de la anarquía y brutalidad del caudillismo militar. Y es, también, un hecho que, gracias a la revolución y la política educativa seguida desde entonces, México ha integrado su pasado prehispánico al presente y avanzado en el mestizaje social y cultural más que ningún otro país del continente (incluido Paraguay). Pero las desventajas son enormes. En seis décadas y media de hegemonía absoluta, el PRI no ha sido capaz de sacar a México del subdesarrollo económico —pese a los gigantescos recursos de que su suelo está dotado— ni de reducir a niveles siquiera presentables las desigualdades sociales, que son allí todavía más feroces que en muchos países de América Latina, como Argentina, Chile, Uruguay, Venezuela o Costa Rica. En cambio, la corrupción resultante de este monopolio político ha sido internalizada por las instituciones y la vida corriente de una manera que no tiene parangón, lo que ha creado uno de los más irreductibles obstáculos para una genuina democratización del país.

A favor del sistema priísta suele señalarse la política del régimen con los intelectuales, a los que siempre ha sabido reclutar y poner a su servicio, sin exigirles a cambio la cortesanía o el servilismo abyectos que un Fidel Castro o un Kim Il Sung piden a los suyos. Por el contrario, dentro del exquisito maquiavelismo del sistema, al intelectual le compete un rol que, a la vez que sirve para eternizar el embauque de que México es una democracia pluralista y de que reina en ella la libertad, a aquel lo libera de escrúpulos y le da buena conciencia: el de criticar al PRI. ¿Alguien ha conocido a un intelectual mexicano que *defienda* al Partido Revolucionario Institucional? Yo, nunca. Todos lo critican, y, sobre todo, los que viven de él, como diplomáticos, funcionarios, editores, periodistas, académicos, o usufructuando cargos fantasmas creados por el régimen para subsidiarlos. Solo en casos de díscolos extremos, como el de un José Revueltas, se resigna a mandarlos a la cárcel. Generalmente, los soborna, incorporándolos a su magnánimo y flexible despotismo de tal manera que, sin tener ellos que degradarse demasiado y a veces sin darse cuenta, contribuyan al objetivo esencial de perpetuar el sistema.

También de esta «preocupación por la cultura» del PRI han resultado beneficios considerables: editoriales, revistas, instituciones académicas y una actividad intelectual y artística bastante más intensa que en los otros países latinoamericanos, de gobiernos casi siempre semianalfabetos. Pero la contrapartida ha sido una merma notoria de soberanía y autenticidad en la clase intelectual, la que por razones de mala conciencia y por la invisible presión del sistema imperante sigue aún hoy día, después del desplome del totalitarismo en tres cuartas partes del mundo, enfeudada a aquellos estereotipos «revolucionarios» —el socialismo, el colectivismo, el nacionalismo, el Estado benefactor, el antiimperialismo, etcétera— que, desde hace décadas, han sido su mejor coartada, la cortina de humo que servía para disimular su condición de pieza instrumental de una de las más astutas y eficientes creaciones antidemocráticas de toda la historia.

Escribo estas líneas bajo el efecto de un libro que recomiendo a todos a quienes, como a mí, deslumbre (sin dejar de aterrar) el caso mexicano: *Textos heréticos*, de Enrique Krauze[1]. Se trata de una colección de artículos y ensayos aparecidos en la revista *Vuelta*, que dirige Octavio Paz, y de la que Krauze es subdirector, en los que se

---

[1] Enrique Krauze, *Textos heréticos*. México D. F., editorial Grijalbo, 1992.

reivindica una tradición liberal, coetánea a la de la revolución, cuyo punto de arranque es el gobierno de Francisco Ignacio Madero, a la que Krauze sigue la soterrada pista en todos los años de hegemonía priísta, y en la que ve la única alternativa aceptable a la del régimen presente. Aquella tradición, aunque fuera desalojada del poder político desde los años del cataclismo revolucionario, ha tenido rebrotes periódicos en el campo intelectual, en figuras como las de Daniel Cossío Villegas o del propio Paz, quienes, aun en los momentos de peor oscurantismo ideológico populista, no vacilaron en ir contra la corriente y defender los valores democráticos y las denostadas libertades «formales». Esta ha sido la línea de *Vuelta*, verdadero oasis en las publicaciones del género en América Latina, donde no es casual que hayan aparecido, en los últimos años, en las plumas de Paz, de Gabriel Zaid, de Krauze y otros los más originales análisis sobre los acontecimientos históricos acaecidos en la última década.

El libro incluye la muy severa crítica de Krauze a Carlos Fuentes —*La comedia mexicana de Carlos Fuentes*— que, como es sabido, ha desencadenado una polémica que no cesa de dar coletazos a diestra y siniestra, el último de los cuales fue el escándalo suscitado hace pocos meses, con motivo de un encuentro intelectual auspiciado por el régimen y por intelectuales de la oposición de su majestad el PRI, del que —en represalia— fueron excluidos Paz, Zaid, Krauze y demás heréticos. Aunque muchas de las observaciones a las posiciones políticas de Fuentes que hace Krauze parecen fundadas —como a esa cuidadosa simetría de abjuraciones a la democracia y al socialismo, a Estados Unidos y a la difunta URSS, y a la reivindicación del régimen sandinista desde una postura democrática— hay un aspecto de esa crítica con la que no estoy de acuerdo: el reproche de que Fuentes sea poco mexicano y que ello se refleje en sus novelas.

La literatura no describe a los países: los inventa. Tal vez el provinciano Rulfo, que rara vez salió de su tierra, tuviera una experiencia más intensa de México que el cosmopolita Carlos Fuentes, que se mueve en el mundo como por su casa. Pero la obra de Rulfo no es por ello menos artificial y creada que la de aquel, aunque solo fuera porque los auténticos campesinos de Jalisco no han leído a Faulkner y los de *Pedro Páramo* y *El llano en llamas*, sí. Si no fuera así, no hablarían como hablan ni figurarían en construcciones ficticias que deben su consistencia más a una destreza formal y a una aprovechada influencia de autores de muchas lenguas y países que a la idiosincrasia mexicana. Dicho esto, el ensayo de Krauze está lejos de ser una diatriba. Recuerdo haber envidiado a Carlos Fuentes cuando lo leí: ojalá, en el gran basural de impugnaciones que mis libros han merecido, hubiera alguna que revelara tan escrupulosa y tan atenta lectura, tanto esfuerzo por hablar con conocimiento de causa y no desde la envidia y el odio, efervescentes estímulos de la vocación crítica en nuestros predios.

Los demás textos del libro cubren un vasto abanico de temas, trabados por la voluntad de mostrar la profunda enajenación que el sistema político mexicano ha ocasionado en el establecimiento cultural del país. Krauze no se ha contentado con revisar y anotar lo que dijeron los medios de comunicación durante la guerra del Golfo, por ejemplo —en la que algunos llegaron a la idolatría revolucionaria de Saddam Hussein—; también, ha expurgado lo que decían hace medio siglo de Hitler y de Stalin y la manera como, en todos estos años, quienes representaban el pensamiento y la cultura, guiaron a la opinión pública sobre lo que ocurría dentro y fuera de las fronteras de México. Las conclusiones resultan estremecedoras porque, una vez más, vemos, con ejemplos concretos, cómo la alta cultura puede estar reñida con la lucidez y el sentido común, y la inteligencia abocarse furiosamente a defender el prejuicio, el crimen y las más innobles imposturas políticas. Lo ha dicho Steiner: las humanidades no humanizan.

Discípulo y admirador del gran Isaiah Berlin, Krauze sabe que incluso la tolerancia y el pluralismo son peligrosos, si nadie los refuta, si no deben hacer frente a contestaciones y desafíos permanentes. Por eso, aunque se proclama un liberal, partidario del mercado, de la sociedad civil, de la empresa privada, del individuo frente al Estado —tema al que dedica el más creativo estudio de la compilación: *Plutarco entre nosotros*—, añora la existencia de una izquierda mexicana de nuevo cuño, como la que en España contribuyó a modernizar el país y a fortalecer la democracia. Una izquierda que rompa el autismo en que está confinada y pase de los soliloquios ventrílocuos a la polémica y al diálogo, que en vez de úcases y excomuniones se valga de razones e ideas para combatir al adversario, y renuncie para siempre a las tentaciones autoritarias.

Mucho me temo que esta izquierda democrática que Krauze añora, tarde más en llegar a su país que a otros países latinoamericanos. Porque en México, para que ella sea realidad, existen, fuera de los consabidos obstáculos que su libro autopsia con mano de cirujano, el obstáculo del PRI y lo que está haciendo en estos momentos el gobierno de Salinas de Gortari. Este ha llevado a cabo una privatización muy avanzada y desregulada de la economía, a la vez que bajaba los aranceles, abría el país a la competencia internacional y negociaba la incorporación de México al Tratado de Libre Comercio con Estados Unidos y Canadá. Medidas todas ellas positivas y que ya han traído un notable saneamiento e impulso económico a México. Con el reflejo automático tradicional, la oposición de izquierda rechaza todo aquel proceso de liberación en nombre de los viejos ídolos populistas: la soberanía amenazada por las transnacionales, el patrimonio vendido al imperio, etcétera. De este modo, establece un maniqueísmo en la vida política mexicana que solo favorece al régimen el que, ante semejantes posturas anacrónicas, puede ufanarse con razón de encarnar el progreso.

No, la verdadera alternativa al PRI no puede venir de esa izquierda, que es, en verdad, hechura y expresión del régimen. Sino de quienes, como Krauze, no temen defender la libertad económica, aunque el PRI parezca ahora ponerla en práctica, porque saben que aquella, llevada hasta sus últimas consecuencias, haría estallar la armazón mercantilista en que reside toda la fuerza de lo que él llama la «dictablanda» mexicana. Sin prebendas que repartir, con una genuina economía de mercado en la que el poder político sea incapaz de determinar el éxito o el fracaso económico de personas y empresas, el sistema priísta se vendría abajo como un castillo de naipes. Ese es el insuperable límite de las reformas que ha iniciado Salinas de Gortari, a quien, si sigue por el camino que va, muy pronto veremos en la disyuntiva trágica de tener que liquidar al PRI o de ser liquidado por el paquidermo al que su política acerca a un peligroso despeñadero. Ese puede ser el momento milagroso para la democracia en México. A condición de que haya entonces muchos otros mexicanos convencidos, como Krauze, de que la libertad es una e indivisible y la libertad política y la económica la cara y el sello de una moneda.

Berlín, mayo de 1992

¿REGRESO A LA BARBARIE?

El *golpe de Estado* es una creación latinoamericana, como *la salsa* y *la margarita*, pero bastante más mortífera que ellas. Adopta variadas formas y la elegida, hace pocos días, por Alberto Fujimori, para destruir la democracia peruana, se llama «bordaberrización», por el presidente uruguayo de ese nombre que, aunque no la inventó, la actualizó y patentó. Consiste en que un presidente elegido clausura, con el apoyo de militares felones, el Congreso, la Corte Suprema, el Tribunal de Garantías Constitucionales, la Contraloría —todos los organismos de contrapeso y fiscalización del Ejecutivo—, suspende la Constitución y comienza a gobernar por decretos leyes. La represión se encarga de acallar las protestas, encarcelando a los líderes políticos hostiles al golpe, y amordazando o sobornando a los medios de prensa, los que muy pronto empiezan a adular al flamante dictador.

Las razones que ha dado Fujimori para justificar el *fujigolpe* o *autogolpe* son las consabidas: las «obstrucciones» del Congreso a las reformas y la necesidad de tener manos libres para combatir con eficacia el terrorismo y la corrupción. Al cinismo y a la banalidad retórica se añade en este caso el sarcasmo. Pues quien ahora se proclama dictador para «moralizar» el país protagonizó, en las últimas semanas, un escándalo mayúsculo en el que su esposa y su hermano y su cuñada se acusaban recíprocamente de hacer negocios sucios con los donativos de ropa hechos por el Japón a «los pobres del Perú». La familia Fujimori y allegados podrán ocuparse en adelante de administrar el patrimonio familiar sin riesgo alguno de escándalo.

Hay ingenuos en el Perú que aplauden lo ocurrido con este argumento: «¡Por fin se puso los pantalones el Chino!». «¡Ahora sí acabarán los militares con el terrorismo, cortando las cabezas que haya que cortar, sin el estorbo de los jueces vendidos o pusilánimes y de los partidos y la prensa cómplices de Sendero Luminoso y del MRTA!». Nadie se ha enfrentado de manera tan inequívoca a la subversión en el Perú como lo he hecho yo —y, por eso, durante la campaña electoral, ella trató por lo menos en dos ocasiones de matarme— y nadie desea tanto que ella sea derrotada y sus líderes juzgados y sancionados. Pero la teoría del «baño de sangre», además de inhumana e intolerable desde el punto de vista de la ley y la moral, es estúpida y contraproducente.

No es verdad que los militares peruanos tengan las manos «atadas» por la democracia. El Perú ha sido declarado por organismos como Amnistía Internacional y Americas Watch el primer país del mundo en lo que concierne a violaciones de derechos humanos, ejecuciones extrajudiciales, empleo de la tortura, desapariciones, etcétera, y hasta ahora ni un solo oficial o soldado ha sido siquiera amonestado por alguno de esos abusos. A los horrendos crímenes cometidos por los terroristas se añaden, también, por desgracia, horrendos crímenes de la contrainsurgencia contra inocentes en la guerra sorda que ha causado ya cerca de veinticinco mil muertos.

Dar carta libre a las Fuerzas Armadas —algo que, de hecho, siempre han tenido— para luchar contra el terrorismo no va a acabar con este; por el contrario, lo va a robustecer y extender a aquellos sectores campesinos y marginales, víctimas de abusos, ahora sin posibilidad alguna de protestar contra ellos por las vías legales o a través de una prensa libre, a quienes Sendero Luminoso y el MRTA vienen diciendo hace tiempo: «La única respuesta a los atropellos de la Policía y el Ejército son nuestras bombas y fusiles». Al perder la legitimidad democrática, es decir su superioridad moral y jurídica frente a los terroristas, quienes mandan hoy día en el Perú han perdido el arma más preciosa que tiene un gobierno para combatir una subversión: la colaboración de la sociedad civil. Es verdad que nuestros gobiernos democráticos fueron ineficientes en conseguirla; pero ahora, al pasar el gobierno peruano a la ilegalidad, el riesgo es que esta colaboración se vuelque más bien a quienes lo combaten con las armas.

Es también inexacto que una dictadura pueda ser más eficiente en el combate contra el narcotráfico. El poder económico que este representa ha causado ya tremendos estragos en el Perú, poniendo a su servicio a periodistas, funcionarios, políticos, policías y militares. La crisis económica peruana, que ha reducido los ingresos de empleados públicos y de oficiales a extremos lastimosos —el sueldo de un general no llega a 400 dólares mensuales— los hace vulnerables a la corrupción. Y, en los últimos meses, ha habido denuncias muy explícitas en el Perú de colusión entre los narcotraficantes del Alto Huallaga y alguno de los oficiales felones que encabezan el disimulado golpe militar. No se puede descartar, por eso, lo que la revista *Oiga*, de Lima, venía denunciando ya hace algún tiempo: una conspiración antidemocrática fraguada por el entorno presidencial y militares comprometidos con los narcos del oriente peruano.

A algunos han impresionado las encuestas procedentes del Perú según las cuales más del 70% de los limeños aprobarían el asesinato de la legalidad. No hay que confundir desafecto por las instituciones defectuosas de la democracia con entusiasmo por la dictadura. Es verdad que el Congreso había dado a veces un espectáculo bochornoso de demagogia y que muchos parlamentarios actuaban sin asomo de responsabilidad. Pero eso es inevitable en países como el Perú, donde la democracia está dando sus primeros pasos y, aunque haya libertad política y elecciones libres, la sociedad aún no es democrática y todas las instituciones —partidos y sindicatos incluidos— siguen impregnadas de los viejos hábitos de caciquismo, corruptelas y rentismo. No se cura un dolor de cabeza decapitando al enfermo. Clausurando un Congreso representativo y fabricando uno ad hoc, fantoche y servil, como hacen todas las dictaduras y como el ingeniero Fujimori se propone hacer, no van a mejorar las costumbres ni la cultura democrática del Perú: van a empeorar.

El desencanto de los peruanos con el Poder Judicial es grande, desde luego. Los jueces, que ganan sueldos de hambre —menos de 200 dólares al mes, como promedio—, no se atreven a condenar a los terroristas ni a los narcos, por temor o porque se doblegan al soborno. Y tampoco a políticos como el ex presidente García Pérez, a quien la Corte Suprema, en una decisión escandalosa, hace poco se negó a juzgar pese a la solicitud del Congreso y de haber muy serias evidencias de millonarios negociados mientras ejercía la Presidencia. (Los jueces habían sido nombrados por él, en previsión de esta eventualidad, claro está).

¿Va a «moralizar» la administración de Justicia el gobierno dictatorial? No, la va a degradar aun más. Así ocurrió durante la dictadura militar que gobernó el Perú desde 1968 hasta 1980, entre cuyas justificaciones figuraba, por supuesto, acabar con la corrupción de los jueces. La reforma judicial que hizo aquella dictadura menoscabó aun más los restos de competencia y decencia que quedaban en los juzgados peruanos, los que, desde entonces, han sido instrumentalizados de una manera inescrupulosa por el poder político. Me apena, por eso, la fantástica inocencia de mis compatriotas que se ilusionan con la idea de que el nuevo *führer* de Palacio de Gobierno vaya, a golpe de úcases, a materializar por fin su anhelo de tribunales competentes y jueces incorruptibles en todo el Perú.

No me apenan, en cambio, sino me irritan —porque en ellos no hay la excusa de la ignorancia, del hambre y de la desesperación— esos empresarios que se han precipitado a aplaudir el golpe, convencidos de que por fin tienen en casa al Pinochet con el que soñaban. ¿Después de todo lo que les ocurrió con la dictadura del general Velasco, a quien celebraron y festejaron y que luego los nacionalizó y expropió, todavía no han aprendido? ¿Todavía siguen creyendo que los tanques en las calles, la censura en la prensa y los generales en Palacio son mejores garantías para la empresa y la propiedad privada que una genuina democracia? No es de extrañar que con gentes como ellos el capitalismo jamás haya podido despegar en el Perú y haya sido solo su caricatura mercantilista, de industriales sin imaginación y sin espíritu, a quienes aterra la idea de la competencia y cuyos esfuerzos, en vez de producir, se orientan solo a conseguir privilegios, prebendas, monopolios.

Ojalá los países democráticos de Occidente reaccionen frente a lo ocurrido en el Perú como lo hicieron cuando el golpe militar de Haití y sigan el ejemplo de Estados Unidos, cortando toda relación económica con el gobierno peruano mientras no restablezca el imperio de la Constitución. Solo una resuelta respuesta de la comunidad internacional puede poner fin a un mal ejemplo que de cundir retrocedería a los países latinoamericanos a una época de barbarie que ya parecía superada.

Desde que salí del Perú, el 12 de junio de 1990, dos días después de perder las elecciones ante quien ha traicionado ahora esa democracia gracias a la cual llegó a la Presidencia, me prometí no volver a opinar sobre política peruana, ni dejarme arrastrar nunca más por una ilusión como la que me llevó a ser candidato. Rompo ahora la primera parte de aquella promesa por una razón de principio, para dejar constancia de mi condena a lo que me parece un crimen contra una de las pocas cosas buenas que le quedaban a mi país —la libertad— y de la tristeza y la vergüenza que me produce saber —si las encuestas no mienten— que el autor del crimen tenga tantos cómplices.

Berlín, abril de 1992

HAITÍ-LA MUERTE

No hay en el hemisferio occidental, y acaso en el mundo, caso más trágico que el de Haití. Es el más pobre y atrasado de los países del continente y en su historia se suceden dictaduras sanguinarias, tiranos corrompidos y crueles, y matanzas e iniquidades que parecen urdidas por una imaginación perversa y apocalíptica. Ahora que por América Latina circula un aire de progreso y de optimismo con la consolidación de regímenes democráticos y reformas económicas que atraen hacia la región un vasto flujo de inversiones, Haití sigue hundiéndose en el salvajismo político y en una miseria sobrecogedora.

¿Quién tiene la culpa de este sombrío destino haitiano? No faltan politólogos y sociólogos que explican el fenómeno con el argumento cultural: el vudú y otras creencias y prácticas sincretistas de origen africano, firmemente arraigadas en la población campesina del país, constituirían un obstáculo insalvable para su modernización política y económica y harían a los haitianos fáciles presas de la manipulación de cualquier demagogo nacionalista, víctimas propicias de los caudillos siempre listos a justificar su permanencia en el poder como garantes de lo que Papá Doc llamaba «el haitianismo» o «el negrismo».

Y, sin embargo, cuando se echa aunque sea una rápida ojeada a la historia moderna de Haití, se vislumbra, como una corriente

de agua clara discurriendo entre las hecatombes y carnicerías cotidianas, una constante esperanzadora: cada vez que tuvo ocasión de
expresar lo que quería en comicios más o menos limpios, ese pueblo
de analfabetos y miserables eligió bien, votó a favor de quienes parecían representar la opción más justa y más honrada y en contra
de los verdugos, corruptos y explotadores. Eso fue lo que ocurrió
—aunque ahora aquello parezca una paradoja grotesca— en 1957,
en las primeras elecciones de sufragio universal en la isla, luego de
diecinueve años de ocupación norteamericana (1915-1934), cuando eligió, abrumadoramente, a quien parecía un médico honrado
e idealista —François Duvalier— y defensor de los derechos de la
mayoría negra (90% de la población) en contra de la minoría mulata, poseedora entonces de la riqueza, el poder político y cómplice
descarada de la intervención colonial. Nadie podía sospechar, en ese
momento que se creyó el umbral de una nueva era de progreso para
Haití, que el Dr. Duvalier se transformaría en poco tiempo en el ve-
sánico Papá Doc, es decir, en una versión rediviva de sus admirados
modelos en desafueros despóticos: Dessalines y Christophe.

Pero ha sido, sobre todo, luego de la caída de la dinastía du-
valierista (aunque no de las estructuras militares, policiales y gangsteriles que la sostenían) cuando se ha visto a la inmensa mayoría de
haitianos enviar señales inequívocas, al mundo entero, de su voluntad de vivir en paz, dentro de un régimen de libertad y de legalidad.
Este es el sentido profundo de la gestación del movimiento Se Lavalas, desde los estratos más marginados y huérfanos de la sociedad
haitiana, que, a partir de 1986, impondría una irresistible dinámica
democratizadora en todo el país.

Esta movilización popular, de campesinos, obreros, artesanos
y desocupados, fue una gesta cívica admirable, de contornos épicos,
que, no lo olvidemos, se hizo en las condiciones más adversas, desa-
fiando una implacable represión militar y a las bandas criminales del
antiguo régimen que no habían sido casi afectadas por la remoción
de Baby Doc. Pese a los asesinatos y a los escarmientos preventivos
—incendios, bombardeos, secuestros, torturas, en los barrios y aldeas

más pobres—, los haitianos acudieron en masa a inscribirse en los padrones electorales y aprobaron por aplastante mayoría la nueva Constitución en el referéndum del 3 de marzo de 1987. Y, en las elecciones más concurridas y más pulcras de la historia de Haití, las del 29 de noviembre de 1990, eligieron presidente a Jean-Bertrand Aristide por una mayoría plebiscitaria: el 67 por ciento de los votos.

Conviene recordar que fue este movimiento cívico de base el que, en cierta forma, curó de sus veleidades revolucionarias al carismático ex curita salesiano e hizo de él un demócrata. Hasta aquel referéndum, entre escapadas milagrosas de atentados y querellas con la jerarquía católica, el padre Aristide predicaba la acción directa —la revolución— y se mostraba totalmente escéptico sobre la vía pacífica y democrática para reformar el país. Aquella movilización cívica que hizo de Se Lavalas una formidable fuerza política con arraigo en todo el territorio y que levantó como la espuma las ilusiones de cambio pacífico de todo un pueblo, lo convenció de las posibilidades de la democracia —de la ley— para llevar a cabo la transformación radical con que encandilaba a los oyentes de sus sermones.

Pese a todo lo que se ha dicho —y la verdad es que los ataques injustos y las calumnias han llovido sobre él desde que fue defenestrado— el presidente Aristide respetó la legalidad democrática, y trató de acabar con la corrupción, el crimen político, las mafias del narcotráfico, los privilegios económicos y la explotación del campesino, siguiendo los mecanismos dictados por la Constitución. Fue la amplitud reformista de estos cambios, y no los excesos y desórdenes populares —que también los hubo— de los primeros meses de su gobierno, lo que desató contra él la conspiración de los militares y de la elite plutocrática, que culminó en el golpe de Estado de setiembre de 1991 que llevó al poder al general Raoul Cédras.

Lo que ha ocurrido desde entonces en Haití debería llenar de remordimiento y de vergüenza a todos los países democráticos de Occidente y en especial a Estados Unidos, en cuyas manos ha estado, con un poco de buena voluntad y decisión, poner fin a las operaciones de verdadero genocidio con que la dictadura militar trata de sofocar la resistencia de los haitianos. Es difícil entender la lógica que permitió al gobierno norteamericano enviar a los *marines* a Granada y Panamá, alegando que había allí unas tiranías peligrosas para el hemisferio, y, en cambio, retirar a los mismos *marines* cuando iban a desembarcar en Haití para garantizar el acuerdo de Governors Island, patrocinado por las Naciones Unidas y firmado por Aristide y por Cédras, porque un puñado de matones de la dictadura apedreó el barco en que llegaban. Hay en esto una asimetría y una incoherencia peligrosas como precedente para los futuros golpistas del continente.

Ni siquiera el argumento de la complicidad con las mafias de la droga de Noriega que sirvió de coartada para la invasión de Panamá vale en este caso. Pues todo el mundo sabe —y todos los informes sobre la situación de Haití lo corroboran— que una de las razones principales para el golpe de Cédras fue preservar el monopolio del narcotráfico que los militares haitianos detentan —y que, por lo demás, es su principal fuente de ingreso—, y que extrae todas sus ganancias de la intermediación en el tránsito de la cocaína colombiana a Estados Unidos.

Naturalmente que una intervención armada no puede ser unilateral y que ella siempre implica riegos gravísimos, que deben ser muy cuidadosamente sopesados. Pero si hay un solo caso hoy día en el mundo, en el que las Naciones Unidas pueden y deben considerar este recurso extremo para poner fin a los crímenes contra la humanidad que viene cometiendo una tiranía criminal contra un pueblo indefenso, es el de Haití. Lo que allí ocurre es difícil de describir, porque los testimonios van más allá del realismo y de lo verosímil y trascienden incluso los horrores mágico-políticos fantaseados por Alejo Carpentier sobre el pasado haitiano en *El reino de este mundo*. Así, en tanto que el embargo decretado contra el régimen por la comunidad internacional como medio de presión es burlado a diario por la frontera dominicana, una coladera que, además, permite multiplicar sus ingresos a los contrabandistas —que son, todos, militares y policías—, la dictadura, tranquilizada por las declaraciones de Washington de que no se recurrirá en ningún caso a la acción armada para restablecer la democracia, prosigue con total comodidad el exterminio físico de los cuadros más visibles de Se Lavalas y una política de terror y amedrentamiento masivos a fin de desarraigar de la conciencia haitiana la ilusión de retorno a la democracia.

Para ello, el régimen ha creado una forma más moderna y eficiente —mejor pagada y armada— de lo que fueron los hombres de mano de Papá Doc (los *tontons macoutes*): el FRHAP (Frente Haitiano para el Avance y el Progreso). Bajo la férula sanguinaria del teniente coronel Michel François, jefe de la Policía, los hombres del FRHAP exterminan familias enteras cada noche en todos los barrios y aldeas conocidos por sus simpatías hacia Aristide, y queman las casas de sus partidarios o los secuestran y someten a atroces torturas y luego los sueltan, mutilados, para que sirvan de vivientes ejemplos de lo que espera a los que aún se atreven a soñar con una vuelta del régimen legal. Así perecieron o fueron terriblemente maltratados varios de los ministros que, a fin de favorecer un arreglo negociado para su regreso a Haití, nombró el presidente Aristide en el marco de los acuerdos de Governors Island. Y, aunque parezca mentira, todavía se escuchan en ciertos medios de comunicación de Estados Unidos afirmaciones según las cuales el problema haitiano no se resuelve por la intransigencia de Jean-Bertrand Aristide, quien no habría hecho suficientes concesiones a los militares genocidas (apenas las muy mezquinas de garantizarles la impunidad para sus crímenes y la de permitirles retirarse a sus cuarteles de invierno sin ser molestados).

Así como la aprobación de NAFTA (el Tratado de Libre Comercio con México y Canadá) ha sido el gran éxito de la política hacia América Latina del gobierno del presidente Clinton, su gran fracaso hasta ahora es Haití. Ineficacia, contradicciones, confusión han caracterizado todas sus iniciativas frente a este problema, que, si termina con la consolidación de la dictadura de Cédras, echará siempre una sombra ominosa sobre las credenciales en política internacional de este retorno al poder del Partido Demócrata, un partido, no lo olvidemos, que hacía flamear el respeto a los derechos humanos y la promoción de la democracia como sus prioridades en lo que se refiere a América Latina.

Afortunadamente, hay en el seno de los mismos demócratas estadounidenses una corriente de opinión cada día más enérgica que critica al gobierno su actuación frente a Haití. Así, el grupo parlamentario negro del Congreso acaba de censurar a la administración por su inoperancia y de exigirle una acción más enérgica, para reponer al presidente Aristide. Y un respetado dirigente de derechos humanos, también de color, Randall Robinson, acaba de iniciar una huelga de hambre junto al Capitolio con el mismo objetivo. Son apenas unas gotas de agua, sin duda, pero tal vez broten otras, y otras, hasta que un gran torrente de opinión se desate y geste un esfuerzo efectivo de solidaridad que ayude al pueblo haitiano a salir de la barbarie en que Cédras, François y compañía quieren eternizarlo.

Washington D. C., abril de 1994

JUGAR CON FUEGO

La conmoción que ha provocado, en Argentina, el testimonio de las torturas y los crímenes cometidos por la dictadura militar que inauguró el golpe de Estado del general Videla, en 1976, y cesó con la elección de Alfonsín, en 1983, podría ser muy saludable para el futuro de la democracia en ese país y en América Latina. Pero solo si se ventilan todos los factores y el conjunto de la sociedad saca del debate correspondiente las conclusiones adecuadas. Tengo la impresión de que nada de ello va a ocurrir.

Aunque la magnitud de los horrores de la represión se conocía de sobra, lo que ha desencadenado el escándalo —atizado por la campaña electoral del momento— son las escalofriantes precisiones ofrecidas por los militares «arrepentidos» sobre el sadismo con que aquella se abatió sobre sus víctimas, y, sobre todo, que quienes hicieran las revelaciones fueran los propios victimarios. Ahora sí, la evidencia está allí. La verdad ya no puede ser cuestionada ni rebajada, pues esas bocas locuaces que la hacen pública son las de los mismos que aplicaron las picanas eléctricas, soltaron a los perros adiestrados en castrar a mordiscos a los prisioneros o empujaron a estos, anestesiados y desnudos, desde los helicópteros al mar.

Todo ello es, desde luego, atroz y nauseabundo para cualquier conciencia medianamente ética, como es perfectamente comprensible la indignación de los católicos, que se sienten apuñalados a traición por su Iglesia, al enterarse de que los oficiales o clases encargados de arrojar vivos al océano a los presos políticos eran confortados espiritualmente por sacerdotes y capellanes castrenses, a fin de que no padecieran luego de remordimientos. (Había médicos y psicólogos para complementar esta tarea, de modo que no cundiera la desmoralización entre los miembros de los cuerpos especializados en la lucha antiterrorista).

Dicho esto, debo confesar que, sin que ello disminuyera mi asco por aquel salvajismo, he seguido con un malestar creciente el debate argentino sobre si, en razón de estos nuevos elementos de juicio, debería levantarse el indulto del 28 de diciembre de 1990, reabrirse los juicios y enviar a la cárcel al mayor número de cómplices —civiles o militares— en las torturas, asesinatos y desapariciones de las treinta mil víctimas de la dictadura que lideraron los generales Videla, Viola y Galtieri. Desde luego, sería magnífico que *todos* los responsables de esas inauditas crueldades fueran juzgados y sancionados. Pero ello es prácticamente imposible porque aquella responsabilidad desborda largamente la esfera castrense e implica a un amplio espectro de la sociedad argentina, incluida una buena parte de quienes ahora se rasgan las vestiduras condenando retroactivamente una violencia que, de un modo u otro, ellos también contribuyeron a atizar.

El reemplazo de un gobierno democrático por un régimen dictatorial —un sistema que regula la ley por otro en el que domina la fuerza— abre las puertas y las ventanas a un desencadenamiento impredecible de la violencia, en todas sus manifestaciones, desde la impunidad para la corrupción hasta el crimen institucionalizado, pasando, desde luego, por el imperio de la arbitrariedad en las relaciones sociales y el reino del privilegio y la discriminación en la esfera pública. Los alcances de esta violencia implícita en todo régimen cuyo sustento es la fuerza bruta, dependen, claro, de factores que varían de país a país y de época a época, pero es una ley sin excepciones —sobre todo en América Latina— que toda dictadura, aun la más «benigna», deja siempre tras de sí un siniestro reguero de sangre y de muerte y un largo prontuario de atropellos a los derechos humanos.

Por eso, está muy bien que las revelaciones de los oficiales Adolfo Scilingo y Héctor Vergés, el gendarme Federico Talavera y el sargento Víctor Ibáñez provoquen indignación, pero de ningún modo es admisible la sorpresa, pues ¿torturar, asesinar y «desaparecer» no ha sido acaso, desde siempre, práctica habitual de las dictaduras en América Latina y en todas partes? Lo que ha variado, sin duda, es la tecnología, hoy día mucho más avanzada de aquellos tiempos artesanales en que Trujillo lanzaba a sus adversarios a los tiburones no desde un avión sino desde un mediocre acantilado de la capital dominicana. Todo esto lo conocemos los latinoamericanos de sobra y, por eso, quienes aplauden o callan cuando un régimen democrático es destruido por los tanques saben muy bien lo que estos traen consigo como proyecto de vida para la colectividad entre las muelas de sus orugas. ¿Necesito recordar que el golpe militar del 24 de marzo de 1976 contra el gobierno de Isabelita Perón fue jaleado alegremente por un sector muy grande, acaso mayoritario, de la sociedad argentina? Esa muchedumbre de caras anónimas que respiró, aliviada y feliz, cuando se instaló la Junta Militar, no es ajena al horror que en estos días despliega su abyecta cara en la vida política argentina y es objeto de examen público gracias a que ahora hay en ese país un régimen de libertad y legalidad.

Ahora bien, si es hipócrita jugar al inocente o al ciego sobre lo que significa una dictadura, también lo es juzgar al desmemoriado y mantener fuera del debate un hecho capital: el clima de zozobra y de impotencia que reinaba en Argentina en los años setenta por culpa de la acción insurreccional de los montoneros y el Ejército Revolucionario del Pueblo (ERP). Esta guerra, recordemos, fue desatada no contra una dictadura militar, sino contra un régimen civil, nacido de elecciones, y que, con todos los defectos que tenía —eran innumerables, ya lo sé—, preservaba un cierto pluralismo y permitía un amplio margen de acción a sus opositores de derecha y de izquierda, lo que significa que hubiera podido ser reemplazado pacíficamente, a través de un proceso electoral.

Pero los románticos e idealistas «guerrilleros urbanos» no querían conservar el corrupto e ineficiente sistema democrático, sino hacer de él tábula rasa y edificar otra sociedad, desde el principio. Para ellos, ese sistema era una simple máscara y sus asesinatos, atentados, secuestros y «expropiaciones» —como llamaban a los asaltos y robos— tenían por objeto, precisamente, restablecer la verdad: es decir, que salieran los militares de los cuarteles a gobernar, ¿pues, qué era la democracia sino un patético testaferro del verdadero poder representado por la institución castrense y sus aliados, los capitalistas? Su estrategia tuvo éxito y los militares, aclamados por una buena parte de los civiles a quienes el terrorismo tenía aturdidos y aterrados, salieron de los cuarteles a librar la guerra a la que eran convocados y, como en eso de matar, estaban mejor equipados y entrenados que los guerrilleros, mataron a mansalva, diez o veinte —o acaso más— por cada uno de las víctimas del otro bando, sin importarles mucho que, entre las víctimas, cayera un considerable número de inocentes.

El salvajismo de unos no es jamás atenuante del salvajismo de los otros, por supuesto, y de ninguna manera creo que se pueda excusar o mitigar la responsabilidad de los espantosos abusos de la dictadura por los crímenes de los montoneros y el ERP. Pero sí sostengo que no se puede desligar la ferocidad de la represión de la dictadura militar de la insensata declaratoria de «guerra armada» lanzada por esos movimientos extremistas contra una democracia que, por débil e incompetente que fuera, era la defensa más preciosa que el pueblo argentino tenía contra la violencia. Por eso, todos los que ayudaron, de un modo o de otro, a que ese sistema se desplomara y a que lo sustituyera una Junta Militar, pusieron un manojito de paja en el terrible incendio que asoló al país más instruido, próspero y moderno de América Latina y lo retrocedió a la barbarie política.

¿Cómo fue posible semejante regresión y cómo actuar, desde ahora, para que ella no vuelva a repetirse? Este debería ser el eje del debate. Los arrepentimientos públicos de obispos y jefes militares están muy bien, sin duda, pero no creo que ellos garanticen gran cosa cara al futuro, a menos de que estas exhibiciones vengan acompañadas por una toma de conciencia colectiva de que aquellos horrores que hoy día salen a la luz pública fueron un efecto, la inevitable consecuencia de una tragedia mayor: la desaparición del régimen civil y representativo, basado en la ley, en las reglas de juego civilizado de las elecciones y el equilibrio de poderes, y su sustitución por un régimen autoritario basado en las pistolas.

Ahora bien, tengo la impresión de que no es esta la dirección que ha tomado el debate argentino sino, más bien, la arriesgadísima del «arreglo de cuentas», la más apta para, en vez de vacunar al país contra la repetición futura de horrores semejantes, ahondar la división entre los sectores políticos y debilitar el frágil consenso que ha permitido el restablecimiento de la democracia. Si esta se resquebraja y desmorona no solo no se habrá hecho justicia a las víctimas del terror; se habrá abonado el terreno para que, una vez más, se repita el ciclo fatídico, y a un breve intervalo de libertad siga el autoritarismo, desembozado o encubierto (a la manera peruana, por ejemplo), con su inevitable corolario de nuevos atropellados, abusados, torturados y asesinados para enriquecer la triste historia universal de la infamia de la que hablaba Borges.

Mi pesimismo tiene que ver con declaraciones como la del ex líder montonero Jorge Reyna, quien, preguntado por los periodistas si él también se «arrepentía» de su personal contribución a la violencia de los años setenta, respondió así: «Yo, todo lo contrario, me enorgullezco de haber tratado de cambiar el mundo. Es la columna vertebral que me sostiene vivo después de todas las cosas que viví...». Es una actitud coherente, sin duda. Pero ¿cómo extrañarse entonces de que a ella responda un general, coronel o capitán declarando que, por su parte, él se enorgullece de haber salvado la civilización occidental y cristiana de la ofensiva atea y comunista? Ese es, una vez más, el camino de la guerra civil y si ella se desata nuevamente los argentinos ya saben quién la va a ganar y cuáles serán las consecuencias.

Por eso, haciendo esfuerzos para superar la comprensible náusea y el espanto, harían bien en mirar hacia aquellos países, como España o como Chile, que han sabido romper el ciclo infernal y han sido capaces de enterrar el pasado a fin de poder construir el futuro. Solo cuando la democracia echa raíces y la cultura de la legalidad y de la libertad permea toda la vida social está un país defendido contra bestialidades como las que vivió Argentina aquellos años, y suficientemente fortalecido como para sancionar debidamente a quienes amenazan el Estado de Derecho. La democratización de las instituciones en América Latina —y, en especial, de las Fuerzas Armadas, acostumbradas desde el fondo de los tiempos a actuar desde la prepotencia— es un proceso lento y delicado del que depende en gran parte el futuro de la libertad en el continente. Lo sucedido en el Perú con una democracia que, por la violencia de los grupos extremistas y la ceguera y demagogia de algunas fuerzas políticas, los peruanos malversaron y dejaron caer como una fruta madura en los brazos del poder personal y militar, debería abrir los ojos a los imprudentes justicieros que, en Argentina, aprovechan este debate sobre la represión de los setenta para tomarse el desquite, reparar viejas afrentas o continuar por otros medios la demencial guerra que desataron y perdieron.

Londres, mayo de 1995

LAS «PUTAS TRISTES» DE FIDEL

Entre los defectos de Fidel Castro no figura la disimulación. En los 45 años que lleva en el poder —la dictadura más larga en la historia de América Latina— nunca ha pretendido engañar a nadie sobre la naturaleza de su régimen ni sobre los principios en que se funda su manera de gobernar.

Cuba vive bajo un sistema «comunista» (son sus palabras), que, según él, es más justo, más igualitario y más libre que las putrefactas democracias capitalistas, a las que en todos sus cacofónicos discursos el «comandante» manifiesta siempre el soberano desprecio que le merecen, y a las que les pronostica que más pronto que tarde se desmoronarán bajo el peso de su corrupción y sus contradicciones internas. Es posible que Castro sea la única persona en Cuba que todavía crea esas sandeces, pero, sin duda, se las cree, y como en la isla reina un totalitarismo vertical donde el jefe máximo tiene poderes omnímodos y es la única fuente de la verdad, el sistema funciona en razón de semejantes convicciones, machacadas por la propaganda unidimensional ante los cubanos como si fueran axiomas revelados. (Es por esta razón que Reporteros sin Fronteras acaba de situar a Cuba en el lugar 166, entre 167 países examinados, en lo que concierne a la libertad de prensa, es decir, en el penúltimo lugar: el último le corresponde a Corea del Norte).

El «comandante» lo ha hecho saber hasta la saciedad: como el régimen comunista cubano es superior a las democracias occidentales no va a cometer la debilidad de incurrir en aquello que le piden sus enemigos con el solo propósito de destruirlo; es decir, admitir elecciones libres, libertad de expresión, de movimiento, tribunales y jueces independientes, alternancia en el poder, etcétera. Esas instituciones y prácticas son cortinas de humo para la explotación y la discriminación que proliferan en las democracias «social-pendejas», exquisita vulgaridad inventada por Castro para denigrar a los socialistas y socialdemócratas que lo critican y que son blancos constantes de sus diatribas.

¿Para qué convocaría a elecciones libres un gobierno que cuenta con el 99,9 por ciento de apoyo entre la población? ¿Para sembrar la división y el caos en esa hermosa unidad sin cesuras que garantiza el régimen de partido único? Quienes piden aquellas consultas electorales, libertad de partidos políticos, prensa independiente y cosas por el estilo, quieren, en verdad, abrir las puertas de Cuba a los imperialistas empeñados en acabar con las grandes «conquistas sociales» de la revolución —¿debe incluirse entre ellas el haber enviado a los homosexuales junto a delincuentes comunes a campos de concentración en los tiempos de las UMAP?— y convertir a Cuba en una democracia neocolonial, seudoliberal y social-pendeja, donde once millones de cubanos serían explotados sin misericordia por un puñado de capitalistas yanquis.

Quienes piden semejantes cambios son, pues, pura y simplemente, enemigos de la revolución, agentes del imperialismo y deben ser tratados como delincuentes, criminales y traidores a su patria. No son meras palabras de un paranoico megalómano, sino una convicción respaldada por cuarenta y cinco años de conducta rectilínea, en los que Castro no ha dado un solo paso atrás en semejante profesión de fe. Esta se ha visto materializada una y otra vez en encarcelamientos masivos, una represión sistemática, brutal y desproporcionada ante la más mínima manifestación de disidencia, con escarmientos periódicos en los que reales o supuestos desafectos al sistema son juzgados y condenados, en juicios tan grotescos como los que se llevaban a cabo en la URSS estalinista, apenas feroces, entre los que, de cuando en cuando, figura la pena de muerte por fusilamiento. Que, a pesar de esta política de terror sistemático y desprecio supino a los más elementales derechos humanos, haya todavía cubanos, como el poeta Raúl Rivero y sus setenta y cinco compañeros encarcelados en la última oleada represiva, que, desde las cárceles donde se pudren en vida, mantengan vivo el espíritu de resistencia, no solo asombra y llena de admiración: además, demuestra, como lo ha subrayado Vaclav Havel en el homenaje que acaba de rendirles, que aun dentro de las sociedades devastadas por el oscurantismo más prolongado y el horror más abyecto, la libertad encuentra siempre la manera de sobrevivir.

Que este régimen tenga todavía partidarios en el extranjero no tiene por qué sorprender. El odio que la sociedad abierta inspira a muchos, los lleva a preferir una dictadura «social» a la democracia, y por eso deploran la caída del Muro de Berlín, la desintegración de la Unión Soviética y la conversión de China Popular a un capitalismo desenfrenado y «salvaje» (aquí sí es admisible la expresión). Desde luego, yo creo que quienes piensan así están equivocados y que muchos de ellos no podrían soportar veinticuatro horas en una sociedad como la que defienden, pero, si creen eso, es lógico que se muestren solidarios de una satrapía que encarna sus propios ideales y aspiraciones políticas. Hay que reconocerles cuando menos una indiscutible coherencia en su proceder.

No la hay, en cambio, sino incongruencia y confusión, en que intelectuales, políticos o gobiernos que se dicen democráticos, sirvan los intereses de un régimen que es el enemigo número uno de la cultura democrática en el hemisferio occidental y, en vez de mostrarse solidarios con quienes en Cuba van a prisión, viven como apestados, sometidos a toda clase de privaciones y tropelías o dan sus vidas por la libertad, apoyen a sus verdugos y acepten jugar el lastimoso papel de celestinas, cómplices o «putas tristes» —para emplear un término de actualidad— de la dictadura caribeña.

Es un insulto a la inteligencia pretender hacer creer a cualquiera que haya seguido someramente el casi medio siglo del régimen cubano, que la manera más efectiva de conseguir «concesiones» de Castro es el apaciguamiento, el diálogo y las demostraciones de amistad con su tiranía. Y lo es porque el propio Fidel Castro se ha encargado de manera contundente de disipar cualquier malentendido al respecto: él tiene cómplices, cortesanos, sirvientes, que colaboran con su política, sus designios, su gobierno y su modelo político-social, de los que ninguno de sus numerosos «amigos» lo ha hecho apartarse jamás un milímetro. Es verdad que, a veces, algunos de esos politicastros convencieros o intelectuales en pos de credenciales progresistas que van a retratarse con él y a echarle una mano publicitaria reciben como regalo un preso político, que luego exhiben como coartada de su duplicidad. Pero esa asquerosa trata de presos en vez de mostrar un ablandamiento del régimen —que reemplaza casi en el acto los que regala por otros nuevos— es más bien una señal flagrante de su vileza e inhumanidad.

¿A qué viene todo esto? A que el gobierno español de Rodríguez Zapatero acaba de hacer pública su intención de apandillar un movimiento para que la Unión Europea, que, luego de los fusilamientos y condenas a los setenta y cinco disidentes había optado por una política de firmeza ante la dictadura cubana mientras no hubiera progresos reales en la isla en materia de derechos humanos, rectifique y opte más bien por el acercamiento y el diálogo amistoso con Castro, es decir, por cortar toda vinculación y apoyo a sus opositores. El pretexto es que la «firmeza» no ha dado resultados. ¿Qué resultados han dado la cobardía y la complicidad con el régimen cubano de todas esas «democracias» latinoamericanas que votan a favor de Fidel Castro en las Naciones Unidas y multiplican los gestos de simpatía hacia él con el argumento de que es preciso ser solidarios con «el hermano continental»? Por lo menos la política adoptada por la Unión Europea ha enviado un mensaje claro a los millones de cubanos que no pueden protestar, que no pueden votar, que no pueden escapar, de que no están solos, que no han sido abandonados y que las democracias occidentales están moral y cívicamente de su lado en ese combate en el que, como ayer los checos, los polacos, los rumanos, los rusos y tantos otros, tarde o temprano, vencerán.

Acercamiento, diálogo, diplomacia privada, son eufemismos mentirosos para lo que, hablando claro, es una abdicación vergonzosa de un gobierno que, en clara contradicción con sus orígenes y su naturaleza democrática, decide contribuir a la supervivencia de una dictadura tan ignominiosa e innoble como la de Franco, y una puñalada trapera a los innumerables cubanos que, como los millones de españoles bajo el franquismo, sueñan con vivir en un país sin censuras, ni torturas, ni fusilamientos, y sin la asfixiante monotonía del partido único, la mentira, la vigilancia y el caudillo omnipresente.

Lo más criticable en este caso es que los gobernantes españoles, a menos de haber caído víctimas de una súbita plaga de angelismo pueril, saben perfectamente que el cambio que proponen a sus aliados europeos respecto a Cuba, si prosperara, no conseguiría la más mínima apertura del régimen, y, por el contrario, echaría a sus desfallecientes pulmones una bocanada de oxígeno (Fidel Castro ya dijo públicamente que la decisión del gobierno español era «la correcta»). ¿Por qué lo hacen, entonces? Para consumo interno. Para probar que también en este ámbito hay una ruptura radical con el gobierno anterior. O para dar un poco de aliento a esos remanentes tercermundistas y estalinianos que, aunque felizmente muy minoritarios, existen todavía dentro del socialismo español, muy rezagado en este respecto de sus congéneres británicos, franceses, alemanes y nórdicos, donde los socialistas no tienen el menor complejo de inferioridad frente al Gulag tropical cubano.

Mi esperanza es que esos magníficos «social-pendejos» europeos impidan que esta iniciativa lamentable se materialice. Ella debe ser denunciada y combatida como lo que es: un acto demagógico e irresponsable que solo servirá para apuntalar a la más longeva dictadura latinoamericana. No debemos permitir que la España democrática, moderna y europea que en tantos sentidos es un ejemplo para América Latina se convierta en la «puta triste» de Fidel.

Madrid, octubre de 2004

LAS EXEQUIAS DE UN TIRANO

El azar ha querido que me encuentre en Santiago de Chile cuando las exequias fúnebres del general Augusto Pinochet. Con muy buen criterio, el gobierno de Michelle Bachelet le negó un funeral de Estado y el ex dictador fue honrado solo por los institutos armados, como antiguo comandante en jefe del Ejército. Pero ni siquiera las Fuerzas Armadas chilenas han querido identificarse plenamente con el ex dictador, como muestra el hecho de que hubieran dado de baja en el acto al nieto de Pinochet, el capitán Augusto Pinochet Molina, por haber pronunciado un discurso indebidamente en el funeral de su abuelo.

Aunque varios millares de personas, nostálgicas de los diecisiete años que duró la dictadura, fueron a mostrar sus respetos ante los restos expuestos en la Escuela Militar, todas las encuestas prueban estos días que una gran mayoría de chilenos condena ahora su régimen, por las violaciones a los derechos humanos, la corrupción y el enriquecimiento ilícito que lo caracterizó. Al igual que en el resto del mundo, aquí también muchos han lamentado que Pinochet muriera sin haber sido sentenciado por ninguno de los crímenes que cometió. Más de trescientos procesos por asesinatos, torturas, abusos de poder y tráficos ilícitos, que sus abogados consiguieron dilatar y dilatar, deberán ser ahora sobreseídos, aunque esto no exonera a sus subordinados, otros cómplices y comprometidos en las exacciones.

Pero el grueso de la opinión pública chilena, e internacional, lo había ya sancionado y Pinochet pasará a la historia, no por ser «el general que salvó a Chile del comunismo» (así decían algunos carteles de sus partidarios), sino como el caudillo de una tiranía que asesinó a por lo menos 3.500 opositores, torturó y encarceló a muchos miles, obligó a exiliarse a otros tantos, y durante diecisiete años gobernó con una brutalidad sin atenuantes a un país que tenía una tradición de legalidad y coexistencia democrática rara en América Latina. El mito según el cual fue un dictador «honrado» se eclipsó hace tiempo, cuando se descubrió que tenía cuentas secretas en el extranjero —en el Banco Riggs de Washington— por cerca de veintiocho millones de dólares y que, por lo tanto, encajaba perfectamente en la horma prototípica de los dictadores latinoamericanos, como asesino y ladrón.

Los incidentes violentos que han tenido lugar el día de su muerte en las calles de Santiago entre sus partidarios y adversarios son una prueba flagrante de las heridas y divisiones que la dictadura militar ha dejado en la sociedad chilena y lo lenta que es su cicatrización y la reconciliación. Incluso ahora, que Chile es un país muy distinto a aquel en el que Pinochet se izó del poder mediante un golpe militar, una democracia moderna y próspera, en plena expansión, los enconos, rencores y odios subterráneos que se gestaron durante su gobierno —alguno de ellos, antes, durante la Unidad Popular— siguen fragmentando al país y amenazando con subir a la superficie con cualquier pretexto.

La condena firme e inequívoca del tiranuelo que fue Pinochet, y de su inicuo sistema, no debe significar, sin embargo, una justificación ni un olvido de los gravísimos errores cometidos por la Unidad Popular, de Salvador Allende, sin los cuales jamás se hubiera creado el clima de desgobierno, violencia y demagogia que llevó a muchos chilenos a apoyar el *putch* de Pinochet. Allende presidió un gobierno legítimo, nacido de impecables comicios, pero apoyado solo por poco más de un tercio del electorado chileno. Su mandato no lo facultaba para llevar a cabo la revolución socialista radical que intentó, siguiendo el modelo cubano, y que produjo una hiperinflación que generó inseguridad y furor en las clases medias, y una polarización política que, a diferencia de otros países latinoamericanos, Chile no había conocido hasta entonces. Eso explica que el golpe militar no hubiera sido rechazado por el grueso de una sociedad que hasta entonces parecía tener sólidas convicciones democráticas y buena parte de la cual, sin embargo, se cruzó de brazos o apoyó a los militares sublevados.

Es verdad, también, que la dictadura oprobiosa de Pinochet abrió, inesperadamente, una vía para la recuperación económica y la modernización de Chile. Hay que repetir, una y otra vez, que esto ocurrió no *por*, sino *a pesar*, del régimen dictatorial, por una serie de circunstancias específicas de Chile, que permitieron algo inconcebible en cualquier satrapía castrense: que el régimen entregara el manejo económico a un grupo de economistas civiles —los Chicago Boys— y los dejara hacer reformas radicales —apertura de fronteras, privatización de empresas públicas, integración a los mercados del mundo, diseminación de la propiedad, fomento a la inversión, reforma del trabajo y de la seguridad social— que orientaron a Chile en un camino que lo ha llevado a la prosperidad de que ahora goza.

Sin embargo, la verdadera modernización de Chile comenzó luego, con la caída de la dictadura, cuando el primer gobierno democrático de la Concertación, en 1990, a la vez que desmontaba todo el aparato represivo y censor de Pinochet, conservaba en lo esencial, aunque perfeccionándolo en los detalles, el modelo económico. Cuando el electorado chileno ratificó con sus votos aquella sensata política y, de hecho, se estableció un consenso nacional respecto a las líneas directrices —democracia política y economía de mercado—, Chile empezó a dejar atrás, por fin, ese subdesarrollo en el que todavía chapotea la mayoría de países latinoamericanos.

Hay insensatos que aún creen que un Pinochet es necesario para que un país atrasado empiece a progresar. Este fue, por ejemplo, el argumento de los pinochetistas peruanos, que son los fujimoristas. Es verdad que Fujimori hizo algunas reformas económicas. Pero todas ellas —sin una sola excepción— se frustraron por los robos vertiginosos y los atropellos vesánicos de que vinieron acompañadas.

Lo mismo, con variantes, se puede decir de todos los regímenes que han pretendido inspirarse en el modelo «pinochetista».

No hay modelo pinochetista. Un país no necesita pasar por una dictadura para modernizarse y alcanzar el bienestar. Las reformas de una dictadura tienen siempre un precio en atrocidades y unas secuelas éticas y cívicas que son infinitamente más costosas que el statu quo. Porque no hay verdadero progreso sin libertad y legalidad, y sin un respaldo claro para las reformas de una opinión pública convencida de que los sacrificios que ellas exigen son necesarios si se quiere salir del estancamiento y despegar. La falta de ese convencimiento y la pasiva resistencia de la población a los tímidos o torpes intentos de modernización explican el fracaso de los llamados «gobiernos neo-liberales» a lo largo y ancho de América Latina, y fenómenos como el del tonitronante comandante Chávez, en Venezuela.

¿El nonagenario cadáver de Pinochet es ya una figura arqueológica, como será, más pronto que tarde, sin duda, la de Fidel Castro? ¿La espantosa estirpe de la que ambos son figuras emblemáticas se eclipsará con ellos? Nada me alegraría más, pero no estoy tan seguro. Es verdad que, hoy, en América Latina, con la excepción de Cuba, todos los gobiernos tienen un origen legítimo, incluido Chávez. Y también que la gran mayoría de los gobiernos de izquierda en el poder respeta el juego democrático y se ciñe a los usos constitucionales. Esta es una novedad positiva, sin duda.

El problema es que la democracia política sin desarrollo económico dura poco. La pobreza, el desempleo y la marginación adelgazan el sustento popular de una democracia sin éxitos sociales y provocan tanta frustración y rencor que pueden hacer que esta se desplome. El populismo de que hacen gala varios de estos gobiernos es un obstáculo insuperable para el verdadero progreso, aun en países beneficiados providencialmente con el oro negro, como Venezuela.

Ojalá que la trágica historia de Allende y Pinochet no se repita, ni en Chile ni en ninguna otra parte.

Santiago, diciembre de 2006

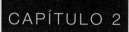

CAPÍTULO 2

Auge y declive de las revoluciones

CRÓNICA DE CUBA (I)
Los intelectuales rompen el bloqueo

¿Usted cree que dentro de veinte años los cubanos estarán así?, dijo mi amigo italiano con un gesto desconsolado, señalando la calle: una muchedumbre había invadido bruscamente la avenida, y los tranvías pasaban ahora, frente a nosotros, repletos de gente. Hombres, mujeres y jóvenes iban bastante bien vestidos, con guantes, abrigos y gorros de piel, muchas adolescentes llevaban botas altas y capas, como en París o Londres, y algunas valientes, pese a la temperatura de 10 grados bajo cero, lucían minifaldas. «¿Se da usted cuenta ahora por qué tengo prevenciones contra el socialismo? —dijo mi amigo italiano—. Porque si mañana mi país se hiciera socialista, terminaríamos como los checos, nunca como los cubanos». Unas horas antes de refugiarnos en este café, acosados por el frío, habíamos caminado largamente por el centro de Praga, curioseando las vitrinas de las tiendas, las carteleras de los cinemas, los restaurantes, observando y (secretamente) comprando. Mi amigo italiano exageraba, desde luego, cuando resumía sus fugaces impresiones de Praga en una frase lapidaria —«esto es un mal remedo de una ciudad capitalista»—, pero, sin duda, las imágenes que ambos traíamos de Cuba tenían poco que ver con las que desfilaban ante nosotros. ¿En qué estaba la diferencia? No tanto en el alto nivel de vida de los checos, en su desarrollo industrial, en su saneada y sólida economía (la más próspera entre las democracias populares), que contrastan rudamente con las enormes dificultades materiales a que debe hacer frente Cuba, en razón de su situación de país subdesarrollado y sometido a un rígido bloqueo, como en la visible apatía, teñida de escepticismo político, de las gentes, el nulo fervor revolucionario detectable a simple vista, en la actitud de conformismo o incluso de resignación tranquila con que el hombre de la calle parece asumir su condición de ciudadano de un país socialista, que desconciertan brutalmente a quien acaba de emerger del electrizante clima de entusiasmo y tensión que se vive en Cuba.

Hay que recorrer un largo y complicado camino para llegar a Cuba. El bloqueo que hace años impuso Washington a la isla no tenía solo como objetivo privarla de las importaciones que, hasta la revolución, la habían hecho sobrevivir, sino también, y sobre todo, ponerla en cuarentena política y cultural, expulsarla de la familia latinoamericana, excluirla como a un leproso para evitar el contagio. El bloqueo, que en el campo material ha afectado, sin duda, seriamente la economía cubana (aunque no ha conseguido asfixiarla, como esperaban los hombres de la OEA) en el dominio cultural ha resultado un clamoroso fracaso: se trata de algo que puede enorgullecer a los intelectuales latinoamericanos. Ni las dificultades que presenta el viaje a Cuba desde el punto de vista material (México es el único país que mantiene vuelos hacia La Habana, pero el latinoamericano que sale por allí, además de ser fotografiado y fichado como un indeseable, está prohibido de retornar a su país por la misma vía), el absurdo periplo que por ejemplo obliga a un venezolano a viajar hasta Praga o Madrid para llegar a La Habana, ni las represalias que muchos gobiernos latinoamericanos toman contra los ciudadanos que violan la interdicción (que figura en los pasaportes, como en el caso del Perú) de visitar el país apestado, han impedido a los artistas y escritores de este continente llegar a la isla, comprobar con sus propios ojos lo que ocurre allí y dialogar o discutir con sus colegas cubanos. «¿Usted es dramaturgo o poeta?», me había preguntado mi amigo italiano, cuando nos conocimos, en el aeropuerto de La Habana, mientras esperábamos la salida del avión a Praga. «Porque en esta ciudad hay una verdadera invasión de dramaturgos y poetas sudamericanos, me han presentado ya a cincuenta». Exageraba, pero apenas. En los últimos tres meses se han celebrado en Cuba tres eventos culturales: el Festival de Teatro Latinoamericano, el Encuentro Rubén Darío (con motivo del centenario del poeta) y el concurso literario anual de la Casa de las Américas de poesía, cuento, novela y ensayo. Con este motivo, no menos de medio centenar de escritores del continente acudieron a la isla y tuvieron ocasión, no solo de conocer de cerca la situación de Cuba, sino de trabar relación mutua e intercambiar opiniones. Teniendo en cuenta la secular incomunicación de los escritores latinoamericanos, este hecho adquiere una significación muy especial.

Está bien que los artistas e intelectuales de nuestro continente se rebelen contra el bloqueo y lo rompan. Las razones de los gobiernos no son, no pueden ni deben ser las de los creadores, y ningún escritor latinoamericano responsable podría admitir, sin deshonrarse, la mutilación de Cuba del territorio cultural americano. Por otro lado, los artistas y escritores de todas las tendencias que visitan Cuba (es una tonta calumnia la afirmación de que solo van a la isla los convencidos) tienen una razón muy poderosa para combatir, en la medida de sus posibilidades, la política de exclusión y asfixia, de cordón sanitario establecida por la OEA. Y es que, en el dominio que les pertenece, el de la cultura, la Revolución cubana ofrece, en sus escasos años de vida, un balance abrumadoramente positivo, un saldo de realizaciones y victorias profundamente conmovedor.

Yo detesto la beatería en cualquiera de sus formas, y la beatería política no me parece menos repulsiva que la religiosa. Pese a mi admiración por la Revolución cubana, siempre he encontrado deplorables esos testimonios reverenciales, hagiográficos, esos actos de fe disfrazados de crónicas o reportajes, que pretenden mostrar a la Cuba actual como un dechado de perfecciones, sin mácula, como una realidad a la que el socialismo, mágicamente, ha liberado de toda deficiencia y problema y convertido en invulnerable a la crítica. No, no es cierto. Cuba tiene todavía un sinnúmero de problemas por resolver, no en todos los campos ha alcanzado los mismos aciertos, y hay desde luego, muchos aspectos de la revolución discutibles u objetables.

Hay uno, sin embargo, en el que aún el espíritu más maniáticamente crítico, el contradictor por temperamento y vocación, se vería en serio aprieto si tuviera que impugnar la política de la revolución: el de la cultura, precisamente. Es sabido ya cómo fue erradicado el analfabetismo en Cuba; también, cómo la educación fue puesta al alcance de todo el mundo, gratuitamente, y cómo todos los estudiantes de la isla, colegiales o universitarios, están becados (es decir, alimentados, alojados y vestidos por el Estado, que además les proporciona el material de estudios necesario). Pero es mucho menos conocido, en cambio, el gigantesco esfuerzo editorial y de fomento de la cultura emprendido en la isla en los últimos años y el criterio con que se ha llevado a cabo. Sería apenas revelador decir que ningún gobierno latinoamericano ha hecho tanto por promover entre su pueblo las letras, las artes plásticas, la música, el cine, la danza, multiplicando los festivales, las exposiciones, los concursos, las campañas. Pero el esfuerzo desplegado estaría viciado si solo pudiera valorarse numéricamente. Lo notable, en el caso cubano, es que esta política cultural no se ha visto viciada (como ocurrió en los países socialistas y sigue, por desgracia, ocurriendo en muchos de ellos) por el espíritu sectario y el dogma. En Cuba no ha habido «dirigismo estético», los brotes que surgieron de parte de funcionarios ineptos fueron sofocados a tiempo. Ni en la literatura, ni en las artes plásticas, ni en el cine, ni en la música los dirigentes cubanos han tratado de imponer un tipo de modelo oficial. La editorial nacional (a cuyo frente se hallaba, hasta hace poco, Alejo Carpentier) ha hecho ediciones populares de autores como Joyce, Proust, Faulkner, Kafka y Robbe-Grillet, en tanto que en las galerías de toda la isla tenían cabida, por igual, pintores abstractos, surrealistas, «pops» y «ops» y los compositores cubanos experimentaban libremente la música concreta. ¿No es significativo que el libro más importante aparecido en Cuba en los últimos años sea la novela *Paradiso*, del católico (y poeta hermético) Lezama Lima? Pero tal vez sea más significativo todavía el hecho de haber visto yo, expuesto en un quiosco de libros viejos, montado en La Rampa, la avenida principal de La Habana, ¡un libro de Eudocio Ravines! Cuba ha demostrado que el socialismo no estaba reñido con la libertad de creación, que un escritor y pintor podían ser revolucionarios sin escribir mamotretos pedagógicos y pintar murales didácticos, sin abdicar o traicionar su vocación.

Pero sería mezquino reducir al campo de la cultura todo lo que puede impresionar y convencer al sudamericano que llega a Cuba. Las diferencias, los contrastes hieren la vista del extranjero a un nivel mucho más cotidiano y primario. George Orwell cuenta que lo que lo decidió a enrolarse en el ejército republicano español como voluntario fue el espectáculo que le brindaron las calles de Barcelona el día que llegó a la ciudad: por primera vez, escribió, ciertas nociones abstractas como «igualdad» y «fraternidad» se corporizaron ante sus ojos. Los adversarios de la Revolución cubana difícilmente podrían negar que, en sus ocho últimos años de vida, Cuba no solo ha suprimido en su seno esas imágenes de miseria radical que en nuestros países ambulan por las calles y ofrecen un siniestro telón de fondo la insolente riqueza de unos cuantos, sino que ha reducido a una proporción humana las diferencias sociales. Desde luego que ello no ha sido realizado sin drama y sin violencia, desde luego que la justicia social se ha implantado, a veces, a costa de injusticias parciales. Pero los resultados están a la vista de todos: el campesino cubano es dueño de la tierra que trabaja, todo cubano es dueño de la casa donde vive, todo niño cubano tiene garantizada su instrucción, todo cubano tiene asegurada atención médica y jubilación. «Podría citarle una docena de países que han liquidado lo que usted llama miseria radical, y reducido al mínimo las diferencias sociales, sin necesidad de liquidar la libertad de prensa y la democracia representativa», me decía mi amigo italiano, en el avión, en la interminable etapa La Habana-Gander. Es cierto, pero resulta inmoral comparar el caso cubano con Francia, Inglaterra o Suecia: los puntos de comparación adecuados son Bolivia, Perú, Paraguay.

El último programa agrícola cubano de gran aliento tiene como escenario las sierras del Escambray, en el centro de la isla, y su objetivo es promover en gran escala el cultivo de frutas y hortalizas que satisfagan las necesidades de Cuba y sirvan más tarde para la exportación. Se llama el «Plan Banao» y está íntegramente en manos de mujeres. Todo un día estuvimos allí, recorriendo el campo, conversando con muchas de las mil quinientas voluntarias que se han instalado en esas serranías, donde a fuerza de coraje y fervor deben superar las condiciones de una vida precaria y dura. Había, entre ellas, de todo: estudiantes, universitarias, amas de casa, hijas y esposas de obreros o de funcionarios. Pero lo que más nos impresionó, tal vez, no fue la alegría y la convicción que eran patentes en todas ellas, el entusiasmo con que emprendían esa tarea común, sino un breve diálogo que surgió al final de la excursión, cuando nos despedíamos de la directora del «Plan Banao», una muchacha joven vestida de miliciana, que nos había escoltado todo el día, explicándonos con detalles técnicos minuciosos los planes de trabajo. Era muy joven y uno de nosotros le preguntó qué hacía ella en 1958, al triunfar la revolución. «Yo era sirvienta entonces, —nos dijo—. En Matanzas. Y no sabía leer ni escribir».

Londres, febrero de 1967

CRÓNICA DE CUBA (II)

De sol a sol con Fidel Castro[*]

«Parece que va a venir Fidel», dijo alguien y todos pensamos que se trataba de una broma. Éramos una veintena de personas (en su mayoría, escritores de distintos países latinoamericanos venidos a La Habana para asistir a una reunión de la Casa de las Américas y al homenaje a Rubén Darío) y acabábamos de cenar en una fastuosa, absurda mansión vagamente versallesca del barrio del Vedado, que había sido la residencia de una condesa extravagante y es ahora un museo. Estaba con nosotros el nuevo ministro de Cultura de la revolución, Llanusa, un hombre joven, robusto, dinámico y cordial al que, de sobremesa, uno de nosotros preguntó bruscamente por qué el periodismo cubano era tan deficiente, por qué no estaba, por ejemplo, a la altura de las publicaciones culturales de la revolución. Y citó la diferencia flagrante que existía entre las revistas *Cuba, Casa de las Américas, Unión*, en las que, a una excelente presentación, se añade un sentido moderno de la información y de la crítica, un espíritu muy amplio en la selección de las colaboraciones, y los diarios

---

[*] Las citas entre comillas pretenden reconstruir el espíritu de lo que dijo Fidel, no la letra.

de La Habana, armados sin mucha imaginación, y por lo general estrechamente unilaterales y exageradamente parcos en lo relativo a la difusión de la actualidad internacional. Llanusa comenzaba a responder cuando lo interrumpió un movimiento de personas, la súbita aparición de un grupo en la puerta del patio donde estábamos. Nos pusimos de pie; efectivamente, ahí estaba Fidel. Nos presentaron, trajeron sillas, nos sentamos en torno a una mesa de vidrio abarrotada de tacitas de café, comenzó el extraño, fascinante monólogo.

Eran las diez de la noche, más o menos, y cuando nos despedimos y dejamos el absurdo palacio había amanecido hacía buen rato. Frívolamente, en el trayecto de regreso al hotel, las primeras impresiones que cambiábamos aludían, no a las muchas cosas que se habían dicho a lo largo de esas horas tibias y sin brisa, sino a la abrumadora y casi deprimente sensación de fortaleza física del gran gigante barbudo que, luego de haber hablado sin haber sido interrumpido sino por breves preguntas, al ver apuntar el día en el cielo, había mirado su reloj incrédulamente: ¿cómo, ya eran las siete de la mañana? Estábamos soñolientos, exhaustos, y él parecía ofensivamente fresco. Un periodista cubano contó una anécdota: él había acompañado a Fidel y a Sartre en un viaje por la isla, y la primera noche fue escenario, como esta vez, de un diálogo que solo cesó al amanecer. Fidel se había empeñado luego en ir a pescar; había costado algún esfuerzo hacerle ver que sus interlocutores estaban borrachos de fatiga y de sueño. Debe ser cierto.

Esta fuerza de la naturaleza —viéndolo uno se explicaba por qué hizo tan buenas migas con el viejo Hemingway, en cuyo honor la revolución realiza un concurso anual de pesca, cuyo primer ganador fue el propio Fidel— vestía su uniforme de comandante (en nada diferente del de un capitán o de un simple soldado: botines negros, pantalón y camisa comando verde olivo) y estaba sentado ante nosotros, en una frágil silla de hierro forjado, de finas patas ovaladas, donde debía sentirse (aunque no lo denotaba sino muy de rato en rato, oscilando el cuerpo de un lado a otro) tan incómodo como el añorado Dumbo de Cairoli cuando, obedeciendo a un gesto del domador, reposaba su corpulenta montaña en el taburetito de madera. Había habido un silencio largo, primero un silencio un tanto incómodo. Permanecíamos callados, esperando, y él tampoco se decidía a romper el hielo. Sus manos jugueteaban sobre la mesa de vidrio y de pronto atraparon unos restos de queso, y sonriendo, nos los mostró: estos últimos días él se las pasaba probando quesos, dijo. Muy suavemente, con largas pausas, eligiendo las palabras, con el timbre de voz de un niño un poco tímido, sin atreverse a mostrar de golpe todos sus tesoros, fue explicando cómo pronto empezaría Cuba a producir sus propios quesos, que serían tan buenos como los mejores. Habían sido aconsejados por técnicos de muchas partes, dijo. Cada vez con más soltura y naturalidad, dejándose ganar por un entusiasmo todavía prudente, habló de los quesos mexicanos, de los españoles, tan excelentes que producían una especie de Camambert mejor que el de los franceses. «Perdón, comandante, pero ahí sí que no estoy de acuerdo con usted», dijo alguien.

Hubo un discreto debate; sin querer dar su brazo a torcer del todo, Fidel acabó por conceder que el Camambert español podía ser obra de técnicos franceses. Ahora sí, después de este pintoresco preludio, el hielo estaba roto del todo.

«Por aquí han estado diciendo que los periódicos son muy malos en Cuba, Fidel», dijo alguien.

«¿Ah, sí?», dijo Fidel. «A ver, veamos, ¿cuántos de ustedes están dispuestos a quedarse aquí, trabajando con nosotros, para mejorar el periodismo cubano?».

Hizo algunas bromas y después se puso serio. Estuvo callado, escuchando lo que uno decía sobre la escasa información en la prensa de La Habana, pasándose una mano reflexivamente sobre la espesa barba de brillos rojizos, y luego asintió: sí, sí, esta mañana mismo había aparecido una absurda noticia en el *Gramma*; sí, sí, a veces todas las informaciones internacionales se reducían a enumerar las victorias militares del Vietcong contra los imperialistas. Se trataba, fundamentalmente, el problema número uno de la revolución: la falta de cuadros. Poco a poco surgirían elementos, mejor formados, más capaces, la revolución no podía hacerlo todo a la vez. Por lo demás, el periodismo constituía un problema que el socialismo no había resuelto aún; él estaba dispuesto a reconocer, incluso, que la prensa capitalista estaba mejor hecha. Pero en el periodismo capitalista el sensacionalismo jugaba un papel esencial y eso no podía ser imitado mecánicamente por la prensa socialista. El periodismo debía informar con honestidad, no alienar a la gente, estar abierto a la crítica, ser ágil y de calidad. No se había logrado aún, pero la revolución estaba luchando por llegar a eso.

Todos los presentes, pienso, se sentían solidarios de la Revolución cubana. Nadie aprovechó, sin embargo, esa ocasión para entonar loas y echar incienso sobre las realizaciones de Cuba, y más bien, casi todas las preguntas que se le hicieron a Fidel, las explicaciones que se le pidieron, tenían por objeto esclarecer ciertas dudas sobre algunos aspectos de la realidad actual cubana o hacer algunas críticas. Esto resultó facilitado considerablemente por la actitud de Fidel, absolutamente permeable y accesible. Cuando alguno de sus interlocutores se mostró demasiado vacilante o indirecto en la formulación de sus observaciones, él exigió, o poco menos, que todo fuera dicho sin eufemismos ni reticencias: «Anda, chico, dilo de una vez, qué es lo que te parece mal, qué es lo que te preocupa, anda, no des tantas vueltas, dilo de una vez». A la hora de iniciada la reunión, había desaparecido toda rigidez, y las preguntas se sucedían libremente, osadamente, y las respuestas eran cada vez más sueltas, animadas, acompañadas de esa gesticulación calurosa, de esas interpelaciones familiares y risueñas típicamente cubanas: «¿qué tú crees, chico?»; «tú no estás de acuerdo, chico; anda, di por qué no estás de acuerdo».

Cuando se tocó el tema del Che Guevara, el clima cambió un poco: Fidel se refirió con una amargura visible a aquellas publicaciones que propalaron el rumor de que Cuba podía haber asesinado al Che. Provocadores que abusaban de nuestra situación, dijo; los cubanos estábamos obligados a respetar la decisión del Che de que no se conociera su paradero. Hablaba en pasado, como si esta situación no correspondiera ya al presente y como si aquel fuera a reaparecer en un periodo muy próximo. «Estoy seguro de que el Che escuchó por radio la manifestación del 2 de enero —dijo—; estoy seguro de que la manera como aplaudió su nombre la gente debe haber sido de gran aliento para él».

Luego, bromeando sobre la curiosidad mundial levantada en torno al paradero del Che, formuló esta declaración enigmática: «En una primera etapa, recién salido el Che de Cuba, fue absolutamente imposible que el imperialismo supiera dónde estaba; luego hubo una segunda etapa en la que era imposible que no supiera dónde estaba; y la tercera es la actual, es la que es absolutamente imposible que sepan dónde está». Cuando se habló de una divergencia de criterio entre el Che y Fidel, se afirmó que la diferencia se debía a que el Che Guevara defendía la tesis de los «estímulos morales» para los trabajadores en contra de Fidel, que habría defendido la necesidad de impulsar la producción mediante «estímulos materiales» (premios en mercancías o viajes para los mejores). Esa noche, sin embargo, resultó muy evidente que Fidel era un fervoroso convencido de los estímulos morales. Dijo que la política de estimular «materialmente» a los trabajadores era reintroducir en una sociedad socialista el fetiche del dinero y la ganancia individual, y que por ese camino se podía caer primero en la «yugoslavización» y luego en un neocapitalismo. Lo fundamental, dijo, es que prevalezca la noción de responsabilidad social en los trabajadores, que se trabaje pensando en el bienestar de la comunidad y no por afán de lucro personal. Habló con pasión de un programa que se iniciaría en breve, en Pinar del Río, de socialización absoluta. «Dentro de diez años, esos hombres habrán olvidado la noción del dinero».

¿Y en cuanto a la libertad de creación? ¿Cuba no reconocía a un escritor el derecho de escribir una novela que impugnara el socialismo, a un poeta publicar un poema contrarrevolucionario? «En este momento tenemos una falta enorme de papel —dijo Fidel— y sería injusto que ese papel que nos hace tanta falta para imprimir textos escolares o universitarios o textos técnicos que nos son indispensables lo empleásemos en publicar novelas o poemas de los enemigos de la Revolución cubana. Pero pienso que el socialismo no debe temer la libertad de creación y de expresión; nosotros, por lo menos, cuando tengamos superado el problema de la escasez de papel, no vacilaremos en publicar incluso novelas contrarrevolucionarias».

Fidel, a lo largo de su charla, se refirió muchas veces a Marx, a Lenin, al materialismo histórico, a la dialéctica. Sin embargo, no he visto nunca un marxista menos apegado al empleo de fórmulas y esquemas cristalizados, para explicar la realidad. Yo tuve muchas veces la sensación contraria: de que apelaba constantemente a la realidad en apoyo de afirmaciones teóricas. Pocas veces he visto, también, a un marxista hablar con tanta independencia de criterio respecto a Moscú o Pekín. «Se habla de si estamos en la línea soviética o en la línea china. ¿Por qué no se dice de una vez que nosotros estamos en la línea cubana hacia el socialismo?». No, desde luego, que Fidel insinuara alguna posibilidad de ruptura de Cuba con el mundo socialista; pero, parecía muy empeñado en mostrar que la Revolución cubana entiende trazar su camino de acuerdo con sus propios criterios, coincidan o diverjan con los de los otros países socialistas. Entre las críticas que se han hecho a Fidel, probablemente la que debe haberlo afectado más es aquella que lo acusa de ser «un instrumento en manos de Moscú (o de China)». La pasión por Cuba y lo cubano transpira en casi todo lo que dice, y el orgullo con que se refirió a las victorias de la revolución en los dominios de la enseñanza, de la agricultura, iba siempre realzada con exclamaciones espontáneas de admiración a lo que «es capaz de hacer el pueblo cubano». Si de una cosa quedé absolutamente convencido en esa noche blanca, fue del amor de Fidel por su país y de la sinceridad de su convicción de estar actuando en beneficio de su pueblo.

¿Por qué entonces esos millares de refugiados en Miami, por qué hay gente que sigue pidiendo visas para salir de Cuba? El exilio cubano, según Fidel, puede descomponerse en varias capas sociales. Están, en primer lugar, todos aquellos que de un modo o de otro participaron en la dictadura de Batista: políticos que medraron, militares que torturaron, funcionarios corruptos con cuentas ante la justicia. Por otro lado, hay un sector grande de la población que antes gozaba de una serie de privilegios, y para el que las reformas operadas, y las dificultades cotidianas creadas por el bloqueo (el racionamiento, por ejemplo), resultan insoportables. ¿Cuántas familias de la burguesía cubana se marchan del país porque no pueden tolerar la desaparición de la enseñanza privada y se resisten a que sus hijos vayan a las mismas escuelas que los hijos de los negros y de los guajiros? Muchos liberales que se creían partidarios de la igualdad social descubrieron inesperadamente, al triunfo de la revolución, que eran racistas. Pero es un hecho que no solo se exilian gentes que estuvieron vinculadas a la dictadura o familias afectadas económicamente por las reformas agraria y urbana; también hay gente humilde y sin antecedentes políticos entre los exiliados de Miami. En la sociedad pasada, Estados Unidos era un mito enraizado en varios sectores del pueblo: el cine, la radio, la televisión, cierto periodismo esnob, presentaban al coloso del norte como una Arcadia, una especie de paraíso terrenal. Esos mitos no se erradican fácilmente. Para muchos, lo que era antes un vago deseo imposible de realización, se ha hecho posible después de la revolución: las emisiones de la *Voz de las Américas* lo dicen a diario, en sus exhortaciones sistemáticas a los cubanos para que deserten y vayan a instalarse al paraíso tecnicolor de la libertad.

Esta explicación me parece válida, aunque tal vez incompleta. Ninguna revolución puede preciarse de haber conquistado la justicia sin haber cometido en el trayecto hacia ese fin equivocaciones y errores, y desde luego que Cuba no es una excepción. ¿La Revolución inglesa de 1640 y la llamada Revolución industrial no dieron lugar acaso a horrores sin nombres? ¿Y las orgías de sangre de la Revolución francesa? Comparativamente con esos excesos, y con los que las revoluciones soviética y china vieron surgir en su seno antes de consolidarse, la Revolución cubana ha sido excepcionalmente flexible, comprensiva y humana. Ni los deplorables fusilamientos de la primera hora de torturadores y asesinos, ni los abusos que cometieron ciertos elementos sectarios en la época de Aníbal Escalante podrán compararse jamás con las purgas o exterminaciones del periodo estaliniano. Por otro lado, los dirigentes cubanos han sido siempre hombres capaces de admitir errores y rectificar medidas equivocadas. No es un secreto que, en los últimos dos años, la campaña emprendida contra los llamados elementos «antisociales» —vagos, homosexuales, drogadictos— había dado origen, por parte de funcionarios demasiado rígidos o demasiado torpes, a algunas exageraciones abusivas o a francos atropellos. Burócratas ingenuos pretendieron combatir policialmente a aquellos elementos, hubo casos en los que se trató a homosexuales como delincuentes comunes. Uno de nosotros planteó el asunto a Fidel esa noche, en términos inequívocamente críticos. Y su respuesta fue también inequívoca: «Se ha seguido una política equivocada en ese asunto; se cometieran errores y estamos rectificándolos». Por otro lado, recibimos testimonios de otras fuentes, según los cuales el propio jefe de la revolución en persona, al ser alertado sobre aquellos excesos, había impartido órdenes estrictas a fin de que cesaran. ¿Cuántos dirigentes —de países socialistas o capitalistas— son suficientemente permeables a la crítica como para admitir y rectificar públicamente el error, tal cual lo ha hecho Fidel en varias ocasiones?

La Revolución cubana puede ser objeto de muchas críticas, pero lo que le resulta inmoral e intolerable es que los discrepantes o adversarios de la revolución suelen omitir, al señalar las deficiencias de la revolución, sus innúmeros, aplastantes aciertos. ¿Por qué decir solo que con la revolución desapareció la libertad de prensa en Cuba y no hablar de la alfabetización que ha puesto la cultura al alcance de todos los cubanos? ¿Por qué lamentar la desaparición de los partidos políticos de oposición y no hablar de la reforma agraria, que ha entregado la tierra a los campesinos? ¿Por qué, quienes deploran que haya desaparecido la propiedad privada, olvidan que la revolución ha hecho *propietarios* de las casas donde viven a todos los cubanos?

Yo soy un ambicioso y a mí me gustaría que la justicia social —justicia social que existe en Cuba hoy día, que habría que ser ciego o perverso para no ver después de echar una simple ojeada a las ciudades o al campo cubano— conservara la libertad de prensa y admitiera la oposición política organizada, derechos que pueden ser de origen burgués, pero que irrebatiblemente constituyen las mejores armas con que cuenta un pueblo para fiscalizar a sus gobernantes e impedir los abusos de poder. A mí no me cabe la menor duda que si Fidel llamara hoy a elecciones, una abrumadora mayoría de cubanos votaría por él. Pero desde luego que Fidel no es eterno, como no lo era Lenin, y que nada nos asegura que quien o quienes lo sucedan serán igualmente honestos, patriotas o lúcidos (recordemos a Stalin). El régimen de partido único entraña siempre un peligro a corto o largo plazo.

Pero la elección, en América Latina, no está desdichadamente entre la justicia con libertad y la justicia sin libertad, sino entre regímenes que suprimen la libertad para perpetuar la injusticia, o regímenes que respetando una muy relativa libertad política demuestran una trágica impotencia para remediar los problemas más elementales de justicia social y tratan de llenar con cuentagotas el abismo creciente entre la fortuna de unos cuantos y la miseria de los más, y un régimen como el cubano que recorta la libertad política pero impone la justicia. Si la alternativa se plantea así, ¿cómo dudar en la elección?

Londres, febrero de 1967

CARTA A FIDEL CASTRO*

París, 20 de mayo de 1971

Comandante Fidel Castro
Primer ministro del gobierno
revolucionario de Cuba:

Creemos un deber comunicarle nuestra vergüenza y nuestra cólera. El lastimoso texto de la confesión que ha firmado Heberto Padilla solo puede haberse obtenido mediante métodos que son la negación de la legalidad y la justicia revolucionarias. El contenido y la forma de dicha confesión, con sus acusaciones absurdas y afirmaciones delirantes, así como el acto celebrado en la Uneac en el cual el propio Padilla y los compañeros Belkis Cuza, Díaz Martínez, Cé-

---

* La iniciativa de esta protesta nació en Barcelona, al dar a conocer la prensa internacional el acto de la Uneac en que Heberto Padilla emergió de los calabozos de la Policía cubana para hacer su «autocrítica». Juan y Luis Goytisolo, José María Castellet, Hans Magnus Enzensberger, Carlos Barral (quien luego decidió no firmar la carta) y yo nos reunimos en mi casa y redactamos, cada uno por separado, un borrador. Luego los comparamos y por votación se eligió el mío. El poeta Jaime Gil de Biedma mejoró el texto, enmendando un adverbio.

sar López y Pablo Armando Fernández se sometieron a una penosa mascarada de autocrítica, recuerda los momentos más sórdidos de la época del estalinismo, sus juicios prefabricados y sus cacerías de brujas. Con la misma vehemencia con que hemos defendido desde el primer día la Revolución cubana, que nos parecía ejemplar en su respeto al ser humano y en su lucha por su liberación, lo exhortamos a evitar a Cuba el oscurantismo dogmático, la xenofobia cultural y el sistema represivo que impuso el estalinismo en los países socialistas, y del que fueron manifestaciones flagrantes sucesos similares a los que están ocurriendo en Cuba. El desprecio a la dignidad humana que supone forzar a un hombre a acusarse ridículamente de las peores traiciones y vilezas no nos alarma por tratarse de un escritor, sino porque cualquier compañero cubano —campesino, obrero, técnico o intelectual— pueda ser también víctima de una violencia y una humillación parecidas. Quisiéramos que la Revolución cubana volviera a ser lo que en un momento nos hizo considerarla un modelo dentro del socialismo.

Atentamente,

Claribel Alegría	Simone de Beauvoir
Fernando Benítez	Jacques-Laurent Bost
Italo Calvino	José María Castellet
Fernando Claudín	Tamara Deutscher
Roger Dosse	Marguerite Duras
Giulio Einaudi	Hans Magnus Enzensberger
Francisco Fernández Santos	Darwin Flakoll
Jean-Michell Fossey	Carlos Franqui
Carlos Fuentes	Jaime Gil de Biedma
Ángel González	Adriano González León
André Gortz	José Agustín Goytisolo
Juan Goytisolo	Luis Goytisolo

Rodolfo Hinostroza
Monti Johnstone
Michel Leiris
Joyce Mansour
Juan Marsé
Plinio Mendoza
Ray Milibac
Marco Antonio Montes de Oca
Maurice Nadeau
Pier Paolo Pasolini
Jean Pronteau
Alain Resnais
Rossana Rossanda
Claude Roy
Nathalie Sarraute
Jorge Semprún
Susan Sontag
José Migel Ullán
Mario Vargas Llosa

Mervin Jones
Monique Lange
Lucio Magri
Dacia Maraini
Dionys Mascolo
Istvam Meszaris
Carlos Monsiváis
Alberto Moravia
José Emilio Pacheco
Ricardo Porro
Paul Rebeyroles
José Revueltas
Vicente Rojo
Juan Rulfo
Jean-Paul Sartre
Jean Shuster
Lorenzo Tornabuoni
José Ángel Valente

CARTA A HAYDÉE SANTAMARÍA

Barcelona, 5 de abril de 1971

Compañera
Haydée Santamaría
Directora de la Casa de las Américas
La Habana, Cuba

Estimada compañera:

Le presento mi renuncia al comité de la revista de la *Casa de las Américas*, al que pertenezco desde 1965, y le comunico mi decisión de no ir a Cuba a dictar un curso, en enero, como le prometí durante mi último viaje a La Habana. Comprenderá que es lo único que puedo hacer luego del discurso de Fidel fustigando a los «escritores latinoamericanos que viven en Europa», a quienes nos ha prohibido la entrada a Cuba «por tiempo indefinido e infinito». ¿Tanto le ha irritado nuestra carta pidiéndole que esclareciera la situación de Heberto Padilla? Cómo han cambiado los tiempos: recuerdo muy bien esa noche que pasamos con él, hace cuatro años, y en la que admitió de buena gana las observaciones y las críticas que le hicimos un grupo de esos «intelectuales extranjeros» a los que ahora llama «canallas».

De todos modos, había decidido renunciar al comité y a dictar ese curso, desde que leí la confesión de Heberto Padilla y los despachos de Prensa Latina sobre el acto en la Uneac en el que los compañeros Belkis Cuza Malé, Pablo Armando Fernández, Manuel Díaz Martínez y César López hicieron su autocrítica. Conozco a todos ellos lo suficiente como para saber que ese lastimoso espectáculo no ha sido espontáneo, sino prefabricado como los juicios estalinistas de los años treinta. Obligar a unos compañeros, con métodos que repugnan a la dignidad humana, a acusarse de traiciones imaginarias y a firmar cartas donde hasta la sintaxis parece policial, es la negación de lo que me hizo abrazar desde el primer día la causa de la Revolución cubana: su decisión de luchar por la justicia sin perder el respeto a los individuos. No es este el ejemplo del socialismo que quiero para mi país.

Sé que esta carta me puede acarrear invectivas: no serán peores que las que he merecido de la reacción por defender a Cuba.

Atentamente,

Mario Vargas Llosa

LA LÓGICA DEL TERROR

«Nadie es inocente», gritó el anarquista Ravachol al arrojar una bomba contra los estupefactos comensales del Café de la Paix, en París, a los que hizo volar en pedazos. Y algo idéntico debió pensar el ácrata que, desde la galería, soltó otra bomba contra los desprevenidos espectadores de platea del Teatro Liceo, de Barcelona, en plena función de ópera.

El atentado terrorista no es, como algunos piensan, producto de la irreflexión, de impulsos ciegos, de una transitoria suspensión del juicio. Por el contrario, obedece a una rigurosa lógica, a una formulación intelectual estricta y coherente de la que los dinamitazos y pistoletazos, los secuestros y crímenes quieren ser una consecuencia necesaria.

La filosofía del terrorista está bien resumida en el grito de Ravachol. Hay una culpa —la injusticia económica, social y política— que la sociedad comparte y que debe ser castigada y corregida mediante la violencia. ¿Por qué mediante la violencia? Porque esta es el único instrumento capaz de pulverizar las apariencias engañosas creadas por las clases dominantes para hacer creer a los explotados que las injusticias sociales pueden ser remediadas por métodos pacíficos y legales y obligarlas a desenmascararse, es decir, a mostrar su naturaleza represora y brutal.

Ante la ola de atentados terroristas que ha habido en el Perú, a los pocos meses de restablecido el gobierno democrático —después de doce años de dictadura— muchos no podían creerlo; les parecía vivir un fantástico malentendido. ¿Terrorismo en el Perú, *ahora*? ¿Justamente cuando hay un Parlamento en el que están representadas todas las tendencias políticas del país, existe de nuevo un sistema informativo independiente en el que todas las ideologías tienen sus propios órganos de expresión y cuando los problemas pueden ser debatidos sin cortapisas, las autoridades criticadas e incluso removidas a través de las urnas electorales? ¿Por qué emplear la dinamita y la bala precisamente cuando los peruanos vuelven, luego de tan largo intervalo, a vivir en democracia y en libertad?

Porque para la lógica del terror «vivir en democracia y en libertad» es un espejismo, una mentira, una maquiavélica conspiración de los explotadores para mantener resignados a los explotados. Elecciones, prensa libre, derecho de crítica, sindicatos representativos, cámaras y alcaldías elegidas: trampas, simulacros, caretas destinadas a disfrazar la violencia «estructural» de la sociedad, a cegar a las víctimas de la burguesía respecto de los innumerables crímenes que se cometen contra ellas. ¿Acaso el hambre de los pobres y los desocupados y la ignorancia de los analfabetos y la vida ruin y sin horizonte de quienes reciben salarios miserables no son otros tantos actos de violencia perpetrados por los dueños de los bienes de producción, una ínfima minoría, contra la mayoría del pueblo?

Esta es la verdad que el terrorista quiere iluminar con el incendio de los atentados. Él prefiere la dictadura a la democracia liberal o a una socialdemocracia. Porque la dictadura, con su rígido control de la información, su Policía omnipresente, su implacable persecución a toda forma de disidencia y de crítica, sus cárceles, torturas, asesinatos y exilios, le parece representar fielmente la realidad social, ser la expresión política genuina de la violencia estructural de la sociedad. En cambio, la democracia y sus libertades «formales» son un peligroso fraude capaz de desactivar la rebeldía de las masas contra su condición, amortiguando su voluntad de liberarse y retrasando por lo tanto la revolución. Este es el motivo por el que son más frecuentes los estallidos terroristas en los países democráticos que en las dictaduras. La ETA tuvo menos actividad durante el régimen de Franco que al instalarse la democracia en España, que es cuando entró en un verdadero frenesí homicida. Esto es lo que ha empezado a ocurrir en el Perú.

A menos de ser extremadamente corto, el terrorista «social» sabe muy bien que volando torres de electricidad, bancos y embajadas —o matando a ciertas personas— en una sociedad democrática, no va a traer la sociedad igualitaria ni a desencadenar un proceso revolucionario, embarcando a los sectores populares en una acción insurreccional. No, su objetivo es provocar la represión, obligar al régimen a dejar de lado los métodos legales y a responder a la violencia con la violencia. Paradójicamente, ese hombre convencido de actuar en nombre de las víctimas, lo que ardientemente desea, con las bombas que pone, es que los organismos de seguridad se desencadenen contra aquellas víctimas en su búsqueda de culpables, y las atropellen y abusen. Y si las cárceles se repletan de inocentes y mueren obreros, campesinos, estudiantes, y debe intervenir el ejército y las famosas libertades «formales» se suspenden y se decretan leyes de excepción, tanto mejor: el pueblo ya no vivirá engañado, sabrá a qué atenerse sobre sus enemigos, habrá descubierto prácticamente la necesidad de la revolución.

La falacia del razonamiento terrorista está en sus conclusiones, no en las premisas. Es falso que la violencia «estructural» de una sociedad no se pueda corregir a través de leyes y en un régimen de convivencia democrática: los países que han alcanzado los niveles más civilizados de vida lo lograron así y no mediante la violencia. Pero es cierto que una minoría decidida puede, recurriendo al atentado, crear una inseguridad tal que la democracia se envilezca y esfume. Los casos trágicos de Uruguay y Argentina están bastante cerca para probarlo. Las espectaculares operaciones de tupamaros, montoneros y el ERP consiguieron, en efecto, liquidar unos regímenes que, con las limitaciones que fuera, podían llamarse democráticos y reemplazarlos por gobiernos autoritarios. Es falso que una dictadura militar apresure la revolución, sea el detonante inevitable para que las masas se enrolen en la acción revolucionaria. Por el contrario, las primeras víctimas de la dictadura son las fuerzas de izquierda, que desaparecen o quedan tan lesionadas por la represión que les cuesta luego mucho tiempo y esfuerzos volver a reconstruir lo que habían logrado, como organización y audiencia, en la democracia.

Pero es vano tratar de argumentar así con quienes han hecho suya la lógica del terror. Esta es rigurosa, coherente e impermeable al diálogo. El mayor peligro para una democracia no son los atentados, por dolorosos y onerosos que resulten; es aceptar las reglas de juego que el terror pretende implantar. Dos son los riesgos para un gobierno democrático ante el terror: intimidarse o excederse. La pasividad frente a los atentados es suicida. Permitir que cunda la inestabilidad, la psicosis, el terror colectivo, es contribuir a crear un clima que favorece el golpe de Estado militar. El gobierno democrático tiene la obligación de defenderse, con firmeza y sin complejos de inferioridad, con la seguridad de que defendiéndose defiende a toda la sociedad de un infortunio peor que los que padece. Al mismo tiempo, no debe olvidar un segundo que toda su fuerza depende de su legitimidad, que en ningún caso debe ir más allá de lo que las leyes y esas «formas» —que son también la esencia de la democracia— le permiten. Si se excede y a su vez comete abusos, se salta las leyes a la torera en razón de la eficacia, se vale de atropellos, puede ser que derrote al terrorista. Pero este habrá ganado, demostrando una monstruosidad: que la justicia puede pasar necesariamente por la injusticia, que el camino hacia la libertad es la dictadura.

Lima, diciembre de 1980

NICARAGUA EN LA ENCRUCIJADA

La oposición cívica y los *contras*

¿Es Nicaragua un Estado marxista-leninista? ¿Está en vías de ser una segunda Cuba?

En su quinto año, la Revolución cubana era ya vasalla de la Unión Soviética: su supervivencia económica y militar dependía de ella; todo asomo de oposición había sido suprimido; el sector privado estaba en vías de extinguirse; la burocracia del partido único extendía sus tentáculos por todo el país y la regimentación ideológica era absoluta. En Nicaragua, cinco años y medio después de la caída de Somoza, aunque bajo fuerte control del Estado, el sector privado es aún mayoritario en la agricultura, la ganadería, el comercio y la industria; pese a la severa censura, puede hablarse de pluralismo informático —verdad que reducido a su mínima expresión: *La Prensa*, el semanario *Paso a Paso* y dos o tres noticiarios radiales donde se escuchan tímidas críticas—; y existen partidos políticos de oposición, con locales propios y boletines internos, que expresan su hostilidad al régimen desde afuera —los de la Coordinadora Democrática— y desde adentro de la recién elegida Asamblea Nacional. Es cierto que esta oposición parece tener su existencia tolerada solo porque es poco efectiva y porque el margen de acción que le concede el régimen no le permite competir en términos de verdadera igualdad con el sandinismo, como quedó demostrado durante las elecciones de noviembre, pero no es menos cierto que ella no está sometida al terror y la paranoia que amenazan a toda disidencia en un Estado totalitario. La Unión Soviética, Cuba y los países del este prestan ayuda militar y técnica a Nicaragua, que hospeda en su territorio a millares de consejeros, visibles e invisibles, de esos países. Pero sería una distorsión de la verdad concluir de ello que Nicaragua está enfeudada a la Unión Soviética a la manera de Cuba. No es así. Acaso no tanto por decisión de los propios sandinistas —quienes de buena gana se habrían puesto bajo el resguardo de Moscú—, como por reticencia de la propia URSS a asumir la onerosa carga de una segunda Cuba y el riesgo de una confrontación directa con Estados Unidos que ello implicaría. (El presidente Lusinchi, de Venezuela, me contó que la Unión Soviética, a la que preguntó si era cierto que pretendía instalar Migs en Nicaragua, le contestó a través de su embajador: «No somos tan locos»). No de otro modo se explica el discurso de Fidel Castro anunciando lo que ya todos sabían —que Cuba mantendría un prudente neutralidad en caso de que Nicaragua fuera invadida— y sus exhortaciones a los sandinistas para que lleguen a un arreglo negociado con Estados Unidos en el marco de Contadora.

La evidencia de que solo podían contar hasta cierto límite con el apoyo de Moscú, sumada a la resistencia interna contra la entronización de un régimen marxista, a las dificultades económicas que ha traído al país la política confiscatoria, controlista y estatizante de los primeros años, así como los perjuicios que causan el terrorismo y los sabotajes de los *contras*, ha moderado el proyecto comunista inicial del sandinismo y lo ha sustituido por un modelo, todavía informe, vagamente neutralista, nacionalista y socializante, que —acertadamente— cree más apto para la supervivencia del régimen y para conseguir la pacificación interna. Los comandantes se vuelven pragmáticos, a medida que descubren que sus sueños mesiánicos de revolución radical los precipitaban por un despeñadero de crisis y antagonismos que podían acabar en una hecatombe. Por eso tuvieron el gesto audaz de anunciar que firmarían el Acta de Contadora, por eso han devaluado su moneda, suprimido los subsidios al transporte y a ciertos productos básicos, por eso anunciaron una moratoria en la compra de armamentos y el retiro de cien asesores militares cubanos, y por eso multiplican las declaraciones asegurando que su régimen es «no alineado, de economía mixta y pluralista». Esto es, por ahora, una verdad a medias. Pero podría cambiarse de sustancia si a cambio de ello obtienen la paz y garantías contra una intervención. En el mes que estuve en Nicaragua, a casi todos los hombres del régimen con quienes conversé les oí repetir un *leitmotiv*: «La experiencia nos ha vuelto realistas». Lo cual quiere decir que están dispuestos a hacer muchas concesiones. Menos una: entregar el poder.

Aferrarse al poder en nombre de generosos ideales o por simple apetito —y hay ambas cosas en el sandinismo— no es exclusivo de regímenes totalitarios; lo es, también, de las dictaduras militares o, por ejemplo, de la dictadura benigna que ofrece el PRI en México. Un nicaragüense —conservador, oftalmólogo, escéptico, gurú político y fino ironista—, don Emilio Álvarez Montalbán, con quien, en ese mes frenético, era grato reunirse bajo las estrellas de Managua, me dijo una noche: «Esta revolución va oliendo cada día menos a Moscú y más a México City». Es decir, a una revolución que discretamente irá convirtiéndose en algo distinto de lo que parece ser. Tiendo a coincidir con él.

Cuando me oían sugerir cosas así, los nicaragüenses de la oposición me infligían réplicas airadas. En reuniones que congregaban a decenas de personas hostiles al régimen —y alguna, como la de Conapro (Confederación Nacional de Profesionales), a más de ciento cincuenta personas—, para probarme la naturaleza totalitaria del sandinismo me citaban ejemplos de abusos contra los derechos humanos, escarnios jurídicos cometidos por los Tribunales Populares Antisomocistas, el hostigamiento a los sindicatos libres, la prohibición del derecho de huelga, el cierre de veinticuatro radioperiódicos, la incertidumbre de los empresarios ante las confiscaciones y la proliferación de decretos contradictorios, y el adoctrinamiento de la juventud en la escuela y en el ejército. Ninguno medía sus palabras, y, algunos, luego de decir su nombre y apellido, hacían acusaciones feroces (e inverificables) contra los comandantes: se habían robado las mejores residencias, tenían en el kilómetro 14,5 de la carretera al sur una casa de citas; habían convertido el restaurante Sacuansoche en un lugar de orgías para cubanos, soviéticos, búlgaros y demás asesores comunistas, etcétera. Cuando yo insinuaba que en los países totalitarios que conozco una reunión así era inconcebible y, más, que alguien dijera impunemente lo que me decían, me reprochaban mi ingenuidad: ¿no me daba cuenta de que estos eran los estertores de tolerancia «táctica» del sistema? Por hablar como lo hacían se estaban jugando la libertad y, acaso, la vida.

De estas reuniones, salí, siempre, admirado del coraje de esas personas y algo escéptico sobre su efectividad para cambiar el curso de los acontecimientos en Nicaragua. ¿Qué representan, en números, los partidos que integran la llamada «oposición cívica»? Las estadísticas, en boca de funcionarios u opositores, me parecieron siempre fantasiosas, algo así como interjecciones o gestos sin conexión con la realidad. Probablemente, no representan muchos más que sus directivas. Son juntas de notables. Por culpa propia y por maquiavelismo del régimen, se han dividido y casi todos ellos —el Partido Conservador Demócrata, el Liberal, el Social Cristiano y el Social Demócrata— tienen una rama —ramita, más bien— que colabora con el gobierno. En el caso de que tal vez tiene más seguidores, el Conservador, la división es no en dos sino en tres facciones. Hay, entre sus dirigentes, hombres capaces y cultos —los que me impresionaron mejor fueron el ingeniero Agustín Jarquín, social cristiano y el abogado Virgilio Godoy, liberal, que fue cuatro años ocho meses ministro de Trabajo antes de romper con el sandinismo—, pero, en términos generales, su acción política es impráctica. No admiten que cometieron un error absteniéndose de participar en las elecciones de noviembre, las que, no importa cuán amañadas estuvieran —no más, en todo caso, que las que celebra México ritualmente o las últimas de Panamá—, les hubiera dado una personería mayor a escala nacional, una tribuna donde criticar los excesos y errores oficiales y desde la cual ejercer una influencia democratizante sobre el sistema. Se niegan a ver que los cambios experimentados por la sociedad nicaragüense en los últimos cinco años y el tipo de régimen que combaten exigen de ellos grandes dosis de invención, renovación y de audacia si quieren salvar lo que aún queda de libertad sin sacrificar las reformas y el progreso social válidos. Predican una legalidad y una democracia liberal ortodoxa que Nicaragua nunca tuvo y que —desafortunadamente, por supuesto— no va a tener tampoco en el futuro inmediato. Se han colocado, por eso, entre la espada y la pared y no pueden hacer otra cosa que decirse a sí mismos, y tratar de convencer a los demás, que Nicaragua es ya, o está a punto de ser un Estado totalitario, satélite de la URSS, lo que en última instancia reduce su estrategia al catastrofismo: esperar que los *contras*, ayudados por los *marines*, corrijan esta situación intolerable. Semejante cálculo, a mi juicio, es erróneo.

¿Quiénes son estos *contras* que el sandinismo llama «mercenarios» y el presidente Reagan «combatientes de la libertad»? La mayoría está en el FDN (Frente Democrático Nicaragüense), que dirige Adolfo Calero Portocarrero, ex presidente del Partido Conservador, y opera en el norte, desde Honduras. Hay otra fracción, ARDE, en la frontera sur, con Costa Rica, bajo órdenes del ex sandinista Edén Pastora (al parecer, unos setecientos). Según el régimen, toda la oficialidad de las «bandas» son miembros de la Guardia Nacional de Somoza «Si la *contra* ganara —me dijo el presidente Daniel Ortega—, una de las primeras víctimas sería *La Prensa*. La *contra* no quiere democracia, sino restaurar el viejo orden contra el que tanto luchó ese diario».

La oposición ridiculiza estas afirmaciones. Según ella, el «somocismo» murió con Somoza y si se trata de escarbar antecedentes políticos, hay en el gobierno sandinista tantos ex colaboradores de la dictadura como entre los *contras* (cada opositor tiene su lista). Las versiones que el gobierno y sus adversarios esgrimen sobre casi todo son tan contradictorias que quien trata de ser objetivo se encuentra a menudo aturdido. Pero al menos en esta guerra llegué a una certidumbre: quienes combaten, de uno y otro lado, son pobres. Los «burgueses» no están en el sinuoso frente. Al igual que los soldados sandinistas malheridos que vi en el Hospital de Campaña Germán Pomares, de Jinotega, a unos ciento ochenta kilómetros de Managua, los *contras* son también gentes humildes, en su gran mayoría campesinos.

Los testimonios de los propios sandinistas son a este respecto concluyentes. El joven comandante Joaquín Cuadra (perteneciente a una familia aristocrática, cuyo padre es el director del Banco Central), viceministro de Defensa y jefe de Estado Mayor del Ejército, me aseguró: «Todos los *contras* que caen en nuestras manos son campesinos. Hasta ahora solo hemos capturado a un profesional. Un médico, que se había ido a Costa Rica».

Le pregunté al ministro del Interior, Tomás Borge, cómo explicaba que los campesinos se alzaran en armas contra el régimen. «Muchos de ellos fueron raptados por los somocistas y llevados a sus campamentos de Honduras —me repuso—. Ocurre que luego se integran afectivamente a la *contra*, y, entonces, sus familiares y amistades comienzan a ayudarlos. Por razones más sentimentales que políticas. Pero también debemos reconocer muchos errores que nos causaron hostilidad en el campo. A las milicias se incorporaron muchos 'lumpen', gente cruel, abusiva, que perpetró robos, malos tratos, violaciones. Pese a que castigamos con dureza a los responsables, eso ha favorecido a los *contras*».

En todo caso, no deja de ser paradójico que, a los cinco años y medio de la victoria de la revolución, quienes matan y mueren, en la guerra de las fronteras, sean, en uno y otro bando, gentes humildes, que tienen, muchas de ellas, una visión incierta de lo que está en juego. Unos creen que luchan contra la avidez territorial de Ronald Reagan. Otros, a juzgar por los volantes de la *contra* que vi en el despacho del comandante Manuel Morales Ortega, de Estelí, quien me llevó a recorrer cooperativas campesinas atacadas por el FDN, que su combate es una cruzada a favor de la Purísima contra el Demonio.

(Una noche, en una cena, en una casa de la burguesía, asistí a un vivo intercambio entre un diplomático norteamericano y un nicaragüense que reprochaba a Washington sus vacilaciones en mandar a los *marines*. El comentario del diplomático: «Ninguno de los que está aquí, esta noche, tiene a sus hijos con los *contras*. Ustedes los han mandado a Costa Rica, Guatemala, Estados Unidos, para librarlos del servicio militar. Y quieren que los *marines* vengan a resolverles el problema. No sean frescos»).

Los *contras* pueden causar al régimen sandinista muchos perjuicios. Más quizá de los que le han infligido: 7.698 víctimas en cuatro años, según Daniel Ortega (lo que equivaldría a medio millón en Estados Unidos). Pero no tienen posibilidad de derribarlo. Gozan de simpatía en ciertos sectores campesinos y burgueses, pero no como para provocar un alzamiento generalizado semejante al que terminó con Somoza. Aunque se trate de nicaragüenses, su dependencia económica y militar de la CIA y de Estados Unidos despierta hacia ellos suspicacias, aun en sectores hostiles al sandinismo pero que no olvidan el contencioso que signó el pasado de ambos países: las múltiples intervenciones y ocupaciones norteamericanas en Nicaragua, incluida la que dejó como herencia la dinastía de los Somoza. (Una de las figuras más respetadas de la oposición, el poeta y escritor católico Pablo Antonio Cuadra, codirector de *La Prensa*, me dijo: «La ayuda encubierta de la CIA a los *contra* ha sido un error»).

Para derrocar al sandinismo haría falta una intervención militar norteamericana masiva y sangrienta de la que no resultaría una democracia sino una dictadura, único régimen capaz de poner orden en un país malherido y con terrorismo y guerrillas por doquier. La improbable invasión no es una salida si se trata de salvar alguna opción democrática en Nicaragua. Esta opción —un débil resquicio de esperanza, sin duda—, en las actuales circunstancias, no tiene otra vía que alguna forma de entendimiento con el régimen. Este, aunque ha dado muchos pasos en el camino del totalitarismo, se halla enfrentado a retos y dificultades que lo inducen al compromiso. Por no entenderlo así, los partidos políticos de la oposición se marginan, en cierto modo, de la realidad política nicaragüense.

La Iglesia Popular

Nicaragua es uno de los países más católicos que he conocido. Cuando recorría el departamento de Estelí, visitando cooperativas arrasadas por los *contras*, crucé caravanas de campesinos endomingados que iban a pie —muchos descalzos, para cumplir una promesa—, al Santuario del Señor de Esquipulas, en el Sauce, a sesenta o setenta kilómetros de allí. Todo pueblo nicaragüense tiene su santo y celebra su fiesta patronal, que suele durar días e incluir procesiones y ritos llenos de color.

La religión es hoy, en Nicaragua, inseparable de la política. Y acaso el más decisivo debate en el país sea la confrontación entre, de un lado, la Iglesia y el gobierno, y, de otro, la disensión en el seno de la misma Iglesia.

Muchos católicos lucharon con los sandinistas contra Somoza y casi todos los dirigentes del FSLN, incluso los más impregnados del marxismo, como Tomás Borge o Carlos Fonseca Amador, habían tenido una formación católica. En Jinotega, en un Batallón de Lucha Irregular, me señalaron a un jesuita, el comandante Sanginés, que colgó los hábitos para hacer la revolución y ahora combate a los *contras*. La jerarquía católica se enfrentó repetidas veces a Somoza y, después del triunfo, dio a los sandinistas su bendición en una carta pastoral (7 de noviembre de 1979) en la que se afirmaba: «La revolución es una ocasión propicia para hacer realidad la opción de la Iglesia por los pobres». Pero la luna de miel duró poco. La trizó la radicalización del régimen y el auge que, con apoyo de este, empezaron a tener en Nicaragua las tesis y los personeros del movimiento que propugna la síntesis del marxismo y cristianismo, afirma que el primer deber de los cristianos es el compromiso con la revolución, identifica el pecado con las «estructuras sociales injustas del capitalismo» y que, en sus versiones más extremistas —por ejemplo, la del sacerdote poeta recién suspendido *a divinis* por no renunciar a su cargo de ministro de Cultura, Ernesto Cardenal—, proclama que «el marxismo es la única solución para el mundo». Nicaragua se convirtió en el paraíso de católicos socialistas, de teólogos radicales, de profetas apocalípticos y de curas marxistas-leninistas provenientes del mundo entero. El régimen sandinista, que tenía en su gobierno a cuatro sacerdotes revolucionarios, promocionó a está Iglesia Popular creyendo que ella dotaría a la revolución de un nimbo cristiano, sin limitar por ello su radicalismo. Fue un cálculo equivocado. Pero, a mi juicio, de consecuencias positivas, pues ha contribuido a librar a Nicaragua de caer en el puro totalitarismo.

Cuando se habla de la disputa entre la Iglesia Popular y la jerarquía católica se tiene la idea de que aquella representa a las masas humildes de fieles con sus pastores y la última, a una falange de obispos teratológicos y un puñado de ultramontanos e integristas ciegos y sordos a los vientos de la Historia. En realidad, la Iglesia Popular es poco popular. La conforman sacerdotes y laicos cuyas disquisiciones intelectuales y trabajos sociopolíticos están fuera del alcance del católico común y corriente. Y, sobre todo, de los pobres. Sus centros o institutos publican algunas revistas sugestivas —como *Pensamiento Propio,* del INIES (Instituto Nacional de Investigaciones Económicas y Sociales), que dirige el jesuita Xavier Gorostiaga, y *Amanecer,* del Centro Ecuménico Antonio Valdivieso, fundado por el más conspicuo dignatario de la Iglesia Popular, el franciscano Uriel Molina— pero sus esfuerzos por denunciar el papel histórico de la Iglesia al servicio de los poderes dominantes, revestir a la lucha de clases y el antiimperialismo de simbología evangélica y demostrar, con textos bíblicos, que el combate por el socialismo es el primer deber de los cristianos, solo tienen eco en sectores intelectuales y militantes de la clase media, ya convencidos de antemano. Porque el grueso de los católicos nicaragüenses, como los del resto de América Latina, no profesa esa religión reflexiva,

intelectualizada y crítica que ella propone, sino la fe intuitiva, discipli-
nada, ritual, que ha sido siempre la que ha dado su fuerza a la Iglesia
entre nosotros: la fe del carbonero.

Y esa es la que representa, predica y defiende contra quienes
siente que la amenazan, la jerarquía y su indomable líder, el arzobispo
monseñor Obando y Bravo. Para sopesar la naturaleza y popularidad
de las dos tendencias hay que asistir a sus misas.

La Misa de la Solidaridad, que oficia el padre Uriel Molina
en la iglesia Santa María de los Ángeles, del Barrio Rigueiro, donde es
párroco hace muchos años, tiene como escenario una capilla circular,
sin imágenes religiosas, salvo una de la Purísima, con grandes murales
revolucionarios en los que se ve a Cristo vestido de campesino nica y
a ignominiosos imperialistas yanquis y militares adiposos fusilando
a jóvenes que flamean banderas sandinistas. La Misa Campesina, del
compositor Carlos Mejía Godoy, está puntuada de canciones revolucionarias de linda música. En su sermón, el padre Uriel nos imparte
una lección sobre el «proceso de transformación revolucionaria de la
sociedad que debe ser vivido por los cristianos desde su fe». Cita a los
sandinistas caídos en acción en los últimos días y nos pide responder
«¡Presente!» después de cada nombre. A la hora del abrazo de la paz,
la misa se convierte en mitin. Más de la mitad de los concurrentes
son «internacionalistas» norteamericanos, que, bajo las cámaras de
la televisión, se precipitan sobre el comandante Tomás Borge, que
está a mi lado, para besarlo, fotografiarlo y pedirle autógrafos. (Yo le
susurro: «La revolución va mal. Esto parece Hollywood»).

Un teólogo prebisteriano de California, que arrastra a una
veintena de seminaristas de ambos sexos, me toma por uno de los
suyos y me susurra: «La jerarquía de nuestra Iglesia es reaccionaria.
Pero las bases comienzan a moverse».

En la iglesia de las Sierritas, en Altos de Santo Domingo, en
cambio, no hay extranjeros. Quienes la colman son nicaragüenses.
Agitan banderas de Nicaragua y del Vaticano, y reciben a monseñor
Obando —es su cumpleaños— con aplausos y vítores al Papa. Bajo
la apariencia tradicional del lugar y de los atuendos, todo, incluido

el entusiasmo exagerado de los fieles, está también, como en Barrio Rigueiro, impregnado de política. Después de los incidentes ocurridos durante la visita de Juan Pablo II a Nicaragua, el Papa es una contraseña: vitorearlo equivale a protestar contra el régimen. En su homilía, monseñor Obando habla de María llevando a Jesús al templo, de su dolor de madre, que la hace tan comprensiva para con el dolor de aquellas madres a quienes arrebatan sus hijos (todos entienden que está hablando del reclutamiento de jóvenes para el Servicio Militar Patriótico).

El Centro Ecuménico Antonio Valdivieso ocupa una casa, en el centro de Managua, donde se respira un aire cosmopolita. Teólogos progresistas, protestantes y católicos vienen de todo el mundo a sus seminarios y en sus publicaciones colaboran luminarias heterodoxas, como el profesor alemán Hans Küng, Karl Rahner o el célebre obispo de Cuernavaca, Méndez Arceo (que exhorta a sus fieles «a peregrinar a Cuba, como a Lourdes o Fátima»). «No somos una Iglesia paralela, sino un movimiento de renovación que trata de vivir la solidaridad con los pobres», me dice José Argüello, el director de *Amanecer*. «Para nosotros el problema no está en si la revolución va hacia el marxismo. Está en si va a sobrevivir. La alternativa no sería la democracia sino algo semejante a Guatemala o El Salvador. Y es preferible un pueblo marxista vivo que un pueblo muerto». Según el padre Uriel Molina: «Eso de la Iglesia Popular es una invención del cardenal de Medellín López Trujillo. A mí ciertas publicaciones de la Teología de la Liberación me horrorizan. Nosotros queremos que la Iglesia mantenga su credibilidad ante el pueblo. Esa credibilidad que han perdido nuestros obispos por no condenar la agresión norteamericana». Dice que, en las actuales circunstancias, se justifica la censura, pero como algo transitorio. La revolución ha devuelto su «identidad» al pueblo nicaragüense. «Ella se nutre de folclore, de poesía de todas nuestras tradiciones. Gracias a ella nuestro pueblo tiene ahora un orgullo de sí mismo que las dictaduras y la explotación secular le habían quitado. Al oponerse a la revolución, la jerarquía ha perdido autoridad moral. Sus pronunciamientos y acciones sirven a las transnacionales y a la CIA». Defiende el derecho de los cuatro sacerdotes ministros a continuar en sus cargos contra la prohibición del Vaticano. «Quieren obligarlos a renunciar para romper lo que simbolizan: la solidaridad entre los cristianos y la revolución». Para probar que no es un ciego apologista del régimen, el padre Molina me recuerda que ha protestado contra abusos a los derechos humanos y, también, contra la expulsión de sacerdotes. ¿Cómo se divide el clero nicaragüense? «De los cuatrocientos sacerdotes que hay en Nicaragua, unos cien están con nosotros y los otros trescientos con monseñor Obando», dice.

El sandinista tranquilo

Ocurre que en las revoluciones, a las que, antes del triunfo, inyecta su dinámica y fuerza de convocatoria, el impulso libertario —el odio al tirano, a la represión, a la censura—, una vez que asumen el poder, otro impulso, el igualitario, toma la hegemonía. Inevitablemente, en algún momento, ambos entran en colisión, como ha ocurrido en Nicaragua. Porque es un hecho trágico que la libertad y la igualdad tengan relaciones ásperas y antagónicas. El verdadero progreso no se consigue sacrificando uno de estos impulsos —justicia social sin libertad; libertad con explotación y desigualdades unicuas—, sino logrando un tenso equilibrio entre estos dos ideales que íntimamente se repelen. Pero, hasta ahora, ninguna revolución socialista lo ha conseguido.

En Nicaragua, los revolucionarios que tomaron el poder después de luchar gallardamente contra una dictadura dinástica, creyeron que podían hacerlo todo, sin trabas legales (¿no repiten acaso que «La revolución es fuente de Derecho»?): repartir las tierras, asegurar el pleno empleo, desarrollar la industria, abaratar los alimentos y el transporte, acabar con las desigualdades, aniquilar al imperialismo, ayudar a los pueblos vecinos a hacer su revolución. Las nociones de marxismo que los guiaban —bastante generales al juzgar por los textos de Carlos Fonseca Amador, la figura más venerada entre los fundadores del FSLN— los habían convencido de que la Historia se modela fácilmente si se conocen sus leyes y se actúa «científicamente». Cinco años y medio después empiezan a descubrir —algunos más, otros menos, pero dudo que alguno siga ciego— que transformar una sociedad es más difícil que tender emboscadas, atacar cuarteles o asaltar bancos. Porque las supuestas leyes de la Historia se hacen trizas contra los condicionamientos brutales del subdesarrollo, lo diverso de los comportamientos humanos y las limitaciones fatídicas a la soberanía de los pueblos pobres y pequeños que se derivan de la rivalidad de las dos superpotencias. En las conversaciones que tuve con los dirigentes sandinistas, sobre todo en las reuniones informales, donde el buen humor y la cordialidad nicaragüenses florecían, muchas veces noté que, poco a poco, parecían estar aprendiendo el arte burgués del compromiso. Y quien, según todos los rumores, lo ha aprendido mejor, entre los nueve dirigentes de la Dirección Nacional, es el comandante Daniel Ortega.

Me aseguran que Violeta de Chamorro dijo una vez del flamante presidente: «Es el mejor de todos ellos». También el más callado, tanto que parece tímido. Lo acompañé en una gira por el frente Norte, mientras visitaba a viudas y huérfanos de guerra y a soldados heridos en emboscadas de los *contras*, adolescentes de quince, dieciséis y dieciocho años con caras, manos y piernas destrozadas. El último día que estuve en Nicaragua me invitó a almorzar con él y con su compañera, Rosario Murillo, que es también poeta (todos los nicaragüenses lo son) y representante en la Asamblea Nacional. Daniel Ortega no bebe, no fuma, corre cinco kilómetros cada día y trabaja quince horas diarias. Comenzó a conspirar contra Somoza cuando tenía trece años y, de los treinta y ocho que tiene, pasó siete en la cárcel por asaltar un banco para proveer de fondos a la revolución. Cuando el Frente Sandinista se dividió en tres tendencias, él y su hermano Humberto encabezaron lo que se llamó Tercerista. Representaba una posición ecléctica entre la proletaria, de Wheelock y Carrión y la de la Guerra Prolongada, de Tomás Borge y Henry Ruiz. Aunque los nueve comandantes aseguran, enfáticos, que la igualdad entre ellas es absoluta, el comandante Daniel

Ortega ha ido, en los hechos, asumiendo el liderazgo, primero como coordinador de la Junta de Gobierno y ahora como presidente de la República.

Le conté que el mes que había pasado en su país había significado para mí llevar una vida esquizofrénica. Aunque privilegiada. Porque cada día hablaba, alternativamente, con sandinistas y opositores, quienes, de hora en hora, me proponían las versiones más alérgicas de los mismos hechos. Y que me alarmaba la sordera recíproca entre el régimen y sus disidentes. «Vamos a ir entendiéndonos poco a poco —me aseguró—. Ya hemos empezado el diálogo con los obispos. Y, ahora que la Asamblea empiece a discutir la Constitución, reabriremos el diálogo con los partidos que se abstuvieron en las elecciones. Quizá despacio, pero la tensión interior se irá resolviendo. Lo difícil no es eso. Lo difícil es la negociación con Estados Unidos. De allí viene todo el problema. El presidente Reagan no renuncia a acabar con nosotros y, por eso, aparenta negociar, pero luego da marcha atrás, como en Manzanillo. No quiere negociación. Quiere que nos rindamos. Hemos dicho que estamos dispuestos a sacar a los cubanos, soviéticos y demás asesores; a suspender todo tránsito por nuestro territorio de ayuda militar u otra a los salvadoreños, bajo verificación internacional. Hemos dicho que lo único que pedimos es que no nos agredan y que Estados Unidos no arme y financie, jactándose de ello ante el mundo, a las bandas que entran a matarnos, a quemar las cosechas, y que nos obligan a distraer enormes recursos humanos y económicos que nos hacen una falta angustiosa para el desarrollo».

Como Rosario Murillo nos llamó a la mesa, no alcancé a decirle que, a mi juicio, la negociación con Estados Unidos me parecía menos difícil que la otra. Porque cuando el gobierno norteamericano reconozca que el régimen sandinista no va a ser derribado por los *contras* y que una invasión directa resultaría catastrófica para la causa de la democracia en el resto de América Latina, probablemente negociará con Managua, lo que, a fin de cuentas, le preocupa más: alejar a la URSS y Cuba de Nicaragua y que cese la ayuda a la insurrección salvadoreña. Eso, no me cabe duda, el comandante Ortega y sus compañeros se lo concederán a cambio de la paz.

Lo que no van a conceder fácilmente es lo que quiere la oposición: democracia plena. Que compartan el poder, que pongan el destino de la revolución en manos de esas contingencias: elecciones libres, prensa sin censura, división de poderes, instituciones representativas. No es esa la democracia por la que subieron a las montañas ni esa la legalidad en la que creen. De acuerdo con una vieja tradición, que, por desgracia, es latinoamericana antes que marxista, y que comparten con buen número de sus adversarios, piensan, aunque no lo digan, que la real legitimidad la dan las armas que conquistan el poder y que este poder, una vez conquistado, no hay por qué compartirlo.

Esto es lo que hace tan difícil el entendimiento del régimen con una oposición que, por su parte, tiende también a enclaustrarse en la fórmula del «Todo o nada». Y, sin embargo, de la negociación, acuerdo o, al menos, acomodo, entre ambos, depende que la Revolución sandinista sobreviva. Acaso no de un modo ideal para quienes, contra viento y marea, defendemos las «formas» democráticas, pero al menos digno, impulsando la justicia social dentro de un sistema mínimamente genuino de pluralismo y libertad, para que no cundan la asfixia, el desaliento y las nuevas injusticias congénitas a las dictaduras marxistas.

Don Emilio, el viejo conservador, oftalmólogo y gurú político, me dijo una noche: «Nuestra cultura criolla es todopoderosa, ahí donde usted la ve. Se traga lo que le den. Lo asimila todo y acaba por imponerle un sello propio». Recordé que fue eso, precisamente, lo que hizo Rubén Darío, el oscuro nicaragüense que comenzó imitando a los simbolistas franceses y terminó revolucionando la poesía de lengua española. ¿Se está tragando la cultura criolla el marxismo de estos muchachos impacientes y lo convertirá en algo mejor? Las circunstancias son propicias para que suceda.

Abril de 1985

LOS BUENOS TERRORISTAS

Estaba leyendo *Las soledades*, de Góngora, cuando todos los canales de la soleada Miami abrieron sus noticiarios con la noticia del audaz golpe de mano, en Lima, del MRTA (Movimiento Revolucionario Túpac Amaru), que ocupó la embajada del Japón con más de cuatrocientos rehenes en el interior, entre ellos diplomáticos, ministros de Estado, empresarios, militares, altos funcionarios y los habituales tigres del cóctel, allí reunidos para celebrar el onomástico del emperador. Lo primero que se me vino a la cabeza fue una consideración del todo frívola: la extraordinaria coincidencia de haber retomado ahora, cuando ocurría esta hazaña terrorista, un libro que leí afanosamente en todos mis momentos libres durante la campaña electoral peruana de 1989-1990, cuando el MRTA perpetró sus operaciones más ruidosas. Desde entonces, la fría y perfecta belleza de la poesía gongorina está indeleblemente asociada en mi memoria a la sangre y los estruendos de la violencia terrorista que marcó aquella campaña. Y, por lo visto, en el futuro aquel misterioso parentesco entre el más diestro hacedor de metáforas de la lengua castellana y el salvajismo político en mi país continuará, sin la menor esperanza de que la muerte (las muertes) los separe.

Escribo estas líneas al cuarto día de la captura de la embajada, cuando no se insinúa aún ninguna solución, y haciendo votos, desde luego, porque esta sea pronta y pacífica, y devuelva salvos a sus hogares a todos los rehenes, entre los cuales tengo muchos conocidos y algunos amigos. Pero, aunque haciendo todos los esfuerzos debidos para no parecer imprudente ni echar más leña al fuego, no puedo dejar de comentar la manera como los grandes medios de comunicación a mi alcance han venido informando sobre los sucesos.

Escucho en la televisión de Estados Unidos, y leo en su prensa, que en el Perú hay dos organizaciones terroristas: una radical y fanática, Sendero Luminoso, y otra, moderada y más política, el MRTA. Aquellos son más crueles e intransigentes por su filiación maoísta y tener como modelo de la sociedad a que aspiran a la China de la revolución cultural y la Camboya de los jemeres rojos, y estos son más flexibles y pragmáticos porque solo son castristas y, eventualmente, podrían transformarse, como sus colegas colombianos del M-19 con quienes colaboraron en el pasado en el llamado «Batallón América» de la guerrilla de aquella nación con voluntarios peruanos, en un partido político que operaría en la legalidad. Como prueba de la moderación del MRTA se esgrime el buen trato que ha dispensado a sus rehenes, las cordiales controversias sobre política económica que el líder de la operación ha sostenido con algún empresario secuestrado, y las charlas que los secuestradores han ofrecido a sus víctimas ilustrándolos sobre sus ideales revolucionarios. La verdad, esta nomenclatura entre terroristas «radicales» y «moderados» me ha parecido siempre una falacia y ahora más que nunca, a juzgar por los acontecimientos en curso. Si es verdad que entre Sendero Luminoso y el MRTA hay diferencias ideológicas marcadas, en cuanto a lo que realmente importa, pues es lo que define a un movimiento político —sus métodos—, aquellas diferencias son poco menos que invisibles. Es verdad que los senderistas han matado mucha más gente, pero no porque los emerretistas fueran más benignos, sino porque siempre fueron menos numerosos y con una capacidad de destrucción más limitada. Pero su prontuario, desde que se fundó el MRTA, en 1983, hasta el presente, está impregnado de sangre inocente y de cadáveres, de asaltos y raptos por dinero, de exacciones de todo orden y de una alianza orgánica con los traficantes narcos del Huallaga, a los que, a cambio de millonarias remuneraciones, presta protección armada hace muchos años. Es posible que mi juicio peque de subjetividad —un comando del MRTA trató de aniquilarme a mí y a mi familia en el aeropuerto de Pucallpa, durante aquella campaña electoral y, como no lo consiguió, se contentó con coser a tiros a un puñado de campesinos que los descubrió—, pero lo cierto es que me parece una grotesca aberración el empleo del adjetivo *moderado* a un movimiento que, en nombre del paraíso socialista futuro, ha asesinado a incontables personas y hecho del secuestro por dinero su especialidad. Todos los grandes plagios ocurridos en el Perú en los últimos diez años figuran en su haber, y ellos le han significado un abultado número de millones de dólares, invertidos, presumiblemente, en armas y municiones para posibilitar nuevas operaciones que engrosen sus arcas y dejen nuevas secuelas de sufrimiento y horror.

Uno de mis amigos más cercanos fue una de sus víctimas. Durante seis meses lo tuvieron enterrado en una cueva minúscula, donde no podía tenerse de pie, y donde —era la época siniestra de los apagones— pasó largos periodos sumido en las tinieblas, con la crujiente compañía de las cucarachas, a las que aprendió a matar a una velocidad astronáutica y guiándose solo por el oído. Su familia, mientras tanto, era sometida a una diaria tortura psicológica, con llamadas telefónicas y casetes con grabaciones maquiavélicamente concebidas para destrozarle los nervios. Esta persona salió airosa de la terrible prueba, pero otras no sobrevivieron a ella o quedaron psíquicamente destruidas. Si estos son los moderados del terror, cómo serán los extremistas. Un compatriota al que le hacía esta reflexión, me respondió: «Sendero Luminoso voló un edificio de apartamentos, en la calle Tarata, de Miraflores, por la sola razón de que en la vecindad había varios bancos. Comparado con un crimen colectivo de ese calibre, los secuestros y las bombitas del MRTA ¿no son acaso juegos benignos?». Mi opinión es que no, y que el número y la escala en que se ejecuta el terror de ninguna manera atenúan la iniquidad ética del crimen.

Esa es la razón por la que, desde el primer momento, he combatido con la misma convicción y severidad a Sendero Luminoso y al MRTA, sosteniendo que, más importante que sus divergencias ideológicas, es la identidad que existe entre ambas por la vileza de su conducta, pues ambas consideran perfectamente lícito para lograr sus fines políticos el exterminio de los adversarios y de gente inocente, así como el robo, los asaltos y secuestros o las alianzas con el narcotráfico. Y, por esa misma razón, he criticado la insensatez de todos los peruanos que aplaudieron al régimen de Fujimori cuando, para combatir con más «eficacia», a los terroristas, se prestó de ellos sus métodos, y generalizó el empleo de la tortura, de las desapariciones o asesinatos desembozados (como los de los alumnos y un profesor de La Cantuta) o el recientísimo secuestro, en las calles de Lima, por un comando militar, del general Robles, quien había tenido el coraje de denunciar públicamente al comando Colina, de siniestra fama, dependiente del Servicio de Inteligencia del Ejército, como autor del atentado contra una estación de televisión, en Puno, en represalia por su actitud crítica frente al gobierno y sus denuncias sobre la colusión entre el narcotráfico y el asesor presidencial y hombre fuerte del régimen, Vladimiro Montesinos.

La complacencia con el terror de Estado es, por desgracia, muy extendida en países donde la inseguridad y la desesperación que causan en la opinión pública las acciones del extremismo, llevan a grandes sectores a aprobar la política de la mano dura, el contraterrorismo, como la medicina más eficaz para restablecer el orden. Se trata de una pura ilusión, de un engañoso espejismo. Lo cierto es que cuando el Estado hace suyos los métodos de los terroristas para combatir el terrorismo, son estos últimos los que ya han ganado, pues han conseguido imponer su lógica y lesionado profundamente las instituciones. ¿Cómo puede sobrevivir una legalidad digna de ese nombre en una sociedad donde comienza por violarla, ejercitando el terror, quien está encargado de velar por su imperio? El resultado inevitable es la generalización de la violencia, y, a su amparo, de la corrupción, que sigue a aquella como su sombra. El Perú lo comprueba en estos días amargos, cuando despierta del sueño autoritario que abrazó con tanto entusiasmo: un régimen de autoridad, no mediatizado por partidos políticos, prensa libre, jueces independientes ni parlamentarios representativos, que golpearía sin misericordia al terrorismo y acabaría con las «politiquerías» de la supuesta democracia. Pues resulta que, cuatro años después del golpe de Estado que acabó con la democracia en el Perú, el terrorismo no estaba fulminado, como decían los propagandistas del gobierno. El MRTA, por lo menos, ha dado la prueba más espectacular de su existencia, ocupando desde hace cuatro días todas las primeras planas de la prensa y las horas estelares de la televisión del mundo entero. Y, en cuanto a lo demás, en los últimos meses, el llamado «modelo peruano» que hizo brillar los ojos a tantos golpistas latinoamericanos en los últimos años aparece cada vez menos como un régimen de paz y progreso económico, y cada vez más como una versión apenas maquillada de las tradicionales dictaduras continentales, es decir, corrompido, con militares de la jerarquía orgánicamente vinculados al negocio del narcotráfico, con medios de comunicación arrodillados mediante el soborno o la intimidación, una economía que comienza a hacer agua por muchos huecos, un conflicto social creciente por la agravación del desempleo y la pobreza y, consiguientemente, un desencanto progresivo con el régimen autoritario, de una opinión pública que poco a poco parece ir redescubriendo los beneficios de la libertad y la legalidad desaparecidas.

Quiero terminar por donde empecé: haciendo votos porque todos los rehenes de la embajada del Japón salgan de allí sanos y salvos, aunque el precio de ello sea el viaje a La Habana —a tostarse en las doradas arenas de Varadero con la conciencia del deber cumplido y las alforjas forradas de dólares— del camarada Néstor Cerpa y sus veinticuatro moderados compañeros.

Miami, diciembre de 1996

LA OTRA CARA DEL PARAÍSO

En su ensayo sobre Gandhi, George Orwell ridiculizaba el pacifismo explicando que el método practicado por aquel para lograr la independencia de la India solo pudo tener éxito contra un país como Gran Bretaña, al que la legalidad democrática obligaba a actuar dentro de ciertos límites. ¿Hubiera sido exitoso contra un Hitler o un Stalin, a los que nada impedía cometer genocidios? Poner la otra mejilla puede tener un alto significado moral, pero carece totalmente de eficacia frente a regímenes totalitarios. Hay circunstancias en que la única manera de defender la libertad, la dignidad humana o la supervivencia es oponiendo la violencia a la violencia.

¿Era esta la situación de México el 1 de enero de 1994, cuando el subcomandante Marcos se alzó en armas con su Ejército Zapatista de Liberación Nacional y ocupó varios poblados de Chiapas? La corrompida dictadura del PRI, que desde 1929 ejercía un dominio poco menos que absoluto, había entrado en un proceso de debilitamiento, y, en razón de una creciente presión interna a favor de la democratización, cedido unos espacios de poder a las fuerzas de oposición e iniciado una lenta pero inequívoca apertura. A algunos nos pareció que este proceso se vería seriamente trabado con las acciones guerrilleras y que estas, antes que a los indígenas chiapanecos, favorecerían al régimen priísta, ofreciéndole una coartada providencial para presentarse como el garante de la paz y el orden ante una clase media ansiosa de democracia, sin duda, pero alérgica a la idea de un México devastado por la guerra civil, en el que pudiera repetirse la situación de Guatemala o El Salvador durante los ochenta.

Nadie podía sospechar entonces la peculiar evolución que tendría la «primera revolución posmoderna», como la llamó Carlos Fuentes, ni la transformación del subcomandante de la máscara, la pipa y los dos relojes en las muñecas, en una estrella mediática internacional gracias al frenesí sensacionalista, ávido de exotismo, de los medios de comunicación y la irresponsable frivolidad de cierto progresismo occidental. Es una historia que deberá contarse alguna vez, con lujo de detalles, como testimonio de los delirantes niveles de enajenación a que puede llevar el *parti pris* ideológico y de la facilidad con que un bufón del Tercer Mundo, a condición de dominar las técnicas de la publicidad y los estereotipos políticos de moda, puede competir con Madonna y las Spice Girls en seducir multitudes.

Hay que agradecer a los periodistas Bertrand de la Grange, de *Le Monde*, y a Maite Rico, de *El País*, que aporten el más serio documento escrito hasta ahora sobre este tema, en su libro *Marcos, la genial impostura* (Nuevo Siglo/Aguilar, 1998), donde, con tanta paciencia como coraje, se esfuerzan por deslindar el mito y el embauque de la verdad, en los sucesos de Chiapas. Ambos han cubierto estos hechos sobre el terreno para sus respectivos diarios, conocen de primera mano la endiablada complejidad de la vida política de México y lucen —me quito el sombrero— una independencia de juicio que no suele ser frecuente entre los corresponsales de prensa que informan sobre América Latina. Su reportaje traza un retrato inmisericorde de la situación de los indígenas de Chiapas, desde la colonia, y la terrible marginación y explotación de que han seguido siendo víctimas hasta nuestros días, a consecuencia del sistema económico y político imperante. Pero él muestra también, de manera inequívoca, que el levantamiento zapatista no ha servido para mejorar en absoluto la condición de las comunidades nativas; más bien —la otra cara del Paraíso— la ha agravado en términos económicos y sociales, introduciendo profundas divisiones en la sociedad indígena chiapaneca y elevando el nivel de la violencia que se abate sobre ella.

El primer mito que esta investigación eclipsa es el de que el movimiento zapatista es indígena y campesino. En verdad, desde los tiempos de las Fuerzas de Liberación Nacional, en cuyo seno nació, el EZLN estuvo dirigido —como todos sus congéneres latinoamericanos— por blancos o mestizos de origen urbano, fuertemente impregnados de ideología marxista-leninista y seducidos por el voluntarismo de la Revolución cubana. Es el caso del universitario Rafael Guillén Vicente, el futuro subcomandante Marcos, entrenado en Cuba, donde, más que en la práctica militar, se afana por conocer detalles de la vida y la persona del Che Guevara, sobre el que, luego, se construirá una imagen clónica, aunque añadida de megalomanía publicitaria, algo que al sobrio revolucionario argentino siempre repugnó. En el movimiento zapatista los indígenas son un instrumento de manipulación —«simples cobayas», dicen Rico y de La Grange—, un decorado, una tropa de la que salen los inevitables muertos, y, a veces, los verdugos de otros indígenas. Pero nunca los protagonistas; o, mejor dicho, el protagonista, que es siempre Marcos, sobre todo cuando, con efusiones retóricas autocríticas, confiesa haberse excedido en sus exhibiciones y promete ceder las candilejas a «los hermanos y hermanas zapatistas» (aún no lo ha hecho).

El segundo mito desbaratado es el supuesto carácter «no violento» del movimiento zapatista. Es verdad que las acciones militares cesaron a las dos semanas del alzamiento, cuando el presidente Salinas, en un acto típico del refinado maquiavelismo político del PRI, decretó «el alto el fuego» e inició unas conversaciones con los zapatistas que su sucesor, el presidente Zedillo, ha continuado. Estas han servido, sobre todo, para mostrar que los alzados carecían de un programa mínimo de reformas, orfandad que compensaban con vagas y confusas reivindicaciones en defensa de la «identidad» indígena, que hacen delirar de entusiasmo a los multiculturalistas de las universidades norteamericanas y europeas, pero inservibles para aliviar en algo las miserables condiciones de vida de los campesinos chiapanecos.

Un distinguido antropólogo mexicano, Roger Bartra, ha explicado que el retorno de la Iglesia al escenario político y el indigenismo fundamentalista que ha traído como consecuencia el movimiento zapatista representan «un retroceso de primera magnitud». Para la democratización de México, sin duda. En cambio, al régimen priísta lo ocurrido en Chiapas le ha prestado un considerable servicio, como muestra este libro, según el cual el EZLN se ha convertido, a su pesar, en «el principal valedor» del sistema. Por lo pronto, utilizando el espantajo de la seguridad amenazada, el Ejército mexicano ha conseguido «un aumento sustancial» de su presupuesto y efectivos —las compras de armamento ligero y vehículos blindados a Estados Unidos, Rusia y Francia han sido frecuentes en estos años— y los militares han pasado a desempeñar un papel central en la vida política, tragedia latinoamericana de la que México hasta ahora se había librado.

En tanto que los crímenes cometidos contra los zapatistas, como el salvaje asesinato de cuarenta y cinco indios tzotiles, en su mayoría mujeres y niños, en Acteal, el 22 de diciembre del año pasado, han dado la vuelta al mundo causando una justa indignación, hay otra violencia, en Chiapas, que ha sido silenciada —con deliberación y alevosía—, porque condenarla hubiera sido políticamente incorrecto: la ejercida por los zapatistas contra los indígenas renuentes u hostiles al subcomandante Marcos. Las páginas más dramáticas del libro de Maite Rico y Bertrand de la Grange son las que reproducen algunas de las centenas (acaso millares) de cartas enviadas por indígenas de distintas localidades de Chiapas, a los párrocos, a las ONG, a autoridades locales, denunciando —en un lenguaje rudimentario y a veces apenas comprensible, que delata la humildad del remitente— los robos y saqueos, las expropiaciones, las expulsiones de familias y a veces de aldeas enteras, los maltratos físicos y los chantajes a que se han visto sometidos los indígenas chiapanecos que se negaron a plegarse a los designios del enmascarado Marcos. Más de treinta mil campesinos —casi la mitad de la población de Las Cañadas—, dicen los autores, se han visto obligados a huir de sus lugares de origen, en razón de las operaciones de «limpieza política» ordenadas por este personaje, a quien el distinguido sociólogo francés Alain Touraine llamó —sin que se le quebrara la voz— «el demócrata armado».

Que Touraine, o Régis Debray, otro aeda de Marcos (en su euforia lo ha llamado «el mejor escritor latinoamericano de nuestros días»), o la incesante viuda de François Mitterrand, luego de una visita turística a Chiapas, quedaran en babias sobre lo que allí ocurría y confundieran sus deseos con la realidad, es comprensible. En cambio, no lo es la conducta del escurridizo Samuel Ruiz, obispo de San Cristóbal de las Casas, que conoce la realidad de Chiapas muy a fondo, pues vive allí desde 1960, y quien ha sido recipiendario de aquellas desesperadas denuncias. ¿Por qué las ha ocultado de manera sistemática o, cuando no ha tenido como esquivar el bulto, minimizado al máximo? No por simpatía hacia Marcos y los zapatistas, a quienes, aunque ayudó los primeros años —en su loable afán de proteger a los indios contra las depredaciones de los caciques, el obispo llamó como asesores a un grupo de ¡militantes maoístas!—, luego mantuvo a distancia, pero no, como este libro documenta, por diferencias de principio, sino por razones de emulación y competencia hegemónica. El purpurado padece, como Marcos, de debilidades publicitarias y es sensible como una mimosa al qué dirán político.

Este libro transpira cariño y admiración por México, un país cuyo hechizo es, en efecto, difícilmente resistible. Al mismo tiempo, arde en sus páginas una justa indignación por la manera como los sucesos de Chiapas han sido deformados y canibalizados por los irredentos buscadores de Robin Hoods tercermundistas, con quienes aplacar su mala consciencia, distraer el aburrimiento político que les producen las pedestres democracias o saciar su sed de romanticismo revolucionario. La descripción de un cacaseno en bermudas, llamado John Whitmer, que renunció a la Antropología en Connecticut para ejercer de comisario zapatista y verificar la ortodoxia política de los periodistas que llegan a Chiapas, es, por sí sola, un alegato desopilante contra la especie. Uno de los muchos que, en este libro, entristecen e irritan a quienes de verdad desean que México se libre por fin, de una vez por todas, del sistema manipulador y abusivo —brutal en muchas ocasiones— que ha significado, por más de setenta años, el monopolio político del PRI. La mejora de las condiciones de vida de los indígenas de Chiapas, y del pueblo mexicano en general, tiene como requisito primero e indispensable la democratización de su vida política, la apertura de su sociedad, el refuerzo de sus instituciones, y el establecimiento de una legalidad que proteja a todos los ciudadanos contra los abusos de todos los poderes, sin excepción.

A ese proceso de democratización de México, el subcomandante Marcos no lo ha ayudado en lo más mínimo; lo ha entorpecido y confundido, restándole legitimidad a la oposición democrática y ofreciendo coartadas de supervivencia al poder que dice combatir. Desde luego, no es imposible que el héroe virtual que es él hoy día sea asesinado el día de mañana, por sus adversarios o por algún aliado envidioso, y pase entonces a engrosar el panteón de los héroes y de los libertadores: la Historia está trufada de esas prestidigitaciones. Pero, como este libro prueba hasta la saciedad, no es ese el destino que su trayectoria merece. Sino, más bien, el que preludian las ofertas que le han hecho llegar dos de sus más entusiastas admiradores: el cineasta Oliver Stone, para que encarne a su propio personaje en la película que piensa dedicarle, o como modelo de Benetton, en una campaña publicitaria de «los alegres colores» diseñada por Olivero Toscani, el creativo del modisto, cuyo botón de oro sería la imagen del subcomandante, antifaz en la cara, metralleta al hombro, cachimba en la boca, en el centro de una ronda de indígenas armados y uniformados mirando confiados un horizonte de radiante sol.

Berlín, marzo de 1998

¡ABAJO LA LEY DE GRAVEDAD!

A fines del siglo XIX, en las candentes tierras de los estados nordestinos de Sergipe y Bahía, en Brasil, tuvo lugar una sublevación campesina, liderada por un carismático predicador, el apóstol Ibiapina, contra el sistema métrico decimal. Los rebeldes, apodados los *quiebraquilos*, asaltaban las tiendas y almacenes y destrozaban los nuevos pesos y medidas —las balanzas, los kilos y los metros— adoptados por la monarquía con el propósito de homologar el sistema brasileño al predominante en Occidente y facilitar de este modo las transacciones comerciales del país con el resto del mundo. Este intento modernizador pareció sacrílego al padre Ibiapina y muchos de sus partidarios murieron y mataron tratando de impedirlo. La guerra de Canudos, que estalló pocos años después en el interior de Bahía, en contra del establecimiento de la República brasileña, fue también un heroico, trágico y absurdo empeño para detener la rueda del tiempo sembrando cadáveres en su camino.

Las rebeliones de los *quiebraquilos* y de los *yagunzos*, además de pintorescas e inusitadas, tienen un poderoso contenido simbólico. Ambas forman parte de una robusta tradición que, de un extremo a otro del continente, ha acompañado la historia de América Latina, y que, en vez de desaparecer, se acentuó a partir de la emancipación: el rechazo de lo real y lo posible, en nombre de lo imaginario y la quimera. Nadie la ha definido mejor que el poeta peruano Augusto Lunel, en las primeras líneas de su *Manifiesto*: «Estamos contra todas las leyes, empezando por la ley de gravedad».

Rechazar la realidad, empeñarse en sustituirla por la ficción, negar la existencia vivida en nombre de otra, inventada, afirmar la superioridad del sueño sobre la vida objetiva, y orientar la conducta en función de semejante premisa, es la más antigua y la más humana de las actitudes, aquella que ha generado las figuras políticas, militares, científicas, artísticas, más llamativas y admiradas, los santos y los héroes, y, acaso, el motor principal del progreso y la civilización. La literatura y las artes nacieron de ella y son su principal alimento, su mejor combustible. Pero, al mismo tiempo, si el rechazo de la realidad desborda los confines de lo individual, lo literario, lo intelectual y lo artístico, y contamina lo colectivo y lo político —lo social—, todo lo que esta postura entraña de idealista y generoso desaparece, lo reemplaza la confusión y el resultado es generalmente aquella catástrofe en que han desembocado todas las tentativas utópicas en la historia del mundo.

Elegir lo imposible —la perfección, la obra maestra, el absoluto— ha tenido extraordinarias consecuencias en el ámbito de lo creativo, del *Quijote* a *La guerra y la paz*, de la Capilla Sixtina al *Guernica*, del *Don Giovanni*, de Mozart, a la segunda sinfonía de Mahler, pero querer modelar la sociedad desconociendo las limitaciones, contradicciones y variedades de lo humano, como si hombres y mujeres fueran una arcilla dócil y manipulable capaz de ajustarse a un prototipo abstracto, diseñado por la razón filosófica o el dogma religioso con total desprecio de las circunstancias concretas, del aquí y del ahora, ha contribuido, más que ningún otro factor, a aumentar el sufrimiento y la violencia. Los veinte millones de víctimas con que, solo en la Unión Soviética, se saldó la experiencia de la utopía comunista son el mejor ejemplo de los riesgos que corren quienes, en la esfera de lo social, apuestan contra la realidad.

El inconformismo que significa vivir en pugna con lo posible y con lo real, ha hecho que la vida latinoamericana sea intensa, aventurera, impredecible, llena de color y creatividad. ¡Qué diferencia con la bovina y sosegada Suiza, donde escribo estas líneas! He recordado en estos días atrozmente plácidos, aquella feroz afirmación de Orson Welles a Joseph Cotten, en *El tercer hombre*, la película de Carol Reed que escribió Graham Greene: «En mil años de historia, los civilizados suizos solo han producido el reloj cucú» (o algo así). En realidad, han producido, también, *la fondue*, un plato desprovisto de imaginación, pero decoroso y probablemente nutritivo. Con la excepción de Guillermo Tell, quien, por lo demás, nunca existió y debió ser inventado, dudo que jamás haya habido otro suizo que perpetrara ese sistemático rechazo de la realidad que es la más extendida costumbre latinoamericana. Una costumbre gracias a la cual hemos tenido a un Borges, un García Márquez, un Neruda, un Vallejo, un Octavio Paz, un Lezama Lima, un Lam, un Matta, un Tamayo, y hemos inventado el tango, el mambo, los boleros, la salsa y tantos ritmos y canciones que el mundo entero canta y baila. Sin embargo, pese a haber dejado atrás el subdesarrollo hace tiempo en materia de creatividad artística —en ese campo, más bien, somos imperialistas— América Latina es, después de África, la región del mundo donde hay más hambre, atraso, desempleo, dependencia, desigualdades económicas y violencia. Y la pequeña y bostezante Suiza es el país más rico del mundo, con los más altos niveles y calidad de vida que ofrezca un país de hoy a sus ciudadanos (a todos, sin excepción) y a muchos miles de inmigrantes. Aunque es siempre aventurado suponer la existencia de leyes históricas, me atrevo a proponer esta: el progreso social y económico está en relación directamente proporcional al aburrimiento vital que significa acatar la realidad e inversamente proporcional a la efervescencia espiritual que resulta de insubordinarse contra ella.

Los *quiebraquilos* de nuestros días son los millares de jóvenes latinoamericanos que, movidos por un noble ideal, sin duda, acudieron a manifestarse en Porto Alegre contra la globalización, un sistema tan irreversible en nuestra época como el sistema métrico decimal cuando los seguidores del apóstol Ibiapina declararon la guerra a los metros y a los kilogramos. La globalización no es, por definición, ni buena ni mala: es una realidad de nuestro tiempo que ha resultado de una suma de factores, el desarrollo tecnológico y científico, el crecimiento de las empresas, los capitales y los mercados y la interdependencia que ello ha ido creando entre las distintas naciones del mundo. Grandes perjuicios y grandes beneficios pueden resultar de esta progresiva disolución de las barreras que, antes, mantenían a los países confinados en sus propios territorios y, muchas veces, en franca pugna con los demás. El bien y el mal que trae consigo la globalización depende, claro está, no de ella misma, sino de cada país. Algunos, como España en Europa, o Singapur en Asia, la aprovechan espléndidamente, y el colosal desarrollo económico que ambos han experimentado en los últimos veinte años ha resultado en buena parte de esas masivas inversiones extranjeras que estos dos países han sido capaces de atraer. Los cito a ambos porque son dos ejemplos excepcionales de los extraordinarios beneficios que una sociedad puede sacar de la internacionalización de la economía. (Singapur, una ciudad-estado de tamaño liliputiense, ha recibido en los últimos cinco años más inversiones extranjeras que todo el continente africano).

En cambio, no hay duda alguna de que a países como la Nigeria del difunto general Abacha, al Zaire del extinto Mobutu y al Perú del prófugo Fujimori, la globalización les trajo más perjuicios que beneficios, porque las inversiones extranjeras, en vez de contribuir al desarrollo del país, sirvieron sobre todo para multiplicar la corrupción, enriquecer más a los ricos y empobrecer más a los pobres. Nueve mil millones de dólares ingresaron a las arcas fiscales peruanas gracias a las privatizaciones efectuadas durante el régimen dictatorial. No queda, de ello, un solo céntimo, y la deuda externa ha crecido, desde el golpe de Estado de 1992, en cinco mil millones de dólares. ¿Qué magias, qué milagros volatilizaron esas vertiginosas sumas sin que de ellas licuara prácticamente nada a esos veinticinco millones de peruanos que viven hoy la peor crisis económica de toda su historia, con récords de desempleo, hambre y marginación? Aunque parte importante de ellas se derrochó en operaciones populistas, y, otra, comprando armamento viejo con facturas de nuevo, la verdad es que el grueso de aquellos ingresos fue pura y simplemente robado por esa pandilla de gángsters que encabezaban Fujimori y Montesinos y los cuarenta ladrones de su entorno, y reposa, hoy, a salvo, en los abundantes paraísos fiscales del planeta. Peor todavía es la historia de lo que ocurría en Nigeria en los tiempos del general Abacha, quien, como es sabido, exigía a las transnacionales petroleras que abonaran directamente los *royalties* que debían al país en sus cuentas privadas en Suiza, cuentas que, como las de Mobutu, raspan por lo visto la vertiginosa suma de unos dos mil millones de dólares. Frente a esos titanes, Vladimiro Montesinos, a quien se le calcula solo mil millones de dólares robados, es un pigmeo.

La conclusión que se puede sacar de estos ejemplos es bastante sencilla: los perjuicios de la globalización se conjuran con la democracia. En los países donde imperan la legalidad y la libertad, es decir, reglas de juego equitativas y transparentes, el respeto de los contratos, tribunales independientes y gobernantes representativos, sometidos a una fiscalización política y al escrutinio de una prensa libre, la globalización no es maldición, sino lo contrario: una manera de quemar etapas en la carrera del desarrollo. Por eso, ninguna democracia sólida, del primero o del Tercer Mundo, protesta contra la internacionalización de la economía; más bien la celebra, como un instrumento eficaz para progresar. La apertura de las fronteras solo es perjudicial a los países donde los sistemas autoritarios se sirven de ella para multiplicar la corrupción, y donde la falta de leyes justas y de libertad de crítica permiten a menudo esas alianzas mafiosas entre corporaciones y delincuentes políticos de las que los casos de un Abacha, un Mobutu y un Fujimori son típicos ejemplos.

La lección que habría que extraer de estos precedentes es la necesidad imprescindible de globalizar la democracia, no la de poner término a la globalización. Pero la democracia tiene grandes dificultades para aclimatarse en países reacios, por tradición y por cultura, a aceptar la pobre realidad, el mediocre camino del gradualismo, de lo posible, de la transacción y el compromiso, de la coexistencia en la diversidad. Eso está bien para los plúmbeos suizos, tan pragmáticos y realistas, no para nosotros, soñadores absolutistas, intransigentes revolucionarios, amantes de la irrealidad y de los terremotos sociales. Por eso, en vez de exigir más globalización, luchar, por ejemplo, para que los países desarrollados levanten esas medidas proteccionistas que cierran sus mercados a los productos agrícolas del Tercer Mundo —una injusticia flagrante—, pedimos menos. Es decir, como el padre Ibiapina, que la rueda del tiempo se detenga, retroceda, y nos regrese al aislamiento y la fragmentación nacionalista que ha llenado a nuestros países de hambrientos y miserables. Pero, eso sí, pletóricos de riesgo, aventura, novedades, buena música y excelentes artistas.

Davos, enero de 2001

APOGEO DEL ESPANTO

¿Imaginó siquiera Abimael Guzmán, el líder de Sendero Luminoso, al desencadenar en 1980 la guerra revolucionaria que iba a convertir al Perú en una sociedad maoísta fundamentalista, los horrores que esta insurrección provocaría? El año pasado, el informe de la Comisión de la Verdad y Reconciliación, presidida por el doctor Salomón Lerner Febres, documentó de manera escalofriante esta guerra que en un par de décadas asesinó, torturó e hizo desaparecer a más de sesenta y nueve mil peruanas y peruanos, en su inmensa mayoría gentes humildes y totalmente inocentes, que se vieron atrapadas entre los dos rodillos compresores del senderismo y las fuerzas del orden y sacrificadas por ambos con parecido salvajismo. Pese a su ponderación y sus esfuerzos por ceñirse a la estricta verdad de los hechos, este informe fue injustamente criticado y ninguna de sus conclusiones y sugerencias ha sido tomada en cuenta por las autoridades, que lo han encarpetado y olvidado.

Ocurrirá lo mismo, probablemente, con los materiales que añade a este informe el periodista Ricardo Uceda, antiguo director de *Sí*, un semanario de izquierda, que aparecen en su libro recién publicado, *Muerte en el Pentagonito. Los cementerios secretos del Ejército peruano* (Planeta), fruto de ocho años de investigación, que rastrea, principalmente, gracias a testimonios de los propios protagonistas, las operaciones de inteligencia, las torturas y ejecuciones extrajudiciales y las desapariciones que llevaron a cabo en la sombra varios organismos policiales y militares, y una organización paramilitar del gobierno aprista de Alan García, con el beneplácito, la complicidad o una hipócrita actitud ponciopilatesca de los gobiernos. Aunque Uceda discute y rectifica algunas afirmaciones del Informe de la Comisión de la Verdad, en lo esencial ambos trabajos coinciden en mostrar que durante los años de la revolución senderista el Perú vivió lo que un verso de Miguel Hernández llama «el apogeo del espanto».

Era una demencia iniciar semejante levantamiento, y hacerlo precisamente cuando el Perú recuperaba la democracia, luego de doce años de dictadura militar, pues de este modo se dificultaba hasta lo imposible que las instituciones democráticas resucitaran y funcionaran a cabalidad. Las acciones terroristas de Sendero, sus asesinatos y asaltos a policías, autoridades y supuestos explotadores y «enemigos de clase», obligaron a Belaunde Terry, a poco de asumir su gobierno, y a regañadientes, a llamar a las Fuerzas Armadas a hacer frente a una subversión que, en Ayacucho y vecindades, parecía progresar como un incendio. El Ejército no estaba preparado para enfrentar una guerra subversiva y Uceda cuenta en su libro que, cuando aquel recibe esta misión, sus servicios de inteligencia ni siquiera tenían idea de qué era y cómo operaba Sendero Luminoso. El militar al que le encargan preparar un informe al respecto lo elabora a base de folletos y libritos de propaganda que compra en las veredas del Parque Universitario. Este personaje, el suboficial de inteligencia Julio Sosa, principal informante de Uceda, una verdadera máquina de matar, parece extraído del cine negro o la literatura sádica.

Desde un principio, la estrategia contrarrevolucionaria es elemental: responder al terror con más terror, para obtener información y para que la población civil sepa a lo que se arriesga si colabora con los senderistas. Con esta filosofía, se abría la puerta a las crueldades más vertiginosas. A la brutalidad se sumaba, en muchos casos, la ineficiencia. Los primeros grupos de inteligencia enviados a Ayacucho someten a todo detenido a violencias indecibles, pero ni siquiera saben qué preguntarles y en muchos casos, se diría que por mera impotencia, se limitan a matarlos. El proceso de aprendizaje es una rápida deshumanización en que los defensores de la legalidad, de los derechos humanos y de las libertades que garantiza la democracia, terminan conduciéndose de manera tan atroz como los propios senderistas.

Ricardo Uceda da nombres y apellidos, y los grados militares, así como las compañías y batallones a que estaban asignados, de decenas de oficiales y suboficiales que, obedeciendo instrucciones del comando, o convencidos de que actuando como lo hacían cumplían con lo que el Ejército y el poder político esperaban de ellos, perpetraron las más execrables y abyectas violaciones a los derechos humanos, colgando a sus víctimas hasta descoyuntarlas, sumergiéndolas en bañeras hasta reventarles los pulmones, machacándolas a golpes y vesanias múltiples para luego asesinarlas y hacer desaparecer sus cadáveres, a veces quemándolos, o enterrándolos en fosas comunes en lugares secretos. Ni siquiera las más elementales formas y apariencias de la legalidad se guardaban; los jueces no eran informados de las detenciones y a los familiares que venían a inquirir por sus desaparecidos se les negaba saber nada de ellos.

El libro no es fácil de leer porque muchas de sus revelaciones estremecen y producen náuseas. Las páginas más terribles son seguramente las que describen, con gran pormenor de detalles, el funcionamiento del campamento militar de Toctos, donde eran enviados los sospechosos de colaborar con Sendero Luminoso para que fueran interrogados y luego liquidados. Aunque el libro no da cifras, por evidencia interna se desprende que acaso centenares de hombres y mujeres —estudiantes, campesinos, sindicalistas, vagabundos— fueron llevados allí para arrancarles información bajo tormento y luego exterminarlos. No hay la menor duda de que no solo senderistas y cómplices cayeron entre ellos; un porcentaje alto fueron ciudadanos absolutamente inocentes a los que el azar, o una insidia o una intriga, empujaron dentro de esa maquinaria trituradora de la que no había escape posible. Al principio se mataba para conseguir información o hacer un escarmiento. Después —se había vuelto tan fácil hacerlo— para que no quedaran testigos incómodos y muchas veces solo para poder robar a las víctimas. Antes de asesinarlas, las muchachas y mujeres torturadas eran entregadas a los soldados para que las violaran, a la orilla misma de las tumbas donde iban a ser sepultadas. Aquello de la función hace al órgano, cobra, entre estos testimonios, una espeluznante realidad: algunos ejecutores coleccionaban orejas y narices de los asesinados y los exhibían, ufanos, en frascos o sartas, como trofeos de guerra. A un joven subteniente, recién llegado al campamento de Toctos, sus compañeros, en medio de una borrachera, le piden que demuestre su hombría decapitando a un terrorista. El joven va al calabozo y regresa con la cabeza sangrante en las manos.

El libro deja en claro que estas monstruosidades no eran excepciones estrafalarias sino, en muchos casos, comportamientos que se fueron generalizando en razón de la exasperación que provocaban en las filas de las Fuerzas Armadas y en la sociedad peruana los asesinatos y exacciones de Sendero Luminoso y de la total incapacidad de las autoridades, civiles y militares, para fijar unos límites claros, inequívocos, a la acción antisubversiva, que las excluyera. La verdad es que la jefatura militar las toleró, en muchos casos las instigó y las cubrió, y que el poder político no quiso enterarse de lo que ocurría para no tener que actuar. Eso explica, sin duda, que la recuperación de la democracia en el Perú durara apenas los gobiernos de Belaunde Terry y Alan García y que, en 1992, Fujimori diera un golpe de Estado ante la indiferencia o con el apoyo de tantos peruanos. ¿Qué democracia iban a defender esos ciudadanos que vivían en la zozobra de las bombas, los crímenes y los atracos de los terroristas, o los que, por hallarse en el medio del campo de batalla, eran brutalizados por igual por estos y por quienes debían protegerlos?

Con la dictadura de Fujimori y Montesinos el ejercicio del terror no fue ya solo una práctica solapada, sino una política oficial del Estado, que, además, para colmo de males, contaba con un amplio apoyo de una sociedad civil a la que la inseguridad y el miedo habían hecho creer que solo la «mano dura» restablecería la seguridad ciudadana. Las víctimas ya no eran llevadas a las lejanas serranías de Toctos, sino a los sótanos del Pentagonito, la propia comandancia general del Ejército, en Lima, para ser exterminadas y disueltas en cal viva. Y las cartas bomba contra activistas de los derechos humanos, periodistas de oposición y supuestos aliados de los terroristas se cocinaban en las oficinas del propio servicio de inteligencia. Sin embargo, algunos de los abominables crímenes que se cometieron en aquellos años, como el asesinato de quince asistentes a una pollada, en una casa limeña de los Barrios Altos, entre ellos un niño de ocho años, en noviembre de 1991, y la matanza de nueve estudiantes y un profesor de la Universidad La Cantuta —todos supuestos senderistas o aliados de estos— en julio de 1992, provocaron protestas y pesquisas que al cabo del tiempo minarían profundamente los cimientos del régimen dictatorial y contribuirían a su caída. Sobre ambos asuntos el libro de Uceda aporta mucha información inédita de la que transpira la inequívoca responsabilidad en ambos crímenes de los más importantes jerarcas del régimen.

No todos los testimonios e informaciones de *Muerte en el Pentagonito* tienen la misma fuerza persuasiva. Y algunas opiniones, no documentadas, incluso desconciertan, como aquella que acusa de falsaria a Leonor La Rosa, miembro del servicio de inteligencia, torturada, violada y convertida en un desecho humano —tetrapléjica, vive ahora asilada en Suecia— por sus ex compañeros, que la creían informante de la prensa. Pero, pese a ello, el libro no es una diatriba ni un panfleto sensacionalista y demagógico, sino un serio y responsable esfuerzo por sacar a la luz, cotejando todo el contradictorio y escurridizo material existente y, sin duda, arriesgando mucho en lo personal, el aspecto más amargo de una insensata aventura ideológica que, en vez de establecer el paraíso igualitario que se proponía, multiplicó la tragedia de los pobres en el Perú y ensució moralmente al país entero.

Lima, diciembre de 2004

NO MÁS FARC

Esta es una historia que solo podía haber ocurrido en nuestro tiempo y que muestra mejor que ningún ensayo científico la revolución cultural y política que ha significado para el mundo el internet.

Óscar Morales Guevara, ingeniero colombiano de 33 años, apolítico y residente en Barranquilla, irritado con la iniciativa del presidente venezolano, Hugo Chávez, de pedir a la Unión Europea que retirara a las FARC (Fuerzas Armadas Revolucionarias de Colombia) de su lista de organizaciones terroristas y las promoviera a la dignidad de guerrillas combatientes, quiso dejar sentada su protesta y se instaló ante su ordenador. Como miembro de Facebook, la más extendida red social de internet, propuso crear, dentro de este espacio, la comunidad virtual «Un millón de voces contra las FARC». Para ello diseñó un eslogan —«No más secuestros, no más muertes, no más mentiras, no más FARC»— y un pequeño texto dirigido «a los colombianos y amigos del mundo» explicando la naturaleza criminal de esa organización que por más de cuarenta años ha traído pobreza y miseria a Colombia con sus secuestros, negocios con el narcotráfico, asesinatos y atentados ciegos contra la población civil.

A las pocas horas varios centenares de personas se habían afiliado a su proyecto y en pocos días los adscritos eran millares. Las incorporaciones a la comunidad recién creada alcanzaron el ritmo de dos mil por hora. Uno de estos entusiastas, Carlos Andrés Santiago, un joven de veintidós años de Bucaramanga, sugirió entonces la idea de la Marcha por la Paz del lunes 4 de febrero. Lo ocurrido ese día en casi todas las ciudades de Colombia y en muchas decenas de ciudades del resto del mundo, incluso en lugares tan sorprendentes como Bagdad, una aldea del Sahara, Moscú y la capital de Ucrania, quedará como un hito para la historia moderna. No hay precedentes para esta extraordinaria movilización de millones de personas, en cinco continentes, en contra del terror y el embauque políticos encarnados por las FARC. Y, menos, que ella tuviera lugar a partir de un llamamiento de ciudadanos independientes, sin militancia política ni apoyo institucional alguno, guiados solo por un instinto justiciero y una voluntad pacifista, que consiguió tocar un nervio y sacar de sus casas a gentes de diferentes credos, lenguas, culturas, convicciones, que, protestando contra las FARC, protestaban también contra la miríada de frentes, partidos, Iglesias, que, en sus propios países, se arrogan el derecho de asesinar, torturar y cometer las peores violaciones contra los derechos humanos usando como coartada la lucha por la justicia social.

Lo más emocionante de esas marchas fue que casi todas ellas estaban encabezadas por colombianos expatriados, que, a la vez que desfilaban pacíficamente, con sus banderas y sus polos y sus estribillos, mostrando al mundo su repudio de los crímenes de las FARC, trataban de disipar el fantástico malentendido que, en ciertos ambientes «progresistas» y liberales de Europa y Estados Unidos sin ir muy lejos, todavía considera a esta organización un movimiento justiciero y romántico, que lucha por los pobres y las víctimas de la sociedad y contra sus opresores, y que, por ello, merece ayuda económica y promoción política y mediática. ¿Los cuatro o cinco millones de colombianos que el lunes 4 de febrero inundaron las ciudades y pueblos de Colombia convirtiendo a la Marcha por la Paz en una de las más importantes movilizaciones populares en toda la historia del país, conseguirán abrir los ojos de los ingenuos europeos y estadounidenses que todavía se empeñan en ver a América Latina como un continente donde el Robin Hood guerrillero combate contra los demonios de la burguesía y el imperialismo? Probablemente no a todos, porque muchos admiradores de las FARC, en los países occidentales avanzados, lo son por la mala conciencia que les da ser prósperos y vivir en las aburridas democracias y porque necesitan, aunque sea de manera vicaria, experimentar aquellas grandes aventuras revolucionarias que, en sus países, ya son solo historia (y, sobre todo, fantasía). Estos seguirán ciegos y sordos a la realidad. Pero esperemos que muchos otros, menos enajenados por la ideología o la estupidez, se rindan a la evidencia y entiendan, por fin, que las FARC no tienen nada de admirable ni de respetable pues son, hoy día, nada más que un Ejército seudopopular al servicio del narcotráfico, que vive del crimen, que tiene esclavizados por los métodos brutales que practica a cientos de miles de campesinos y gentes de los estratos sociales más humildes de Colombia que para su desgracia residen dentro de las zonas que domina y que son el obstáculo mayor que tiene este país para avanzar en su desarrollo y perfeccionar su democracia.

Es verdad que las organizaciones paramilitares colombianas han perpetrado crímenes espantosos en su lucha contra las FARC. Pero aquellos crímenes no contrarrestan ni hacen menos repudiables los que estas perpetran a diario, y que son infinitamente más numerosos que aquellos y que no se cometen por afán alguno de justicia, sino pura y simplemente para lucrar, llenar las arcas del terror, servir las operaciones de los grandes cárteles del narcotráfico, reclutar mediante la fuerza a los adolescentes campesinos para nutrir sus filas y, sobre todo, para extorsionar e intimidar a la sociedad civil. Dentro de estos delitos, el más extendido es el secuestro de políticos, empresarios, extranjeros, profesionales y gentes del común, a fin de conseguir rescates o para utilizar a esas víctimas en operaciones de chantaje político y social. ¿Cuántos millones de dólares han obtenido ya las FARC de los más de tres mil secuestrados que figuran en su prontuario? Al parecer, la cifra asciende a unos trescientos millones, que, siendo enorme, es ínfima comparada con lo que obtiene como fuerza de choque de los barones del narcotráfico o del ejercicio mismo de esta industria, una buena parte de la cual está ya desde hace varios años a cargo de las propias FARC.

¿Fue algo distinto en sus comienzos este movimiento dirigido por el legendario Tirofijo? Tal vez lo fue, antes de que naciera oficialmente, en 1966, cuando la guerra civil que ensangrentó Colombia, luego del asesinato de Jorge Eliécer Gaitán y el «bogotazo» de 1948, y las guerrillas liberales y conservadoras se entremataban en una de las peores sangrías de la historia latinoamericana. Pero, si hubo alguna vez fuertes dosis de idealismo y generosidad en sus dirigentes, y una genuina vocación de altruismo social, todo eso fue desapareciendo con una práctica violenta de tantas décadas, en la que, poco a poco, los medios se fueron imponiendo sobre los fines, y corrompiéndolos hasta desaparecerlos, como suele ocurrir a quienes creen que «la violencia es la partera de la historia».

La realidad es que, por culpa de las FARC y del otro movimiento subversivo, el ELN (Ejército de Liberación Nacional), Colombia no es hoy una democracia moderna y desarrollada, como lo va siendo ya Chile. Lo notable es que pese al terrible desafío contra sus instituciones que representa el terrorismo, Colombia haya mantenido en todos estos años gobiernos civiles nacidos de elecciones, una prensa libre, una vida política civil muy intensa, y que su economía haya crecido con altos índices, aunque, claro está, sin que los beneficios de este crecimiento lleguen a todos los colombianos de manera equitativa. Lo que ha significado en dolor y sacrificios, en brutalidad e injusticia, en atropellos y traumas, el terrorismo —y su secuela inevitable, el contraterrorismo— ha hecho de la sociedad colombiana una de las más maltratadas del planeta. Pero no ha conseguido quebrar su amor a la vida ni su energía ni su creatividad, como lo descubren todos los forasteros que llegan allá y se sorprenden con la alegría de su música y de sus bailes, la simpatía y la cordialidad de sus gentes, el español tan bien hablado y escrito de los colombianos, y la voluntad de no dejarse derrotar por los agentes del odio y del miedo de su pueblo.

Todo eso salió a la luz, en Colombia y, de la mano de los colombianos expatriados, este lunes 4 de febrero, con esa movilización en favor de la paz y de la verdad, contra la mentira y el terror, que hizo posible un oscuro ingeniero barranquillero, que, como esos justos de las historias bíblicas, decidió un día, en un sobresalto ético, hacer algo contra el horror y el engaño, y se sentó frente a su ordenador y se puso a escribir. Su ejemplo es extraordinario. No solo ha servido a su país y a la decencia. Nos ha mostrado el arma poderosísima que puede ser la tecnología moderna de las comunicaciones si la sabemos usar y la ponemos al servicio de la verdad y la libertad.

Lima, febrero de 2008

PARA LA HISTORIA DE LA INFAMIA

El miércoles 16 de julio decenas de miles de nicaragüenses se manifestaron en las calles de Managua para pedir la renuncia del presidente Daniel Ortega, a quien acusan de estar convirtiendo la frágil e imperfecta democracia que vive su país en una dictadura tan corrompida y autoritaria como la que padeció Nicaragua bajo Somoza. La manifestación fue convocada por la Coordinadora Civil, que reúne a unas seiscientas organizaciones cívicas, partidos y movimientos de todo el espectro político, muchos independientes, asociaciones feministas e intelectuales.

Es la primera buena noticia que nos llega desde ese desventurado país —el segundo más pobre de América Latina, después de Haití— desde que, en un acto de verdadero desvarío colectivo, los electores eligieron el año pasado a Daniel Ortega para ocupar la primera magistratura de la nación, olvidando su catastrófica primera gestión (1985-1990) y legitimando su pacto mafioso con el ex presidente «liberal» Arnoldo Alemán, condenado a veinte años de cárcel en el año 2003 por haber entrado a saco en las arcas del Estado despilfarrando y robando la vertiginosa suma de doscientos cincuenta millones de dólares. El supuesto reo multimillonario cumple ahora su sentencia en una finca particular, viviendo a cuerpo de rey, recibiendo todas las visitas que le place y viajando a Managua cuando le da la gana a dar consignas a su bancada parlamentaria que, unida a la sandinista, detenta la mayoría del Congreso. Esta alianza mafiosa y antinatura de una supuesta izquierda y otra supuesta derecha —en verdad, dos bandas gangsteriles disfrazadas de partidos políticos— ha permitido la desnaturalización de la justicia, sentado las bases de una nueva dictadura, y abierto la puerta para que Daniel Ortega y Arnoldo Alemán se salgan con la suya y se libren de pagar por los delitos que se les imputan. Los electores que, por ingenuidad, ignorancia o fanatismo, sacramentaron este contubernio están ya arrepentidos de su error, pues, según las últimas encuestas, la popularidad del presidente Ortega ha caído en picada desde que asumió el poder en enero de 2007. Ahora solo lo respalda un 21 por ciento de los nicaragüenses.

Todavía es muchísimo si se tiene en cuenta el prontuario del «comandante» Ortega. Resumo la historia de su hijastra Zoilamérica Narváez, tal como aparece en dos publicaciones que me merecen absoluta credibilidad (*El País*, de Madrid, 29 de junio de 2008, y *Búsqueda*, de Montevideo, 5 de junio de 2008), pero quien tenga estómago para ello puede leer en internet el testimonio completo de esta peripecia que parece extraída de una novela del marqués de Sade.

Zoilamérica es hija de Rosario Murillo, esposa de Ortega, coordinadora de los Consejos del Poder Ciudadano y, según algunos, el verdadero poder detrás del trono nicaragüense. El 22 de mayo de 1998, Zoilamérica, militante del Frente Sandinista de Liberación Nacional, hizo público su testimonio contra su padre adoptivo, revelando que, desde la edad de once años, «fui acosada y abusada sexualmente por Daniel Ortega Saavedra, manteniéndose estas acciones por casi veinte años de mi vida». Las precisiones, detalles y circunstancias del relato de Zoilamérica son escalofriantes y revelan en su verdugo, acosador y violador, un cinismo y una crueldad poco menos que patológicas. El vía crucis de la niña comenzó en 1979, cuando el revolucionario andaba en la clandestinidad, en Costa Rica. Cada vez que se ausentaba la madre, aquel aprovechaba para «manosearme y tocar mis partes genitales. Hasta hace poco recordé que también ponía su pene en mi boca».

El terror y la vergüenza hacían que la niña soportara todo aquello sin denunciarlo a la madre, quien, por lo visto, entregada en cuerpo y alma a la política, andaba en la Luna sobre las malandanzas que protagonizaba su marido a sus espaldas. El «comandante» se metía al baño cuando Zoilamérica estada duchándose y se masturbaba mirándola y acariciando sus ropas. En las noches, se introducía en el cuarto que la niña compartía con su hermano Rafael, «procedía a separarme parte de la cobija de mi cuerpo, continuaba con manoseos y luego concluía masturbándose. Me decía que no hiciera bulla para no despertar a Rafael... y me decía: "¡Ya verás que con el tiempo esto te va a gustar!"».

Cuando los sandinistas derrocaron a Anastasio Somoza en 1979, la familia Ortega Murillo se trasladó a Managua. Allá le asignaron a Zoilamérica un cuarto para ella sola. Fue, dice, una pesadilla todavía peor. En las noches, el «comandante» se deslizaba en la cama de la niña de doce años y se refocilaba a su gusto. Ella comenzó a padecer «escalofríos, náuseas y temblores de quijada». Vivía con una sensación de pánico constante, por los abusos de que era objeto, y por la perspectiva de que todo aquello se supiera y se convirtiera en el centro de un gran escándalo. Robándole tiempo a sus responsabilidades de gobierno, el «comandante» aparecía de pronto en la casa a las horas que sabía que Zoilamérica estaba sola y le exigía que participara en sus juegos sexuales: «Me indicaba que me moviera, que así sentiría rico. "Te gusta ¿verdad?", me decía, mientras yo permanecía en absoluto silencio sin tener fuerzas para gritar ni llamar a mi mamá. El miedo no me dejaba. Sentía en la garganta resequedad, atorada y con temblores. Su contacto me transmitía intensos fríos y malestares, me provocaba asco y me creía sucia, muy sucia, pues sentía que un hombre al que rechazaba me ensuciaba toda. Comencé a bañarme muchas veces durante el día, para lavarme la suciedad».

Las audacias del «comandante» se incrementaron con el tiempo. Obligaba a su hijastra a que viera con él películas pornográficas y le mostraba revistas eróticas, como *Playboy*. Un día se apareció en la casa con un vibrador que pretendió que Zoilamérica usara, pero el aparato no funcionó. El año 1982, la violó, tirada en la alfombra de su cuarto. «Lloré y sentí náuseas. Él eyaculó sobre mi cuerpo para no correr riesgos de embarazos y así continuó haciéndolo repetidas veces: mi boca, mis piernas y mis pechos fueron las zonas donde más acostumbraba echar su semen, pese a mi asco y repugnancia. Desde entonces para mí la vida tuvo un significado doloroso. Las noches fueron mucho más temerarias, sus pasos los escuchaba en el pasillo con su uniforme militar; recuerdo clarito el verde olivo y los laureles bordados en su uniforme».

El testimonio sigue así, muchas páginas más, con infinidad de pormenores en los que es difícil determinar si es peor la cobardía del todopoderoso mandatario «revolucionario» que mantuvo por veinte años de su vida a su hijastra convertida en su esclava sexual o la villanía del aparato militar y político a su servicio que amparaba aquellos abusos, impidiendo que la joven denunciara a su verdugo.

Cuando el escándalo estalló, la señora Rosario Murillo tomó la defensa de su marido y acusó a su hija de complotar con los enemigos del sandinismo. Hace algunos años, en 2004 —urgencias de la política— la esposa del «comandante» representó en una radio una reconciliación con su hija, la cual, sin embargo, mantuvo todas las acusaciones contra su padre adoptivo. Pero este ya había tomado todas las providencias debidas para burlar a la justicia. El Juzgado Primero del Crimen de Managua, a cargo de la guerrillera Juana Méndez, fiel militante sandinista, sobreseyó el caso. Ante la recusación de la denunciante, la titular del Juzgado Segundo del Distrito del Crimen de Managua, Ileana Pérez, otra probada sandinista, necesitó solo un día para rechazar el expediente. Pero el Comité Interamericano de Derechos Humanos ha admitido el caso contra el Estado de Nicaragua por «denegación de justicia». ¿Prosperará allí la acusación contra el «comandante» violador, incestuoso y pedófilo? A juzgar por la lentitud geológica con que examina el caso, se diría que el alto organismo de la OEA es más que renuente a condenar a un jefe de Estado en ejercicio, y, además, progresista y revolucionario.

Eso es también América Latina todavía, por desgracia. No solo eso, felizmente. Hay otra realidad latinoamericana que va dejando atrás estos extremos de brutalidad y de barbarie, donde la justicia ya comienza a ser digna de ese nombre y donde una mujer no puede ser atropellada y abusada a lo largo de dos décadas por un matón con pistolas y uniforme verde olivo sin que los jueces actúen en defensa de la víctima. En la propia Nicaragua, muchos sandinistas decentes, como los hermanos Mejía Godoy —que han prohibido a Ortega utilizar sus canciones revolucionarias— han pasado a militar contra el nuevo déspota y sus desafueros, a la vez que muchas agrupaciones feministas tomaban la defensa de Zoilamérica. Pero que alguien capaz de haber cometido semejantes iniquidades se halle de nuevo en el poder, ungido por los votos de sus conciudadanos, en vez de estar pudriéndose en una cárcel, dice leguas sobre lo mucho que le falta aún a la tierra de Rubén Darío y de Sandino para salir de ese pozo de horror y vergüenza que llamamos subdesarrollo.

Madrid, julio de 2008

CAPÍTULO 3

Obstáculos al desarrollo: nacionalismo, populismo, indigenismo, corrupción

El JUEGO SIN REGLAS

Al volver al Perú, luego de dos meses y medio de ausencia, me encuentro con algunas sorpresas. La principal: una amenaza de juicio por «difamación en agravio del Perú». El abogado que me lo entabla, a juzgar por el tenor de la denuncia y por sus declaraciones a los diarios, no parece un ávido de publicidad sino un hombre sinceramente furioso por lo que el diario *La Prensa* ha presentado poco menos que como un delito de traición a la patria. No es el único indignado, por lo demás: descubro, en la correspondencia, cartas insultantes y mi familia me informa de llamadas anónimas, amenazándome con represalias.

Más allá de lo anecdótico, el asunto ilustra bien uno de nuestros rasgos: la ineptitud para el debate limpio, el mecanismo que suele convertir en carnicerías, tan pintorescas como inútiles, nuestras polémicas.

Esta es la historia del crimen. Un grupo de peruanos y chilenos firmamos hace meses un texto con motivo del centenario de la guerra del Pacífico abogando por la amistad y la paz entre nuestros países y todos los de América Latina, a fin de que nuestros escasos recursos se concentren más en la lucha contra el subdesarrollo y menos en la compra de armamentos. El texto provocó airadas réplicas de algunas instituciones y personas de mi país que interpretaban alguno de sus párrafos (injustamente, creo) como un intento de homologar los sufrimientos de ambos pueblos durante el conflicto. Como es inevitable cuando se trata del tema ultrasensible del patriotismo, el aire se llenó de comunicados vibrantes y de sentimientos inflamables. Pese a ello, la polémica parecía bastante fértil aunque fuera solo porque llevó a un amplio público estos motivos de reflexión: ¿deben las guerras del pasado seguir gravitando en el presente y futuro de los países latinoamericanos? ¿Son compatibles el nacionalismo y la integración regional? ¿Cuál es la incidencia del armamentismo en el subdesarrollo del continente?

Mi participación en la polémica fue un artículo, «El culto de los héroes», que apareció en estas mismas páginas. Lo publiqué primero en el Perú —en *Caretas*—, como he hecho invariablemente cuando escribo sobre asuntos políticos peruanos (salvo aquellos periodos en que la represión había clausurado toda tribuna independiente), y luego lo di a la agencia Efe, que distribuye mis colaboraciones, con las de otros escritores, por España e Hispanoamérica. A la vez que en unas cincuenta publicaciones, el artículo salió en *El Mercurio* de Chile.

Esta es la falta por la que el doctor César Augusto Lozano quiere enjuiciarme y por la que pide que cambie de nacionalidad. No está muy claro, sin embargo, en su demanda, si a su juicio lo más grave del delito es haber mencionado el hecho de que hay en Lima niños que les disputan las basuras a los perros o haberlo dicho en *El Mercurio*. Aclaremos que este diario me resulta antipático y que nunca le enviaría artículos, no por ser chileno, claro está, sino por su adhesión a un régimen que avergüenza a América. No puedo evitar que compre mis colaboraciones a Efe, pero sí exigir que no tenga la desfachatez de decir que son «exclusivas». Por mentir así ya ha recibido protestas de Julio Cortázar y José Donoso, y ahora esta mía.

El diario *La Prensa* y mi demandante están convencidos de que el patriotismo exige que los trapos sucios se laven en casa. O sea, está permitido decir que en Lima hay niños que compiten por las basuras con los perros (no he ido a buscar con lupa ese espectáculo: me doy de bruces con él, cada mañana, en el malecón de Barranco) a condición de que no se sepa en el extranjero, pues eso ofendería la dignidad nacional. Si lo he comprendido, el honor nacional depende más de las apariencias que de las realidades.

No puedo compartir esta noción del patriotismo. Lo que agravia a un país no es que se sepa —allí o en el fin del mundo— que hay niños hambrientos, adultos analfabetos y gentes sin trabajo, sino que estas lacras sucedan y no se les ponga remedio. Creer que la imagen de un país depende de que se digan o se callen las cosas que ocurren en él, me parece ingenuo y también peligroso porque quien acepta esta premisa está aceptando que el poder imponga censuras y prohíba las críticas con el argumento terrorista de la razón de Estado. Como la cultura, la moral no puede entenderse ni practicarse en términos «nacionales»; ambas, si son, lo son de manera universal. Una obra de arte, una proeza científica, una filosofía creativa enriquecen a propios y extraños, a uno y otro lado de las fronteras dentro de las que nacieron, y terminan por ser patrimonio de todos. Lo mismo acontece con las tragedias humanas: conciernen por igual a quienes las padecen y a los demás, que pueden padecerlas mañana. Los desaparecidos en Argentina, los escolares asesinados en la República Centroafricana, las víctimas del terrorismo en el País Vasco o en Irlanda del Norte, los fugitivos de Camboya y Vietnam, pueden ser problemas políticos circunscritos a determinados países o regiones, pero éticamente nos afectan a todos de manera idéntica y a todos nos exigen actuar. Mientras más y en más lugares se hable de esos horrores, mejor. Es la única manera de alertar la conciencia del mundo sobre la creciente barbarización de la época y urgir a quienes aún no han perdido la razón a ponerle freno. El patriotismo debe subordinarse a la moral y no a la inversa.

Me he apartado mucho del tema y en eso está, justamente, lo instructivo de esta historia. Una polémica que comenzó por todo lo alto, sobre temas elevados, termina en truculentas chismografías: no colaboro en *El Mercurio*, no soy un difamador, quiero seguir siendo peruano, etcétera. Parece casi fatídico que las polémicas, entre nosotros, al margen de los asuntos que las motiven, se reduzcan tarde o temprano a tratar de descalificar moralmente al adversario. Más importante que rebatir sus ideas es sumirlo en la ignominia, aunque sea con golpes bajos como el insulto y la calumnia. Estos métodos pierden a quien los emplea en los países cultos, aquellos en los que se considera que el juego es tan importante como las reglas del juego. En los nuestros, no. Quien degüella al adversario, también ganó la discusión y se le llama, con justicia, «temible polemista». En un ensayo, Borges analizó el arte de la injuria sudamericana y extrajo todos sus ejemplos de polémicas literarias; el que se llevaba la medalla de oro era Vargas Vila, barroco vituperador que «derrotó» a Chocano con este argumento: «Los dioses no consintieron que Santos Chocano deshonrara el patíbulo, muriendo en él. Ahí está, vivo, después de haber fatigado la infamia».

Todo esto tiene un lado triste, porque simboliza nuestro atraso. Pero también es cómico, chispeante, vital. Yo tengo una maleta de horrores, ya casi llena de recortes. Hasta ahora el artículo estrella era uno, venezolano, en el que el periodista me atribuía vinculaciones con la trata de blancas de París (tradujo así, con imaginación que le envidio, la acusación de pertenecer yo a la «mafia del *boom*»). Junto a él archivo ahora a mi abogado demandante. Y, no sin cierto placer masoquista, me pongo a pensar en ese aplicado estudiante de español de la Universidad de Kansas o de Virginia, que se habrá leído toda la bibliografía y de aquí a dos o diez años comenzará un capítulo de su tesis con una frase dramática: «Acusado de traficar con prostitutas y de traicionar a su país, Vargas Llosa escribió novelas que…».

Lima, octubre de 1979

EL ELEFANTE Y LA CULTURA

I

Cuenta el historiador chileno Claudio Véliz que, a la llegada de los españoles, los indios mapuches tenían un sistema de creencias que ignoraba los conceptos de envejecimiento y de muerte natural. Para ellos, el hombre era joven e inmortal. La decadencia física y la muerte solo podían ser obra de la magia, las malas artes o las armas de los adversarios. Esta convicción, sencilla y cómoda, ayudó sin duda a los mapuches a ser los feroces guerreros que fueron. No los ayudó, en cambio, a forjar una civilización original.

La actitud de los mapuches está lejos de ser un caso extravagante. En realidad, se trata de un fenómeno extendido. Atribuir la causa de nuestros infortunios o defectos a los demás —al «otro»— es un recurso que ha permitido a innumerables sociedades e individuos, si no a liberarse de sus males, por lo menos a soportarlos y a vivir con la conciencia tranquila. Enmascarada detrás de sutiles razonamientos, oculta bajo frondosas retóricas, esta actitud es la raíz, el fundamento secreto, de una remota aberración a la que el siglo XX volvió respetable: el nacionalismo. Dos guerras mundiales y la perspectiva de una tercera y última, que acabaría con la humanidad, no nos han librado de él, sino, más bien, parecen haberlo robustecido.

Resumamos brevemente en qué consiste el nacionalismo en el ámbito de la cultura. Básicamente, en considerar lo propio un valor absoluto e incuestionable y lo extranjero un desvalor, algo que amenaza, socava, empobrece o degenera la personalidad espiritual de un país. Aunque semejante tesis difícilmente resiste el más somero análisis y es fácil mostrar lo prejuiciado e ingenuo de sus argumentos, y la irrealidad de su pretensión —la autarquía cultural—, la historia nos muestra que arraiga con facilidad y que ni siquiera los países de antigua y sólida civilización están vacunados contra ella. Sin ir muy lejos, la Alemania de Hitler, la Italia de Mussolini, la Unión Soviética de Stalin, la España de Franco, la China de Mao practicaron el «nacionalismo cultural», intentando crear una cultura incomunicada, incontaminada, y defendida de los odiados agentes corruptores —el extranjerismo, el cosmopolitismo— mediante dogmas y censuras. Pero en nuestros días es sobre todo en el Tercer Mundo, en los países subdesarrollados, donde el nacionalismo cultural se predica con más estridencia y tiene más adeptos. Sus defensores parten de un supuesto falaz: que la cultura de un país es, como las riquezas naturales y las materias primas que alberga su suelo, algo que debe ser protegido contra la codicia voraz del imperialismo, y mantenido estable, intacto e impoluto, pues su contaminación con lo foráneo lo adulteraría y envilecería. Luchar por la «independencia cultural», emanciparse de la «dependencia cultural extranjera» a fin de «desarrollar nuestra propia cultura» son fórmulas habituales en la boca de los llamados progresistas del Tercer Mundo. Que tales muletillas sean tan huecas como cacofónicas, verdaderos galimatías conceptuales, no es obstáculo para que resulten seductoras a mucha gente, por el airecillo patriótico que parece envolverlas. (Y en el dominio del patriotismo, ha escrito Borges, los pueblos solo toleran afirmaciones). Se dejan persuadir por ellas, incluso, medios que se creen invulnerables a las ideologías autoritarias que las promueven. Personas que dicen creer en el pluralismo político y en la libertad económica, ser hostiles a las verdades únicas y a los Estados omnipotentes y omniscientes, suscriben, sin embargo, sin examinar lo que ellas significan, las tesis del nacionalismo cultural. La razón es muy simple: el nacionalismo es la cultura de los incultos y estos son legión.

Hay que combatir resueltamente estas tesis a las que la ignorancia, por un lado, y la demagogia, por otro, han dado carta de ciudadanía, pues ellas son un tropiezo mayor para el desarrollo cultural de países como el nuestro. Si ellas prosperan, jamás tendremos una vida espiritual rica, creativa, moderna, que nos exprese en toda nuestra diversidad y nos revele lo que somos ante nosotros mismos y ante los otros pueblos de la Tierra. Si los propugnadores del nacionalismo cultural ganan la partida y sus teorías se convierten en política oficial del «ogro filantrópico» —como ha llamado Octavio Paz al Estado de nuestros días—, el resultado es previsible: nuestro estancamiento intelectual y científico y nuestra asfixia artística, eternizarnos en una minoría de edad cultural y representar, dentro del concierto de las culturas de nuestro tiempo, el anacronismo pintoresco, la excepción folclórica, a la que los civilizados se acercan con despectiva benevolencia solo por sed de exotismo o nostalgia de la edad bárbara.

En realidad, no existen culturas «dependientes» y «emancipadas» ni nada que se les parezca. Existen culturas pobres y ricas, arcaicas y modernas, débiles y poderosas. Dependientes lo son todas, inevitablemente. Lo fueron siempre, pero lo son más ahora, en que el extraordinario adelanto de las comunicaciones ha volatilizado las barreras entre las naciones y hecho a todos los pueblos copartícipes inmediatos y simultáneos de la actualidad. Ninguna cultura se ha gestado, desenvuelto y llegado a la plenitud sin nutrirse de otras y sin, a su vez, alimentar a las demás, en un continuo proceso de préstamos y donativos, influencias recíprocas y mestizajes, en el que sería dificilísimo averiguar qué corresponde a cada cual. Las nociones de «lo propio» y «lo ajeno» son dudosas, por no decir absurdas, en el dominio cultural. En el único campo en el que tienen asidero —el de la lengua— ellas se resquebrajan si tratamos de identificarlas con las fronteras geográficas y políticas de un país y convertirlas en sustento del nacionalismo cultural. Por ejemplo, ¿es *propio* o es *ajeno* para los peruanos el español que hablamos junto con otros trescientos millones de personas en el mundo? Y, entre los quechuahablantes del Perú, Bolivia y Ecuador, ¿quiénes son los legítimos propietarios de la lengua y la tradición quechua y quiénes los «colonizados» y «dependientes» que deberían emanciparse de ellas? A idéntica perplejidad llegaríamos si quisiéramos averiguar a qué nación corresponde patentar como aborigen el monólogo interior, ese recurso clave de la narrativa moderna. ¿A Francia, por Édouard Dujardin, el mediocre novelista que al parecer fue el primero en usarlo? ¿A Irlanda, por el célebre monólogo de Molly Bloom en el *Ulises,* de Joyce, que lo entronizó en el ámbito literario? ¿O a Estados Unidos, donde, gracias a la hechicería de Faulkner, adquirió flexibilidad y suntuosidad insospechadas? Por este camino —el del nacionalismo— se llega en el campo de la cultura, tarde o temprano, a la confusión y al disparate.

Lo cierto es que en este dominio, aunque parezca extraño, lo propio y lo ajeno se confunden y la originalidad no está reñida con las influencias y aun con la imitación y hasta el plagio y que el único modo en que una cultura puede florecer es en estrecha interdependencia con las otras. Quien trata de impedirlo no salva la «cultura nacional», la mata.

Quisiera dar unos ejemplos de lo que digo, tomados del quehacer que me es más afín: el literario. No es difícil mostrar que los escritores latinoamericanos que han dado a nuestras letras un sello más personal fueron, en todos los casos, aquellos que mostraron menos complejos de inferioridad frente a los valores culturales forasteros y se sirvieron de ellos a sus anchas y sin el menor escrúpulo a la hora de crear. Si la poesía hispanoamericana moderna tiene una partida de nacimiento y un padre, ellos son el modernismo y su fundador: Rubén Darío. ¿Es posible concebir un poeta más «dependiente» y más «colonizado» por modelos extranjeros que este nicaragüense universal? Su amor desmedido y casi patético por los simbolistas y parnasianos franceses, su cosmopolitismo vital, esa beatería enternecedora con que leyó, admiró y se empeñó en aclimatar a las modas literarias del momento su propia poesía, no hicieron de esta un simple epígono, una «poesía subdesarrollada y dependiente». Todo lo contrario. Utilizando con soberbia libertad, dentro del arsenal de la cultura de su tiempo, todo lo que sedujo su imaginación, sus sentimientos y su instinto, combinando con formidable irreverencia esas fuentes disímiles en las que se mezclaban la Grecia de los filósofos y los trágicos con la Francia licenciosa y cortesana del siglo XVIII y con la España del Siglo de Oro y con su experiencia americana, Rubén Darío llevó a cabo la más profunda revolución experimentada por la poesía española desde los tiempos de Góngora y Quevedo, rescatándola del academicismo tradicional en que languidecía e instalándola de nuevo, como cuando los poetas españoles del XVI y el XVII, a la vanguardia de la modernidad.

El caso de Darío es el de casi todos los grandes artistas y escritores; es el de Machado de Assis, en Brasil, que jamás hubiera escrito su hermosa comedia humana sin haber leído antes la de Balzac; el de Vallejo en el Perú, cuya poesía aprovechó todos los *ismos* literarios que agitaron la vida literaria en América Latina y en Europa entre las dos guerras mundiales, y es, en nuestros días, el caso de un Octavio Paz en México y el de un Borges en Argentina. Detengámonos un segundo en este último. Sus cuentos, ensayos y poemas son, seguramente, los que mayor impacto han causado en otras lenguas de autor contemporáneo de nuestro idioma y su influencia se advierte en escritores de los países más diversos. Nadie como él ha contribuido tanto a que nuestra literatura sea respetada como creadora de ideas y formas originales. Pues bien: ¿hubiera sido posible la obra de Borges sin «dependencias» extranjeras? ¿No nos llevaría el estudio de sus influencias por una variopinta y fantástica geografía cultural a través de los continentes, las lenguas y las épocas históricas? Borges es un diáfano ejemplo de cómo la mejor manera de enriquecer con una obra original la cultura de la nación en que uno ha nacido y el idioma en el que escribe es siendo, culturalmente, un ciudadano del mundo.

II

La manera como un país fortalece y desarrolla su cultura es abriendo sus puertas y ventanas, de par en par, a todas las corrientes intelectuales, científicas y artísticas, estimulando la libre circulación de las ideas, vengan de donde vengan, de manera que la tradición y la experiencia propias se vean constantemente puestas a prueba, y sean corregidas, completadas y enriquecidas por las de quienes, en otros territorios y con otras lenguas y diferentes circunstancias, comparten con nosotros las miserias y las grandezas de la aventura humana. Solo así, sometida a ese reto y aliento continuo, será nuestra cultura auténtica, contemporánea y creativa, la mejor herramienta de nuestro progreso económico y social.

Condenar el «nacionalismo cultural» como una atrofia para la vida espiritual de un país no significa, por supuesto, desdeñar en lo más mínimo las tradiciones y modos de comportamiento nacionales o regionales ni objetar que ellos sirvan, incluso de manera primordial, a pensadores, artistas, técnicos e investigadores del país para su propio trabajo. Significa, únicamente, reclamar, en el ámbito de la cultura, la misma libertad y el mismo pluralismo que deben reinar en lo político y en lo económico en una sociedad democrática. La vida cultural es más rica mientras es más diversa y mientras más libre e intenso es el intercambio y la rivalidad de ideas en su seno.

Los peruanos estamos en una situación de privilegio para saberlo, pues nuestro país es un mosaico cultural en el que coexisten o se mezclan «todas las sangres», como escribió Arguedas; las culturas prehispánicas y España, y todo el Occidente que vino a nosotros con la lengua y la historia españolas; la presencia africana, tan viva en nuestra música; las inmigraciones asiáticas y ese haz de comunidades amazónicas con sus idiomas, leyendas y tradiciones. Esas voces múltiples expresan por igual al Perú, país plural, y ninguna tiene más derecho que otra a atribuirse mayor representatividad. En nuestra literatura advertimos parecida abundancia. Tan peruano es Martín Adán, cuya poesía no parece tener otro asiento ni ambición que el lenguaje, como José María Eguren, que creía en las hadas y resucitaba en su casita de Barranco a personajes de los mitos nórdicos, o como José María Arguedas, que transfiguró el mundo de los Andes en sus novelas, o como César Moro, que escribió sus más bellos poemas en francés. Extranjerizante a veces y a veces folclórica, tradicional con algunos y vanguardista con otros, costeña, serrana o selvática, realista o fantástica, hispanizante, afrancesada, indigenista o norteamericanizada, en su contradictoria personalidad ella expresa esa compleja y múltiple verdad que somos. Y la expresa porque nuestra literatura ha tenido la fortuna de desenvolverse con una libertad de la que no hemos disfrutado siempre los peruanos de carne y hueso. Nuestros dictadores eran tan incultos que privaban de libertad a los hombres, rara vez a los libros. Eso pertenece al pasado. Las dictaduras de ahora son ideológicas y quieren dominar también las ideas y los espíritus. Para eso se valen de pretextos, como el de que la cultura nacional debe ser protegida contra la infiltración foránea. Eso no es aceptable. No es aceptable que con el argumento de defender la cultura contra el peligro de «desnacionalización» los gobiernos establezcan sistemas de control del pensamiento y la palabra que, en verdad, no persiguen otro objetivo que impedir las críticas. No es aceptable que, con el argumento de preservar la pureza o la salud ideológica de la cultura, el Estado se atribuya una función rectora y carcelera del trabajo intelectual y artístico de un país. Cuando esto ocurre, la vida cultural queda atrapada en la camisa de fuerza de una burocracia y se anquilosa sumiendo a la sociedad en el letargo espiritual.

Para asegurar la libertad y el pluralismo cultural es preciso fijar claramente la función del Estado en este campo. Esta función solo puede ser la de crear las condiciones más propicias para la vida cultural y la de inmiscuirse lo menos posible en ella. El Estado debe garantizar la libertad de expresión y el libre tránsito de las ideas, fomentar la investigación y las artes, garantizar el acceso a la educación y a la información de todos, pero no imponer ni privilegiar doctrinas, teorías o ideologías, sino permitir que estas florezcan y compitan libremente. Ya sé que es difícil y casi utópico conseguir esa neutralidad frente a la vida cultural del Estado de nuestros días, ese elefante tan grande y tan torpe que con solo moverse causa estragos. Pero si no conseguimos controlar sus movimientos y reducirlos al mínimo indispensable, acabará pisoteándonos y devorándonos.

No repitamos, en nuestros días, el error de los indios mapuches, combatiendo supuestos enemigos extranjeros sin advertir que los principales obstáculos que tenemos que vencer están dentro de nosotros mismos. Los desafíos que debemos enfrentar, en el campo de la cultura, son demasiado reales y grandes para, además, inventarnos dificultades imaginarias como las de potencias forasteras empeñadas en agredirnos culturalmente y en envilecer nuestra cultura. No sucumbamos ante esos delirios de persecución ni ante la demagogia de los politicastros incultos, convencidos de que todo vale en su lucha por el poder y que, si llegaran a ocuparlo no vacilarían, en lo que concierne a la cultura, en rodearla de censura y asfixiarla con dogmas para, como el *Calígula*, de Albert Camus, acabar con los contradictores y las contradicciones. Quienes proponen esas tesis se llaman a sí mismos, por una de esas vertiginosas sustituciones mágicas de la semántica de nuestro tiempo, progresistas. En realidad, son los retrógrados y oscurantistas contemporáneos, los continuadores de esa sombría dinastía de carceleros del espíritu, como los llamó Nietzsche, cuyo origen se pierde en la noche de la intolerancia humana, y en la que destacan, idénticos y funestos a través de los tiempos, los inquisidores medievales, los celadores de la ortodoxia religiosa, los censores políticos y los comisarios culturales fascistas y estalinistas.

Además del dogmatismo y la falta de libertad, de las intrusiones burocráticas y los prejuicios ideológicos, otro peligro ronda el desarrollo de la cultura en cualquier sociedad contemporánea: la sustitución del producto cultural genuino por el producto seudocultural que es impuesto masivamente en el mercado a través de los medios de comunicación. Esta es una amenaza cierta y gravísima y sería insensato restarle importancia. La verdad es que estos productos seudoculturales son ávidamente consumidos y ofrecen a una enorme masa de hombres y mujeres un simulacro de vida intelectual, embotándoles la sensibilidad, extraviándoles el sentido de los valores artísticos y anulándolos para la verdadera cultura. Es imposible que un lector cuyos gustos literarios se han establecido leyendo a Corín Tellado aprecie a Cervantes o a Cortázar, o que otro, que ha aprendido todo lo que sabe en el *Reader's Digest*, haga el esfuerzo necesario para profundizar en un área cualquiera del conocimiento, y que mentes condicionadas por la publicidad se atrevan a pensar por cuenta propia. La chabacanería y el conformismo, la chatura intelectual y la indigencia artística, la miseria formal y moral de estos productos seudoculturales afectan profundamente la vida espiritual de un país. Pero es falso que esto sea un problema infligido a los países subdesarrollados por los desarrollados. Es un problema que unos y otros compartimos, que resulta del adelanto tecnológico de las comunicaciones y del desarrollo de la industria cultural, y al que ningún país del mundo, rico o pobre, adelantado o atrasado, ha dado aún solución. En la culta Inglaterra el escritor más leído no es Anthony Burgess ni Graham Greene sino Barbara Cartland y las telenovelas que hacen las delicias del público francés son tan ruines como las mexicanas o norteamericanas. La solución de este problema no consiste, por supuesto, en establecer censuras que prohíban los productos seudoculturales y den luz verde a los culturales. La censura no es nunca una solución, o mejor dicho, es siempre la peor solución, la que acarrea males peores que los que quiere resolver. Las culturas «protegidas» se tiñen de oficialismo y terminan adoptando formas más caricaturales y degradadas que las que surgen, junto con los auténticos productos culturales, en las sociedades libres.

Ocurre que la libertad, que en este campo es también, siempre, la mejor opción, tiene un precio que hay que resignarse a pagar. El extraordinario desarrollo de los medios de comunicación ha hecho posible, en nuestra época, que la cultura que en el pasado fue, por lo menos en sus formas más ricas y elevadas, patrimonio de una minoría, se democratice y esté en condiciones de llegar, por primera vez en la historia, a la inmensa mayoría. Esta es una posibilidad que debe entusiasmarnos. Por primera vez existen las condiciones técnicas para que la cultura sea de veras popular. Es, paradójicamente, esta maravillosa posibilidad la que ha favorecido la aparición y el éxito de la industria masiva de productos semiculturales. Pero no confundamos el efecto con la causa. Los medios de comunicación masivos no son culpables del uso mediocre o equivocado que se haga de ellos. Nuestra obligación es conquistarlos para la verdadera cultura, elevando mediante la educación y la información el nivel del público, volviendo a este cada vez más riguroso, más inquieto y más crítico, y exigiendo sin tregua a quienes controlan estos medios —el Estado y las empresas particulares— una mayor responsabilidad y un criterio más ético en el empleo que les dan. Pero es, sobre todo, a los intelectuales, técnicos, artistas y científicos, a los productores culturales de todo orden, a quienes les incumbe una tarea audaz y formidable: asumir nuestro tiempo, comprender que la vida cultural no puede ser hoy, como ayer, una actividad de catacumbas, de clérigos encerrados en conventos o academias, sino algo a lo que debe tener acceso el mayor número. Esto exige una reconversión de todo el sistema cultural, que abarque desde un cambio de psicología en el productor individual, y de sus métodos de trabajo, hasta la reforma radical de los canales de difusión y medios de promoción de los productos culturales, una revolución, en suma, de consecuencias difíciles de prever. La batalla será larga y difícil, sin duda, pero la perspectiva de lo que significaría el triunfo debería darnos fuerza moral y coraje para librarla, es decir, la posibilidad de un mundo en el que, como quería Lautréamont para la poesía, la cultura será por fin de todos, hecha por todos y para todos.

Lima, noviembre de 1981

TORRIJOS: LA ÚLTIMA ENTREVISTA

I

Yo estaba en Nicaragua y pensé que, de regreso al Perú, debía intentar entrevistar al general Torrijos. Le solicité una cita y esa misma tarde me llegó la respuesta: me recibiría el jueves 25 de julio a las ocho y media de la mañana. Desembarqué en Panamá la noche anterior y, en el aeropuerto, un capitán de la Guardia Nacional y un funcionario de la cancillería me indicaron que pasarían a recogerme al hotel a las siete de la mañana siguiente: Torrijos me recibiría «probablemente en Farallón», su residencia habitual, a un cuarto de hora de vuelo de la ciudad de Panamá.

Pero ese jueves, cuando estábamos ya en el aire, a bordo de un pequeño bimotor de la Fuerza Aérea Panameña, fui informado que la entrevista tendría lugar en Coclesito, un asentamiento campesino de la costa atlántica, a unos 160 kilómetros de la capital, donde Torrijos tenía otra residencia. ¿Cómo sería el «hombre fuerte» panameño? Nunca lo había visto en persona ni oído por la radio o la televisión. En la limpia mañana, mientras sobrevolábamos primero un mar azul y luego un paisaje verde y encrespado, con manchones de tierra ocre, y el piloto, un capitán con los cabellos casi a rape, me elogiaba lo seguro y flexible que era el aparato —un avión canadiense— me vino a la memoria un artículo en el que García Márquez llamaba a Torrijos, cariñosamente, «una mezcla de burro y de tigre».

Oficialmente, el general no tenía ningún cargo político en su país desde 1978; solo la jefatura de la Guardia Nacional. Pero era vox pópuli que, desde la sombra, todos los hilos del poder seguían en sus manos, y como para demostrarlo, el partido oficial —el Partido Revolucionario Democrático—, hechura suya, había dejado sin designar a su presidente y conductor: un vacío que, lo pronosticaban todos, llenaría Torrijos en 1984, para las elecciones en las que deberán renovarse la Presidencia y el Poder Legislativo de Panamá.

Torrijos había subido al poder el 11 de octubre de 1968, mediante un golpe de Estado que depuso a Arnulfo Arias, un presidente civil. Su gobierno tuvo ciertas semejanzas con el que instauró en el Perú el general Velasco Alvarado, por esas mismas fechas y se caracterizó por una retórica populista y socializante a la sombra de la cual se canceló la actividad de los partidos políticos y se estatizaron los medios de comunicación. Como en el Perú, el régimen del general Torrijos exilió y encarceló algunos opositores, abolió la libertad de prensa, se alineó en los foros internacionales con las posiciones socialistas y tercermundistas, y estableció un sistema de poder personal bastante estricto. Pero, al igual que en el Perú, las transformaciones sociales fueron allí más reformistas que radicales, y a veces más ruidosas que efectivas, por lo menos en lo que se refiere a la estructura económica básica y a la distribución de la renta nacional.

Pero en un dominio específico la gestión de Torrijos fue un éxito resonante y le ganó una gran estatura internacional, así como una previsible popularidad entre sus compatriotas. Gracias a su empeño, astucia, habilidad propagandística y genio negociador, el más antiguo y espinoso problema de Panamá, el que muchos creían imposible de resolver por lo menos en un futuro inmediato —el del canal y la zona adyacente—, encontró una fórmula de solución que satisfacía, en gran parte, el anhelo panameño de ver restituida la soberanía nacional sobre ese territorio hasta entonces alienado a Estados Unidos, a la vez que garantizaba al resto del mundo la libre navegación y a Washington las seguridades estratégicas sobre esa vía entre los dos océanos. Aunque en sus detalles el acuerdo sobre el canal pueda ser objeto de críticas por ambas partes, y aunque sus cláusulas sean susceptibles de perfeccionamiento, es un hecho que su materialización tuvo enorme trascendencia para Panamá y el mundo entero, y el general Torrijos, pieza maestra y voluntad determinante de su firma, tenía razones para sentirse orgulloso del tratado.

Mi curiosidad por conocerlo era grande. Pero, cuando aterrizamos a la pequeña pista de cascajo de Coclesito, no estaba allí, sino caminando, a campo traviesa, seguido por un corro de niños: me mostraron el recorrido hacia una cumbre que solía hacer y que le tomaba varias horas. Mientras lo esperaba, eché un vistazo a la casa y al lugar. Coclesito había sido una estación piloto para una serie de proyectos destinados a dotar de tierras y a agrupar a los campesinos en poblados cooperativos donde pudieran erigirse escuelas, centros médicos y otros servicios públicos. Torrijos había puesto un interés especial en esta reforma y prueba de ello era esta casa de madera, de tres pisos, erigida en medio de esta aglomeración campesina de un centenar de viviendas, y por cuyas habitaciones y terrazas vi, las siete u ocho horas que estuve allí, desfilar a muchos lugareños, sobre todo niños, que se paseaban por ella como por su propia casa.

Torrijos nos hizo llamar de pronto. Había llegado y estaba en el último piso, donde, al lado de su dormitorio —una simple cama, rodeada de equipos de radio y de televisión— había una terraza con una hamaca, unas sillas de madera, y una vista maravillosa sobre todo el contorno. Vestía de civil, con unas zapatillas y una camisa *sport*; era alto, fuerte, tirando para gordo, directo, campechano, con evidente carisma y, se advertía al instante, hombre acostumbrado a mandar y a departir con subordinados y enemigos, pero no con iguales. Éramos, en ese momento, una media docena de personas. Él imponía el *tú*, daba palmadas, hacía los chistes y, como dueño de la palabra, la usaba, prestaba y recuperaba a voluntad. A los demás correspondía el *usted*, festejar, escuchar, callar y, de vez en cuando, formular las acotaciones pertinentes.

A los pocos segundos de estar con él comprendí que, pese a su inmensa vitalidad y a su desbordante simpatía, no era el tipo de personalidad que aprecio más entre los políticos, no, en todo caso el género de líder que me gustaría ver ocupando el poder en mi país. No había duda: pertenecía al tipo de conductor carismático, hombre providencial, caudillo epónimo, fuerza de la naturaleza, héroe ciclónico que está por encima de todo y de todos —hombres, leyes, instituciones— y que, dado el caso, se lleva de encuentro lo que se le pone delante para cumplir lo que considera su misión histórica. Era imposible no emparentarlo con un Fidel Castro o con el general Velasco Alvarado, con quienes compartía el primitivismo, las maneras cazurras y paternales de tratar a la gente, cierta exuberancia verbal acompañada de una paradójica dificultad de expresión, una picardía natural y un olfato seguro para adivinar los puntos flacos de las personas. Su desenfado y buen humor no ocultaban en absoluto esa seguridad apodíctica del que se sabe poderoso, del que no duda, del que actúa como si no existieran interlocutores, solo oyentes.

De entrada me advirtió que la entrevista sería amistosa y personal, no periodística, pues, desde que se retiró del poder, tres años atrás, no daba entrevistas ni asistía a actos públicos y su única preocupación era ocultarse y hacerse olvidar de la gente. Quería de este modo desmentir a quienes decían que seguían gobernando Panamá, que era el poder detrás del trono. A lo largo de las siete u ocho horas que duró la conversación, en la paz y la verdura de Coclesito, bajo un sol radiante que solo el atardecer desapareció tras de un tropel de nubes y una llovizna cantarina, muchas veces insistió en que su retiro político era cierto y definitivo, que él ya no mandaba ni quería mandar más ni interferir en lo más mínimo en la gestión de los actuales gobernantes. En un aparte, incluso, me susurró, como si me comunicara un secreto: «He pensado, si es necesario, en irme al extranjero para que se olviden de mí». Pero resultaba difícil tomar al pie de la letra semejantes afirmaciones, pues, a la vez que él las decía, iban llegando a Coclesito, ministros, ex ministros, delegaciones políticas, en avionetas o helicópteros, a saludarlo, importantes personajes que apenas trasponían la escolta, subían los escalones y se llegaban a la terraza donde conversábamos, o al comedor donde almorzamos, quedaban instantáneamente transmutados en dóciles orejas, en cohibidas comparsas.

¿Es injusta esta impresión que me dio Torrijos, es temerario decir que parecía personificar emblemáticamente a ese caudillo clásico de nuestra historia para el que la razón de la fuerza prevalecerá siempre sobre la fuerza de la razón? Tal vez lo sea. Porque lo cierto es que su régimen, aunque dictatorial en su origen, evolucionó luego, por decisión suya, hacia formas más abiertas y plurales, hasta llegar, en la actualidad, a un sistema en el que se ha restablecido la libertad de prensa, han resucitado los partidos políticos y hay un gobierno civil, así como una Constitución que prevé una sucesión presidencial y legislativa a través de elecciones democráticas. Preguntarse si su salida del poder, el año 78, fue un repliegue táctico, una inteligente operación para retornar a él oleado y sacramentado en unas elecciones que probablemente habría ganado, o si era, de veras, una decisión irrevocable, es, ahora, especulación gratuita. Lo objetivo es que, con su trágica y prematura desaparición, Panamá ha quedado ahora en la situación en que Torrijos decía que quería que quedara: libre de tutores, con el secular *impasse* del canal resuelto, y con una estructura legal y política compatible con una genuina vida democrática.

II

Las reservas políticas —acertadas o arbitrarias— que pudiera inspirar la personalidad de Torrijos, en todo caso, no significan en modo alguno que el personaje no fuera atractivo e incluso fascinante. Era un espectáculo verlo y oírlo: las siete u ocho horas de Coclesito se pasaron volando. Tumbado en la hamaca, se rascaba la barriga con la mayor naturalidad, mientras, entrecerrando los ojos, refería anécdotas de José Figueres, el ex presidente de Costa Rica, quien lo convocaba a encuentros secretos en el campo «para que no lo vieran con él», o se ponía de pie e imitaba la manera de hablar y de gesticular de Edén Pastora, el Comandante Cero, contando cómo había bombardeado con la mano, desde una avioneta, los refugios de Somoza. De rato en rato, el general pedía un puro o un vaso de agua a una secretaria que, rápida y silente, aparecía y desaparecía como por arte de magia.

Las siete u ocho horas fueron, más que una conversación, un monólogo entrecortado de rato en rato por púdicas observaciones del auditorio. Deshilvanado, pirotécnico, teatral, oleaginoso, burlón, divertidísimo, todo desfilaba por ese torrente verbal al que las onomatopeyas y las palabrotas del rico repertorio malsonante del trópico añadían plasticidad y música y en el que el humor venía siempre a matizar las asperezas y las opiniones severas o descorteses, a convertir en juegos y travesuras los mandobles contra ciertos ilustres dignatarios de este planeta. Si algo resultaba evidente, a través del proteico parlamento, era la alergia visceral de Torrijos por los ritos ceremoniales, por el boato verbal con que suele adornarse el poder. Recuerdo como uno de los momentos más amenos de la tarde la imitación que hizo de unos jerarcas ecuatorianos que apelaron, en una negociación, a «su ilustrado criterio», frase que (con justicia) le producía formidable hilaridad, o de las maneras aristocráticas de los oficiales del Ejército argentino con los que, por eso mismo, aseguraba jamás había podido departir.

Dije antes que era notoria su dificultad de expresión y la frase no es exacta. Dificultad para hablar un español fluido, correcto y gramatical, sí. Pero no para hacerse entender ni para cautivar a un auditorio. Oírlo —sería mejor verlo— relatar cómo el Sha Reza Pahlevi (a quien, en un acto de audacia que sorprendió a todo el mundo y, sobre todo, a sus admiradores de la izquierda internacional, dio asilo en Panamá) hacía un análisis, «que parecía exacto e inteligentísimo», de la situación mundial y de los avances estratégicos y psicológicos del comunismo en el mundo, para concluir, de pronto, que todo esto era «obra manifiesta del Demonio» resultaba sumamente cómico, a la vez que instructivo.

Una fuerza de la naturaleza no puede ser «ideológica»; es, por lo común, caótica, pragmática, desconfiada de lo abstracto. Esto es para mí una buena carta de presentación en un político: los «prácticos» suelen causar menos estropicios a los países que los «teóricos». Y si de algo daba Torrijos la impresión era de estar libre de cualquier esquematismo doctrinario, de tener una visión de la realidad social condicionada por orejeras ideológicas de cualquier índole. Su aversión a las formas se apoyaba, sin duda, en un rechazo natural de todo género de intelectualismo. En su caso, lo esencial parecían el instinto, el pálpito, la buena estrella y hasta la adivinación. Un hombre «tropical», en toda la calidez y rusticidad de la palabra, capaz, como en la célebre fotografía que dio la vuelta al mundo, de lanzarse al agua en medio de una ceremonia oficial, con uniforme, botas, sombrero y pistolas, de la emoción que lo embargó al ver en marcha la represa que inauguraba, y de hacer coexistir, en el abanico de sus amistades, sin la menor incomodidad política ni ética a Fidel Castro, el Sha, Carlos Andrés Pérez, Jimmy Carter, los sandinistas y Nelson Rockefeller (quien le regaló un par de helicópteros el día que lo conoció): de todos ellos lo oí hablar con aprecio.

Como venía de Nicaragua, tenía curiosidad por conocer su opinión sobre lo que pasaba allí, de modo que varias veces traté de tirarle de la lengua. Él había ayudado a los sandinistas en su lucha contra Somoza con armas y pertrechos, era amigo de los dirigentes de la revolución. ¿Qué pensaba del rumbo que tomaban las cosas en Managua? Habló de ellos como un padre gruñón y enfadado por las travesuras e inexperiencias de esos muchachos. Dijo que estaban todavía en la etapa del 'verbalismo', de la inflamación retórica, en la que uno se deja ganar por las palabras y no escucha consejos, pero que debían darse cuenta de que una cosa era la guerrilla y, otra muy distinta, gobernar. Él les había prestado ayuda, también, el primer año de la revolución, y, justamente, ahí presente se hallaba un capitán de la Guardia Nacional que pasó seis meses en Managua asesorando a los sandinistas en la organización del nuevo Ejército, pero, finalmente, retiró a los asesores «para que no nos peleáramos». Sorprendentemente, dijo que los sandinistas, para evitar una catástrofe, debían seguir los consejos de moderación que les daba Fidel Castro.

En mi memoria, de sus anécdotas y opiniones —inesperadas, contradictorias, a veces confusas, siempre divertidas— por lo general más pintorescas que trascendentes (aunque, en sus juicios sobre las personas solía morder carne) perdura sobre todo, como algo genuino y vital, su manera de expresarlas, con gestos, ademanes, inflexiones de voz, movimientos de cuerpo y hasta morisquetas tanto como con palabras. No le molestó en absoluto que le dijera que su caso era insólito, pues, a la vez que un buen amigo de la izquierda nacional e internacional, no se llevaba nada mal con la derecha. (Su régimen, pese a la prédica socializante que lo caracterizó, no ha modificado la naturaleza del país, el que, se puede ver paseando la vista por el centenar de bancos apiñados en unas cuantas manzanas del centro moderno, sigue siendo un paraíso del capitalismo financiero mundial).

Una de las historias que refirió y que trataban bien su pragmatismo concernía a uno de sus colaboradores, durante su gobierno. Era un marxista ortodoxo, pero inteligente y buen economista, y por eso lo llamó. Algún tiempo después, y hablando precisamente de los almacenes de Coclesito —que, al principio, fueron estatales—, le confesó: «En este pueblo nada funciona como en la teoría, mi general». «¿Cambiaremos el pueblo, entonces, muchacho?», preguntó Torrijos. «No, mi general: cambiemos mejor la teoría». «Vaya, estás aprendiendo».

Todo lo que dijo referente a personas o cosas de su país tenía la misma calidad entrañable y sentimental, hablara de la gran mina de cobre que se halla en construcción y que, decía, cambiará de raíz la vida económica de Panamá, de la disputa entre los taxistas y el alcalde de la capital empeñado en quitarles sus radios y bocinas —«yo voy a ellos»—, de los indios kunas o de los pobladores de la provincia de los Santos, arboricidas congénitos, pues «palo que ven, palo que tumban».

En vista de lo que sucedió después, dos momentos de la conversación cobran, retroactivamente, resonancias lúgubres. Lo oí deplorar el accidente de aviación en el que, poco antes, fallecieron el general Hoyos Rubio y varios oficiales del Ejército peruano. «Ese accidente, como el del avión en el que murió Roldós, es consecuencia indirecta de ese absurdo incidente de frontera peruano-ecuatoriano». Poco después, un pequeño avión de una firma privada aterrizó en Coclesito. El piloto hacía una escala solo para saludarlo. Cuando aquel partió, Torrijos contó que ese muchacho había sido un oficial de la Fuerza Aérea panameña, de la que fue expulsado por pasar con su avión bajo un puente «para impresionar a su novia». Él no había estado muy de acuerdo con castigo tan severo, pero lo confirmó porque ¿acaso la jefatura de la Fuerza Aérea no llevaba tan eficientemente la institución que no había tenido un solo accidente en doce años?

Cuando regresábamos a la ciudad de Panamá, en el mismo avioncito canadiense que nos prestó Torrijos, atravesamos una tormenta, el frágil aparato daba tumbos y parecía de papel entre las nubes grises a las que, por momentos, enroscaba un arco iris. Al enterarme que el «hombre fuerte» de Panamá se había matado en ese avión, conducido acaso por ese mismo piloto de pelo cortado casi a rape, volando en esa misma ruta, apenas unos días después de las horas que pasé en su casa de Coclesito, pensé, apenado, que era una lástima no haber grabado ese largo monólogo al que el azar había convertido en algo así como el testamento de Torrijos. Pero, afortunadamente, él mismo, o los servicios de seguridad de la Guardia Nacional, había tomado la precaución de hacerlo, según me entero por los diarios. «El primer reportaje que dé en el futuro, te lo daré a ti», me consoló en el momento de la despedida, con sabiduría de buen político. Ni él ni yo sospechábamos que, en realidad, me había dado el último.

Lima, agosto de 1981

QUEREMOS SER POBRES

Arequipa, la ciudad donde nací, acaba de ganar una ardorosa batalla contra la modernización. Declarándose en huelga, desempedrando las calles, destruyendo locales públicos, enfrentándose a pedradas a la Policía en refriegas callejeras que han causado dos muertos y muchos heridos, miles de arequipeños, encabezados por su alcalde, Juan Manuel Guillén, y varios burgomaestres locales (que se declararon en huelga de hambre) consiguieron que el gobierno peruano suspendiera la privatización de dos empresas eléctricas regionales, Egasa y Egesur, que habían sido otorgadas en licitación a una firma belga. Además, los huelguistas saborearon un suplementario añadido a su victoria: que el gobierno del presidente Toledo, asustado por la magnitud de la protesta que amenazaba con extenderse a otros departamentos, se humillara públicamente pidiendo excusas al pueblo arequipeño pues uno de sus ministros osó llamar «violentos» a los insurgentes de la Blanca Ciudad. El ministro en cuestión, Fernando Rospigliosi, probablemente el mejor ministro del Interior que ha tenido el Perú en muchas décadas (hizo la más radical reforma de la Policía Nacional que se recuerde, limpiándola de elementos antidemocráticos y corruptos), renunció a su cargo.

Nada de esto debería sorprender a quien siga de cerca la situación en América Latina. En tanto que la democratización se ha estancado, o da marcha atrás en países como Venezuela, en el orden económico hay un renacimiento del populismo como consecuencia del fracaso de ciertas reformas de apertura y privatización, presentadas de manera falaz como «neoliberales», de la gravísima crisis por la que atraviesa Argentina y de la que parece irse gestando en Brasil, donde Lula da Silva, líder emblemático del populismo continental, encabeza con cerca del 40 por ciento todas las encuestas para las elecciones presidenciales del próximo octubre. Lo ocurrido en el Perú en las últimas semanas es, por desgracia, un indicio de lo que puede llegar a ser una constante latinoamericana en el futuro inmediato: frustrados en sus expectativas de trabajo y mejores niveles de vida que, azuzados por demagogos y políticos oportunistas ávidos de poder, atribuyen a la «globalización neoliberal», los pueblos latinoamericanos —con la solitaria excepción de Chile, sin duda, que se halla ya demasiado avanzado en el camino de la modernidad para retroceder—, de golpe o de a pocos, recaen en el viejo modelo nacionalista y estatista del «desarrollo hacia adentro» al que, junto con las dictaduras, deben su marginación y su miseria.

A menudo, una reforma mal hecha es todavía más perjudicial que la falta de reformas. Ese ha sido el caso del Perú, donde la dictadura de Fujimori «privatizó» un buen número de empresas públicas durante los años ominosos de 1990-2000. Esas privatizaciones eran, claro está, una caricatura grotesca de lo que es y de lo que persigue la transferencia de empresas del Estado al sector privado, algo que se hace para sanearlas, modernizarlas, obligarlas a competir y prestar mejores servicios a los consumidores. En verdad, se hacían para convertir monopolios públicos en monopolios privados, para favorecer a determinadas personas y grupos económicos vinculados a la camarilla gobernante, y, sobre todo, para que Fujimori, Montesinos y toda su ralea cortesana de militares, empresarios y funcionarios se llenaran los bolsillos con comisiones y tráficos de muchos millones de dólares. Naturalmente que semejantes privatizaciones no beneficiaron en nada al pueblo peruano (como sí han beneficiado las hechas en España o Chile a españoles y chilenos) y más bien lo perjudicaron y frustraron. No es de extrañar que a la sola idea de que las empresas eléctricas regionales fueran privatizadas, millares de arequipeños se lanzaran a las calles a librar una batalla tan romántica como antihistórica.

Porque la privatización, aunque sirviera a Fujimori y Montesinos de pretexto a asquerosas pillerías, es un paso indispensable para países como el Perú, si quieren salir de la pobreza. El único medio a través del cual pueden modernizar industrias a las que la administración estatal ha inutilizado, vuelto obsoletas y que gravitan como una pesada carga sobre los contribuyentes, que deben subsidiar su artificial existencia. Si una privatización está bien hecha —transparente, abierta y rigurosamente regulada por la ley—, sus consecuencias son siempre beneficiosas para el conjunto de la sociedad. En el caso de Egasa y Egesur, además, aquella operación tenía la virtud de mostrar al mundo que, pese a la desconfianza de los inversores internacionales hacia América Latina después de las pérdidas experimentadas por muchas empresas a raíz de la crisis de Argentina, la situación económica en el Perú, aunque todavía de modestos logros pero bien encaminada y de excelente calificación ante la comunidad financiera, era capaz de atraer capitales extranjeros, algo absolutamente imprescindible para aumentar el empleo, ya que la desocupación es el problema primero del país.

Estas razones no fueron bien explicadas por el gobierno al pueblo arequipeño; dadas las circunstancias, era necesaria una labor pedagógica, que limara los prejuicios y explicara las bondades de la medida. Aunque, tal vez, los sentimientos de Arequipa contra la privatización eran más potentes que todos los argumentos racionales. Impidiendo que las empresas eléctricas pasaran a manos privadas, los huelguistas de Arequipa creían estar luchando contra la corrupción y por la justicia y los pobres, pero, en verdad, estaban librando una batalla a favor de más atraso y pobreza para un departamento que, acaso, sea el que en los últimos veinte años ha retrocedido más en el Perú en lo relativo a las oportunidades de trabajo y condiciones de vida. Sus industrias han ido desapareciendo, una tras otra —mudándose a Lima o cerrando—, y sus mejores cuadros profesionales emigrando hacia la capital o el extranjero, después de que, en los años sesenta, su desarrollo empresarial parecía sostenido y un motor cuyo dinamismo contagiaría todo el sur del Perú. En estas condiciones, que una buena parte de la población arequipeña se movilizara para cerrarle las puertas a una empresa extranjera que pagó por Egasa y Egesur unos 168 millones de dólares, gran parte de los cuales iban a quedar en la propia Arequipa, parece un contrasentido, un caso de obnubilación colectiva. Las consecuencias de lo ocurrido son todavía más graves. Ha aumentado el riesgo-país, lo que desalentará aun más la inversión extranjera, y precisamente en momentos en que los gobiernos del Perú y Chile compiten para atraer una inversión de Bolivia cercana a los 2.300 millones de dólares en instalaciones que permitan exportar el gas boliviano a través de uno de los dos países. Pero, si la historia peruana no estuviera plagada de casos como este, el Perú no sería el pobrísimo país que es.

Hay que estar preparados para ver repetirse paradojas autodestructoras de esta índole a lo largo y a lo ancho de América Latina en los días que se avecinan. Las reformas mal hechas y a menudo desnaturalizadas por la cancerosa corrupción, y, también, sin duda, la recesión y la crisis económica en Estados Unidos y en Europa que tanto han golpeado de carambola a América Latina, han tenido como efecto que el clima favorable para la modernización económica que reinó en el nuevo continente hace algunos años se haya entibiado en algunos países, y desaparecido en otros, a la vez que la vieja tentación del populismo, con su demagogia patriotera y su exacerbación histérica contra la economía de mercado, las empresas privadas, las inversiones, y, sobre todo, el satanizado «neoliberalismo», vaya recuperando un derecho de ciudad en los países en los que se le creía desaparecido después de haberlos arruinado. Ahora está allí, una vez más, vivito y coleando. Se adueñó de Venezuela con el comandante Chávez y, por lo visto, podría ganar las elecciones en Bolivia. En Argentina, dada la apocalíptica situación que allí se vive, no hay duda de que sus valedores encontrarán un oído receptivo en las masas empobrecidas y brutalmente confiscadas de sus ahorros, de sus empleos, y es posible que en octubre lleguen al poder en Brasil con los votos de una mayoría significativa.

¿Qué es lo que falló? Probablemente la causa primera del fracaso de esa tímida modernización emprendida en América Latina haya sido la corrupción, que, como ocurrió en el Perú en la década de los noventa, vació de contenido los intentos modernizadores, al utilizarlos como una mera cortina de humo para tráficos delictivos y el saqueo de los recursos públicos. Y la mejor prueba de ello es que en Chile, el país donde la modernización de la economía se hizo de manera más transparente y efectiva (con escasos episodios de corruptela), ella ha impulsado un crecimiento que es un modelo para el resto del continente. La razón por la que la corrupción ha campeado y destruido muchas de las reformas emprendidas es la falta de instituciones sólidas, capaces de oponer un freno eficaz a los tráficos y operaciones ilegales pactadas entre el poder político y empresarios mafiosos para enriquecerse a la sombra de las reformas. Lo cual demuestra una vez más lo que todos los grandes pensadores liberales han defendido siempre: que no existe una economía de mercado digna de ese nombre sin una justicia pulcra y eficiente que defienda los derechos de los ciudadanos, y una información libre que permita una vigilancia permanente de las reformas en todas sus instancias. En otras palabras, que la libertad económica solo puede ser una herramienta del desarrollo en un régimen de democracia efectiva y funcional. Hacer que muchos latinoamericanos hoy día desesperados por el crecimiento de la pobreza lleguen a aceptar estas ideas será ahora más difícil que antes. Pero la dificultad no debe paralizarnos ni cegarnos: hay que dar esa difícil batalla contra el renacimiento del populismo, porque este solo servirá para seguir subdesarrollando a América Latina.

Aunque nunca he vivido en Arequipa (mi familia abandonó mi ciudad natal cuando yo tenía un año, y desde entonces solo he estado allí de paso) siempre he tenido un gran cariño a la ciudad de mi madre, mis abuelos y mis tíos, quienes, en el exilio cochabambino, me llenaron la cabeza de paisajes, historias y personajes arequipeños, y me inculcaron que haber nacido allí, al pie del Misti, era un privilegio. Y por eso, en estos días, leyendo las noticias que llegaban de allá, he sentido tristeza. ¿Sabía lo que hacía Juan Manuel Guillén, un alcalde a quien tantos peruanos demócratas respetábamos por su gallarda actitud contra la dictadura, encabezando esta movilización popular a favor del atraso y la pobreza? Ella le ha hecho ganar popularidad, sin duda, pero el daño infligido a Arequipa y al Perú es incalculable. Las victorias de Pirro solo son derrotas demoradas.

Madrid, julio de 2000

«¡FUERA EL LOCO!»

Una encuesta de la consultora Datanálisis, difundida por la agencia Efe el 19 de diciembre, revela que la popularidad del presidente venezolano, Hugo Chávez, ha caído en picada y que el apoyo con que cuenta en su país se redujo de un 55,8 por ciento en julio a un 35,5 por ciento en diciembre. Perder más del 20 por ciento del favor popular en cinco meses es bastante sintomático; pero acaso lo sea más que, según la misma encuesta, ahora haya un 58,2 por ciento de venezolanos que califique de «mala» la gestión de Chávez y que un 44 por ciento considere (contra un 25,7 por ciento) que el país está «peor» que hace tres años, cuando el ex golpista teniente coronel asumió la presidencia, en febrero de 1999.

Para juzgar la situación política de Venezuela hay que situar estos datos contra el telón de fondo del paro nacional del 10 de diciembre, convocado por la Federación de Cámaras de Venezuela (Fedecámaras) y apoyado por la Confederación de Trabajadores de Venezuela (CTV) —insólita alianza de patronos y obreros en una causa común— que fue secundado según la prensa por más del 90 por ciento del país, para protestar contra la promulgación de 49 decretos leyes que recortan drásticamente la propiedad privada, la economía de mercado y amplían de manera sustancial el intervencionismo del Estado y las instituciones colectivistas en la vida económica. Pese a la acción beligerante de grupos gubernamentales que trataron de tomar las calles, la oposición pudo manifestarse, de manera masiva, en todas las ciudades principales de Venezuela, y corear de manera estentórea el eslogan: «¡Fuera el loco!».

Todas estas son muy buenas noticias, indicadoras de que el viejo reflejo democrático del pueblo donde nació Simón Bolívar no estaba tan apolillado como temíamos, y que, ante las aberraciones políticas y económicas de que viene siendo víctima, se ha puesto otra vez en acción para impedir la catástrofe a la que llevará Chávez a Venezuela de manera irremisible si continúa por el camino que ha emprendido.

Es un grave error, eso sí, llamarlo un loco. Se trata de un demagogo y de un ignorante ensoberbecido por la adulación y el estrellato popular de que ha gozado hasta hace poco, pero no de un perturbado mental. Su política, aunque perversa y enemiga del progreso y la modernidad, tiene una lógica muy firme y una tradición muy sólida, en América Latina en particular y en todo el Tercer Mundo en general. Se llama populismo y es, desde hace mucho tiempo, la mayor fuente de subdesarrollo y empobrecimiento que haya padecido la humanidad; asimismo, el obstáculo mayor para la constitución de sistemas democráticos sanos y eficientes en los países pobres.

Las expropiaciones y confiscaciones de tierras en nombre de la justicia social, reservar al Estado el 51 por ciento de las sociedades mixtas, imponer un riguroso centralismo y una planificación burocrática en el sistema de creación de riqueza de un país, y satanizar a la empresa privada y al mercado como responsables de todos los males que aquejan a la sociedad no tiene nada de novedoso. Es un antiquísimo recurso de los gobiernos que solo se preocupan por el corto plazo y están dispuestos a arruinar el futuro con tal de salvar el instante presente. En el Perú tenemos dos casos ejemplares de la especie: el general Velasco Alvarado y Alan García, cuyos gobiernos dejaron como herencia un verdadero cataclismo económico. Lo notable es que el comandante Chávez haya hecho suyo este programa populista cuando, en el resto del mundo, ha caído en el más absoluto descrédito y hoy día casi nadie lo defiende —nadie que no sea un Fidel Castro, por supuesto, modelo y mentor del venezolano—, empezando por los partidos socialistas y socialdemócratas que lo promovieron en las décadas de los cincuenta y los sesenta y que ahora, por fortuna, reniegan de él. Porque una de las grandes ironías de la historia contemporánea es que hoy sean algunos gobiernos socialistas, como el de Tony Blair en el Reino Unido, los que aplican las más efectivas políticas económicas liberales en el mundo.

Salvo países como Cuba, Libia, Etiopía y Corea del Norte, nadie aplica ya la receta estatista y centralista. Casi todos los países en vías de desarrollo, algunos con entusiasmo y algunos a regañadientes, han adoptado, con resultados muy desiguales por lo demás, el único sistema que ha probado ser capaz de asegurar el crecimiento económico y la modernización. Es decir, sistemas abiertos, de economía de mercado e integración en el mundo, y de resuelto apoyo a la inversión extranjera, la empresa privada y la reducción del intervencionismo estatal. Es verdad que la corrupción, mal endémico del subdesarrollo, ha frenado o hecho fracasar estas políticas en muchos países donde no existían instituciones eficientes capaces de atajarla —la justicia, sobre todo—, como muestra el caso trágico de Argentina. Pero lo cierto es que solo en Venezuela ha habido, como consecuencia del desastre de una supuesta política «liberal», un giro copernicano tan insensato hacia el viejo populismo que estancó el desarrollo de América Latina.

En el resto de países latinoamericanos, con excepción de Chile —el único país que progresa de manera sostenida y parece destinado a ser el primero en la región en superar de manera definitiva el subdesarrollo—, la decepción con las recetas supuestamente «liberales» (por lo general, mal concebidas y peor aplicadas) no ha traído una regresión radical al populismo a la manera venezolana. Más bien, un estancamiento o parálisis en el proceso de liberalización económica, o lentos y discretos pasos atrás, en la dirección del intervencionismo, con el conocido argumento de «corregir» los excesos del mercado. Es cierto que, de manera tímida, los antiguos demonios nacionalistas van reapareciendo en el debate político y, aquí y allá, se oye predicar la necesidad de que ciertas industrias «estratégicas» permanezcan en manos de nacionales o del Estado, o execrar al FMI (Fondo Monetario Internacional) y al Banco Mundial por imponer un modelo económico lesivo a la soberanía y a los intereses de las clases populares. Estos síntomas son, desde luego, inquietantes, pero bastante comprensibles. Hay que ver en ellos sobre todo el panorama recesivo, la agudización del desempleo y la caída de los niveles de vida de los últimos años en la mayor parte de los países latinoamericanos. A quienes echan la culpa de este estado de cosas al «neoliberalismo» habría que preguntarles por qué en España y en Chile, donde sí se vienen aplicando políticas de privatización y de apertura al mundo, el «neoliberalismo» ha dado tan óptimos resultados, en tanto que en Argentina y en el Perú no. La respuesta, claro, es que las políticas económicas en estos dos últimos países (o en la Venezuela de Carlos Andrés Pérez) eran «liberales» de nombre, pero no de contenido, pues en ellos la corrupción hacía el efecto de un veneno que destruía y envilecía las reformas, para beneficiar a grupos privilegiados de políticos y de empresarios. Pero, aunque, en la atmósfera de crisis —recesión y parálisis de las inversiones— que vive América Latina, asomen en el horizonte una vez más las tentaciones populistas, solo en Venezuela, gracias a Hugo Chávez, ha tenido lugar una regresión tan radical e insensata hacia la vieja política.

Es desde luego alentador que el pueblo venezolano vaya despertando del delirio populista que lo llevó, por asco e indignación ante la pillería y torpeza de los gobiernos anteriores, a apoyar un personaje tan anacrónico y dañino como el ex golpista. Ahora bien, esos errores pueden costar muy caro, como muestra el dilema en que se encuentra Venezuela. Hugo Chávez ha llegado a la presidencia respetando unas formas democráticas que el electorado venezolano avaló y legitimó con sus votos. Así como unas reformas constitucionales que, en teoría, podrían permitir al comandante de marras permanecer en el poder por otros tres lustros, tiempo más que suficiente para retroceder a Venezuela a los niveles económicos de Sierra Leona o Haití.

    ¿Qué hacer, entonces? Si, como lo ha hecho hasta ahora, Hugo Chávez respeta más o menos las formas democráticas, no es mucho lo que se pueda hacer, pues proponer un cuartelazo, como hacen algunos termocéfalos sin memoria, sería un remedio peor que la enfermedad. No se cura el cáncer con el sida. Sin embargo, considero improbable que el comandante se ciña a las reglas de juego democráticas por mucho tiempo más, si el proceso de impopularidad que ahora padece se va acentuando. Es probable que, si el rechazo hacia su persona y su gobierno continúa, el discípulo de Fidel Castro no se dé por aludido, y, más bien, explique aquellas estadísticas adversas como el producto de una conspiración de imperialistas, capitalistas y mafiosos. Entonces, la tentación de aplicar el cerrojo a la libertad de expresión y a la libertad política, hasta ahora respetadas, será irresistible. La verdadera batalla por la supervivencia de la democracia —por la supervivencia de Venezuela— se librará en ese momento. No contra un loco, sino contra un tirano en ciernes. Y habrá que hacer todo lo necesario para que, si ello ocurre, el aspirante a dictador no cuente con la complicidad y el padrinazgo con que contó Fujimori, de parte de muchos gobiernos democráticos de América Latina, y por supuesto de la OEA (Organización de Estados Americanos), cuando el 5 de abril de 1992 asestó aquella puñalada trapera que puso fin por ocho años a la democracia en el Perú.

Lima, diciembre de 2001

¿POR QUÉ? ¿CÓMO?

Cinco presidentes en solo dos semanas es todo un récord, incluso para el mundo subdesarrollado. Argentina acaba de patentarlo, en medio del estruendo y la furia de una movilización popular contra la clase política que recuerda, peligrosamente, la que precedió la meteórica carrera política del comandante Hugo Chávez en Venezuela y comenzó la erosión de su sistema democrático.

¿Conseguirá Eduardo Duhalde, que ha asumido la presidencia de Argentina gracias a un acuerdo entre radicales y peronistas, terminar el mandato de Fernando de la Rúa, que dura hasta 2003, y en este periodo estabilizar la vida política, restablecer el orden y dar un comienzo de solución a la gravísima crisis económica e institucional que ha llevado al país a las puertas de la anarquía y la desintegración? Hay que desearlo, desde luego, pero las credenciales doctrinarias y las primeras declaraciones del flamante mandatario no justifican el optimismo, sino, más bien, lo contrario.

Cuando uno ha leído los análisis y explicaciones de los técnicos y economistas —han proliferado en estos días— sobre la pavorosa situación de Argentina, un país aplastado bajo la vertiginosa deuda externa de 130 mil millones de dólares, cuyos intereses consumen un tercio de la renta nacional, y víctima de la más pavorosa crisis fiscal de América Latina, queda siempre frustrado, insatisfecho. Y con las mismas preguntas martillándole en el cerebro: ¿Por qué? ¿Cómo?

¿Por qué parece haber llegado a esta crisis terminal uno de los países más privilegiados de la Tierra? ¿Cómo se explica que Argentina, que tuvo hace unas cuantas décadas uno de los niveles de vida más altos del mundo y que parecía destinado, en unas cuantas generaciones más, a competir con Suiza o Suecia en desarrollo y modernidad, venga retrocediendo de este modo hasta parangonarse en empobrecimiento, desorden, inoperancia en materia política y económica, con ciertos países africanos?

Esta no es una pregunta retórica, sino una perplejidad justificada ante lo que parece un desperdicio irresponsable, criminal, de unas condiciones únicas para alcanzar el desarrollo y bienestar. Si Argentina no es el país más afortunado del mundo en recursos naturales, debe figurar entre los tres o cuatro más favorecidos. Tiene de todo, desde petróleo, minerales y riquezas marítimas hasta un suelo feraz y abundantísimo que se bastaría para ser, a la vez, el granero y el proveedor de todas las carnicerías del mundo.

Para su enorme territorio, su población es pequeña, y culturalmente homogénea. Aunque, sin duda, con las crisis repetidas, sus escuelas y universidades deben haber decaído, su sistema educativo fue, en el pasado, la envidia de toda América Latina, y con razón, pues era uno de los más eficientes y elevados de todo el Occidente. Cuando yo era niño, todavía el sueño de miles de jóvenes sudamericanos era ir a estudiar ingeniería, medicina o cualquier otra profesión liberal a ese gran país de donde nos venían las películas que veíamos, los buenos libros que leíamos y las revistas que nos divertían (en mi casa yo leía el *Billiken*; mi abuelita y mi madre, *Para ti*; y mi abuelo, *Leoplán*).

¿Qué cataclismo, plaga o maldición divina cayó sobre Argentina que, en apenas medio siglo, trocó ese destino sobresaliente y promisorio en el embrollo actual? Ningún economista o politólogo está en condiciones de dar una respuesta cabal a este interrogante, porque, acaso, la explicación no sea estadísticamente cuantificable ni reducible a avatares o fórmulas políticas. La verdadera razón está detrás de todo eso, es una motivación recóndita, difusa, y tiene que ver más con una cierta predisposición anímica y psicológica que con doctrinas económicas o la lucha de los individuos y los partidos por el poder.

Ruego a mis lectores que no crean que me burlo de ellos, o hago un desplante de escritor-bufón, si les digo que, para entender el galimatías argentino, mucho más instructivo que cualquier elucubración de economistas y científicos sociales, es el libro de una filóloga, Ana María Barrenechea, que, en 1957, publicó el ensayo que, para mí, sigue siendo el más sólido y lúcido sobre Borges: *La expresión de la irrealidad en la obra de Jorge Luis Borges.* Es una investigación muy rigurosa y muy sutil sobre las técnicas de que el autor de *El aleph* se valió para construir su deslumbrante universo ficticio, ese mundo de situaciones, personajes y asuntos que delatan una vastísima cultura literaria, una imaginación singular e insólita y una riqueza y originalidad expresiva solo comparables a la de los más grandes prosistas que en el mundo han sido.

El universo borgeano tiene muchos rasgos inconfundibles, pero el principal y supremo es el ser irreal, estar fuera de este mundo concreto en que nacemos, vivimos y morimos sus hechizados lectores, en existir solo como un milagroso espejismo gracias a la brujería literaria de su autor, quien con mucha razón dijo de sí mismo: «Muchas cosas he leído y pocas he vivido». El mundo creado por Borges solo existe en el sueño, en la palabra, aunque su belleza, elegancia y perfección disimulen su esencial irrealidad.

No es casual que el más notable de los creadores evadidos del mundo real de la literatura moderna haya nacido y escrito en Argentina, país que, desde hace ya muchos lustros, no solo en su vida literaria (cultora eximia del género fantástico), sino también social, económica y política manifiesta, como Borges, una notoria preferencia por la irrealidad y un rechazo despectivo por las sordideces y mezquindades del mundo real, por la vida posible. Esa vocación a fugar de lo concreto hacia lo onírico o lo ideal gracias a la fantasía, puede dar, en el dominio de la literatura, productos tan espléndidos como los que salieron de la pluma de un Borges o de un Cortázar. Pero llevarla a la vida social, al terreno pedestre de lo práctico, sucumbir a la tentación de la irrealidad —de la utopía, del voluntarismo o del populismo— tiene las trágicas consecuencias que hoy padece uno de los países más ricos de la Tierra, que, por empeñarse su clase dirigente en vivir en la burbuja de un ensueño en vez de aceptar la pobre realidad, un día se despertó «quebrado y fundido», como acaba de reconocer el flamante presidente Duhalde.

Dejarse acumular una deuda externa de 130 mil millones de dólares es vivir una ficción suicida. Lo es, también, prolongar y agravar una crisis fiscal indefinidamente, como si, enterrando la cabeza en el suelo tal cual hacen las avestruces, quedara uno protegido contra el huracán. Mantener, por cobardía o demagogia política, una paridad entre el dólar y el peso que ya no correspondía en absoluto al estado real de la moneda y que solo servía para asfixiar las exportaciones, y demorar la catástrofe financiera que traería la inevitable devaluación del peso, es asimismo apostar por la ilusión y la fantasmagoría en contra del mediocre pragmatismo de los realistas.

Pero todo esto viene de muy atrás, y empezó, sin duda, con la locura nacionalista de los cuarenta y los cincuenta que llevó a Perón y al peronismo a estatizar las principales y hasta entonces florecientes industrias argentinas y a hacer crecer el Estado burocrático e intervencionista hasta convertirlo en un verdadero *Moloch*, un monstruo inmanejable, asfixiante, obstáculo tenaz para el sistema de creación de riqueza y fuente de una infinita corrupción. Así empezó el desmoronamiento sistemático de ese país cuyos habitantes, privilegiados ciudadanos de una sociedad moderna, próspera y culta, llegaron en una época a creerse europeos, exonerados de los embrollos y miserias sudamericanos, más cerca de París y de Londres que de Asunción o La Paz.

¿Abrirán, por fin los ojos, y, sacudidos por esta crisis terrible que ha llenado de muertos y heridos las calles y remecido hasta las raíces sus instituciones, redescubrirán el camino de la realidad? En sus primeras declaraciones, el presidente Duhalde no da síntomas de ello, pero, quizá, a la hora de actuar sea más realista que cuando habla desde una tribuna.

La realidad, para Argentina, en estos momentos, es que debe llegar a algún acuerdo con sus acreedores para reestructurar, de una manera sensata, el pago de esa enloquecida deuda, sin que ello implique, claro está, la inmolación del pueblo argentino en aras de una teórica salud financiera. Porque ese acuerdo es lo único que puede traerle las inversiones que necesita y evitar la fuga desesperada de capitales que esta crisis ya ha iniciado y que aceleraría el ser puesta Argentina en cuarentena financiera en el ámbito internacional. Y tomar medidas enérgicas para reducir drásticamente la crisis fiscal, mediante un ajuste severo, porque ni Argentina ni país alguno pueden vivir *ad aeternum* gastando (despilfarrando) más de lo que produce. Esto implica un alto coste, desde luego, pero es preferible admitir que no hay alternativa y pagarlo cuanto antes, pues más tarde será todavía más oneroso, sobre todo para los pobres. La sociedad resistirá mejor el sacrificio si se le dice la verdad a que si se le sigue mintiendo, y pretendiendo que con analgésicos se puede combatir eficazmente un tumor cerebral. A este hay que extirparlo cuanto antes o se corre el riesgo de que el enfermo muera.

La primera vez que fui a Buenos Aires, a mediados de los años sesenta, descubrí que en esa bellísima ciudad había más teatros que en París, y que sus librerías eran las más codiciables y estimulantes que yo había visto nunca. Desde entonces tengo por Buenos Aires, por Argentina, un cariño especial. Leer, en estos días, lo que allí ocurre, me ha resucitado las imágenes de aquel primer contacto con ese desperdiciado país. Deseo ardientemente que salga pronto del abismo y llegue algún día a «merecer» (el verbo y la imagen son de Borges, por supuesto) la democracia que *todavía* no ha perdido.

Lima, enero de 2002

LOS HISPANICIDAS

El alcalde de Lima, Luis Castañeda Lossio, ha hecho retirar entre gallos y medianoche la estatua ecuestre de Pizarro que durante muchos años cabalgó simbólicamente en una esquina de la Plaza de Armas, frente a Palacio de Gobierno, en un pequeño recuadro de cemento. Leo en un cable de agencia que, a juicio del burgomaestre, esta estatua era «lesiva a la peruanidad». El arquitecto Santiago Agurto, que llevaba ya años haciendo campaña para que se perpetrara este hispanicidio, se apresuró a cantar victoria: «Ese hombre a caballo con la espada desenvainada y el gesto violento dispuesto a matar agrede a las personas. Como peruano, siento que es ofensivo por el aspecto que de Pizarro se elige perpetuar: el de Conquistador». Aquella placita, ya desbautizada, no se llamará más Pizarro sino Perú —naturalmente— y en lugar de la estatua del fundador de Lima lucirá en el futuro una gigantesca bandera del Tahuantinsuyo. Como esta bandera nunca existió, cabe suponer que la está manufacturando a toda prisa algún artista autóctono y que la engalanará con muchos colorines para que resulte más folclórica.

La demagogia, cuando alcanza ciertos extremos, se vuelve poesía, humor negro, disparate patafísico, y, en vez de enojar, resulta divertida. Se habrá advertido que los dos protagonistas de esta historia ostentan apellidos españoles a más no poder (Lossio debe ser italiano) y que, por lo tanto, sin los huesos que acaban de pisotear, sus ancestros jamás hubieran llegado a ese país cuya estirpe tahuantisuyana (es decir, inca) reivindican como la única válida de la «peruanidad». Por lo demás, el indigenismo truculento que aletea detrás de lo que han hecho no es indio en absoluto, sino otra consecuencia directa de la llegada de los europeos a América, una ideología ya por fortuna trasnochada que hunde sus raíces en el romanticismo nacionalista y étnico del siglo XIX, y que en el Perú hicieron suya intelectuales impregnados de cultura europea (que habían leído no en quechua sino en español, italiano, francés e inglés). El de mejores lecturas entre esos indigenistas, el historiador Luis E. Valcárcel, un caballero de abolengo españolísimo, llegó a sostener que las iglesias y conventos coloniales debían ser destruidos, pues representaban «el anti-Perú» (después, moderó sus furores antieuropeos y borró esta frase del libro en que la estampó). En lo que parece ser una constante, quienes de rato en rato han enarbolado en la historia del Perú este peruanismo hemipléjico, que pretende abolir la vertiente española y occidental de un país que José María Arguedas —alguien que sí podía hablar del Perú indio con conocimiento de causa— definió con mucho acierto como el de «todas las sangres», y fundar la nacionalidad peruana exclusivamente en el legado prehispánico, no han sido peruanos indios sino distraídos peruanos mestizos o peruanos de origen europeo que, al postular semejante idea tuerta y manca del Perú, perpetraban sin advertirlo una autoinmolación, pues se excluían y borraban ellos mismos de la realidad peruana.

En este caso, la mezquindad no atañe solo a la abolición de la vertiente española de la peruanidad. El alcalde de Lima parece ignorar que el Tahuantinsuyo representa apenas unos cien años de nuestro pasado, el tiempo de un suspiro en el curso de una historia que tiene más de diez mil años de antigüedad. La bandera que se va a inventar para que flamee en la plaza Perú representará apenas a un segmento minúsculo del vasto abanico de culturas, civilizaciones y señoríos prehispánicos —entre ellos los mochicas, los chimús, los aimaras, los nazcas, los chancas, los puquinas y muchos más— que fueron sucediéndose en el tiempo, o mezclándose hasta que, con la llegada de los europeos, surgió, de ese encuentro violento y cargado de injusticias —como han surgido todas las naciones— la amalgama de razas, lenguas, tradiciones, creencias y costumbres que llamamos Perú. Ser tantas cosas a la vez puede serlo todo —una sociedad que entronca directa o indirectamente con el crucigrama de culturas diseminadas por el mundo, un verdadero microcosmos de la humanidad— o puede no ser nada, una mera ficción de provincianos confusos, si en ese entramado multirracial y multicultural que es nuestro país se pretende establecer una identidad excluyente, que afirmando como esencia de la peruanidad una sola de sus fuentes, repudie todas las demás. Parece asombroso tener que recordar a estas alturas de la evolución del mundo que el Tahuantinsuyo desapareció pronto hará quinientos años y que lo que queda de él está indisolublemente fundido y confundido con otros muchos ingredientes dentro de la historia y la realidad contemporánea del Perú. Lástima que los señores Castañeda Lossio y Agurto Calvo no tengan del Perú la noción generosa y ancha que tenían los incas del Tahuantinsuyo. Ellos no eran nacionalistas y en vez de rechazar lo que no era incaico, lo incorporaban a su mundo multicultural: los dioses de los pueblos conquistados eran asimilados al Panteón cusqueño y desde entonces, al igual que los nuevos vasallos, formaban parte integrante del Imperio incaico.

Pizarro y lo que llegó con él a nuestras costas —la lengua de Cervantes, la cultura occidental, Grecia y Roma, el cristianismo, el Renacimiento, la Ilustración, los Derechos del Hombre, la futura cultura democrática y liberal, etcétera— es un componente tan esencial e insustituible de la peruanidad como el imperio de los incas y no entenderlo así, si no es ignorancia crasa, es un sectarismo ideológico nacionalista tan crudo y fanático como el que proclamaba no hace mucho que ser alemán era ser ario puro, o el que proclama en nuestros días que no ser musulmán es no ser árabe o que quien no es cristiano no es o no merece ser europeo. Si hay algo de veras lesivo a la peruanidad es este nacionalismo racista y cerril que asoma su fea cabeza detrás de la defenestración de la estatua de Francisco Pizarro, un personaje que, les guste o no les guste a los señores Castañeda Lossio y Agurto Calvo, es quien sentó las bases de lo que es el Perú y fundó no solo Lima, sino lo que ahora llamamos peruanidad.

No era un personaje simpático, sin duda, como no lo son los conquistadores por definición, y desde luego que su vida violenta y sus acciones beligerantes y a veces feroces, y las malas artes de que a menudo se valió para derrotar a los incas deben ser recordadas, y criticadas por los historiadores, sin olvidar, eso sí, que buena parte de esa violencia que lo acompañó toda su vida y que sus acciones derramaron a su alrededor venía de los tiempos sanguinarios en que vivía y que idéntica violencia y ferocidad hicieron posible la construcción del Tahuantinsuyo en tan breve tiempo, una historia que, como todas las historias de los imperios —el inca y el español entre ellos— estuvo plagada de sangre, de injusticia, de traiciones y del sacrificio de incontables generaciones de inocentes. Está muy bien criticar a Pizarro y defender la libertad y la justicia y los derechos humanos no solo en el presente, también en el pasado, aun para aquellos tiempos en que esas nociones no existían con su contenido y resonancias actuales. Pero, a condición de no cegarse y asumir la realidad entera, no descomponiéndola y mutilándola artificialmente para bañarse de buena conciencia. Criticar a Pizarro y a los conquistadores, tratándose de peruanos, solo es admisible como una autocrítica, y que debería ser muy severa y alargarse siempre hasta la actualidad, pues muchos de los horrores de la Conquista y de la incorporación del Perú a la cultura occidental se siguen perpetuando hasta hoy y los perpetradores tienen no solo apellidos españoles o europeos, sino también africanos, asiáticos y, a veces, indios. No son los conquistadores de hace quinientos años los responsables de que en el Perú de nuestros días haya tanta miseria, tan espantosas desigualdades, tanta discriminación, ignorancia y explotación, sino peruanos vivitos y coleando de todas las razas y colores.

Escribo esta nota en Colombia, un país que, a diferencia del Perú, donde todavía se dan brotes de indigenismo tan obtuso como el que comento, ha asumido todo su pasado sin complejos de inferioridad, sin el menor resentimiento, y que por lo mismo está muy orgulloso de hablar en español —los bogotanos lo hablan muy bien, sea dicho de paso, y algunos colombianos lo escriben como los dioses— y de ser, gracias a su historia, un país moderno y occidental. El conquistador Jiménez de Quesada da su nombre a una de las más elegantes avenidas de la capital y en ella hay un monumento a su memoria no lejos del bonito edificio que es sede de la Academia de la Lengua y del Instituto Caro y Cuervo, un centro de estudios que es motivo de orgullo para todos quienes hablamos y escribimos en español. El alcalde de Bogotá, Antanas Mockus, cuyo origen lituano nadie considera «lesivo a la colombianidad» (¿se dirá así?), en vez de descuajar estatuas de conquistadores e inventarse banderas chibchas, está modernizando y embelleciendo la ciudad de Bogotá —sigue en esto la política de su antecesor, el alcalde Enrique Peñalosa—, perfeccionando su sistema de transportes (ya excelente) y estimulando su vida cultural y artística de una manera ejemplar. Por ejemplo, incrementando la red de bibliotecas —BiblioRed— que el ex alcalde Peñalosa sembró en los barrios más deprimidos de la ciudad. Dediqué toda una mañana a recorrer tres de ellas, la de El Tintal, la de el Tunal y especialmente la envidiable Biblioteca Pública Virgilio Barco. Magníficamente diseñadas, funcionales, enriquecidas de videotecas, salas de exposiciones y auditorios donde hay todo el tiempo conferencias, conciertos, espectáculos teatrales, rodeadas de parques, estas bibliotecas se han convertido en algo mucho más importante que centros de lectura: en verdaderos ejes de la vida comunitaria de esos barrios humildes bogotanos, donde acuden las familias en todos sus tiempos libres porque en esos locales y en su entorno viejos, niños y jóvenes se entretienen, se informan, aprenden, sueñan, mejoran y se sienten partícipes de una empresa común. No le haría mal al hispanicida que en mala hora eligieron los limeños para poner al frente de la municipalidad de Lima darse una vuelta por Bogotá y, observando cómo cumple con sus deberes su colega colombiano, descubrir la diferencia que existe entre la demagogia y la responsabilidad, entre la cultura y la ignorancia y entre la altura de miras y la pequeñez.

Bogotá, mayo de 2003

NOSTALGIA DEL MAR

Estudié los cuatro primeros años de colegio en Cochabamba, Bolivia, y recuerdo que varias veces al mes, acaso todas las semanas, los alumnos de La Salle cantábamos formados en el patio un himno reclamando el mar boliviano del que Chile se apoderó a raíz de la guerra del Pacífico (1879). En ese conflicto, el Perú y Bolivia perdieron importantes territorios, pero para esta última perder los 480 kilómetros de litoral significó quedar convertida en un país mediterráneo, enclaustrado entre las cumbres de los Andes, cortado del Pacífico, una mutilación a la que Bolivia nunca se conformó y que ha seguido gravitando sobre la sociedad boliviana como un trauma psíquico.

El mar perdido ha sido una perenne nostalgia que impregna su literatura y su vida política, al extremo de que hasta hace poco Bolivia tenía una simbólica Marina de Guerra (acaso la tenga todavía), en espera de que, el añorado día en que accediera de nuevo al mar, dispondría ya de un cuerpo de oficiales y marineros preparados para tomar posesión inmediata de las aguas recobradas. Ha sido, también, el argumento histórico esgrimido para explicar el atraso económico y la pobreza de Bolivia y el tema al que recurrían los presidentes y dictadores cada vez que necesitaban conjurar las divisiones internas o disimular su impopularidad. Porque, en efecto, el reclamo del mar es en la historia de Bolivia uno de los pocos asuntos que consolida la unidad nacional, una aspiración que prevalece siempre sobre todas las divisiones étnicas, regionales e ideológicas entre los bolivianos.

La aspiración boliviana a tener un puerto marítimo merece la simpatía y la solidaridad de todo el mundo —de hecho, la tiene— y, desde luego, la de este escriba que recuerda los diez años de su infancia boliviana como una Edad de Oro. Pero, a condición de no plantear este asunto como un derecho imprescriptible que Chile deba reconocer, admitiendo el despojo que cometió y devolviendo a Bolivia el territorio del que se adueñó por un acto de fuerza. Porque si se plantea de este modo, Bolivia no tiene la menor posibilidad de materializar su sueño marítimo y el resultado sería más bien encender hogueras reivindicatorias de territorios perdidos por toda América Latina, desde México, que podría reclamar a Estados Unidos la devolución de California y Texas, hasta Paraguay, a quien la Triple Alianza —Brasil, Uruguay y Argentina— encogió como una piel de zapa. Sin ir más lejos, el Perú podría reclamar no solo Arica, sino todo Bolivia y todo Ecuador que en el siglo XVIII eran parte tan constitutiva del Perú como el Cusco y Arequipa.

Todas las guerras son injustas, ellas siempre dan la razón a la fuerza bruta y desde luego que eso ocurrió en la guerra del Pacífico y en todos los conflictos armados que ensangrientan la historia de América Latina. Como consecuencia de ello, la geografía política del continente se ha deshecho y rehecho de mil maneras. Tratar de corregir a estas alturas los entuertos, brutalidades, abusos e indebidas apropiaciones territoriales del pasado no solo es una quimera; es, también, la mejor manera de atizar los nacionalismos, forma extrema de la irracionalidad política que ha sido, ese sí, uno de los factores centrales del subdesarrollo latinoamericano, pues ha impedido que los organismos de integración regional funcionaran, desencadenando las reyertas y tensiones entre países que sirvieron para que se derrocharan inmensas cantidades de recursos en la compra de armas y para convertir a los Ejércitos en árbitros de la vida pública y a todos los generales en potenciales dictadores. Ese es un pasado siniestro al que América Latina no debe regresar, desoyendo la demagogia nacionalista que en estos días, con motivo de la reivindicación marítima boliviana actualizada por el gobierno de Carlos Mesa, comienza a hacerse oír aquí y allá, acompañada de un antichilenismo interesado (encabezado por Fidel Castro y el comandante Chávez) que, más que solidaridad con Bolivia, expresa una condena del modelo económico liberal que ha hecho de Chile la economía más dinámica del continente y de la izquierda chilena representada por Ricardo Lagos, la única que parece haber dado entre nosotros un paso definitivo hacia la modernización, a la manera de los socialistas españoles y británicos.

Durante el siglo XX el anhelo boliviano de una salida al mar no tuvo casi ocasión de concretarse. Bolivia vivía en una crónica inestabilidad, donde los gobiernos y las revoluciones se sucedían a un ritmo de vértigo, lo que contribuyó a empobrecer al país hasta reducir a su mínima expresión su capacidad de hacerse escuchar por la opinión pública internacional. En 1975 hubo un asomo de diálogo sobre este asunto, cuando los dictadores de ambos países, Hugo Banzer y Augusto Pinochet, se dieron el llamado «abrazo de Charaña». El dictador chileno propuso entonces ceder a Bolivia un corredor de cinco kilómetros de ancho y un puerto marítimo, contiguo a la frontera chileno-peruana, a cambio de compensaciones territoriales equivalentes. Como según el Tratado entre Chile y Perú de 1929 cualquier cesión chilena de territorios que pertenecieron antes al Perú debe ser aprobada por este, el gobierno chileno hizo al peruano la consulta pertinente. La dictadura militar de Morales Bermúdez respondió con una contrapropuesta en la que el territorio cedido por Chile a Bolivia hubiera tenido una soberanía compartida entre los tres países, lo que implicaba una revisión del Tratado de 1929 que fijó los límites entre Chile y Perú. Santiago no aceptó la propuesta y el proyecto quedó en nada. Poco después, Bolivia rompería relaciones diplomáticas con Chile.

¿Tiene más posibilidades Bolivia en la actualidad que en el pasado de materializar su sueño marítimo? Sí, las tiene, gracias a esa globalización tan denostada por los oscurantistas y obtusos demagogos, una realidad que, a pesar de los gobiernos y de los ejércitos y de la visión microscópica de los intereses nacionales, ha ido debilitando las fronteras y tendiendo puentes, denominadores comunes y lazos económicos entre los países, una de las mejores cosas que le han ocurrido a América Latina en los últimos veinte años y gracias a lo cual, entre otros progresos, hay hoy en el continente menos dictadores que en el pasado y mejores costumbres democráticas. Solo los antediluvianos políticos son incapaces de comprender que, en nuestros días, un país que no abre sus fronteras y trata de insertarse en los mercados mundiales está condenado al empobrecimiento y la barbarización. Abrir fronteras quiere decir muchas cosas y la primera de ellas es concertar las políticas económicas propias con las de sus vecinos, la única manera de estar mejor equipado para conquistar mercados mundiales para los productos nacionales y acelerar la modernización de la infraestructura interna. A diferencia de lo que ocurría en el pasado, hoy Chile necesita a Bolivia tanto como Bolivia necesita a Chile. Y el Perú, por su parte, necesita también de sus dos vecinos.

Un acuerdo es posible a condición de que se negocie en la discreción diplomática y en la exclusiva perspectiva del futuro, sin volver la vista atrás. Esta debe ser, ni qué decir tiene, una negociación bilateral entre los dos países, en la que el Perú solo debe intervenir una vez que haya acuerdo y este afecte territorios que fueron peruanos en el pasado. Es inevitable que así ocurra porque Chile jamás aceptaría escindir su territorio —ningún país lo haría— como fórmula de solución. Bolivia es un país muy pobre, pero con un subsuelo con cuantiosas reservas de gas y con unos recursos hídricos que a ella le sobran y a Chile le hacen falta para desarrollar la región desértica de su frontera norte. El Perú, en vez de obstruir, debe facilitar este acuerdo amistoso chileno-boliviano, que solo puede traerle beneficios, ya que toda la región peruana de esa frontera sur requiere de urgentes inversiones para desarrollar una infraestructura industrial, comercial y portuaria que la saque del abandono en que se encuentra.

Los tres países cuentan en la actualidad con gobiernos democráticos (aunque la democracia boliviana haya quedado algo maltrecha por la manera como fue reemplazado Sánchez de Lozada por el actual presidente Mesa), lo que debería ser un acicate para el acercamiento y la apertura de negociaciones. Pero para ello es indispensable que el clima de crispación sobre este tema que se ha creado se vaya apaciguando, lo que sin duda no será tan rápido. Porque en Chile hay ya un ambiente preelectoral, en el que el nacionalismo y el chovinismo siempre se ponen de moda, y el candidato o partido que se atreviera a mencionar siquiera la posibilidad de dar una salida al mar a Bolivia sería acusado de traidor y vendepatria por sus adversarios, y porque al presidente Mesa le ha venido de perillas el escándalo internacional que provocó: era, hace apenas un mes, un mandatario precario, sin fuerza propia, jaqueado por Evo Morales y Felipe Quispe, que dominan las calles y podrían defenestrarlo con la facilidad con que defenestraron a Sánchez de Lozada, y es ahora el estadista consolidado que encabeza una gran movilización nacional en pos del más caro anhelo del pueblo boliviano.

Que se eclipsen los estribillos patrioteros y el asunto de la mediterraneidad de Bolivia salga de la calle y las primeras planas periodísticas para trasladarse al más sosegado ambiente de las cancillerías, donde se grita menos y se razona más (a veces), se sopesan los intereses en juego y se entablan esos toma y daca de los que resultan los acuerdos. Por primera vez desde la infausta guerra del Pacífico hay unas circunstancias que podrían darle a Bolivia el puerto marítimo con el que sueña. Que la visión del corto plazo, la mezquindad y la estupidez no las desaprovechen. No solo el comandante Chávez, yo también iré a darme un remojón en esas aguas heladas del mar boliviano por el que canté tantos himnos en mi infancia cochabambina.

Lima, enero de 2004

PAYASADA CON SANGRE

En la madrugada del 1 de enero, mientras los peruanos celebraban todavía la llegada del nuevo año, el mayor retirado del Ejército, Antauro Humala, y unos ciento cincuenta paramilitares de su movimiento «etnocacerista», capturaron una comisaría en la ciudad andina de
Andahuaylas, tomando rehenes a nueve policías y apoderándose del
nutrido armamento que albergaba el recinto. Exigían la renuncia del
presidente Alejandro Toledo, a quien acusan, entre otras cosas, de
vender el Perú a Chile debido a las importantes inversiones procedentes del vecino país en la economía peruana. La asonada, que duró
cuatro días y en la que cuatro policías fueron asesinados por los etnocaceristas y dos civiles perecieron abaleados por las fuerzas del orden,
terminó con la captura del cabecilla faccioso y de un centenar de sus
partidarios, en tanto que algunas decenas de ellos escaparon por los
cerros cuando advirtieron el inminente fracaso de la insurrección.

   Antauro Humala y su hermano Ollanta, teniente coronel
al que el Ejército acaba de dar de baja —como, al parecer, es el más
despierto de los dos, el gobierno lo tuvo lejos del Perú, de agregado
militar en París y en Seúl, con un sueldo de casi diez mil dólares
mensuales—, se hicieron famosos en las postrimerías de la dictadura
de Fujimori, cuando protagonizaron también un acto insurreccional pidiendo la renuncia del dictador. Juzgados y amnistiados, fun-

daron un movimiento ultranacionalista que, sin llegar a ser masivo, ha logrado cierto implante en los sectores más pobres y marginales, principalmente entre los varios cientos de miles de reservistas diseminados por toda la geografía peruana. Al igual que en casi todo el Tercer Mundo, en el Perú solo han sido levados y servido en el Ejército los ciudadanos más humildes —campesinos, marginales, provincianos, desocupados—, el sector social que precisamente ha padecido más las crisis económicas derivadas de las políticas populistas, la corrupción cancerosa y la cataclísmica violencia en los casi catorce años que duró la guerra revolucionaria desencadenada por Sendero Luminoso. Los reservistas o ex soldados se cuentan entre las peores víctimas del paro, la caída de los niveles de vida, el aumento de la delincuencia, y por eso, entre ellos, es altísimo el nivel de frustración y de rechazo a todo el sistema político y legal. No es de extrañar que la prédica de los hermanos Humala haya encontrado un eco favorable entre estos peruanos enfurecidos y frustrados.

El movimiento de los hermanos Humala se llama etnocacerista en homenaje al general Andrés Avelino Cáceres, un presidente del Perú del siglo pasado que organizó una guerra de guerrillas contra el ocupante chileno luego de la guerra del Pacífico de 1879, y debido a un principio racista que es dogma central de su ideario: el verdadero Perú constituye una entidad homogénea, la «etnia cobriza», y quienes no pertenecen a ella —es decir, quienes no son indios o cholos— son peruanos a medias, en verdad forasteros; es decir, advenedizos sospechosos de deslealtad y traición a las esencias de la peruanidad. Los hermanos Humala no solo han tomado del nazismo el ideal de pureza racial; también la organización militar de sus adeptos, que se llaman entre sí «compatriotas», llevan uniformes, van armados y realizan públicamente maniobras y prácticas de tiro para la revolución que, en una ola de violencia patriótica, limpiará todo el Perú de sus estigmas y de malos peruanos. Sus emblemas e insignias son también hitlerianos; en lugar del águila, sus gallardetes llevan un cóndor de alas desplegadas, y en vez de la esvástica, sus banderas rojas y negras lucen una cruz incaica. Junto al pabellón

nacional, en sus marchas y mítines flamean la bandera del Tahuantinsuyo, que, como nunca existió, han reemplazado por la bandera
del arco iris de los *gays*.

El movimiento etnocacerista quiere armar al Perú para de-
clararle la guerra a Chile y así recuperar Arica, la ciudad y territorio
que quedaron en posesión chilena luego de la guerra del Pacífico.
También dan mueras al Ecuador en sus manifestaciones callejeras,
en las que los etnocaceristas desfilan con sus carabinas, escopetas,
armas blancas y garrotes para que nadie ponga en duda la seriedad
de sus designios. En mayo del año pasado, participaron en la captura
popular de la localidad de Ilave, en Puno, que terminó con el salvaje
linchamiento del alcalde de la ciudad, Cirilo Robles. Defienden el
cultivo y consumo de la coca, por ser producto primigenio del Perú
ancestral, y rechazan toda campaña o acción contra las drogas, operaciones en las que ven la mano torva de un imperialismo que quiere
despojar al Perú de uno de los rasgos telúricos de la nacionalidad.
Quieren restablecer la pena de muerte y en su vocero periodístico,
Ollanta, han publicado la lista de quienes serán fusilados en la Plaza
de Armas de Lima, por traidores a la patria, cuando el movimiento
tome el poder. Figuran en ella dirigentes de los principales partidos
políticos, congresistas, ministros y empresarios, y, en general, todos
los vendepatrias neoliberales que han entregado nuestras riquezas naturales a la voracidad de los explotadores extranjeros.

Todo esto puede parecer payaso, cavernario y estúpido, y
sin duda también lo es, pero sería una grave equivocación suponer
que, debido a lo primario y visceral de su propuesta, el movimiento
etnocacerista está condenado a desaparecer como una efímera astra-
canada política tercermundista. Por creer esta simpleza, el gobierno
peruano dejó actuar al mayor Antauro Humala y sus ciento cincuenta secuaces la noche del año nuevo a pesar de que, se ha sabido,
los servicios de inteligencia del Ejército advirtieron a las autoridades,
dos días antes de la asonada, que había llegado a Andahuaylas esa
beligerante formación de paramilitares. También las asonadas que
protagonizaron, al principio de su vida política, el teniente coronel

venezolano Hugo Chávez y el general ecuatoriano Lucio Gutiérrez parecían unas payasadas sangrientas sin mañana. Pero, ambas, a pesar de la patética orfandad de ideas y el exceso de demagogia e idioteces que exhibían, consiguieron echar raíces en amplios sectores sociales a los que la incapacidad del defectuoso sistema democrático para crear trabajo, oportunidades y la vertiginosa corrupción de la clase dirigente, habían vuelto sensibles a cualquier prédica violenta antisistema. Ahora, ambos militares felones, responsables del peor delito cívico, la insumisión contra el Estado de Derecho, presiden, sin que nadie les tome cuentas, la gradual descomposición de las instituciones y el lento retorno de sus países a la antigua barbarie autoritaria.

Aunque terminó pronto, y con pocas víctimas, lo ocurrido en Andahuaylas es muy mal indicio de lo que podría ocurrir en el Perú si las cosas siguen como están. Es decir, si continúa el desprestigio de las instituciones y cada vez un mayor número de peruanos creen, como los insensatos que se alzaron en Apurímac, que no hay espacio dentro de la legalidad y la convivencia democrática para un progreso que no se quede solo en la cúspide social y alcance también a los millones de peruanos de la base, para que cese la corrupción que cada día delata su ubicua presencia con nuevos escándalos y para que las pavorosas desigualdades sociales y económicas comiencen a cerrarse. Y que solo la violencia pondrá remedio a todos estos males. Fue inquietante que en muchas ciudades del Perú, como Arequipa, Tacna, Huaraz, Moquegua, Cusco, centenares de personas salieran a las calles a manifestar su apoyo al *putch* de Humala y que la población de la propia ciudad de Andahuaylas se dividiera, mostrando una buena parte de ella, sobre todo los jóvenes, una solidaridad entusiasta con los insurrectos.

Es verdad que todos los partidos políticos condenaron formalmente la asonada, pero también lo es que muchos exponentes de la ralea política nacional, entre ellos un ex primer ministro de la dictadura de Fujimori y Montesinos, se precipitaron a hablar del «patriotismo» e «idealismo» de los jóvenes seguidores del militar insurrecto y a pedir, desde ahora, antes siquiera de que estos sean juzgados, una «amnistía» que premie su fechoría. Son los eternos despreciables leguleyos de la historia sudamericana, los infaltables rábulas atentos siempre al ruido de los sables para ir a ofrecer sus servicios al espadón que se avecina.

Lo que ha puesto en evidencia esta payasada con sangre es la fragilidad de la democracia en un país como el Perú. Ni un solo partido político, ni una sola institución cívica, pensaron siquiera en convocar una manifestación o hacer público un pronunciamiento a favor de la democracia, ante la bravata incivil que amenazaba con destruirla. ¿Por qué se abstuvieron? Porque sabían que, probablemente, poca gente los seguiría. Aunque los Humala y sus seguidores etnocaceristas son incapaces por el momento de arrastrar tras ellos a grandes masas de peruanos, el entusiasmo que hace cinco años celebró el retorno de la democracia al país luego de diez años de autoritarismo y cleptocracia se ha encogido también como una piel de zapa. Y, ahora, lo que se oye por doquier, son palabras de desprecio y repugnancia por este sistema ineficiente, que abre la puerta del poder a mediocridades rechinantes y a pícaros de toda calaña, y las encuestas de opinión muestran, en los primeros puestos de la simpatía popular, ¡a Fujimori! «¿Cuándo se jodió el Perú, Zavalita?». ¿Todavía lo preguntas, imbécil? El Perú es el país que se jode cada día.

Lima, enero de 2005

RAZA, BOTAS Y NACIONALISMO

La gira por Europa de Evo Morales, presidente electo de Bolivia, que dentro de unos días asumirá la primera magistratura de su país, ha sido un gran éxito mediático.

Su atuendo y apariencia, que parecían programados por un genial asesor de imagen, no altiplánico sino neoyorquino, han hecho las delicias de la prensa y elevado el entusiasmo de la izquierda boba a extremos orgásmicos. Pronostico que el peinado estilo «fraile campanero» del nuevo mandatario boliviano, sus chompas rayadas con todos los colores del arcoiris, las casacas de cuero raídas, los vaqueros arrugados y los zapatones de minero se convertirán pronto en el nuevo signo de distinción vestuaria de la progresía occidental. Excelente noticia para los criadores de auquénidos bolivianos y peruanos y para los fabricantes de chompas de alpaca, llama o vicuñas de los países andinos, que así verán incrementarse sus exportaciones.

Lo que más han destacado periodistas y políticos occidentales es que Evo Morales es el primer indígena que llega a ocupar la Presidencia de la República de Bolivia, con lo cual se corrige una injusticia discriminadora y racista de cinco siglos cometida por la ínfima minoría blanca contra los millones de indios aimaras y quechuas bolivianos. Aquella afirmación es una flagrante inexactitud histórica, pues por la Presidencia de Bolivia ha pasado buen número de bolivianos del más humilde origen, generalmente espadones que habiendo comenzado como soldados rasos escalaron posiciones en el Ejército hasta encaramarse en el poder mediante un cuartelazo, peste endémica de la que Bolivia no consiguió librarse sino en la segunda mitad del siglo XX. Para los racistas interesados en este género de estadísticas, les recomiendo leer *Los caudillos bárbaros*, un espléndido ensayo sobre los dictadorzuelos que se sucedieron en la Presidencia de Bolivia en el siglo XIX que escribió Alcides Arguedas, historiador y prosista de mucha garra, aunque demasiado afrancesado y pesimista para el paladar contemporáneo.

No hace muchos años parecía un axioma que el racismo era una tara peligrosa, que debía ser combatida sin contemplaciones, porque las ideas de raza pura, o de razas superiores e inferiores, habían mostrado con el nazismo las apocalípticas consecuencias que esos estereotipos ideológicos podían provocar. Pero, de un tiempo a esta parte, y gracias a personajes como el venezolano Hugo Chávez, el boliviano Evo Morales y la familia Humala en el Perú, el racismo cobra de pronto protagonismo y respetabilidad y, fomentado y bendecido por un sector irresponsable de la izquierda, se convierte en un valor, en un factor que sirve para determinar la bondad y la maldad de las personas, es decir, su corrección o incorrección política.

Plantear el problema latinoamericano en términos raciales como hacen aquellos demagogos es una irresponsabilidad insensata. Equivale a querer reemplazar los estúpidos e interesados prejuicios de ciertos latinoamericanos que se creen blancos contra los indios, por otros, igualmente absurdos, de los indios contra los blancos. En el Perú, don Isaac Humala, padre de dos candidatos presidenciales en las elecciones del próximo abril —y uno de ellos, el teniente coronel Ollanta, con posibilidades de ser elegido—, ha explicado la organización de la sociedad peruana, de acuerdo con la raza, que le gustaría que cualquiera de sus retoños que llegara al gobierno pusiera en práctica: El Perú sería un país donde solo los «cobrizos andinos» gozarían de la nacionalidad; el resto —blancos, negros, amarillos— serían solo «ciudadanos» a los que se les reconocerían algunos derechos. Si un «blanco» latinoamericano hubiera hecho una propuesta semejante habría sido crucificado, con toda razón, por la ira universal. Pero como quien la formula es un supuesto indio, ello solo ha merecido algunas discretas ironías o una silenciosa aprobación.

Llamo a don Isaac Humala un «supuesto» indio, porque, en verdad, eso es lo que han dictaminado que es sus paisanos del pueblecito ayacuchano de donde la familia Humala salió para trasladarse a Lima. Una socióloga fue recientemente a husmear los antecedentes andinos de los Humala en aquel lugar, y descubrió que los campesinos los consideraban los «mistis» locales, es decir, los «blancos», porque tenían propiedades, ganados y eran, cómo no, explotadores de indios.

Tampoco el señor Evo Morales es un indio, propiamente hablando, aunque naciera en una familia indígena muy pobre y fuera de niño pastor de llamas. Basta oírlo hablar su buen castellano de erres rotundas y sibilantes eses serranas, su astuta modestia («me asusta un poco, señores, verme rodeado de tantos periodistas, ustedes perdonen»), sus estudiadas y sabias ambigüedades («el capitalismo europeo es bueno, pues, pero el de Estados Unidos no lo es») para saber que don Evo es el emblemático criollo latinoamericano, vivo como una ardilla, trepador y latero, y con una vasta experiencia de manipulador de hombres y mujeres, adquirida en su larga trayectoria de dirigente cocalero y miembro de la aristocracia sindical.

Cualquiera que no sea ciego y obtuso advierte, de entrada, en América Latina, que, más que raciales, las nociones de «indio» y «blanco» (o «negro» o «amarillo») son culturales y que están impregnadas de un contenido económico y social. Un latinoamericano se blanquea a medida que se enriquece o adquiere poder, en tanto que un pobre se cholea o indianiza a medida que desciende en la pirámide social. Lo que indica que el prejuicio racial —que, sin duda, existe y ha causado y causa todavía tremendas injusticias— es también, y acaso sobre todo, un prejuicio social y económico de los sectores favorecidos y privilegiados contra los explotados y marginados.

América Latina es cada vez más, por fortuna, un continente mestizo, culturalmente hablando. Este mestizaje ha sido mucho más lento en los países andinos, desde luego, que, digamos, en México o en Paraguay, pero ha avanzado de todos modos al extremo de que hablar de «indios puros» o «blancos puros» es una falacia. Esa pureza racial, si es que existe, está confinada en minorías tan insignificantes que no entran siquiera en las estadísticas (en el Perú, los únicos indios «puros» serían, según los biólogos, el puñadito de urus del Titicaca).

En todo caso, por una razón elemental de justicia y de igualdad, los prejuicios raciales deben ser erradicados como una fuente abyecta de discriminación y de violencia. Todos, sin excepción, los de blancos contra indios y los de indios contra blancos, negros o amarillos. Es extraordinario que haya que recordarlo todavía y, sobre todo, que haya que recordárselo a esa izquierda que, arreada por gentes como el comandante Hugo Chávez, el cocalero Evo Morales o el doctor Isaac Humala, está dando derecho de ciudad a formas renovadas de racismo.

No solo la raza se vuelve un concepto ideológico presentable en estos tiempos aberrantes. También el militarismo. El presidente de Venezuela, Hugo Chávez, acaba de hacer el elogio más exaltado del general Juan Velasco Alvarado, el dictador que gobernó el Perú entre 1968 y 1975, cuya política, ha dicho, continuará en el Perú su protegido, el comandante Ollanta Humala, si ganase las elecciones.

El general Velasco Alvarado derribó mediante un golpe de Estado el gobierno democrático de Fernando Belaunde Terry e instauró una dictadura militar de izquierda que expropió todos los medios de comunicación y puso los canales de televisión y los periódicos en manos de una camarilla de mercenarios reclutados en las sentinas de la izquierda. Nacionalizó las tierras y buena parte de las industrias, encarceló y deportó a opositores y puso fin a toda forma de crítica y oposición política. Su desastrosa política económica hundió al Perú en una crisis atroz que golpeó, sobre todo, a los sectores más humildes, obreros, campesinos y marginados, y el país todavía no se recupera del todo de aquella catástrofe que el general Velasco y su mafia castrense causaron al Perú. Ese es el modelo que el comandante Chávez y su discípulo, el comandante Humala, quisieran —con la complicidad de los electores obnubilados— ver reinstaurado en el Perú y en América Latina.

Además de racistas y militaristas, estos nuevos caudillos bárbaros se jactan de ser nacionalistas. No podía ser de otra manera. El nacionalismo es la cultura de los incultos, una entelequia ideológica construida de manera tan obtusa y primaria como el racismo (y su correlato inevitable), que hace de la pertenencia a una abstracción colectivista —la nación— el valor supremo y la credencial privilegiada de un individuo. Si hay un continente donde el nacionalismo ha hecho estragos, es América Latina. Esa fue la ideología con la que vistieron sus atropellos y exacciones todos los caudillos que nos desangraron en guerras internas o externas, el pretexto que sirvió para dilapidar recursos en armamentos (lo que permitía las grandes corrupciones) y el obstáculo principal para la integración económica y política de los países latinoamericanos. Parece mentira que, con todo lo que hemos vivido, haya todavía una izquierda en América Latina que resucite a estos monstruos —la raza, la bota y el nacionalismo— como una panacea para nuestros problemas. Es verdad que hay otra izquierda, más responsable y más moderna —la representada por un Ricardo Lagos, un Tabaré Vázquez o un Lula da Silva— que se distingue nítidamente de la que encarnan esos anacronismos vivientes que son Hugo Chávez, Evo Morales y el clan de los Humala. Pero, por desgracia, es mucho menos influyente que la que propaga por todo el continente el presidente venezolano con su verborrea y sus petrodólares.

Lima, enero de 2006

CAPÍTULO 4

Defensa de la democracia y del liberalismo

CHARLA CON UN VIEJO ZORRO

Estaba alistando maletas para partir de Caracas cuando me avisaron que Rómulo Betancourt quería verme. El intermediario, por lo demás, me hizo saber que el ex presidente, resprestantante de Venezuela en la comisión que hace las invitaciones anuales para ocupar la cátedra Simón Bolívar, en Cambridge, había votado mi nombre. Pero no solo fui a su casa por una razón de cortesía, sino sobre todo por curiosidad: las figuras políticas me han producido siempre una fascinación entomológica (y, al mismo tiempo, una especie de alegría).

Su casa, la Quinta Pacairigua, en un barrio residencial, no es demasiado lujosa para los niveles sauditas venezolanos. Me sorprendió el numeroso servicio de guardaespaldas, en el interior y el exterior. Además de su hija Virginia, sencilla y muy simpática, estaba allí su esposa, una ex profesora, creo, que habló de libros con soltura, y había también periodistas y fotógrafos. Betancourt lleva bastante bien sus setenta años. Hace algunos meses corrieron rumores sobre una enfermedad gravísima, pero él dice que el peligro se ha disipado: se trató apenas de una intoxicación causada por los remedios. Se siente ahora, repite, como nuevo.

«Usted sabrá que, en la época de las guerrillas, yo fui uno de los hombres más odiados y atacados en América Latina», es una de las cosas que le oí decir en la hora y media que pasé con él. Por supuesto que lo sabía. Su gobierno me pareció también a mí, como a tantos en América Latina, represivo y con ribetes autoritarios. Pero lo que ha ocurrido luego en el continente, y el contraste entre ello y el caso de Venezuela, me ha llevado a revisar ese juicio. El gobierno de Betancourt reprimió duramente a quienes se alzaron en armas y no hay duda de que, en esa lucha, cometió abusos y violaciones de la legalidad y de los derechos humanos. Pero es cierto, también, que su régimen sentó las bases de un sistema democrático que viene funcionando sin interrupciones y que parece hoy (toquemos madera) bastante sólido. Es lo que dice a Betancourt el ensayista francés Jean-François Revel —el autor de *La tentación totalitaria*— en una carta que aquel me enseña: «Es usted el único dirigente político sudamericano que encontró la manera de enrumbar a su país por un sendero democrático». Hay una pregunta, sin embargo, que surge cada vez que uno observa el caso venezolano: ¿la bonanza económica, esa prosperidad que golpea al forastero desde el aeropuerto, no ha sido el elemento decisivo para que las instituciones democráticas resultaran allí operantes?

Varias de mis preguntas a Betancourt se refieren a este asunto: ¿Por qué en su país los militares respetan el poder constitucional y en otros no ocurre lo mismo? Su respuesta es larga y elaborada, y no tengo más remedio que abreviarla. Nosotros (es decir, su partido, Acción Democrática), dice, desde 1945 trabajamos con un grupo de oficiales jóvenes, constitucionalistas, partidarios de reformas profundas en la estructura del país. Ellos, a la caída de Pérez Jiménez, se convirtieron en la espina dorsal de la reforma de las Fuerzas Armadas, que pasó a retiro a los elementos golpistas y se empeñó en hacer del Ejército un cuerpo esencialmente técnico y educado de manera sistemática, en el respeto del orden legal.

El momento crítico, prosigue Betancourt, sobrevino al estallar el movimiento guerrillero contra mi gobierno. La lucha contra la guerrilla no la dirigió el ejército; la dirigí yo. Mi gobierno no abdicó de esa responsabilidad, como hicieron otros gobiernos civiles en América Latina, por cautela política, prefiriendo que fueran los militares quienes se ensuciaran las manos. Aquí, fue el gobierno civil quien, desde el primer momento, asumió esa tarea, arrostrando la impopularidad y a pesar de la feroz campaña internacional en contra nuestra. Los militares respetan a quienes saben mandar. (No hay duda que él sabe y que le gusta hacerlo: al decir estas cosas, gesticula con energía).

Veo sus manos con las cicatrices de las quemaduras del atentado que preparó contra él un comando enviado por el generalísimo Trujillo (que lo odiaba, dicen, más que a Fidel Castro). He oído contar la historia de su comportamiento en esas circunstancias, y él me la reseña de nuevo: cómo habló por la radio estando herido y cómo se hizo llevar al palacio presidencial de Miraflores («el símbolo del poder», dice) para mostrar al país que la jefatura del gobierno se mantenía en pie.

Está escribiendo ahora sus memorias y cuenta que haber leído, hace poco, la autobiografía de Arthur Koestler lo ha inducido a cambiar todo su plan. Al principio había decidido escribir un libro puramente político, dejando de lado lo que fuera personal e íntimo. Ahora, en cambio, hablará también de su vida privada. ¿Hasta qué extremos llegará la confidencia? Durante la charla, deja ver algunos cabos sueltos. De joven escribió cuentos, inspirados en ciertas lecturas, como Émile Zola. Su esposa lo refuta con convicción: la influencia ostentosa, le asegura, es la de Anatole France. Él habla de uno de esos relatos con melancolía y burla. Se llamaba (horriblemente) «Maritza la nómada» y la musa que lo estimuló a escribirlo era una españolita de ese nombre de la que estaba enamorado. Se empeña en hablar de literatura, en tanto que yo trato de empujarlo hacia el terreno político (en el que lo supongo mucho más competente). Se entusiasma recordando la autobiografía de Trotsky, una novela («de 1.400 páginas») sobre la fundación del estado de Luisiana y me cita algunas tradiciones de Ricardo Palma. Durante mucho tiempo se ganó la vida escribiendo artículos, de manera que se siente también, en cierta forma, periodista. Ha pasado veinte años en el exilio, cinco en la cárcel y a fin de año celebrará medio siglo de actividad política.

Durante buena parte de la hora y media me pareció hablar con espontaneidad. Solo en un momento tuve la impresión de que (lo que me ha ocurrido siempre con todos los políticos que he entrevistado) pronunciaba un discurso. Una tirada algo solemne sobre la vocación rebelde y heroica del pueblo venezolano, que es, afirma golpeando el brazo del sillón, quien ha hecho la verdadera revolución en América Latina: la democrática. «¿Por qué cree usted que se fueron esos hombres detrás de Bolívar hasta el Titicaca?». Cree que el mestizaje generalizado y precoz que experimentó la sociedad venezolana creó ese tipo audaz y combativo. «Aquí nos mezclamos todos muy pronto, no ocurrió lo que en el Perú», dice. Y me cuenta una anécdota. En los años treinta estuvo en Lima, con una delegación, y lo impresionó mucho una entrevista que tuvo, en el diario *El Comercio*, donde él y sus compañeros fueron recibidos «por dos caballeros con monóculo, que se llamaban, uno, Miró Quesada, y el otro Manzanilla». Uno de ellos le habría preguntado: «¿Qué raza es la que predomina en su país?». «Los mulatos como yo, señor». «Ajá», habría respondido, pensativamente, uno de los caballeros. Mientras el otro comentaba: «¿Sabía usted que aquí en el Perú se le decía a Bolívar el Zambo Bolívar?». Me asegura que hay una carta del Libertador, firmada en la Magdalena, pidiéndole a un amigo de Caracas que enviara mulatos a socorrerlo, pues las impetuosas limeñas lo estaban tuberculizando.

Pese a la abundancia de dictaduras en el continente, se muestra optimista respecto al futuro de América Latina. Piensa que la política del presidente Carter de los derechos humanos ha creado una dinámica muy fuerte a favor de la instalación de gobiernos constitucionales. «Hasta Stroessner se ha visto obligado a hablar de dejar el poder», bromea. Se refiere con elogio al movimiento cívico en Brasil, a los manifiestos intelectuales («presidido por nuestro amigo Jorge Amado»), de periodistas, de profesionales, «hasta de futbolistas» pidiendo la transferencia de poder a los civiles mediante elecciones. Está convencido que en pocos años puede ocurrir lo que al finalizar la Segunda Guerra Mundial: una oleada democrática por todo el continente. Respecto al acercamiento diplomático entre Cuba y Estados Unidos, se limita a comentar: «Por el momento el acercamiento se reduce a que Cuba mandará a Washington dieciséis agentes del G-Dos y Washington a La Habana dieciséis agentes de la CIA».

Como voy a perder el avión, tengo que despedirme precipitadamente. En la puerta de calle, me regala una especie de estampa que no tengo tiempo de ojear. Aquí, en el largo vuelo trasatlántico, descubro que es la historia de una estatuilla que he visto en su escritorio. La Negra Josefina, una vagabunda de las calles de Caracas que asaltaba a los transeúntes pidiendo «un mediecito»; hace unos treinta años, sirvió de modelo al autor de la obra, Santiago Poletto Lamberti. Se trata de una mulata, por supuesto.

Noviembre de 1977

GANAR BATALLAS, NO LA GUERRA*

Quisiera comenzar estas palabras con un recuerdo personal. Algo que me ocurrió hace un par de años, un día de otoño, en Jerusalén. Había pasado la mañana escribiendo, en un departamento por cuyas ventanas podía ver las piedras ocres de la ciudad vieja, la torre de David y la puerta de Jaffa y, al fondo, descendiendo en lomas blancas, el desierto que iba a incrustarse, más allá del mar Muerto, en el horizonte rojizo de los montes de Edom. La visión era irreal de bella y, en mi caso, contribuía a acentuar cada mañana esa sensación de apartamiento del mundo de la historia que estaba tratando de escribir y cuyo tema era, precisamente, la mudanza de la realidad en irrealidad a través del melodrama, y que, por estar situada en Lima, a miles de kilómetros del lugar donde escribía, me obligaba a un verdadero esfuerzo de desconexión con lo inmediato. Así, en un estado de sonambulismo, me encontraba el amigo que venía a recogerme cada tarde para mostrarme la ciudad.

Me había enseñado ya, antes de ese día, y me mostraría después, infinidad de cosas: un mercado de caballos árabes que parecía

---

* Palabras leídas en la Gran Sinagoga de Lima el 10 de octubre de 1978, con motivo de la recepción del Premio de Derechos Humanos otorgado por el Congreso Judío Latinoamericano en 1977.

un escenario de *Las mil y una noches,* las excavaciones del templo (que me aburrieron muchísimo) o el fantástico anacronismo de las callejuelas ultraortodoxas de Mea Shearim que parecían recién escapadas de uno de los cuentos jasídicos de Martin Buber o de las investigaciones sobre la *Cábala* y el *Zohar* de Gershom Scholem. Eran paseos que nos ocupaban la tarde y buena parte de la noche y en los que, poco a poco, según la fuerza de atracción de lo que veía, iba yo regresando, desde una nebulosa de radioteatros truculentos ansiosamente escuchados en los hogares limeños de los años cincuenta, al suelo que pisaban mis pies, es decir, a la antiquísima ciudad, ombligo de religiones y manantial de mitologías, convertida, al cabo de una infinita historia de guerras, ocupaciones e invasiones, en la capital del Estado israelí. Al llegar la noche, que solía vararnos en algún humoso departamento de la ciudad de extramuros, estremecido de discusiones políticas entre los jerosolimitanos que a mí me instruían tanto como los paseos diurnos, yo había vuelto ya de cuerpo entero a la tierra y estaba listo para, repitiendo el ciclo mágico, emprender una vez más, con la lectura y el sueño nocturnos y el espectáculo de la ventana y la novela matutina, el viaje a la irrealidad.

Pero la tarde de ese día el regreso a la realidad fue brutal. Mi amigo me llevó a Yad Vashem, el Memorial consagrado al Holocausto, que se yergue en una de las estribaciones sembradas de pinares de las colinas que rodean a Jerusalén. Como todo el mundo, había leído, visto y escuchado lo suficiente para medir, en toda su magnitud, el genocidio de seis millones de judíos. Y, sin embargo, esa tarde creo haber comprendido por primera vez la lección de esa tragedia, mientras, como quien toca una pesadilla, observaba en las galerías en penumbra del museo, el meticuloso refinamiento, la pulcritud y, se puede decir, el genio con que fue concebido y ejecutado el asesinato colectivo. Allí, ante las fotos de los osarios desenterrados por los tractores aliados o las imágenes de los niños que, en las puertas de las cámaras letales, recibían un dulce de manos del verdugo, o ante la relación de los experimentos a que eran sometidos —por brillantes científicos, qué duda cabe— los futuros condenados, y viendo los objetos fabricados en los campos de exterminio con pieles, cabellos o dientes de las víctimas, entendí una de las verdades que el hombre de nuestro tiempo no tiene ya derecho a poner jamás en duda. La de que ningún país, cultura o grupo humano está inmunizado contra el peligro de convertirse en un momento dado, por obra del fanatismo —religioso, político o racial—, en una herramienta del horror.

No es cierto que «la violencia sea iletrada», como escribió Sartre en *Situations, II.* Quien cometió las abominables atrocidades que recuerda Yad Vashem fue una nación que podía vanagloriarse de ser una de las más cultas de la Tierra. George Steiner ha formulado la conclusión que se impone: «A diferencia de Matthew Arnold y del doctor Leváis —escribió en *Language and Silence*—, me siento incapaz de creer, confiadamente, que las humanidades humanizan». Steiner recuerda que cuando la barbarie llegó a la Europa del siglo XX, las universidades apenas ofrecieron resistencia a la bestialidad política y que, en muchos casos, quienes institucionalizaron el sadismo fueron hombres deslumbrados por la inteligencia de Goethe y espíritus sensibles a quienes la poesía de Rilke o la música de Wagner conmovían hasta el llanto. Cada día tenemos pruebas de algo semejante, es decir, de naciones y de personas en las que coexisten, amigablemente, la alta cultura y el crimen.

Sucede que las ideas juegan malas pasadas a los hombres y que la inteligencia y el saber se cruzan más a menudo que coinciden con la moral. ¿No es injusto espantarse por el crimen de la Alemania hitleriana negándose al mismo tiempo a ver que, en nuestros días, hacia donde volvamos la cara, se registran en el mundo violaciones atroces de los derechos humanos? Y ellas ocurren sin que innumerables hombres de cultura digan una palabra de protesta, y más bien, con frecuencia, la digan para negarlas o justificarlas. ¿No hemos oído, por ejemplo, a uno de los grandes escritores de nuestra lengua, Jorge Luis Borges, defender al gobierno de su país y al de Chile, que han torturado y asesinado a mansalva a cientos de seres humanos? ¿No ha declarado otro gran escritor latinoamericano, Julio Cortázar, que había que distinguir entre dos injusticias, la que se comete en un país socialista, que es, según él, un mero «accidente de ruta» —*incident de parcours*— que no compromete la naturaleza básicamente positiva del sistema, y la de un país capitalista o imperialista, que, ella sí, manifiesta una inhumanidad esencial? Pavorosa distinción que, si la aceptamos, nos lleva a protestar con vehemencia cuando Lyndon B. Johnson manda *marines* a la República Dominicana y a callar cuando Brezhnev destruye con tanques la primavera de Praga ya que, en el primer caso, el progreso humano está amenazado y en el segundo se trata de un episodio sin importancia desde la eternidad de la historia en que, inevitablemente, se impondrá la justicia socialista. ¿Y, desde esta resplandeciente eternidad, tan parecida a la de los creyentes convencidos de que, a la larga, Dios vence siempre a Belcebú, qué importan, en efecto, el Gulag, las purgas, los hospitales psiquiátricos para el inconforme, y demás accidentes parecidos?

Cortázar tiene al menos el coraje de defender públicamente esta moral de la cólera selectiva. Otros se contentan con practicarla. Porque lo cierto es que hay millares de intelectuales en el mundo que, en su conducta diaria, en su furor unilateral —que estalla cuando el abuso se comete de un lado y desaparece y se convierte en tolerancia y benevolencia cuando las mismas tropelías se llevan a cabo en nombre del socialismo— practican esa moral tuerta que la sabiduría popular satirizó en el refrán «Ver la paja en el ojo ajeno y no la viga en el propio». Lo ha dicho Octavio Paz, con su lucidez habitual: «Durante la guerra de Vietnam los estudiantes, los intelectuales y muchos clérigos multiplicaron sus protestas contra la intervención de Estados Unidos y denunciaron las atrocidades y excesos del Ejército norteamericano. Su protesta era justa y su indignación legítima, pero ¿quiénes entre ellos se han manifestado ahora para condenar el genocidio en Camboya o las agresiones en Vietnam contra sus vecinos? Aquellos que por vocación y por misión expresan la conciencia crítica de una sociedad, los intelectuales, han revelado durante estos últimos años una frivolidad moral y política no menos escandalosa que la de los gobernantes de Occidente. De nuevo, no niego las excepciones: Breton, Camus, Orwell, Gide, Bernanos, Russell, Silone y otros menos conocidos como Salvemini o, entre nosotros, Revueltas. Cito solo a los muertos porque están más allá de las injurias y de las sospechas. Pero este puñado de grandes muertos y el otro puñado de intelectuales todavía vivos que resisten: ¿qué son frente a los millares de profesores, periodistas, científicos, poetas y artistas que, ciegos y sordos, pero no mudos ni mancos, no han cesado de injuriar a los que se han atrevido a disentir y no se han cansado de aplaudir a los inquisidores y a los verdugos?».

Buena parte de culpa la tienen esas formulaciones abstractas llamadas ideologías, esquemas a los cuales los ideólogos se empeñan en reducir la sociedad, aunque, para que quepa en ellos, sea preciso triturarla. Ya lo dijo Camus: la única moral capaz de hacer el mundo vivible es aquella que esté dispuesta a sacrificar las ideas todas las veces que ellas entren en colisión con la vida, aunque sea la de una sola persona humana, porque esta será siempre infinitamente más valiosa que las ideas, en cuyo nombre, ya lo sabemos, se puede justificar siempre los crímenes —lo hizo el marqués de Sade, en impecables teorías— como crímenes del amor.

El caso más paradójico de nuestra era es el del socialismo, la doctrina que a lo largo del siglo XIX y comienzos del XX hizo concebir las más grandiosas esperanzas a los desheredados y espíritus nobles de este mundo, como panacea capaz de abolir las desigualdades, suprimir la explotación del hombre por el hombre, hacer desaparecer los nacionalismos y los racismos y de reemplazar, por fin, en esta tierra el reino de la necesidad por el de la libertad. Pues bien, en nombre de esa doctrina libertaria e igualitaria, millones de hombres fueron encerrados en campos de concentración o simplemente exterminados; en su nombre se han implantado regímenes autoritarios implacables; en su nombre naciones poderosas han invadido y neocolonizado naciones pequeñas y débiles; en su nombre se ha perfeccionado la censura y la regimentación de la conciencia como ni siquiera los inquisidores medievales más imaginativos hubieran sospechado y se ha convertido a la psiquiatría en una rama de la Policía. En nombre del socialismo se ha permitido a los trabajadores el derecho de huelga y se ha establecido el trabajo forzado (apodándolo, con sarcasmo, trabajo voluntario), se ha suprimido la libertad de viajar, de cambiar de oficio, de emigrar, y en nombre de la ideología del bienestar y del progreso se ha mantenido en la escasez y el sacrificio (salvo a una privilegiada clase burocrática) a la población a fin de fabricar armamentos que podrían hacer desaparecer varias veces el planeta. Ver que, detrás de las ideas más generosas de nuestro tiempo, en los países y regímenes que aparentemente las encarnan, sobreviven, echando espumarajos por el belfo, casi todos los viejos demonios de la historia humana contra los que aquellas insurgieron —la tiranía, la brutalidad, la explotación de los más por los menos, el espíritu de dominación y de conquista— es algo que debería hacernos desconfiar profundamente de las ideas, sobre todo cuando, agrupadas en un cuerpo de doctrina, pretenden explicarlo todo en la historia y en el hombre y ofrecer remedios definitivos para sus males. Esas utopías absolutas —el cristianismo en el pasado, el socialismo en el presente— han derramado tanta sangre como la que querían lavar. Lo ocurrido con el socialismo es, sin duda, un desengaño, que no tiene parangón en la historia.

Este desengaño no puede tornarse entusiasmo, sin embargo, cuando contemplamos lo que ocurre en los países desarrollados de economía de mercado. Que la democracia política funcione allí mejor, que haya más libertad y más fiscalización del poder, es evidente. ¿Pero acaso junto a esas formas civilizadas no perduran y aumentan en la mayoría de esos países las desigualdades económicas más abusivas y no se apoyan la prosperidad y las buenas costumbres políticas de que gozan, en una explotación que llega a veces al saqueo de los países pobres? ¿No son, acaso, en ellos, terribles las barreras que establecen los privilegios de fortuna —no siempre bien habidas— entre unos pocos y vastas mayorías? Por otra parte, aterra comprobar que la cultura y la bonanza que han alcanzado las naciones de Occidente no les ha servido para abolir esa maldición que separa, desde los albores de la historia humana, el trabajo intelectual y el trabajo manual, esa división escandalosa entre los hombres que piensan y los que no son más que simples bestias de carga sometidos a una rutina que los embrutece y degrada aunque ganen altos salarios y tengan televisión y casa propia. ¿No es esa división el talón de Aquiles de la civilización occidental? Y, por último, ¿cómo podrían ser esos países que, con la llamada sociedad de consumo, rinden un culto frenético al becerro de oro con sacrificio del espíritu —como acaba de denunciarlo ese poeta bíblico del siglo XX que es Solzhenitsin— un modelo que exalte la imaginación de los países que comienzan apenas su historia independiente?

Pero no hay duda de que, en lo que concierne a la injusticia y a la violación de los derechos humanos, el panorama es infinitamente peor cuando pasamos la vista por ese mosaico de países a los que se suele agrupar con la etiqueta de Tercer Mundo. Su único denominador común, por lo demás, parece ser el de que en casi todos ellos —las excepciones son, en verdad, poquísimas— reina a cara descubierta la barbarie, en una o varias de sus manifestaciones. La barbarie de la desnutrición y del hambre, de índices de mortalidad infantil que dan vértigos, de la desocupación y de la ignorancia y la miseria de enormes masas humanas para quienes la vida no es otra cosa que una muerte lenta. ¿Quién tiene la culpa de esa ignominia multiplicada en millones y millones de seres y presente en todos los continentes, con la excepción del europeo? Los responsables son muchos y se pasan la vida acusándose de esa responsabilidad que en realidad comparten (en dosis que varían según la región). Lo son los países ricos, qué duda cabe, que se benefician del subdesarrollo con términos de intercambio comercial indignos, y que, además, con una buena conciencia a prueba de balas, se niegan a prestar la ayuda que elevaría el nivel de vida de los países pobres o solo la prestan a cuentagotas y a cambio de imposiciones políticas y militares. Y son también, tanto o más responsables, las castas privilegiadas nativas cuyos lujos y excesos suelen ser tan grandes como su ceguera ante el sufrimiento que las rodea. Son responsables, por supuesto, esos ejércitos de opereta que solo parecen existir para ganarles guerras a sus propios pueblos y que no se contentan con asaltar sistemáticamente el poder y mantenerse en él mediante el cuartelazo y la represión, sino que además pillan sus países como si fueran un botín de guerra. Y son responsables también —lo somos— los intelectuales, a quienes en este caso viene como anillo al dedo el calificativo de subdesarrollados, que, frente a este dolor y salvajismo no tienen otra receta que la prédica ideológica, mejor dicho la importación de esas mismas ideologías, que, si se sacaran las legañas de los ojos, verían a qué estrepitoso fracaso han conducido a los países que tienen por modelo.

El imperio de la injusticia en el Tercer Mundo no se puede explicar —y por lo tanto no se puede acabar— en términos exclusivamente ideológicos. Porque cada día vemos que las ideologías de apariencia más opuesta sirven a los gobiernos para perpetrar idénticas tropelías. En nombre del anticomunismo el general Pinochet ha cometido crímenes parecidos a los que los jemeres rojos de Camboya cometen en nombre del comunismo. En nombre del socialismo y del islam, Gadafi protege y financia terroristas que vuelan aviones y lanzan bombas contra escuelas, en tanto que Idi Amin, en nombre de la africanización y el anticolonialismo, da periódicos baños de sangre a su país, al que ha convertido en un campo de concentración. Da escalofríos ver cómo países que se liberan del ocupante, a veces mediante sacrificios y coraje extraordinarios, como Vietnam, lo primero que hacen, al alcanzar la libertad, es conculcarla e implantar regímenes de terror, para, supuestamente, materializar ciertas ideas de igualdad y de justicia, así como esos cruzados de Godofredo de Bouillon que, después de tantas proezas en su marcha hacia el Oriente, para liberar los Santos Lugares, culminaron su epopeya entrando a Jerusalén y pasando a cuchillo en nombre de Dios a todos los impíos, es decir, a todos los residentes de la ciudad, incluidos los ancianos, las mujeres y los niños.

En este campo —el de la brutalidad— no hemos progresado mucho y las perspectivas quizá sean ahora más sombrías. Es otra de las contradicciones de esta época. Por un lado, el avance fantástico de la ciencia y la tecnología que ya pueden poner a los vivos los corazones de los muertos, engendrar niños en probeta y mandar hombres a la Luna y regresarlos. Por el otro, la misma falta de escrúpulos y el mismo impúdico recurso a la violencia para satisfacer la codicia y la ambición de dominio, el mismo reinado de la fuerza dentro de cada sociedad y entre las naciones. Como al principio en la era del garrote y la caverna. Pero en cierto modo peor, porque, gracias precisamente al adelanto de la tecnología y la ciencia, el hombre tiene hoy armas para esclavizar y destruir a los otros hombres que no tenía antaño.

Estas palabras pueden parecer pesimistas y sin duda lo son. Pero no tiene sentido mantener el optimismo a todo trance, si para justificarlo es preciso desnaturalizar la realidad y sustituirla por la ilusión. Esta magia —abolir lo real y recrearlo con la fantasía— me parece muy respetable, y la practico con ardor, pues es lo que hacen los novelistas —todos los artistas—, pero no es una práctica recomendable para quien quiere saber lo que está ocurriendo a su alrededor en el campo político y social y contribuir de manera efectiva —inmediata— a combatir, allí donde aparezca, alguno de los tentáculos de la hidra de la iniquidad. Y lo que ocurre en torno nuestro, en el campo de los derechos humanos, simplemente no justifica el optimismo.

Lo cierto es que nos rodean el abuso y la injusticia, que vivimos inmersos en ellos y darse cuenta de esta verdad es lo primero que conviene hacer si queremos cambiarla. Y, lo segundo, tal vez sea ser prácticos, y, como dicen los franceses, no confundir la presa con su sombra. En otras palabras, juzgar a las personas y a las instituciones y gobiernos, no por las ideas que dicen profesar (o en efecto profesan) sino únicamente por sus actos. Porque el divorcio entre las ideas y los hechos es universal y flagrante. André Malraux lo expresó así, con su bella retórica: «Curiosa época esta, dirán de nosotros los historiadores del futuro, ya que en ella la izquierda no era la izquierda, la derecha no era la derecha, y el centro no estaba en el medio». Esto es lo que tenemos que admitir, con lucidez: estamos sumidos en la confusión, la moral que practican los distintos regímenes y partidos los ha mezclado y revuelto a tal punto que la historia contemporánea es una selva donde todos los conceptos políticos preestablecidos, en vez de orientarnos, nos extravían. Si en algún momento fue posible identificar el bien y el mal —o, en términos menos metafísicos, el progreso y la reacción— a través de los idearios y programas que defendía cada cual, hoy día eso no es posible porque las ideas —o, quizá, mejor, las palabras que las formulan—, sobre todo en el campo político, sirven mucho más para ocultar la realidad que para describirla. Las nociones de justicia, democracia, derecho, libertad, progreso, reacción, socialismo, revolución, significan tantas cosas distintas según la persona, partido o poder que las use que ya no significan casi nada. Por eso, más importante que escuchar lo que dicen es observar lo que hacen y aplaudirlos o abominarlos no por sus ruidos, sino por sus acciones.

Digo *ruidos* en vez de *palabras* a propósito. Porque el gran naufragio de las ideas políticas —de los ideales y de las utopías políticas— ha traído consigo un extraordinario deterioro de las palabras. Ellas, en muchísimos casos, han sido tan maltratadas que ya no son apenas más que, como en el verso de Shakespeare, furia y sonido, sin significación alguna. Reinventar el lenguaje político, depurándolo de la escoria que lo ha anquilosado, bajarlo de esa nebulosa abstracta donde anda perdido y arraigarlo en la experiencia concreta de la vida social es otra labor urgente por hacer. Porque ocurre que el lenguaje —que, según nos enseñaron, sirve para que los hombres se entiendan y se acerquen— ahora parece servir para incomunicarlos y apartarlos, pues se usa principalmente para trocar las mentiras en verdades y viceversa. Esta prestidigitación verbal es también respetable; ella es el fundamento de la literatura. Pero cuando se emplea esta técnica de la permutación fuera de la novela, el drama o la poesía, en el texto y el contexto político por ejemplo, algo gravísimo acontece: la moral humana se resquebraja y la solidaridad social se diluye. El resultado es la muerte del diálogo, el reino de la desconfianza, la pulverización de la sociedad en seres aislados y recelosos cuando no hostiles unos a otros.

Esta perversión del lenguaje en los políticos, en los diarios, en los grandes medios de comunicación, es algo sobre lo cual nosotros, los peruanos, hemos aprendido mucho en los últimos años, pues hemos vivido asediados por una retórica ideologista, que, por boca de los generales encaramados en el poder o de los civiles encaramados en los generales, nos hablaban de liberación nacional, de emancipación del yugo imperialista, de la liquidación de la oligarquía, de la redención del campesinado, de la verdadera libertad, del socialismo participacionista, de las reformas de las estructuras, etcétera. Mientras tanto, por detrás y por debajo de esa sinfonía ¿qué ocurría? La sociedad peruana se iba empobreciendo económica, moral y políticamente. El poder reprimía, encarcelaba, censuraba y a veces —como lo saben los campesinos puneños— mataba. E iba llevando al país a una de sus peores crisis de su historia, a tal extremo que el balance que cualquiera, sea de derecha o izquierda, puede sacar de los diez años de régimen militar cabe en cuatro frases crudas: más hambre, menos trabajo, más ignorancia y menos libertad.

Ha llegado la hora de volver a lo concreto, a un lenguaje que de veras comunique. Eso, para un escritor, significa un esfuerzo continuo, pertinaz para devolver a las palabras la precisión y la autenticidad que han perdido en buena parte por obra de las generalizaciones y los tópicos y estereotipos de la ideología, a fin de que otra vez expresen la realidad vivida, aquel espacio donde se infligen y padecen las injusticias, que es distinto de aquel en que estas cosas se imaginan o se sueñan. Llamar, de nuevo, al pan pan y al vino vino es indispensable entre otras cosas para que la libertad de expresión tenga sentido. Y hacerlo sin temor a los poderes, que es donde siempre se origina el abuso. Es preciso tener esto muy en claro y, en consecuencia, ejercer sobre ellos —el poder político, el económico, el militar, todo aquello que represente una fuerza capaz de influir de un modo u otro sobre la vida ajena— una vigilancia permanente. Desde esta perspectiva, el pesimismo es fecundo y previsor. Él nos enseña que todo poder si no es frenado, criticado, contrapesado, si se lo deja crecer sin medida, se convierte fatalmente en enemigo del hombre. Esa vigilancia para ser realmente eficaz debe ser moral antes que ideológica. Basarse en sentimientos elementales y aun egoístas más que en cuerpos de ideas cristalizados. Para combatir la injusticia lo más importante es haber comprendido y sentido que si alguien es torturado, asesinado, discriminado, explotado, todos estamos en peligro.

La lucha contra el abuso —la defensa de lo humano— es, básicamente, una lucha personal. Puede hacerse, desde luego, y tal vez con más eficacia que de manera solitaria, desde el seno de alguna institución —partido, Iglesia, comité—, pero para que ella sea genuina debe extraer su energía y convicción de la conciencia del individuo. Esta yerra muchas veces, por supuesto, pero, justamente, esos yerros, aislados son menos nocivos, más fáciles de remediar que los de las organizaciones, las que rara vez prestan atención al matiz y aceptan la duda y en las que, además de las simplificaciones efectistas, suele prevalecer tarde o temprano esa abyecta razón de Estado para la cual es preferible la deshonestidad que el desprestigio. Es gravísimo que la conciencia del individuo abdique ante una supuesta conciencia superior colectiva —la de un partido, un régimen o un país— que se arroga la facultad de representarla, pues entonces queda abierto el camino al pisoteo de los derechos humanos y al imperio de la arbitrariedad.

Hablar contra la ideología podría parecer ingenuo. ¿Puede el hombre vivir sin ideas, puede la vida social organizarse, progresar, sin un esquema intelectual que proponga una interpretación de lo existente, explique el pasado, fije un modelo ideal y trace un camino para alcanzarlo? Desde luego que no y sería insensato proponer, como cura del dolor humano, un pragmatismo sistemático, un espontaneísmo irracional. Se trata de algo menos apocalíptico y, a fin de cuentas, muy simple. De admitir que nunca antes ni ahora ideología alguna ha podido apresar en sus redes, de manera integral, la compleja realidad humana, y que todas ellas —algunas de manera criminal, otras inocentemente— han sido incapaces, o, en el mejor de los casos, insuficientes, para poner fin al sufrimiento social. No se trata de meter a todas las ideologías en el mismo canasto. Algunas de ellas, como el liberalismo democrático, han impulsado la libertad y otras, como el fascismo, el nazismo y el marxismo estaliniano le han hecho retroceder. Pero ninguna ha bastado para señalar de modo inequívoco cómo erradicar de manera durable la injusticia, que acompaña al ser humano como su sombra desde el despuntar de la historia.

De esta comprobación puede deducirse la necesidad de revisar de manera permanente las ideologías y, mediante una crítica continua, perfeccionarlas —lo que significará siempre flexibilizarlas, adaptarlas a la realidad humana en vez de tratar de adaptar esta a ellas, porque es entonces cuando comienzan los crímenes. Pero más importante quizá sea extraer esta otra convicción: que la lucha contra la injusticia —la dictadura, el hambre, la ignorancia, la discriminación— no se entabla para ganar una guerra, sino, únicamente, batallas. Pues esta guerra principió con el hombre y ya se halla este lo bastante viejo para saber que solo terminará cuando él termine. Cada vez que se haya conseguido cegar una fuente de abusos, enmendar un atropello, es imprescindible saber que, a la izquierda o la derecha, por manos de la persona o institución de semblante más honorable, brotarán nuevas violaciones de esos derechos que ayer ellas mismas reclamaban y defendían, lo que exigirá nueva movilización. Saber que no hay victoria definitiva contra la injusticia, que ella acecha por doquier, esperando el menor descuido para conquistar una cabecera de playa y desde allí invadir toda la sociedad, y que, por lo tanto, salirle al paso, con las armas a nuestro alcance, es, o debiera ser, una tarea de cada uno y de cada día y de nunca acabar, es tal vez tener una pobre idea del hombre. Pero ello es preferible, seguramente, a tenerla tan alta que vivamos distraídos y sea tarde para reacciones cuando descubramos que ese ser sonriente y puntual, tan inofensivo cuando era nuestro vecino y cuando le confiamos el poder, se convirtió de pronto en lobo.

Porque esa es la historia que les cuenta a quienes recorren sus salas en penumbra, ahítas de pus, el Memorial de Yad Vashem. La de los buenos, cultos, pacíficos ciudadanos de un antiguo país que un día se convirtieron en lobos feroces y comenzaron a destrozar a dentelladas, o a dejar que otros hicieran por ellos el trabajo, ante la sorpresa y estupidez —para no decir la complicidad— del mundo entero, a quienes no podían defenderse. Y esa es la terrible acusación de Yad Vashem, que no va dirigida contra uno sino contra todos los países. Haber ignorado que ninguna sociedad —empezando por la propia— está libre de perpetrar o sufrir un horror parecido al holocausto judío. Haber olvidado que todos estamos sumidos en esta guerra sin victoria final, cuyos combatientes encarnan roles que cambian de prisa, y en la que, al menor descuido, se es derrotado. Porque, curiosamente, esa guerra que no se puede ganar, se puede, en cambio, perder. La grandeza trágica del destino humano está quizá en esta paradójica situación que no le deja al hombre otra escapatoria que la lucha contra la injusticia, no para acabar con ella sino para que ella no acabe con él.

Hay, en Yad Vashem, una fotografía que, estoy seguro, todos han visto reproducida alguna vez, en películas, revistas o libros, pues ha dado la vuelta al mundo. Fue tomada después del aniquilamiento del gueto de Varsovia. Es la de un niño judío, de pocos años, embutido en una gorra que le queda grande y un abrigo que parece viejo, con las manos en alto. Lo está apuntando, con un fusil de caño corto, un soldado alemán de casco y botas, que mira hacia el fotógrafo con esa mirada blanca que llaman marcial. El soldado no parece orgulloso ni avergonzado de su trofeo, hay en su cara una tranquila indiferencia frente a la escena de que es protagonista. En la expresión del niño, en cambio —en la tristeza de sus ojos, en el fruncimiento de su cara que el miedo demacra, en el encogimiento de hombros y cuerpo que parecen querer reabsorberse—, hay una lucidez vertiginosa a lo que representa ese instante. Ignoro quién tomó esa fotografía, pero no hay duda que, quien fuera, eternizó una escena de nuestro tiempo que refleja de manera admirable una constante de la historia humana, algo que, bajo regímenes y cielos y filosofías diferentes, se viene obsesivamente repitiendo a lo largo del tiempo, como un mentís a las ilusiones de progreso y como lastre mortal de los avances que, en órdenes distintos al ético, se han alcanzado: el abuso de los fuertes contra los débiles, del rico contra el pobre, el armado contra el inerme, del que disfruta del poder contra el que los sufre.

Con la memoria de esta imagen que golpea la conciencia y el ánimo quiero terminar estas palabras. Aunque la recepción de un premio es una ocasión de fiesta, no es malo —sobre todo si se trata de un fiesta consagrada a los derechos humanos— que en ella introduzcamos también, aunque sea de pavo (como decimos en el Perú) a esta imagen aguafiestas para recordarnos que, en este dominio, siempre habrá más motivos de pesar que de júbilo, porque en él nada estará nunca ganado y todo estará siempre por hacer.

Lima, setiembre de 1978

¿LIBERTAD PARA LOS LIBRES?

Hace algún tiempo leí una entrevista a Günter Grass, en la que el novelista alemán —quien se hallaba de visita en Nicaragua— decía que los países latinoamericanos no resolverían sus problemas mientras no siguieran «el ejemplo de Cuba». Esta es una receta para nuestros males que proponen muchos novelistas, europeos y latinoamericanos, pero me sorprendió en boca del autor de *El tambor de hojalata* (si es que aquella declaración era cierta).

Günter Grass es uno de los novelistas contemporáneos más originales y aquel cuyos libros me llevaría a la isla desierta si solo pudiera llevarme uno, entre los narradores europeos de nuestros días. Mi admiración por él no solo es literaria sino también política. La manera como ha actuado en su país, defendiendo el socialismo democrático de Willy Brandt y de Helmut Schmidt, haciendo campaña en las calles por esta opción en las contiendas electorales y rechazando con energía toda forma de autoritarismo y totalitarismo, me ha parecido siempre un modelo de sensatez y un saludable contrapeso —reformista, viable, constructivo— a las apocalípticas posiciones de tantos intelectuales modernos que, por ceguera, oportunismo o ingenuidad, resultan aprobando las dictaduras y justificando el crimen como recurso político. Recuerdo, hace algunos años, un intercambio polémico suscitado en Alemania Federal entre Grass y Heinrich

Böll, con motivo de un ramo de flores que este envió a una aguerrida revolucionaria que había abofeteado públicamente al canciller alemán. Günter Grass explicó que, a diferencia de Böll —hombre cristiano y bondadoso, en cuyas exangües historias uno no adivinaría jamás a un entusiasta de la violencia—, no creía que las bofetadas fueran el método más adecuado para resolver las diferencias políticas y que los alemanes estaban bien instruidos por la historia reciente sobre los peligros de aceptar la fuerza como argumento ideológico. Esta posición, genuinamente democrática y progresista, me parece, da mayor peso moral a las condenas de las dictaduras y crímenes de Pinochet, y de Argentina y Uruguay, de un Günter Grass, que a las de aquellos escritores que creen que la brutalidad está mal en política solo cuando la emplean los adversarios.

¿Cómo congeniar todo esto con la «solución cubana» que recomienda Günter Grass para los países de nuestro continente? Hay en ello un interesante desdoblamiento, una esquizofrenia instructiva. Se desprende de lo anterior que lo que conviene y es bueno para la República Federal Alemana no es bueno ni conviene para América Latina, y viceversa. Para aquel país —es decir, para Europa occidental y el mundo desarrollado— lo ideal es un sistema democrático y reformista, de elecciones e instituciones representativas, libertad de expresión y de partidos políticos y de sindicatos, una sociedad abierta, respetuosa de la soberanía individual, sin dirigismo cultural ni censuras. Para América Latina, en cambio, lo ideal es la revolución, la toma violenta del poder, el establecimiento del partido único, la colectivización forzosa, la burocratización de la cultura, los campos de concentración para el disidente y el enfeudamiento a la Unión Soviética.

¿Qué puede llevar a un intelectual como Günter Grass a semejante discriminación? Probablemente, el encuentro, cara a cara, con la miseria latinoamericana, ese espectáculo (poco menos que inconcebible para un europeo occidental) de las inicuas desigualdades que afean nuestras sociedades, del egoísmo e insensibilidad de nuestras clases privilegiadas, la exasperación que produce ver la muerte lenta en que parecen sumidas las muchedumbres de pobres de nuestros países y el salvajismo de que hacen gala nuestras dictaduras militares.

Pero uno espera de un intelectual un esfuerzo de lucidez aun en los momentos de mayor turbación anímica. Una dictadura marxista-leninista no es una garantía contra el hambre y sí puede añadir, al horror del subdesarrollo, el del genocidio, como lo probó meridianamente el régimen de los jemeres rojos en Camboya, o significar una opresión tan asfixiante que cientos de miles y acaso millones de hombres estén dispuestos a dejar todo lo que tienen y lanzarse al mar y desafiar a los tiburones con tal de escapar de ella, como se ha visto en Vietnam y en la propia Cuba (durante los sucesos del Mariel). Un intelectual que cree que la libertad es necesaria y posible para su país no puede decidir que ella es superflua, secundaria, para los otros países, a menos que íntimamente haya llegado a la desconsoladora convicción de que el hambre, la incultura y la explotación hacen a los hombres inaptos para la libertad.

Y aquí, creo, hemos llegado a la raíz de la cuestión. Cuando un intelectual norteamericano o europeo —o un órgano periodístico o una institución liberal cualquiera— defiende para nuestros países opciones y métodos políticos que jamás admitiría en la sociedad propia, manifiesta un escepticismo esencial sobre la capacidad de los países latinoamericanos para entronizar los sistemas de convivencia y libertad que han hecho de los países occidentales lo que son. Se trata, en la mayoría de los casos, de un prejuicio inconsciente, de un sentimiento informulado, de una suerte de racismo visceral que esas personas —por lo general liberales y demócratas de insospechables credenciales— rechazarían indignadas si tomaran cabal conciencia de ello. Pero, en la práctica, es decir, en lo que dicen, hacen o dejan de hacer, y, sobre todo, en lo que escriben en América Latina, aquella duda esencial sobre la aptitud de nuestros países para ser democráticos asoma a cada paso y explica sus incongruencias e inconsecuencias cuando informan sobre nosotros o interpretan nuestra historia o nuestra problemática. O cuando, como Günter

Grass, proponen para resolver nuestros problemas el mismo tipo de régimen que les parece intolerable para Alemania Federal. (Es imposible no asociar con esto la impresión que me causó descubrir, en la España de finales de los años cincuenta, que el régimen de Franco, que aplicaba una puntillosa censura «moral» a todo género de publicaciones, incluidas las científicas, permitía sin embargo a las editoriales españolas editar libros pornográficos, a condición de que los exportaran a Hispanoamérica. La misión de los censores era, pues, salvar las almas aborígenes; las hispanoamericanas podían irse al infierno).

Quizá esto permita entender mejor fenómenos como el de la información ofensiva, denigratoria y mentirosa que a menudo merecen, por parte de los órganos de comunicación occidentales, los regímenes democráticos latinoamericanos a los que se presenta actuando con tanta o peor vileza que las mismas dictaduras. Me he referido ya al caso de *The Times* en Londres y su «especialista» latinoamericano, el señor Colin Harding, diligente denostador de la democracia peruana. No se trata, por desgracia, de algo excepcional. Los más prestigiosos órganos informativos de los países occidentales, diarios como *Le Monde*, en Francia, o *The New York Times,* en Estados Unidos, o *El País*, en España, baluartes del sistema democrático, insospechables de complicidad con quienes, en sus respectivos países, alientan tesis totalitarias, incurren sin embargo, a menudo en su política informativa sobre América Latina, en una discriminación semejante, y por las mismas razones, que el novelista Günter Grass. A juzgar por lo que escriben, se diría que en los países latinoamericanos solo puede ser cierto lo peor. Es una política que no concierne solo a los países que padecen dictaduras, lo que tendría cierta justificación; también en los países que han salido de ellas y tratan de consolidar la democracia parecería que lo único que importa mostrar es el error y el horror (aunque sean ficticios).

Las violaciones a los derechos humanos que lamentablemente se producen en estas democracias cuando deben hacer frente a acciones guerrilleras o al terrorismo son siempre destacadas, en tanto que uno tiene dificultad en hallar, en las páginas de esos mismos órganos, una información equivalente sobre las violaciones a los derechos humanos de quienes asesinan en nombre de la revolución y proclaman que son las pistolas y las bombas —no los votos— el criterio de la verdad política. Los peores infundios y calumnias que, al amparo de la libertad de prensa, se propalan contra los gobiernos democráticos por sus adversarios del interior encuentran un eco favorable, una actitud receptiva, sin la mínima verificación responsable, en tanto que cualquier desmentido o versión oficial es presentado como algo sospechoso, la coartada del culpable o la propaganda del poder.

Con sus atentados, voladuras de torres eléctricas y asesinatos, Sendero Luminoso y su puñado de seguidores —unos centenares, o, acaso, unos pocos millares de personas— han conseguido, en la prensa del mundo occidental, una publicidad infinitamente mayor que, digamos, todos los habitantes de la República Dominicana, quienes, desde hace algunos lustros, vienen dando un admirable ejemplo, en América Latina, de alternancia democrática en el gobierno, de convivencia y libertad políticas, de discrepancia civilizada, y, lo que es aun más notable en este periodo de crisis, de progresos en la lucha contra el subdesarrollo. Que un país que sufrió la más espantosa dictadura, y, más tarde, una intervención extranjera y una guerra civil, haya sido capaz, en un plazo relativamente corto, de estabilizar un régimen democrático, no despierta el menor interés en los grandes órganos periodísticos de Occidente, en los que, en cambio, el menor atropello cometido por un gobierno democrático en su lucha contra el terrorismo suele ser publicitado.

¿Por qué ocurre así? Porque estos atropellos confirman una imagen preestablecida y el fenómeno dominicano, en cambio, contradice ese estereotipo, profundamente arraigado en la subsconsciencia de Occidente, que nos ven como bárbaros e inciviles, constitutivamente ineptos para la libertad y condenados a elegir, por eso, entre el modelo Pinochet o el modelo Fidel Castro. No se necesita ser adivino para saber que, si para desgracia suya y de toda América Latina, la República Dominicana fuera víctima también, como el régimen peruano, de una insurrección armada y del terrorismo, los Colin Harding de los grandes diarios de Occidente se apresurarían a mostrar, aun al precio de magnificaciones y tergiversaciones de la verdad, que aquella democracia no era tal sino mera impostura, una apariencia falaz tras la cual se enfrentaban, como en las dictaduras, un poder autoritario y corrupto y la rebeldía de los oprimidos.

¿Exagero el fenómeno para hacerlo más visible? Tal vez. Pero desafío a cualquier investigador a repasar las informaciones sobre los países latinoamericanos en los grandes órganos democráticos de prensa que he mencionado. El balance mostrará sin la menor duda que las informaciones tienden, como constante, a corroborar cualquier escepticismo y a acumular argumentos que, en vez de corregir, refrenden la imagen lastimosa de América Latina que aquel escepticismo ha engendrado.

Es importante tener en cuenta esta realidad porque se trata de una de las más extraordinarias paradojas de nuestro tiempo. Los latinoamericanos que creemos que la solución para nuestros problemas está en romper el ciclo siniestro de las dictaduras —sean estas de izquierda o de derecha— debemos saber que entre los obstáculos que tendremos que enfrentar para instalar y defender la democracia, figura, junto a los complots de las castas reaccionarias y las insurrecciones revolucionarias, la incomprensión —para no decir el desprecio— de aquellos a quienes tenemos por modelos y a quienes creemos nuestros aliados. Esto no significa, claro está, que debamos perder las esperanzas. Pero, sí, que tenemos que renunciar a ciertas ilusiones. La batalla por la libertad América Latina tendrá que darla y ganarla ella sola, contra los países totalitarios que quisieran conquistarla para su campo, y —por sorprendente que parezca— contra ciertos órganos de información y numerosos intelectuales democráticos del mundo libre.

Lima, agosto de 1983

ENTRE TOCAYOS

I

Aunque con cierto atraso, quiero comentar, ahora que tengo un respiro, el artículo de mi amigo Mario Benedetti acusándome de frivolidad política y de recurrir («amparado quizá en las dispensas de la fama») al golpe bajo y al juego ilícito en el debate ideológico, que apareció en *El País* (9 de abril de 1984) y que ha sido luego reproducido en medio mundo (de Holanda a Brasil).

Aunque no veo a Benedetti hace una punta de años y aunque nuestras ideas políticas se han distanciado, mi afecto por el buen compañero con quien compartí desvelos políticos y literarios en los años sesenta y setenta no ha variado, y menos mi admiración por su buena poesía y sus excelentes narraciones. Soy, incluso, atento lector de sus artículos, a los que, a pesar de discrepar a menudo con ellos, tengo por un modelo de periodismo bien escrito. Me apena, por eso, que me haya creído capaz de insultarlo en aquella entrevista aparecida en Italia, en la revista *Panorama*, y que Valerio Riva tituló, aparatosamente, «Corruptos y contentos». Una de las cosas que tengo claras es que la única manera de que la controversia intelectual sea posible es excluyendo de ella los insultos y desafío a que, aun buscando con lupa, alguien los encuentre en un texto firmado por mí. De las entrevistas, estoy menos seguro. Benedetti sabe tanto como yo las sutiles o brutales alteraciones de que uno es víctima cuando las concede, sobre todo si ellas rozan el tema político, siempre incandescente tratándose de América Latina.

La entrevista de *Panorama* es fiel en esencia a lo que dije, no en el énfasis dado a ciertas frases. Algunos asuntos que toqué en ella, es cierto, exigían un desarrollo y una matización más cuidadosa para no parecer meros úcases. Como ellos son de sobresaliente actualidad, vale la pena retomarlos en esta polémica —cordial— con mi tocayo.

El primero es el intelectual como factor del subdesarrollo *político* de nuestros países. Subrayo *político* porque este es el nudo de la cuestión. Hay una extraordinaria paradoja en que la misma persona que, en la poesía o la novela, ha mostrado audacia y libertad, aptitud para romper con la tradición, las convenciones, y renovar raigalmente las formas, los mitos y el lenguaje, sea capaz de un desconcertante conformismo en el dominio ideológico, en el que, con prudencia, timidez, docilidad, no vacila en hacer suyos y respaldar con su prestigio los dogmas más dudosos e, incluso, las meras consignas de la propaganda.

Examinemos el caso de los dos grandes creadores que Benedetti menciona —Neruda y Carpentier— preguntándome burlonamente si ellos son más culpables de nuestras miserias «que la United Fruit o la Anaconda Cooper Mining». Tengo a la poesía de Neruda por la más rica y liberadora que se ha escrito en castellano en este siglo, una poesía tan vasta como es la pintura de Picasso, un firmamento en el que hay misterio, maravilla, simplicidad y complejidad extremas, realismo y surrealismo, lírica y épica, intuición y razón y una sabiduría artesanal tan grande como capacidad de invención. ¿Cómo pudo ser, la misma persona que revolucionó de este modo la poesía de la lengua, el disciplinado militante que escribió poemas en loor de Stalin y a quien todos los crímenes del estalinismo —las purgas, los campos, los juicios fraguados, las matanzas, la esclerosis del marxismo— no produjeron la menor turbación ética, ninguno de los conflictos y dilemas en que sumieron a tantos artistas? Toda la dimensión política de la obra de Neruda se resiente del mismo

esquematismo conformista de su militancia. No hubo en él duplicidad moral: su visión del mundo, como político y como escritor
(cuando escribía de política) era maniquea y dogmática. Gracias a
Neruda incontables latinoamericanos descubrimos la poesía; gracias
a él —su influencia fue gigantesca— innumerables jóvenes llegaron
a creer que la manera más digna de combatir las iniquidades del imperialismo y de la reacción era oponiéndoles la ortodoxia estalinista.

El caso de Alejo Carpentier no es el de Neruda. Sus elegantes
ficciones encierran una concepción profundamente escéptica y pesimista de la historia, son bellas parábolas, de refinada erudición y arti-
ficiosa palabra, sobre la futilidad de las empresas humanas. Cuando,
en los años finales, este esteta intentó escribir novelas optimistas, más
en consonancia con su posición política, debió violentar algún centro
vital de su fuerza creadora, herir su visión inconsciente, porque su
obra se empobreció artísticamente. Pero ¿qué lección de moral política dio a sus lectores latinoamericanos este gran escritor? La de un
respetuoso funcionario de la revolución que, en su cargo diplomático
de París, abdicó enteramente de la facultad, no digamos de criticar,
sino de pensar políticamente. Pues todo cuanto dijo, hizo o escribió
en este campo, desde 1959, no fue opinar —lo que significa arries-
garse, inventar, correr el albur del acierto o el error—, sino repetir
beatamente los dictados del gobierno al que servía.

Se me reprochará, seguramente, ser mezquino y obtuso:
¿acaso el aporte literario de un Neruda o un Carpentier no es suficiente para que nos olvidemos de su comportamiento político?
¿Vamos a volvernos unos inquisidores exigiendo de los escritores no
solo que sean rigurosos, honestos y audaces a la hora de inventar,
sino también en lo político y en lo moral? Creo que en esto Mario
Benedetti y yo estaremos de acuerdo.

En América Latina un escritor no es solo un escritor. Debido a la naturaleza de nuestros problemas, a una tradición muy arraigada, a que contamos con tribunas y modos de hacernos escuchar,
es, también, alguien de quien se espera una contribución activa en
la solución de los problemas. Puede ser ingenuo y errado. Sería más

cómodo para nosotros, sin duda, que en América Latina se viera en el escritor alguien cuya función exclusiva es entretener o hechizar con sus libros. Pero Benedetti y yo sabemos que no es así; que también se espera de nosotros —más, se nos exige— pronunciarnos continuamente sobre lo que ocurre y que ayudemos a tomar posición a los demás. Se trata de una tremenda responsabilidad. Desde luego que un escritor puede rehuirla y, pese a ello, escribir obras maestras. Pero quienes no la rehuyen tienen la obligación, en ese campo político donde lo que dicen y escriben reverbera en la manera de actuar y pensar de los demás, de ser tan honestos, rigurosos y cuidadosos como a la hora de soñar.

Ni Neruda ni Carpentier me parecen haber cumplido aquella función cívica como cumplieron la artística. Mi reproche, a ellos y quienes, como lo hicieron ellos, creen que la responsabilidad de un intelectual de izquierda consiste en ponerse al servicio incondicional de un partido o un régimen de esta etiqueta, no es que fueran comunistas. Es que lo fueran de una manera indigna de un escritor: sin reelaborar por cuenta propia, cotejándolos con los hechos, las ideas, anatemas, estereotipos o consignas que promocionan; que lo fueran sin imaginación y sin espíritu crítico, abdicando del primer deber del intelectual: ser libre. Muchos intelectuales latinoamericanos han renunciado a las ideas y a la originalidad riesgosa y por eso, entre nosotros, el debate político suele ser tan pobre: invectiva y clisé. Que haya acaso, entre los escritores latinoamericanos, una mayoría en esta actitud, parece confortar a Mario Benedetti y darle la sensación del triunfo. A mí me angustia, pues ello quiere decir que, a pesar de la riquísima floración artística que nuestro continente ha producido, aún no salimos del oscurantismo ideológico.

Hay, por fortuna, algunas excepciones, dentro de la pobreza intelectual que caracteriza a nuestra literatura política, como los autores que cité en la entrevista: Paz, Edwards, Sábato. No son los únicos, desde luego. En los últimos años, para mencionar solo el caso de México, escritores como Gabriel Zaid y Enrique Krauze han producido espléndidos ensayos de actualidad política y económica. ¿Pero por qué estas excepciones son tan escasas? Creo que hay dos razones. La primera: los estragos y horrores de las dictaduras militares llevan al escritor ansioso de combatirlas a optar por lo que le parece más eficaz y expeditivo, a evitar toda aquella matización, ambigüedad o duda que pudiera confundirse con debilidad o «dar armas al enemigo». Y la segunda: el temor a ser «satanizado» si ejercita la crítica contra la propia izquierda, la que, así como ha sido inepta en América Latina para producir un pensamiento original, ha demostrado una maestría insuperable en el arte de la desfiguración y la calumnia de sus críticos (tengo un baúl de recortes para probarlo).

Benedetti cita a un buen número de poetas y escritores asesinados, encarcelados y torturados por las dictaduras latinoamericanas. (Es significativo de lo que trato de decir, que olvide mencionar a uno solo cubano, como si no hubieran pasado escritores por las cárceles de la isla y no hubiera decenas de intelectuales de ese país en el exilio. Por otro lado, por descuido, coloca a Roque Dalton entre los mártires del imperialismo: en verdad, lo fue del sectarismo, ya que lo asesinaron sus propios camaradas). ¿He puesto en duda, alguna vez, el carácter sanguinario y estúpido de estas dictaduras? Siento por ellas la misma repugnancia que Benedetti. Pero, en todo caso, aquellos asesinatos y abusos muestran la crueldad y ceguera de quienes los cometieron y no necesariamente la clarividencia política de sus víctimas. Que algunas de ellas la tuvieran, desde luego. Otras carecían de ella. El heroísmo no resulta siempre de la lucidez, muchas veces es hijo del fanatismo. El problema no está en la brutalidad de nuestras dictaduras, sobre lo que Benedetti y yo coincidimos, así como la necesidad de acabar con ellas cuanto antes. El problema está ¿con qué las reemplazamos? ¿Con gobiernos democráticos, como yo quisiera? ¿O con otras dictaduras, como la cubana, que él defiende? Igual que en las novelas largas, que a los dos Marios nos gustan tanto, continuará la próxima semana.

Londres, mayo de 1984

II

Defender la opción democrática para América Latina no es excluir ninguna reforma, aun las más radicales, para la solución de nuestros problemas, sino pedir que se hagan a través de gobiernos nacidos de elecciones y que garanticen un Estado de Derecho en el que nadie sea discriminado en razón de sus ideas.

Esta opción no excluye, por supuesto, que un partido marxista-leninista suba al poder y, por ejemplo, estatice toda la economía. Yo no lo deseo para mi país, porque creo que si el Estado monopoliza la producción, la libertad tarde o temprano se esfuma y nada prueba que esta fórmula —y su alto precio— saque a una sociedad del subdesarrollo. Pero si es este el modelo por el que votan los peruanos, lucharé porque se respete su decisión y porque, dentro del nuevo régimen, la libertad sobreviva. (No se trata de una hipótesis académica: en las últimas elecciones municipales, la extrema izquierda ganó la alcaldía de Lima, además de muchas otras en el resto del país).

Mi oposición al régimen cubano, como al chileno, uruguayo o paraguayo, no es por lo que hay en ellos de distinto —que es mucho— sino de común: que las políticas que practican se decidan y se impongan de manera vertical, sin que los pueblos que las sufren o se benefician de ellas puedas aprobarlas, desaprobarlas o enmendarlas. Sobre la índole de estas políticas particulares siempre he preferido pronunciarme de manera, no general, sino específica (en contra de la pena de muerte, de cualquier intervención extranjera, a favor de una moderada intervención del Estado en la economía, etcétera), advirtiendo que estas opiniones no estaban exentas a veces de dudas y sujetas, por lo tanto, a revisión. En lo único que creo el haber mantenido una posición firme hace catorce años es en la defensa de unas reglas de juego que permitan la coexistencia de puntos de vista diferentes en el seno de la sociedad, la mejor vacuna contra la represión, las censuras y las guerras civiles que han signado nuestra historia y nos han hundido en el subdesarrollo económico y la barbarie política.

¿A qué viene esta autoconfesión en el diálogo que me opone a Mario Benedetti? A que defender esta tesis, en América Latina, es extremadamente difícil para un escritor. Quien la defiende se ve pronto atrapado en esa maquinaria denigratoria que mencioné a Valerio Riva y que conviene como anillo al dedo a los dos extremos del espectro ideológico, distanciados en todo salvo en promocionar esta falsedad: que la alternativa, para los pueblos latinoamericanos, no es entre la democracia y las dictaduras (marxistas o neofascistas), sino entre la reacción y la revolución, encarnadas ejemplarmente por Pinochet y Fidel Castro.

Que esta alternativa es falsa se encargan de probarlo, cada vez que son consultados, los propios pueblos latinoamericanos. Así lo han hecho, hace poco, en Argentina, Venezuela y Ecuador, votando por gobiernos que, más a la derecha o más a la izquierda, son de índole inequívocamente democrática. Incluso en elecciones menos genuinas —porque hubo fraude o porque no participó la extrema izquierda—, como las de Panamá y El Salvador, el mandato popular, a favor de la moderación y la tolerancia, ha sido clarísimo.

Sin embargo, un gran número de intelectuales latinoamericanos se niega a ver esta evidencia —la voluntad popular de convivencia y consenso— y descarta la opción democrática como una mera farsa. De este modo contribuyen a que la democracia lo sea, es decir, a que funcione mal y que a menudo colapse. Su abstención u hostilidad ha impedido que esta opción democrática, que es la de nuestros pueblos, se cargue de ideas originales, de sustancia intelectual innovadora, y se adapte a nuestras complejas realidades de una manera eficiente. Nuestros intelectuales revolucionarios han sido un obstáculo considerable, además, para que este tema fuera al menos debatido, ya que, siguiendo la vieja tradición oscurantista de la excomunión, se han limitado a precipitar, a sus colegas que defendíamos aquella opción, al infierno ideológico de los réprobos («la reacción»).

Mario Benedetti dice esto de mí: «Hace tiempo que nos hemos resignado a que no esté con nosotros, en nuestras trincheras, sino con ellos, en la de enfrente…». ¿Quiénes son ellos? ¿Quiénes están conmigo en esta *trinchera de enfrente?* Benedetti es un exiliado, una víctima de la dictadura militar que agobia a su país, un enemigo de los regímenes más oprobiosos, como el de Stroessner o el de Baby Doc. Si yo estoy entre sus enemigos yo soy, pues, una de estas alimañas. ¿De qué otra manera puede entenderse si no lo que la astuta frase sugiere? Ese *ellos* nos confunde, a mí y a aquellas escorias, en esta trinchera que por lo visto compartimos. Hay una guerra y dos enemigos enfrentados. Por un lado, la reacción, y por el otro, la revolución. ¿Lo demás es literatura?

Eso es lo que he llamado el «mecanismo de satanización» que a él le provoca hilaridad. ¿No es su propio artículo una prueba de que existe? Es verdad que mis libros se publican en los países comunistas. Pero es verdad, también, que, a diferencia de él, que puede dedicar sus artículos a expresar lo que es y lo que quiere en política, yo debo dedicar mucho tiempo, tinta y paciencia a aclarar lo que no soy y a rectificar las tergiversaciones y caricaturas que me atribuyen los que se niegan en América Latina a distinguir entre un sistema democrático y una dictadura de derecha. Hace apenas unas semanas, para no ir muy lejos, tuve que explicar a unos lectores holandeses despistados por el artículo de mi tocayo que —al revés de lo que este sugiere— yo soy un adversario tan acérrimo como él de los tiranuelos que lo exiliaron y que nuestras diferencias no consisten en que yo defienda la reacción y él el progreso, sino, aparentemente, en que yo critico por igual a todos los regímenes que exilian (o encarcelan o matan) a sus adversarios, en tanto que a él esto le parece menos grave si se hace en nombre del socialismo. ¿Estoy, a mi vez, caricaturizando su posición? Si es así, retiro lo dicho. Pero la verdad es que no recuerdo haber leído nunca una sola palabra suya de admonición o protesta por ningún abuso contra los derechos humanos cometido en algún país socialista. ¿O es que allí no se cometen?

Luchar contra la «satanización» es largo, aburrido, frustrante, y no debe sorprender que muchos intelectuales latinoamericanos prefieran no dar esa batalla, callando o resignándose a aceptar el chantaje. Si para un escritor de las luces de Benedetti no es posible diferenciar entre un partidario de la democracia y un fascista —a los que amalgama dentro de su rígida geometría ideológica: *ellos y nosotros*—, ¿qué se puede esperar de quienes, compartiendo sus afinidades políticas, carecen de su cultura, sutileza y sintaxis?

Yo sé lo que se puede esperar: las elucubraciones periodísticas de un Mirko Lauer, por ejemplo (para citar lo peor). Las invectivas son, desde luego, lo de menos. Lo de más es la sensación de hallarse continuamente en una posición absurda, arrastrado a un debate empobrecedor, a un pugilismo intelectual de cloaca. Eso es lo que ocurre cuando uno intenta hablar del problema de la libertad de expresión y le preguntan cuánto gana, por qué escribe en tal periódico y no en el otro y si sabía quién financió el congreso en el que participó. Todos esos son indicios, al parecer, de que uno es «halagado y arropado por las derechas». Quienes utilizan estos argumentos en el debate saben muy bien que ellos no lo son, sino chismografías que lo degradan hasta hacerlo imposible. ¿Para qué los emplean, pues? Para evitar el debate, justamente, porque, dentro de esa tradición de absolutismo ideológico que tanto daño nos ha hecho, entienden la política más como un acto de fe que como quehacer racional. Por ello no quieren convencer o refutar al adversario sino descalificarlo moralmente, para que todo lo que salga de su boca —de su pluma—, por venir de un réprobo, sea reprobable, indigno incluso de refutación.

Pese a todo, sin embargo, hay que romper el círculo vicioso y tratar de que el diálogo se establezca y vaya atrayendo a un número cada vez mayor de intelectuales. Solo así llegará a ser la política, entre nosotros, como lo es ya la literatura, cotejo de ideas, experimentación, pluralidad, innovación, fantasía, creación. A diferencia de lo que él piensa de la mía, yo creo que la posición que defiende Mario Benedetti debe tener derecho de ciudad porque el pensamiento socialista —marxista-leninista o no— tiene mucho que aportar a América Latina. Solo le pido que admita que ninguna posición tiene la prerrogativa de la infalibilidad y que todas deben por lo tanto entrar, con las adversarias, en un diálogo que nos enriquecerá a todos, modificando o reforzando nuestras tesis. Lo que nos opone no son tanto los contenidos, como las formas a través de las cuales estos contenidos deben materializarse. Discutamos, pues, sobre las formas políticas. A muchos mortales les parecerá una pérdida de tiempo. Pero nosotros, escritores, sabemos que la forma determina el contenido de la literatura. Las formas son los medios en el orden político. Discutir civilizadamente sobre los medios es, ya, una manera de civilizarlos y de contribuir al progreso de nuestras tierras. Porque los medios políticos requieren en América Latina una reforma tan profunda como la economía y el orden social para que salgamos de veras del subdesarrollo.

Londres, junio de 1984

LAS METAS Y LOS MÉTODOS*

Si sobre algo podemos estar de acuerdo todos los peruanos —que estamos en desacuerdo sobre tantas cosas— es en reconocer que la violencia ha alcanzado proporciones alarmantes en nuestro país.

Hay, entre las causas de este fenómeno, algunas permanentes, cuya erradicación será obra no de una sino de varias generaciones, y, otras, transitorias, de solución menos difícil. Entre las primeras, figuran las grandes desigualdades económicas y sociales del Perú. La violencia es el lenguaje de la incomunicación, la forma como se comunican los miembros de una sociedad en la que el diálogo ha desaparecido o no existido nunca. Quienes no pueden o quieren entenderse y están obligados a vivir juntos se hacen daño y terminan destruyéndose. La violencia social manifiesta la profunda incomunicación que caracteriza a una sociedad.

Y, por desgracia, la comunicación entre los peruanos está obstaculizada —a menudo impedida— por barreras de distinta índole. Las distancias entre los que tienen mucho, poco y los que no tienen nada son muy grandes. Son también enormes las distancias

---

* Texto leído el 13 de abril, en la inauguración de la Conferencia del Rotary Internacional.

geográficas, culturales, psicológicas, que separan a provincianos y capitalinos y a provincianos entre sí, a gentes del mundo rural y de la urbe, a hispanohablantes y quechuahablantes y a peruanos de la costa, de la sierra y de la selva. Estos múltiples hiatos —verticales y transversales— crean un sistema de comunicación lento, tortuoso o imposible y ello es uno de los orígenes de la violencia que padecemos. Porque estas distancias son fuente de rencor y de prejuicios, de resentimiento y de discriminación, de odios incluso, es decir, de sentimientos que generan conductas irracionales. El primer deber de quien quiere erradicar la violencia en nuestro país es esforzarse para que los pobres sean menos pobres, para que disminuya el centralismo y los desniveles entre campesinos y citadinos y para tender puentes entre las distintas culturas que conforman —o deberán conformar un día, cuando seamos un país integrado— la civilización peruana.

Pero estas desigualdades no son el detonante de la violencia. La prueba es que otros países con realidades parecidas no la sufren. Más decisiva para explicarla, es la inexistencia —o, por lo menos, la extrema flacura— de un consenso o acuerdo comunitario respecto a la legalidad: las reglas de juego que deben normar la vida política, el comportamiento social de individuos e instituciones. Este consenso es en nuestra sociedad precario y transeúnte. Solo se establece en ocasiones extraordinarias. Por ejemplo, cuando nuestro equipo de fútbol o de vóley gana un campeonato internacional y, por unas horas, todos los peruanos vibramos en una emoción compartida.

Uno de estos momentos extraordinarios de consenso lo experimentamos hace cuatro años, al final de la dictadura, con el retorno de la democracia. Un sentimiento de esperanza unificó a la mayoría de los peruanos en una expectativa común. Parecíamos de acuerdo sobre la manera de convivir.

Esta unidad es entre nosotros siempre efímera. Al advertir que la democracia no resolvía de inmediato los problemas sociales y económicos, y que algunos de estos problemas incluso se agravaban, renacieron el escepticismo, el desdén hacia esas reglas de juego que sustentan la vida democrática. Cuando desaparece el consenso, individuos, grupos, clases, vuelven a encerrarse en su particularismo y a monologar, sin oír ni dirigirse a los otros. Surge entonces el clima propicio para la violencia.

La democracia es un sistema de coexistencia de verdades contradictorias, opuestos a aquellos sistemas de verdad única, como los fascistas, comunistas o fundamentalistas religiosos (de ciertas sociedades islámicas), que se fortalece en la medida en que se fortalece la aceptación de una legalidad válida para todos y para todo: hacer frente a los problemas, solventar las diferencias y regular la marcha de las instituciones.

Ese consenso en nuestro país casi no existe. Tenemos, desde hace cuatro años, una genuina democracia política y manifestaciones de vida democrática —como la irrestricta libertad de prensa—, pero nuestra sociedad no es profundamente democrática. La mayoría de las instituciones no lo son y, como individuos, tampoco nos comportamos todo el tiempo, sino solo por momentos, en determinadas circunstancias, de manera democrática. Somos demócratas cuando la democracia nos favorece. Dejamos de serlo cuando el sistema nos perjudica, defrauda y nos parece incapaz de enfrentar los asuntos del modo que quisiéramos. Entonces, desacatamos las reglas de juego.

Los ejemplos abundan. La ley universitaria que aprobó el Congreso es uno de ellos. El sistema establece mecanismos para que cualquier ley sea modificada o derogada. Pero estos mecanismos fueron puestos de lado y aquellos estudiantes y maestros hostiles a la ley recurrieron a formas ilegales —violentas— para expresar su desacuerdo. Otro ejemplo es el mal uso de la huelga, un derecho típico de la democracia y que no existe en ningún otro sistema. El uso de este derecho se vuelve abuso —violencia— cuando, como ha ocurrido con los microbuseros y con los médicos, se recurre a ella infringiendo los cánones que la reglamentan o para fines ajenos a los gremiales. No solo los sindicatos tienen propensión a recurrir a la arbitrariedad en pos de sus objetivos. También los empresarios, como se ha visto con la desaparición de *Documento.* ¿Por qué clausuraron los directivos de Canal 9 ese programa? ¿Había mentido, calumniado, faltado a la ley?

Había informado sobre corruptelas en el mundo de la construcción, lo que, al parecer, enojó a sus propietarios. Optaron entonces por la opción autoritaria —la censura—, sin comprender que, actuando así, no solo agraviaban a unos periodistas, sino también a ese sistema de libertad y tolerancia que les permite a ellos, entre otras cosas, tener un canal de televisión independiente. Prácticamente no hay entidad que, en el Perú, esté vacunada contra el reflejo autoritario de hacer prevalecer sus intereses particulares sobre las reglas de juego colectivas.

¿Son democráticos nuestros partidos políticos? Algunos más, otros menos, pero incluso aquellos que lo son más, suelen ser democráticos no a tiempo completo sino por horas. Utilizan la democracia en la medida en que puede abrirles las puertas del poder y garantizarles su disfrute. Cuando la democracia —los votos— los aleja de él y merma su poder no vacilan en saltarse a la torera las reglas para ganar el juego haciendo trampas.

Nuestras Fuerzas Armadas han aceptado el advenimiento de la democracia. ¿Significa eso que su adhesión al sistema es profundo y convencido? Una vieja tradición de irrespeto a la legalidad —la toma violenta del poder— ha inoculado en ellas, de manera inevitable, unas costumbres y una psicología que solo el tiempo —es decir, la práctica democrática y el peso de la opinión pública— puede cambiar radicalmente. Mientras, el riesgo de golpe de Estado —con el pretexto de salvar el orden o de satisfacer una ambición— seguirá pesando sobre los frágiles hombros de la democracia peruana.

El Poder Judicial es pieza clave en el sistema, pues debe velar por la aplicación de la ley y sancionar sus violaciones. Nada promociona mejor un sistema democrático que una administración de justicia recta e independiente, que dé al ciudadano común la seguridad de que puede recurrir a ella en resguardo de sus derechos cuando estos son vulnerados. Y, al mismo tiempo, nada puede desencantarlo más de la legalidad que advertir, en el Poder Judicial, ineficiencia, corrupción, parcialidad.

Augusto Elmore escribió hace poco que la violencia comienza cuando un conductor transgrede la luz roja de un semáforo.

Es muy exacto. Si cunde el desapego hacia las reglas de juego, la ley es violada con naturalidad, sin escrúpulos de conciencia, porque ha desaparecido toda sanción moral del cuerpo social contra el infractor. Entonces, quien respeta las reglas y las leyes merece hasta la burla, como si se tratara de un bobo falto de picardía y de realismo.

Quienes defendemos el sistema democrático tenemos que ser conscientes de que este no será una realidad cabal mientras nuestras instituciones no sean democráticas y la gran mayoría de peruanos no practiquemos las costumbres de la tolerancia y el respeto a la ley y al prójimo en nuestra vida diaria. No basta para consolidar el sistema que haya libertad de expresión, parlamentarios y alcaldes elegidos, independencia de poderes y renovación periódica del Ejecutivo. Esto es, simplemente, el marco dentro del cual debemos dar esa difícil batalla que, a la vez que derrote a la pobreza, disminuya nuestras desigualdades a proporciones humanas e integre a los peruanos en una civilización solidaria, vaya democratizando internamente a cada una de nuestras instituciones y a cada uno de nosotros.

El régimen que se estableció en el Perú, luego de los doce años de dictadura, no ha podido librar esa batalla. Se lo ha impedido una serie de factores perturbadores y urgentísimos que lo tienen maniatado en tareas de supervivencia.

El primero de estos factores es la crisis económica, que ha golpeado con ferocidad a nuestro país, disminuyendo el nivel de vida de la población y sirviendo de combustible a la agitación social. Buena parte de esta crisis la hemos importado, como consecuencia de la recesión de la economía mundial y la caída vertical de nuestros productos en los mercados internacionales. Otra de sus causas es el yugo que puso en el cuello de la democracia la dictadura pasada: una deuda de nueve mil millones de dólares y obligaciones que comprometían, de entrada, la mitad del producto de nuestras exportaciones. Si a eso se suman las catástrofes naturales de los dos últimos años y los errores del propio régimen, tenemos un cuadro de tensiones y frustraciones, que, con ayuda de una demagogia irresponsable y de los esfuerzos desestabilizadores de los enemigos de la democracia, han colocado a nuestra sociedad en la dramática situación en que se halla.

Otro factor de perturbación ha sido la insurrección armada en Ayacucho, la guerra proclamada —el mismo día en que los peruanos votamos— por esos hombres de Sendero Luminoso que se creen dueños de una verdad absoluta y con derecho a imponerla a los peruanos mediante las balas y la dinamita. La subversión senderista ha sido una puñalada artera contra el régimen de la legalidad por el que votó la inmensa mayoría. No solo por lo que han costado al país sus atentados, sabotajes y crímenes en vidas humanas inocentes (casi siempre vidas humildes) y en destrucción de bienes privados y públicos, sino también porque ha obligado al país a distraer preciosos recursos en tareas de mera protección y vigilancia. Y porque han hecho que la democracia naciente, en su lucha contra el terrorismo, tuviera que mostrar su peor cara: la represiva. Quienes se levantaron en armas contra el poder legítimo sabían que, en esa lucha tortuosa y sucia, iban a enfrentársele instituciones insuficientemente preparadas para actuar dentro de los estrictos cánones de la legalidad y que se cometerían injusticias. Eso es lo que buscaban. ¿Para qué? Para, magnificando estos lamentables abusos contra los derechos humanos, organizar campañas desprestigiando al régimen en el Perú y en el resto del mundo.

Todo ello ha determinado que la violencia haya hecho presa de nuestro país, en distintas formas, y que en esa atmósfera el sistema haya perdido respaldo y dinamismo. Si queremos ganar la paz, tenemos que combatir ese desgano con resolución y de inmediato. Tenemos que devolver a nuestros compatriotas la convicción de que este sistema debe ser defendido y perfeccionado porque solo a través de él podemos hacer retroceder a la injusticia sin perder la libertad. Nada es más urgente que combatir el monólogo de sordos que nuevamente nos amenaza y sustituirlo por el diálogo. Cuando hablan, los hombres dejan de entrematarse.

Para que haya diálogo es preciso un denominador común entre quienes dialogan. ¿Existe alguno que puede inducirnos a levantar las barreras y a salvar las distancias que nos mantienen encerrados en soliloquios estériles? Sí y se puede resumir en esta fórmula: pongámonos de acuerdo sobre los métodos y discrepemos sobre las metas. Es utópico creer que una sociedad entera puede comulgar en un objetivo final, coincidir en el modelo de sociedad ambicionado. Tampoco es deseable esa unanimidad de pareceres. Ella se alcanza de manera artificial, mediante imposiciones autoritarias o a través del fanatismo. No existe un ideal único válido. La meta ideal es cambiante y compuesta, aquella a la que nunca se llega, pero a la que una comunidad se va siempre aproximando mediante transacciones y conjugaciones de los proyectos disímiles que rivalizan en su seno.

Sí es posible, en cambio, ponerse de acuerdo sobre los métodos —las reglas de juego— para rivalizar sin deshacernos en el empeño de alcanzar aquel ideal que legítimamente tiene derecho a alentar cada grupo, partido o sector. Eso exigirá de nosotros continuas transigencias, ceder algo para lograr el consenso que asegura la convivencia en la diversidad. Conseguir eso es ser libres, conseguir eso es vivir en libertad. La convivencia en la diversidad significa un cambio continuo, una forma de progresar en el dominio de las reformas y de la justicia que, a la vez, nos va reformando; una manera de existir que tiene en cuenta a las mayorías sin sacrificar a las minorías; una forma de vida que no satisface por completo a ninguno, pero que tampoco frustra a nadie. Eso es la democracia: avanzar, progresar, prosperar, teniendo en cuenta los intereses y ambiciones de todos, con rectificaciones y enmiendas que evitan o amortiguan la violencia, una constante concertación de los opuestos en aras de la paz social.

Cuando los dieciocho millones de peruanos nos pongamos de acuerdo por lo menos en eso —en que el diálogo es la única manera de no destruirnos—, habremos dado el paso decisivo para cerrarle el paso a esa violencia que nos acecha por doquier. Y habremos echado los cimientos para que esta democracia política que recobramos en 1980 sea la herramienta que transforme a nuestro país en la sociedad libre, justa, pacífica, creativa, solidaria, que nuestra historia reclama y que merece nuestro pueblo.

Lima, abril de 1984

ENTRE LA LIBERTAD Y EL MIEDO

Según la perspectiva desde la cual se la mire, América Latina ofrece un panorama estimulante o desolador. Desde el punto de vista político, no hay duda de que este es el mejor momento de toda su historia republicana. El reciente triunfo de la oposición al régimen dictatorial del general Pinochet, en el plebiscito chileno, inaugura un proceso de democratización de ese país y es el hito más reciente de una secuencia que ha visto, en las últimas décadas, desaparecer una tras otra a las dictaduras militares y su reemplazo por regímenes civiles nacidos de elecciones más o menos libres. Con la excepción de Cuba y Paraguay, y las semidictaduras de Panamá, Nicaragua y Haití, puede decirse que todo el resto del continente ha optado resueltamente por el sistema democrático. Las seudodemocracias manipuladas de antaño, como la de México, se van perfeccionando y admitiendo el pluralismo y la crítica. Por un lado, los ejércitos, y, por otro, los partidos de extrema izquierda o de extrema derecha se van resignando, so pena de verse reducidos a la orfandad más absoluta, a las prácticas electorales y a la coexistencia democrática.

Este proceso de democratización política del continente no debe juzgarse solo en términos estadísticos. Lo más significativo de él es su naturaleza. Es decir, ser un proceso genuinamente popular. Por primera vez en nuestra historia republicana no han sido las elites, ni la presión extranjera, lo que ha impulsado la instalación de regímenes civiles y democráticos, sino, sobre todo, el pueblo, las grandes masas de mujeres y hombres humildes cansados ya de la demagogia y la brutalidad tanto de las dictaduras militares como de los grupos y partidos revolucionarios. Al igual que las dictaduras de derecha, los guerrilleros y terroristas de izquierda —tan populares en los años sesenta— sufren de falta de credibilidad y de un auténtico rechazo civil. Los que aún actúan —haciendo a veces mucho daño—, como ocurre en el Perú, en Colombia o en El Salvador, representan a minorías violentas que difícilmente podrían acceder al poder mediante procesos electorales.

Todo esto es un claro signo de progreso y modernización y debería justificar el optimismo respecto al futuro de América Latina. Sin embargo, cuando desviamos la vista del campo político hacia el económico, el radiante paisaje se ensombrece y, en vez de un horizonte soleado y promisor, divisamos negros nubarrones y los rayos y centellas de una tormenta.

Casi sin excepción, en lo que se refiere a su vida económica, los países latinoamericanos están hoy estancados o retrocediendo. Algunos, como el Perú, se hallan peor de lo que estaban hace un cuarto de siglo. La situación de crisis se repite, casi sin variantes, de uno a otro país, con la monotonía de un disco rayado o de una imagen congelada. Caen la producción y los salarios reales, desaparece el ahorro y languidece la inversión, los capitales nativos fugan y los procesos inflacionarios renacen periódicamente luego de traumáticos intentos estabilizadores que, además de fracasar casi siempre, golpean duramente a los sectores desfavorecidos y dejan a toda la sociedad desmoralizada y aturdida. Con la excepción de la chilena y, en cierto modo, de la colombiana, que parecen enrumbadas en un sólido proceso de expansión apoyado sobre las bases firmes y de largo aliento, las otras economías de la región se debaten en la incertidumbre y enfrentan crisis de distinto nivel de gravedad.

¿Cómo explicar esta angustiosa situación? ¿A qué puede deberse que un país como Argentina, que hace medio siglo era una de las naciones más desarrolladas del mundo, haya conseguido subdesarrollarse y ser ahora una de las de economía más caótica y precaria? ¿Y a qué, que Brasil, gigante que tantas veces parecía a punto de despegar, siempre acabe tropezando y regresando al punto de partida? ¿Cómo es posible que Venezuela, uno de los países más afortunados de la Tierra, haya sido incapaz, en todas las décadas de bonanza petrolera, de asegurar su porvenir, y comparta ahora la inseguridad y la zozobra de los países latinoamericanos pobres? (Una aclaración. No estoy diciendo que *todas* las naciones del continente se hallen en el mismo estado. Algunas capean mejor que otras el temporal, como Colombia o como Paraguay —aunque en estos dos casos, las razones sean en parte non sanctas, como los bien aprovechados dólares del narcotráfico para la primera y el contrabando para la segunda—, en tanto que otras, como el Perú, parecen a punto de ser literalmente devastadas por la crisis. Pero, consignados todos los matices y variables, la visión que ofrece la realidad económica de América Latina es lastimosa: la de un mundo que no consigue complementar su clara vocación democrática con políticas imaginativas y pragmáticas que le aseguren el crecimiento económico y social y lo hagan participar cada día más de los beneficios de la modernidad).

Una de las más típicas actitudes latinoamericanas, para explicar nuestros males, ha sido la de atribuirlos a maquinaciones perversas urdidas desde el extranjero, por los ignominiosos capitalistas de costumbre o —en tiempos más recientes— por los funcionarios del Fondo Monetario o los del Banco Mundial. Aunque es sobre todo la izquierda la que insiste en promover esta «transferencia» freudiana de la responsabilidad de los males de América Latina, lo cierto es que semejante actitud se halla muy extendida. También sectores liberales y conservadores han llegado a autoconvencerse de que a nuestros países no les cabe, o poco menos, culpa alguna en lo que concierne a nuestra pobreza y nuestro atraso, pues somos nada más que víctimas de factores institucionales o personas foráneas que deciden nuestro destino de manera absoluta y ante nuestra total impotencia.

Esta actitud es el obstáculo mayor que enfrentamos los latinoamericanos para romper el círculo vicioso del subdesarrollo económico. Si nuestros países no reconocen que la causa principal de las crisis en que se debaten reside en ellos mismos, en sus gobiernos, en sus mitos y costumbres, en su cultura económica, y que, por lo mismo, la solución del problema vendrá primordialmente de nosotros, de nuestra lucidez y decisión, y no de afuera, el mal no será nunca conjurado. Más bien, continuará agravándose, lo que tarde o temprano terminaría por poner en peligro la democratización política del continente.

Esto no significa desconocer el papel importantísimo que han tenido en la crisis latinoamericana factores ajenos a nuestro control, como las altas tasas mundiales de interés originadas por el elevado déficit fiscal de Estados Unidos, los bajos precios internacionales para nuestros productos de exportación y las prácticas proteccionistas de los países desarrollados que nos cierran sus mercados o nos los abren solo a cuentagotas. Desde luego que todo ello ha contribuido a la situación actual. Como también, y de manera aun más decisiva, la deuda externa. Este problema, en los términos en que actualmente se presenta, plantea a los gobiernos democráticos de América Latina un reto imposible: el de pagar y, a la vez, cumplir con las obligaciones internas, la primera de las cuales es mejorar las condiciones de vida de los pobres o, por lo menos, impedir que empeoren todavía más. Los gobiernos que se han propuesto pagar en los términos exigidos por los acreedores se han visto privados de los recursos indispensables para prestar los servicios más urgentes y para asegurar la inversión pública. Esto ha provocado, en todos los casos, gran agitación social, emisiones desenfrenadas, inflación galopante, etcétera. Lo cual no implica que aquellos países que decretaron unilateralmente una moratoria o, como hizo el Perú, redujeron sus pagos a un tope máximo, hayan sacado provecho de semejantes medidas.

El gobierno peruano, por ejemplo, dilapidó lo que dejó de pagar en un festín consumista del que ahora el país se conduele amargamente. Esto no redime, por cierto, de corresponsabilidad a los banqueros que, bajo la dudosa premisa de que los países no quebraban, entregaron a los Estados los recursos con una precipitación que jamás hubieran permitido con clientes privados.

Pero es obvio que dicha situación no puede continuar y que debe haber un acuerdo inteligente y pragmático entre los bancos y los países deudores. Cualquier arreglo del problema de la deuda debería empezar por considerar no el valor nominal de esta deuda, sino el valor real fijado por el mercado. Los acuerdos deberían tener características distintas para cada nación, según las posibilidades reales de sus recursos y, sobre todo, de la voluntad de reforma y superación de su gobierno. Y deberían tener siempre como guía este principio que es tanto ético como político: para poder cumplir con sus acreedores, América Latina necesita crecer. El desarrollo económico es la primera prioridad política y moral para países donde la extrema miseria, la pobreza, el desempleo, la ignorancia, mantienen todavía a muchos millones de seres humanos viviendo en condiciones que apenas pueden llamarse humanas. Exigir de un gobierno democrático latinoamericano que sacrifique este objetivo a la amortización o pagos de intereses de su deuda externa es, simplemente, pedirle que se suicide y abra las puertas a la violencia social, río revuelto del que solo se benefician quienes quisieran para América Latina un porvenir de dictaduras militares o marxistas (o un híbrido de ambas cosas).

Un país latinoamericano de veras empeñado en progresar no puede romper con la comunidad financiera internacional, como intentó hacerlo, en un arrebato desdichado para el Perú, el presidente Alan García. Estamos a las puertas del siglo XXI, no en la Edad Media ni en el XIX, el siglo de las utopías sociales y los nacionalismos a ultranza. Nuestra época es la de la internacionalización de la economía y la cultura, la del mercado mundial de las ideas, las técnicas, los bienes, los capitales y la información. Un país que, en vez de abrirse al mundo, se enclaustra, se condena al estancamiento y la barbarie. El tema de la deuda debe ser negociado dentro de este contexto de indispensable cooperación y de realismo. Que cada país pague lo que puede pagar y que, al mismo tiempo, en razón de la sensatez, el esfuerzo y el sacrificio de que den prueba sus gobiernos, reciba el apoyo y la comprensión internacional. La comunidad occidental debería tener una política discriminatoria y selectiva, para promover la buena causa democrática, solidarizándose con quienes lo merecen y penalizando a los que no. ¿No es justo acaso que un país como Bolivia, que desde hace tres años despliega esfuerzos admirables por poner en orden su hacienda y su vida productiva, reciba de la comunidad de los países libres concesiones y estímulos que difícilmente pueden justificarse en el caso de regímenes que, contra la razón y la historia, se empeñan todavía en poner en práctica políticas económicas demagógicas e irresponsables que condenan a sus pueblos a la pobreza y el atraso?

Y aquí ponemos, creo, el dedo en la llaga del problema. Por más gravitación que tenga en nuestra crisis económica el tema de la deuda y sus secuelas, no es este el origen sino más bien un síntoma de nuestros males. La deuda fue contraída y pactada de la manera irresponsable que sabemos como consecuencia de unos hábitos y una mentalidad que tienen todavía una extraordinaria vigencia en América Latina también, a pesar de ser cada vez más anticuados e imprácticos, y de estar íntimamente reñidos con la esencia misma de la democracia, que es la libertad. En tanto que en el campo político somos cada día más libres, en el económico y social todavía favorecemos la servidumbre y aceptamos sin protestar que nuestras sociedades civiles vean recortadas sus atribuciones y su responsabilidad por unos Estados omnímodos y enormes que las han expropiado a su favor y nos han convertido a nosotros, los ciudadanos, en seres dependientes y disminuidos.

Se trata de una antigua historia, que el chileno Claudio Véliz ha descrito muy bien, en su libro *La tradición centralista*. Sobre el latinoamericano pesa, como una lápida, una vieja tradición que lo lleva a esperarlo todo de una persona, institución o mito, poderoso y superior, ante el que abdica de su responsabilidad civil. Esa vieja función dominadora la cumplieron en el pasado los bárbaros emperadores y los dioses incas, mayas o aztecas y, más tarde, el monarca español o la Iglesia virreinal y los caudillos carismáticos y sangrientos del siglo XIX. Hoy, quien la cumple es el Estado. Esos Estados a quienes los humildes campesinos de los Andes llaman «el señor gobierno», fórmula inequívocamente colonial, cuya estructura, tamaño y relación con la sociedad civil me parece ser la causa primordial de nuestro subdesarrollo económico, y del desfase que existe entre él y nuestra modernización política.

Sin el terreno abonado por la «tradición centralista», en América Latina no hubiera echado raíces tan pronto, ni se hubiera extendido tan rápidamente hasta contaminar con sus tesis a tantos partidos políticos, instituciones y personas, esa corriente de pensamiento, keynesiana en apariencia y socialista en esencia, según la cual solo la hegemonía del Estado es capaz de asegurar un rápido desarrollo económico.

Desde mediados de los años cincuenta, esta filosofía decimonónica comenzó a propagarse por el continente, maquillada por caudalosos sociólogos, economistas y politólogos que la llamaban la «teoría de la dependencia» y hacían de la sustitución de importaciones el primer objetivo de toda política progresista para un país de la región. El ilustre nombre de Raúl Prebisch la amparó; la Cepal la convirtió en dogma y ejércitos de intelectuales, llamados (por una aberración semántica) de «vanguardia», se encargaron de entronizarla en universidades, academias, administraciones públicas, medios de comunicación, ejércitos y hasta en los repliegues recónditos de la psique de América Latina. Por una extraordinaria paradoja, al mismo tiempo que en la región surgía una narrativa rica, original, audaz, y un arte genuinamente creativo que mostrarían al resto del mundo la mayoría de edad literaria y artística de nuestro pueblo, en el campo económico y social, América Latina adoptaba, casi sin oposición, una ideología trasnochada que era una segura receta para que nuestros países se cerraran a las puertas del progreso y se hundieran aun más en el subdesarrollo. La famosa «teoría de la dependencia» debería ser rebautizada con el título más apropiado de «teoría del miedo pánico a la libertad».

Es importante advertir que esta doctrina no fue —no es— patrimonio de la izquierda marxista o socialista, lo que sería coherente. Nada de eso. Ella ha impregnado profundamente a socialdemócratas y a democratacristianos, a conservadores y a populistas, e incluso a algunos que se llaman liberales. A tal extremo que, casi sin excepción, puede afirmarse que todos los gobiernos latinoamericanos, civiles o militares, de derecha o de izquierda, de las últimas décadas han gobernado condicionados por sus tesis, sus supuestos y sus sofismas. Este es, a mi entender, el factor número uno de nuestro fracaso económico y el que debe ser corregido porque solo así podrán ser superados los demás obstáculos para el desarrollo de la región.

A la sombra de esta doctrina, los aparatos estatales latinoamericanos han crecido —prácticamente sin excepción— no solo en tamaño, sino también en injerencia y prepotencia, transformándose en entes lentos, amorfos e ineficientes que, en vez de estimular, traban la creación de la riqueza por parte de los ciudadanos independientes, mediante controles y trámites asfixiantes y a través de una cancerosa corrupción. La «legalidad» se convirtió en un privilegio dispensado por el poder a un costo que, a menudo, la ponía fuera del alcance de los pobres. La respuesta a ello ha sido el surgimiento del sector informal o capitalismo de los pobres, expulsados de la vida legal por las prácticas discriminatorias y antidemocráticas del Estado-patrón. Hay quienes deploran la existencia de estas economías informales por la competencia «desleal» que los empresarios informales hacen a aquellos que operan en la legalidad y pagan impuestos, y proponen reprimirlas. Quienes piensan así confunden el efecto con la causa y quieren suprimir la fiebre preservando el tumor que la provoca. La «informalidad» no es el problema sino el Estado incompetente y discriminatorio, que empuja a los pobres a trabajar y a crear riqueza fuera de ese sistema de privilegios y prebendas que es, en nuestros países, la «legalidad». El sector informal es, más bien, un síntoma alentador cara al futuro, pues significa el principio de la reconquista, por iniciativa de los marginados, de la noción de libertad en nuestra economía.

En la era de la globalización de la historia, cuando los viejos prejuicios nacionalistas cedían, y, por ejemplo, acicateados por el reto de la revolución tecnológica, los países europeos se unían en una gran mancomunidad, y algunas naciones asiáticas, volcándose hacia el mundo y trayendo hacia sí todo lo que el mundo podía ofrecerles para crecer, empezaban a despegar, América Latina hacía como los cangrejos: optaba, bajo la inspiración de la «teoría de la dependencia», por el nacionalismo y la autarquía. Demagogos de todo matiz, blandiendo fantasiosas estadísticas, explicaban a nuestros pueblos que nuestra primera meta no era crecer, prosperar, derrotar el hambre, sino defender nuestra soberanía amenazada por transnacionales, banqueros y gobiernos ansiosos por esquilmarnos. Esta prédica ha prendido. Por lo general, el latinoamericano promedio está convencido de que la inversión extranjera es perjudicial, enemiga de nuestros intereses, y de que lo ideal es que nuestros países, para no ser sometidos y explotados, prescindan de ella.

La famosa defensa de la «soberanía nacional» no solo ha dificultado o impedido la atracción hacia América Latina de la tecnología y los capitales necesarios para el aprovechamiento de nuestros recursos. Además, ha sido el motivo secreto de que todos los intentos de integración regional de nuestras economías hayan fracasado o languidezcan dentro de una mediocre supervivencia. ¿Cómo podría ser de otra manera? ¿Cómo podrían integrar verdaderamente sus mercados y concertar sus políticas quienes parten del supuesto ideológico de que lo propio es, *siempre,* un valor y lo foráneo, *siempre,* un desvalor? En este contexto cultural tan aferrado a las formas más estereotipadas del nacionalismo romántico del XIX, es difícil, casi imposible, que se abra paso esta sencilla verdad: que mientras un país sea pobre y atrasado, su «soberanía» será un mito, una mera imagen retórica para que los demagogos se llenen con ella la boca. Pues la única manera como un país deja de ser «dependiente» es siendo próspero, de economía sólida y pujante. Para alcanzar este estado no solo es indispensable la inversión extranjera. También, ser capaces de atraerla y de aprovecharla, con políticas inteligentes y realistas, es decir, desprejuciadas.

La idea —o mejor dicho, el prejucio— del modelo de desarrollo autárquico, segregado de las otras naciones, bajo la dirección de Estados todopoderosos, por un lado nos ha ido apartando del mundo. Por otro, ha obstruido o mediatizado, hasta extremos a veces de caricatura, la posibilidad de que en nuestros países funcionen economías de mercado en las que, dentro de reglas estables y equitativas, todos puedan contribuir al objetivo primordial: la derrota de la pobreza mediante la creación de más y más riqueza. La tutela que el Estado se empeña en ejercer sobre todas las actividades productivas ha hecho que, en la práctica, pese a lo que suelen decir nuestras Constituciones —donde la libertad económica acostumbra estar garantizada—, la energía, la imaginación de los productores no se oriente en la buena dirección —la de crear bienes y servicios mejores y más baratos a fin de conquistar al consumidor—, sino en la que, dentro de este régimen, es la verdaderamente rentable: asegurarse una de las innumerables concesiones, privilegios o prebendas que dispensa el gran «planificador» que es el Estado.

Estas prácticas no solo corrompen al Estado; también, a las empresas y a los empresarios. Pero conviene tener en cuenta, a la hora de señalar responsabilidades, las jerarquías en la culpa. La «empresa» está tan satanizada por la cultura política latinoamericana como el «capital extranjero» y la «transnacional»: ella es una de las heroínas de nuestra demonología ideológica. Los «progresistas» han convencido a innumerables latinoamericanos que una «empresa» y un «empresario» no tienen otras finalidades en la vida que burlar impuestos, explotar a los obreros, sacar dólares a Miami y perpetrar operaciones turbias en complicidad con el Estado. Pocos advierten que si, en muchos casos, ocurre efectivamente así, es por culpa exclusiva de nuestros Estados. Ya que son ellos, y no las «empresas» y los «empresarios», los que fijan las reglas del juego económico y los que deben hacerlas cumplir. Son ellos los que han procedido de tal modo que, a menudo, para una empresa la única manera de tener éxito sea recibiendo privilegios cambiarios o monopólicos y corrompiendo funcionarios, y de que las condiciones de seguridad sean tales que no haya incentivos para reinvertir en el país y sí para sacar el dinero al extranjero. Son nuestros Estados los que, distorsionando y trabando el mercado, han restado toda clase de estímulos para producir y los han generado, en cambio, para especular. En una de las economías de las que ha sido suprimida o desfigurada la libertad por prácticas intervencionistas y controlistas, el verdadero protagonista, el amo y señor de la escena, no es el productor sino el burócrata. Y el libreto que en este escenario se representa es, siempre, el idilio de la ineficiencia y la inmoralidad.

Es posible que en esta descripción haya cargado un poco las tintas para hacer más explícito lo que quería decir. Desde luego que conviene matizar, señalando que no todos los países latinoamericanos adolecen, en idénticas proporciones, del miedo a la libertad del campo económico, y que no todos nuestros Estados han arrebatado a la sociedad civil, en iguales términos, el derecho y la responsabilidad de la creación de la riqueza. Pero creo que en la mayoría de nuestros países impera aún, en las elites políticas e intelectuales, y sobre todo en aquellas que ostentan —paradójicamente— el título de «progresistas», esta cultura estatizante, controlista, antimercado, nacionalista, que nos impide desarrollar las inmensas reservas de energía y creatividad de nuestros pueblos y nos mantienen —y, a algunos, nos hunden cada día más— en el subdesarrollo.

Es contra esta «dependencia» de una ideología antihistórica e irreal que debemos luchar si queremos derrotar la pobreza. Y plantar la noción emancipadora de libertad en nuestra vida económica, como lo hemos hecho ya, por fortuna, en el campo político. La primera, la más urgente de las reformas que necesitamos es la del Estado, fuente primera de nuestras deficiencias. La sociedad civil debe asumir la responsabilidad primordial en la creación de la riqueza y el Estado velar porque ella pueda cumplir esta función sin ataduras, dentro de normas estables y promotoras. Nuestras sociedades deben abrirse al mundo, saliendo en busca de mercados para aquello que podemos ofrecer, atrayendo hacia los nuestros lo que necesitamos y podemos adquirir. No solo debemos privatizar el sector público para librarlo de la ineficiencia y la corrupción que lo afligen; debemos privatizarlo, sobre todo, con una intención *social*: para que se difunda la propiedad entre aquellos que aún no la tienen. No hay mejor manera de defender la propiedad privada que propagándola masivamente, haciéndola accesible a los trabajadores, a los campesinos y a los pobres. Y no hay mejor manera de que estos comprendan el vínculo estrecho que existe entre las nociones de propiedad privada, de progreso y de libertad individual.

Contrariamente a lo que dicen las imágenes estereotipadas que sobre América Latina circulan por el mundo, esto ya está ocurriendo. Cuando yo redactaba estas líneas, debí de hacer un alto en mi trabajo, para ir a expresar mi solidaridad con los vecinos de Atico, un humilde pueblecito pesquero del sur de mi país empeñado en una lucha heroica contra el Estado peruano. ¿Qué es lo que piden esos hombres y mujeres que pertenecen al sector más desfavorecido de la nación? Que la única industria del lugar, una planta de harina de pescado, se privatice. El Perú fue hace treinta años, gracias a la visión y a la energía de los empresarios y de los trabajadores privados, el primer productor de harina de pescado y, por un tiempo, el primer país pesquero del mundo. La dictadura socialista del general Velasco (1968-1975) estatizó todas esas industrias y, naturalmente, en poco tiempo, la burocracia política que pasó a administrarlas, las arruinó. Algunas debieron cerrar; otras malviven gracias al subsidio. Lo que era un emporio de trabajo y de riqueza pasó a ser una carga más para los contribuyentes peruanos. Pues bien, quienes, con un certero instinto de cuál es el mal y de cómo corregirlo de raíz, se movilizan y combaten por liberar esas industrias de la dictadura estatal y devolverlas a la sociedad civil, no son los políticos, ni siquiera los empresarios, algunos de los cuales —de mentalidad rentista— ven con desconfianza una privatización que traería al mercado libre nuevos competidores con quienes rivalizar por los favores del consumidor. Son los pobres, los pescadores y sus mujeres y sus hijos. Es decir, aquellos para quienes una economía libre no es una meta ideológica, sino, simplemente, la posibilidad de trabajar, de sobrevivir.

Cito este caso del pueblecito de Atico porque no es excepción, sino símbolo de un fenómeno que, de modo lento pero firme, va extendiendo en nuestros pueblos la idea de libertad del campo político al económico. Y esto, es preciso recalcarlo, no es obra de las elites, sino principalmente de los pobres, de esos pobres a quienes la urgentísima necesidad de salir de la espantosa pobreza está haciendo descubrir los beneficios de la libertad en la vida económica como antes, reaccionando contra la arbitrariedad y la violencia, descubrieron la ventaja de la libertad política. Son los pobres los que han creado las industrias y los comercios informales, gracias a los cuales por primera vez surgen en nuestros países —de manera todavía precaria— economías de mercado dignas de llevar ese nombre. Y son los pobres los que en muchos lugares defienden la iniciativa individual, la libertad de comercio y el derecho a la propiedad con más convicción y coraje que las elites.

Quiero citar a este respecto otro ejemplo de mi propio país. Mucho se habla en el extranjero, cuando se trata del Perú, de Sendero Luminoso y sus grandes crímenes perpetrados en nombre de un maoísmo fundamentalista extravagante. Pero se dice muy poco, en cambio, del gran movimiento espontáneo de campesinos supuestamente beneficiados por la reforma agraria de la dictadura de Velasco que cooperativizó las tierras. Pues bien, ese movimiento —llamado de los «parceleros»— ha parcelado o privatizado ya más del 60% de las tierras nacionalizadas. Cientos de miles de campesinos, en los Andes y en la costa peruana, por voluntad propia, en contra del Estado y de todas las elites políticas, han reintroducido el principio de la propiedad privada, rebelándose contra las cúpulas burocráticas que, además de explotarlas tanto o más que los antiguos patrones, llevaron a muchas de las cooperativas y haciendas colectivizadas al desastre económico. Y hoy día hay en el campo peruano, aunque el Estado se niegue a aceptarlo, decenas de miles de nuevos propietarios, de nuevos pequeños empresarios.

Por eso, a pesar de las lúgubres cifras que arrojan los termómetros que toman el pulso a la economía de los países latinoamericanos, yo no pierdo la esperanza. Por el contrario, tengo la convicción de que así como los pobres del continente han terminado por imponer la democracia liberal en América Latina, contra las opciones extremas de la dictadura militar o la dictadura marxista, ellos acabarán, también, por librarnos de la servidumbres y la inercia que nos impide ser tan creativos en lo que concierne a nuestros recursos como lo somos en las artes y en las letras. No las elites políticas ni las intelectuales, sino los pobres han comenzado ya a reemplazar la cultura del miedo pánico a la libertad en el campo económico por una cultura diferente, moderna, apoyada en la iniciativa individual, el esfuerzo privado y orientada a la creación de la riqueza en vez de al reparto de la pobreza existente.

¿Tienen un papel que interpretar en esta historia de la lucha por la libertad en América Latina los organismos financieros internacionales y las empresas privadas de Occidente? Desde luego que sí, y de primer orden. Nuestra disciplina en la política económica y nuestra voluntad de un arreglo adecuado del problema de la deuda no deben traducirse en que América Latina se convierta en una exportadora neta de capitales. Por lo tanto, corresponde a organismos como el Banco Mundial, la tarea de crear mecanismos novedosos, imaginativos, para impedir que ello ocurra. En el pasado, y con frecuencia, estos organismos han contribuido al crecimiento de nuestros aparatos estatales. Ello era inevitable, desde luego, toda vez que la mayoría de sus créditos era destinado al Estado o canalizado por su intermedio. Pero, en el futuro, ese sistema debería cambiar. El crédito y la inversión deben dirigirse de manera preferente a la sociedad civil en vez del Estado, y apoyar de manera decidida todo lo que impulse la transformación de la sociedad en el sentido de la libertad. Para los procesos de reconversión industrial, la tecnificación del agro, la erradicación de la extrema pobreza, el desarrollo de la pequeña empresa, la capacitación, la desburocratización, la desregulación, la privatización y tantas otras tareas urgentes, la colaboración es indispensable. Pero para que sea realmente exitosa, es imprescindible que ella propicie y consolide y en ningún caso contradiga el avance en nuestras tierras de la cultura de la libertad.

Hace cuarenta años, Germán Arciniegas describió en un célebre ensayo —*Entre la libertad y el miedo*— la lucha de los pueblos latinoamericanos por emanciparse de los gobiernos despóticos y corrompidos que asolaban el continente. La lucha hoy, en gran parte, está políticamente ganada. Esta es una victoria fundamental, pero insuficiente. Ser libres siendo pobres es gozar de una libertad precaria y solo a medias. La libertad cabal y plena solo florecerá en nuestra región con la prosperidad, que permite a los hombres plasmar sus sueños y concebir nuevas fantasías. Y para que esta prosperidad, que es todavía el sueño lejano de tantos latinoamericanos, sea posible es preciso completar la tarea iniciada, perdiendo el miedo y abriendo a la libertad de par en par todas esas puertas de nuestros países que aún permanecen para ella solo entreabiertas o cerradas.

Lima, octubre de 1988

EL LIBERALISMO
ENTRE DOS MILENIOS*

No hace mucho tiempo, el ayuntamiento de un pueblecito malague-
ño de un millar de habitantes llamado El Borge convocó una consulta
popular. Los vecinos debían pronunciarse por una de estas alternativas: Humanidad o Neoliberalismo. Muchos ciudadanos acudieron a
las urnas y el resultado fue el siguiente: 515 votos por la Humanidad
y 4 votos por el Liberalismo. Desde entonces, no puedo apartar de
mi pensamiento a esos cuatro mosqueteros que, ante disyuntiva tan
dramática, no vacilaron en arremeter contra la Humanidad en nombre de ese macabro espantajo, el Neoliberalismo. ¿Se trataba de cuatro
payasos o de cuatro lúcidos? ¿De una broma «borgeana» o de la única
manifestación de sensatez en aquella mojiganga plebiscitaria?

No mucho después, en Chiapas, el último héroe mediático de la frivolidad política occidental, el subcomandante Marcos,
convocó un Congreso Internacional contra el Neoliberalismo, al
que acudieron numerosas luminarias de Hollywood, algún gaullis-
ta tardío, como mi amigo Régis Debray, y Danielle Mitterrand, la

---

* Conferencia leída en Berlín con motivo del 40 aniversario de la Fundación Friedrich
Naumann, el 1 de julio de 1998.

incesante viuda del presidente François Mitterrand, quien dio su bendición socialista al evento.

Estos son episodios pintorescos, pero sería grave error subestimarlos como aleteos insignificantes de la idiotez humana. En verdad, ellos son apenas la crispación paroxística y extrema de un vasto movimiento político e ideológico, sólidamente implantado en sectores de izquierda, de centro y de derecha, unidos en su desconfianza tenaz hacia la libertad como instrumento de solución para los problemas humanos, que han encontrado en ese novísimo fantasma edificado por sus miedos y fobias —el «neoliberalismo», llamado también «el pensamiento único» en la jerigonza de sociólogos y politólogos— un chivo expiatorio a quien endosar todas las calamidades presentes y pasadas de la historia universal.

Si sesudos profesores de la Universidad de París, de Harvard o de México se desmelenan demostrando que la libertad de mercado sirve apenas para que los ricos sean más ricos y los pobres más pobres, y que la internacionalización y la globalización solo benefician a las grandes transnacionales permitiéndoles exprimir hasta la asfixia a los países subdesarrollados y devastar a sus anchas la ecología planetaria, ¿por qué no se creerían los desinformados ciudadanos de El Borge o de Chiapas que el verdadero enemigo del ser humano, el culpable de toda la maldad, el sufrimiento, la pobreza, la explotación, la discriminación, los abusos y crímenes contra los derechos humanos que se abaten en los cinco continentes contra millones de seres humanos, es esa tremebunda entelequia destructora: el neoliberalismo? No es la primera vez en la historia que aquello que Karl Marx llamaba un «fetiche» —una construcción artificial, pero al servicio de intereses muy concretos— adquiera consistencia y comience a provocar grandes perturbaciones en la vida, como el genio imprudentemente catapultado a la existencia por Aladino, al frotar la lámpara maravillosa.

Me considero un liberal y conozco a muchas personas que lo son y a otras muchísimas más que no lo son. Pero, a lo largo de una trayectoria que comienza a ser larga, no he conocido todavía a un solo neoliberal. ¿Qué es, cómo es, qué defiende y qué combate un neoliberal? A diferencia del marxismo, o de los fascismos, el liberalismo, en verdad, no constituye una dogmática, una ideología cerrada y autosuficiente con respuestas prefabricadas para todos los problemas sociales, sino una doctrina que, a partir de una suma relativamente reducida y clara de principios básicos estructurados en torno a la defensa de la libertad política y de la libertad económica —es decir, de la democracia y del mercado libre— admite en su seno gran variedad de tendencias y matices. Lo que no ha admitido nunca hasta ahora, ni admitirá en el futuro, es a esa caricatura fabricada por sus enemigos con el sobrenombre del «neoliberal». Un «neo» es alguien que es algo sin serlo, alguien que está a la vez dentro y fuera de algo, un híbrido escurridizo, un comodín que se acomoda sin llegar a identificarse nunca del todo con un valor, una idea, un régimen o una doctrina. Decir «neoliberal» equivale a decir «semi» o «seudo» liberal, es decir, un puro contrasentido. O se está a favor de la libertad o se está en contra, pero no se puede estar semi a favor o seudo a favor de la libertad, como no se puede estar «semiembarazada», «semivivo» o «semimuerto». La fórmula no ha sido inventada para expresar una realidad conceptual, sino para devaluar semánticamente, con el arma corrosiva de la irrisión, la doctrina que simboliza, mejor que ninguna otra, los extraordinarios avances que, al aproximarse este fin de milenio, ha hecho la libertad en el largo transcurso de la civilización humana.

Esto es algo que los liberales debemos celebrar con serenidad y alegría, sin triunfalismo, y con la conciencia clara de que, aunque lo logrado es notable, lo que queda por hacer es todavía más importante. Y, también, de que, como nada es definitivo ni fatídico en la historia humana, los progresos obtenidos en estas últimas décadas por la cultura de la libertad no son irreversibles, y, a menos que sepamos defenderlos, podrían estancarse, y el mundo libre perder terreno, por el empuje de una de las dos nuevas máscaras del colectivismo autoritario y el espíritu tribal que han relevado al comunismo como los más aguerridos adversarios de la democracia: el nacionalismo y los integrismos religiosos.

Para un liberal, lo más importante que ha ocurrido en este siglo de las grandes ofensivas totalitarias contra la cultura de la libertad es que tanto el fascismo como el comunismo, que llegaron, cada uno en su momento, a amenazar la supervivencia de la democracia, pertenecen hoy al pasado, a una historia sombría de violencia y crímenes indecibles contra los derechos humanos y la racionalidad. Y nada indica que en un futuro inmediato puedan resucitar de sus cenizas. Desde luego que quedan reminiscencias del fascismo en el mundo y que, a veces, encarnados en partidos ultranacionalistas y xenófobos, como Le Front Nacional de Le Pen, en Francia, o el Partido Liberal de Jorg Haider, en Austria, atraen un peligrosamente elevado apoyo electoral. Pero, ni estos retoños del fascismo, ni los anacrónicos vestigios del vasto archipiélago marxista, representados hoy por los desfallecientes espectros de Cuba y Corea del Norte, constituyen una alternativa seria, ni siquiera una amenaza considerable a la opción democrática. Abundan todavía las dictaduras, desde luego, pero, a diferencia de los grandes imperios totalitarios, carecen de aura mesiánica y de pretensiones ecuménicas; buena parte de ellas, como China, trata ahora de conciliar el monolitismo político del partido único con economías de mercado y empresa privada. En vastas regiones de África y de Asia, sobre todo en sociedades islámicas, han surgido dictaduras fundamentalistas que, en lo que concierne a la mujer, a la educación, a la información, a los más elementales derechos cívicos y morales, han retrocedido a sus países a un estado de primitivismo bárbaro. Pero, con todo el horror que representan, países como Libia, Afganistán, Sudán o Irán, no son desafíos que deba tomar en serio la cultura de la libertad: el anacronismo de la ideología que profesan, condena a esos regímenes a quedar cada vez más rezagados en la carrera —una carrera veloz, en la que los países libres han tomado ya una ventaja decisiva— de la modernidad.

Ahora bien, junto a esa geografía sombría de la persistencia de las dictaduras, en los últimos decenios hay que celebrar, también, un arrollador avance de la cultura de la libertad en vastas zonas de Europa Central y Oriental, en países del Sudeste Asiático y en América

Latina, donde, con las excepciones de Cuba, una dictadura explícita, y el Perú, una dictadura solapada, en todos los otros países —es la primera vez en la historia que esto ocurre— se hallan en el poder gobiernos civiles, nacidos de elecciones más o menos libres, y, algo todavía más novedoso, todos ellos aplican —a veces más a regañadientes que con entusiasmo, a menudo con más torpezas que aciertos— políticas de mercado, o, por lo menos, políticas que están más cerca de una economía libre que del populismo intervencionista y estatizante que caracterizó tradicionalmente a los gobiernos del continente. Pero, acaso, lo más significativo de este cambio en América Latina no sea de cantidad sino de cualidad. Porque, pese a que todavía es frecuente oír aullando contra el «neoliberalismo» (como los lobos a la Luna) a algunos intelectuales a los que el desplome de la ideología colectivista ha enviado al paro, lo cierto es que, al menos por ahora, de un confín a otro de América Latina predomina un sólido consenso a favor del sistema democrático, en contra de los regímenes dictatoriales y de las utopías colectivistas. Aunque ese consenso sea más restringido en política económica, todos los gobiernos, aunque les avergüence confesarlo y, algunos, incluso, como verdaderos tartufos, se permitan lanzar también (para cubrirse las espaldas) andanadas retóricas contra el «neoliberalismo», no tienen otro remedio que privatizar empresas, liberalizar precios, abrir mercados, intentar controlar la inflación y procurar insertar sus economías en los mercados internacionales. Porque, a costa de reveses, han acabado por entender que, en nuestros días, un país que no sigue estas pautas se suicida. O, en palabras menos tremebundas: se condena a la pobreza, al atraso y aun a la desintegración. Hasta buena parte de la izquierda latinoamericana, de encarnizada enemiga de la libertad económica, ha evolucionado en muchos países hasta hacer suya ahora la sabia confesión de Vaclav Havel: «Aunque mi corazón está a la izquierda, siempre he sabido que el único sistema económico que funciona es el mercado. Esta es la única economía natural; la única que realmente tiene sentido, la única que puede llevar a la prosperidad; porque es la única que refleja la naturaleza misma de la vida».

Estos progresos son importantes y dan a las tesis liberales una validación histórica. Pero, de ninguna manera justifican la complacencia, pues una de las más acendradas y (escasas) certezas liberales es que no existe el determinismo histórico, que la historia no está escrita de manera inapelable, que ella es obra de los hombres y que, así como estos pueden acertar con medidas que la impulsen en el sentido del progreso y la civilización, pueden también equivocarse, y, por convicción, abulia o cobardía, consentir que ella se encamine hacia la anarquía, el empobrecimiento, el oscurantismo y la barbarie. De nosotros, es decir, de nuestras ideas, de nuestros votos y de las decisiones de quienes llevemos al poder, dependerá fundamentalmente que los avances logrados para la cultura democrática se consoliden y ella pueda ganar nuevos espacios, o que sus dominios se encojan, como la piel de zapa de Balzac.

Para los liberales, el combate por el desarrollo de la libertad en la historia, es, ante todo, un combate intelectual, una batalla de ideas. Los aliados ganaron la guerra al Eje, sí, pero esa victoria militar no hizo más que confirmar la superioridad de una visión del hombre y de la sociedad ancha, horizontal, pluralista, tolerante y democrática, sobre otra, de mente estrecha, recortada, racista, discriminatoria y vertical. Y la desintegración del imperio soviético ante un Occidente democrático (cruzado de brazos y hasta incluso, recordemos, lleno de complejos de inferioridad por el escaso *sex appeal* de la pedestre democracia frente al fuego de artificio de la supuesta sociedad sin clases), demostró la validez de la tesis de un Adam Smith, de un Tocqueville, un Popper o un Isaiah Berlin sobre la sociedad abierta y una economía libre contra la fatal arrogancia de ideólogos como Marx, Lenin o Mao Zedong, convencidos de haber desentrañado las leyes inflexibles de la historia y haberlas interpretado correctamente con sus políticas de dictadura del proletariado y centralismo económico.

La batalla actual es acaso menos ardua, para los liberales, que la que libraron nuestros maestros, cuando la planificación, los Estados policiales, el régimen de partido único, las economías estatizadas, tenían de su lado a un imperio armado hasta los dientes y una campaña publicitaria formidable, en el seno de la democracia, de una quinta columna intelectual seducida por las tesis socialistas. Hoy, la batalla que debemos librar no es contra grandes pensadores totalitarios, como Marx, o inteligentísimos socialdemócratas, tipo John Maynard Keynes, sino contra los estereotipos y caricaturas que, como la múltiple ofensiva lanzada desde distintas trincheras contra el engendro apodado neoliberalismo, pretenden introducir la duda y la confusión en el campo democrático, o contra los apocalípticos, una nueva especie de pensadores escépticos, que, en vez de oponer a la cultura democrática, como hacían un Lukacs, un Gramsci o un Sartre, una resuelta contradicción, se contentan con negarla, asegurándonos que, en verdad, no existe, que se trata de una ficción, detrás de la cual anida la sombra ominosa del despotismo.

De la especie, quisiera singularizar un caso emblemático: el de Robert D. Kaplan. En un ensayo provocador,[1] sostiene que, contrariamente a las optimistas expectativas sobre el futuro de la democracia que la muerte del marxismo en la Europa del Este hizo concebir, la humanidad se encamina, más bien, hacia un mundo dominado por el autoritarismo, desembozado en algunos casos, y, en otros, encubierto por instituciones de apariencia civil y liberal que, de hecho, son meros decorados, pues el poder verdadero está, o estará pronto, en manos de grandes corporaciones internacionales, dueñas de la tecnología y el capital, que, gracias a su ubicuidad y extraterritorialidad, gozan de casi total impunidad para sus acciones. «Sostengo que la democracia que estamos alentando en muchas sociedades pobres del mundo es una parte integral de la transformación hacia nuevas formas de autoritarismo; que la democracia en Estados Unidos se halla en más peligro que nunca, debido a oscuras fuentes; y que muchos regímenes futuros y el nuestro en especial,

---

[1] «Was Democracy Just a Moment?». *The Atlantic Monthly*, diciembre de 1997, págs. 55-80.

pueden parecerse a las oligarquías de las antiguas Atenas y Esparta más que estas al actual gobierno de Washington». (*I submit, that the democracy we are encouraging in many poor parts of the world is an integral part of a transformation toward new forms of authoritarianism; that democracy in the United States is at great risk than ever before, and from obscure sources; and that many future regimes, ours specially, could resemble the oligarchies of ancient Athens and Sparta more than they do the current government in Washington*).

Su análisis es particularmente negativo en lo que concierne a las posibilidades de que la democracia consiga echar raíces en el Tercer Mundo.

Todos los intentos occidentales de imponer la democracia en países que carecen de tradición democrática, según él, se han saldado en fracasos terribles, a veces muy costosos, como en Camboya, donde los dos mil millones de dólares invertidos por la comunidad internacional no han conseguido hacer avanzar un milímetro la legalidad y la libertad en el antiguo reino de Angkor. El resultado de esos esfuerzos, en casos como Sudán, Argelia, Afganistán, Bosnia, Sierra Leona, Congo-Brazzaville, Malí, Rusia, Albania o Haití, ha generado caos, guerras civiles, terrorismo, y la reimplantación de feroces tiranías que aplican la limpieza étnica o cometen genocidios con las minorías religiosas.

El señor Kaplan ve con parecido desdén el proceso latinoamericano de democratización, con las excepciones de Chile y Perú, países donde, piensa, el hecho de que el primero pasara por la dictadura explícita de Pinochet, y, el segundo, esté pasando por la dictadura sesgada de Fujimori y las Fuerzas Armadas, garantiza a esas naciones una estabilidad que, en cambio, el supuesto Estado de Derecho es incapaz de preservar en Colombia, Venezuela, Argentina o Brasil, donde, a su juicio, la debilidad de las instituciones civiles, lo desmedido de la corrupción y las astronómicas desigualdades pueden sublevar contra la democracia a «millones de poco instruidos y recién urbanizados habitantes de los barrios marginales, que ven muy poco palpables beneficios en los sistemas occidentales de democracia parlamentaria».

El señor Kaplan no pierde el tiempo en circunloquios. Dice lo que piensa con claridad y lo que piensa sobre la democracia es que ella y el Tercer Mundo son incompatibles: «La estabilidad social resulta del establecimiento de una clase media. Y no son las democracias sino los sistemas autoritarios, incluyendo los monárquicos, los que crean las clases medias». Estas, cuando han alcanzado cierto nivel y cierta confianza, se rebelan contra los dictadores que generaron su prosperidad. Cita los ejemplos de la cuenca del Pacífico en Asia (su mejor exponente es el Singapur de Lee Kuan Yew), el Chile de Pinochet y, aunque no lo menciona, podría haber citado también a la España de Franco. En la actualidad, los regímenes autoritarios que, como aquellos, están creando esas clases medias que un día harán posible la democracia son, en Asia, la China Popular del «socialismo de mercado» y, en América Latina, el régimen de Fujimori —una dictadura militar con un fantoche civil como mascarón de proa—, a los que percibe como modelos para el tercermundismo que quiera «forjar prosperidad a partir de la abyecta pobreza». Para el señor Kaplan la elección en el Tercer Mundo no está «entre dictadores y demócratas», sino entre «malos dictadores y algunos que son ligeramente mejores». En su opinión, «Rusia está fracasando en parte porque es una democracia y China teniendo éxito en parte porque no lo es».

Me he detenido en reseñar estas tesis porque el señor Kaplan tiene el mérito de decir en voz alta lo que otros —muchos otros— piensan pero no se atreven a decir, o lo dicen en sordina. El pesimismo del señor Kaplan respecto al Tercer Mundo es grande; pero no lo es menos el que le inspira el Primer Mundo. En efecto, cuando esos países pobres, a los que, según su esquema, las dictaduras eficientes habrán desarrollado y dotado de clases medias, quieran acceder a la democracia tipo occidental, esta será solo un fantasma. La habrá suplantado un sistema (parecido a los de Atenas y Esparta) en que unas oligarquías —las corporaciones transnacionales, operando en los cinco continentes— habrán arrebatado a los gobiernos el poder de tomar todas las decisiones trascendentes para la sociedad y el individuo, y lo ejercitarán sin dar cuenta a nadie de sus actos, ya que el poder a las grandes corporaciones no les viene de un mandato electoral, sino de su fuerza económico-tecnológica. Por si alguien no se ha enterado, el señor Kaplan recuerda que de las primeras cien economías del mundo, 51 no son países sino empresas. Y que las 500 compañías más poderosas representan ellas solas el 70% del comercio mundial.

Estas tesis son un buen punto de partida para contrastarlas con la visión liberal del estado de cosas en el mundo, ya que, de ser ciertas, con el fin del milenio estaría también dando sus últimas boqueadas esa creación humana, la libertad, que, aunque ha causado abundantes trastornos, ha sido la fuente de los avances más extraordinarios en los campos de la ciencia, los derechos humanos, el progreso técnico y la lucha contra el despotismo y la explotación.

La más peregrina de las tesis del señor Kaplan es, desde luego, la de que solo las dictaduras crean a las clases medias y dan estabilidad a los países. Si así fuera, con la colección zoológica de tiranuelos, caudillos, jefes máximos, de la historia latinoamericana, el paraíso de las clases medias no serían Estados Unidos, Europa Occidental, Canadá, Australia y Nueva Zelanda, sino México, Bolivia o Paraguay. Por el contrario, un dictador como Perón —para poner un solo ejemplo— se las arregló para casi desaparecer a la clase media argentina, que, hasta su subida al poder, era vasta, próspera y había desarrollado a su país a un ritmo más veloz que el de la mayor parte de los países europeos. Cuarenta años de dictadura no han traído a Cuba la menor prosperidad, la han retrotraído a la mendicidad internacional y condenado a los cubanos a comer pasto y flores —y a las cubanas a prostituirse a los turistas del capitalismo— para no morirse de hambre.

Es verdad, el señor Kaplan puede decir que él no habla de cualquier dictadura, solo de las eficientes, como las de Asia del Pacífico, y las de Pinochet y Fujimori. Yo leí su ensayo —vaya coincidencia— precisamente cuando la supuestamente eficiente autocracia de Indonesia se desmoronaba, el general Suharto se veía obligado a renunciar y la economía del país se hacía trizas. Poco antes, las antiguas autocracias de Corea y Tailandia ya se habían desplomado y el famoso milagro asiático comenzaba a hacerse humo, como en una superproducción hollywoodense de terror-ficción. Aquellas dictaduras de mercado no fueron por lo visto tan exitosas como él piensa, pues han acudido de rodillas al FMI, al Banco Mundial, a Estados Unidos, Japón y Europa Occidental a que les echen una mano para no arruinarse del todo.

Lo fue, desde el punto de vista económico, la del general Pinochet, y hasta cierto punto —es decir, si la eficiencia se mide solo en términos de nivel de inflación, de déficit fiscal, de reservas y de crecimiento del Producto Bruto Interno— lo es la de Fujimori. Ahora bien, se trata de una eficiencia muy relativa, para no decir nula o contraproducente, cuando aquellas dictaduras eficientes son examinadas, no como lo hace el considerado señor Kaplan, desde la cómoda seguridad de una sociedad abierta —Estados Unidos en este caso—, sino desde la condición de quien padece en carne propia los desafueros y crímenes que cometen esas dictaduras capaces de torcerle el pescuezo a la inflación. A diferencia del señor Kaplan, los liberales no creemos que acabar con el populismo económico constituye el menor progreso para una sociedad, si, al mismo tiempo que libera los precios, recorta el gasto y privatiza el sector público, un gobierno hace vivir al ciudadano en la inseguridad del inminente atropello, lo priva de la libertad de prensa y de un Poder Judicial independiente al que pueda recurrir cuando es vejado o estafado, atropella sus derechos, y permite que cualquiera pueda ser torturado, expropiado, desaparecido o asesinado, según el capricho de la pandilla gobernante. El progreso, desde la doctrina liberal, es simultáneamente económico, político y cultural, o, simplemente, no es. Por una razón moral y también práctica: las sociedades abiertas, donde la información circula sin trabas y en las que impera la ley, están mejor defendidas contra las crisis que las satrapías, como lo comprobó el régimen mexicano del PRI hace algunos años y lo ha comprobado hace poco, en Indonesia, el general Suharto. El papel que ha desempeñado la falta de una genuina legalidad en la crisis de los países autoritarios de la cuenca del Pacífico no ha sido suficientemente subrayado.

¿Cuántas dictaduras eficientes ha habido? ¿Y cuántas ineficientes, que han hundido a sus países a veces en un salvajismo prerracional como en nuestros días les ocurre a Argelia o Afganistán? La inmensa mayoría son estas últimas, las primeras una excepción. ¿No es una temeridad optar por la receta de la dictadura en la esperanza de que esta sea eficiente, honrada y transitoria, y no lo contrario, a fin de alcanzar el desarrollo? ¿No hay métodos menos riesgosos y crueles para alcanzarlo? Sí los hay, pero gentes como el señor Kaplan no quieren verlos.

No es cierto que la «cultura de la libertad» sea una tradición de largo aliento en los países donde florece la democracia. No lo fue en ninguna de las democracias actuales hasta que, a tropiezos y con reveses, estas sociedades optaron por esa cultura y fueron perfeccionándola en el camino, hasta hacerla suya y alcanzar gracias a ello los niveles que tienen actualmente. La presión y la ayuda internacional pueden ser un factor de primer orden para que una sociedad adopte la cultura democrática, como lo demuestran los ejemplos de Alemania y Japón, dos países con una tradición tan poco o nulamente democrática como cualquier país de América Latina, y que, desde el fin de la Segunda Guerra Mundial, han pasado a formar parte de las democracias avanzadas del mundo. ¿Por qué no serían capaces los países del Tercer Mundo (o Rusia) de emanciparse, como los japoneses y alemanes, de la tradición autoritaria y hacer suya la cultura de la libertad?

La globalización, a diferencia de las pesimistas conclusiones que de ella extrae el señor Kaplan, abre una oportunidad de primer orden para que los países democráticos del mundo —y, en especial, las democracias avanzadas de América y Europa— contribuyan a expandir esa cultura que es sinónimo de tolerancia, pluralismo, legalidad y libertad, a los países que todavía —y ya sé que son muchos— siguen esclavos de la tradición autoritaria, una tradición que ha gravitado, recordémoslo, sobre toda la humanidad. Ello es posible a condición de:

a) Creer claramente en la superioridad de esta cultura sobre aquellas que legitiman el fanatismo, la intolerancia, el racismo y la discriminación religiosa, étnica, política o sexual.

b) Actuar con coherencia en las políticas económica y exterior orientándolas de modo que ellas, a la vez que alienten las tendencias democráticas en el Tercer Mundo, penalicen y discriminen sin contemplaciones a los regímenes que, como el de China Popular en Asia o el de la camarilla civil-militar en el Perú, impulsan políticas liberales en el campo económico pero son dictatoriales en el político. Desgraciadamente, a diferencia de lo que sostiene el señor Kaplan en su ensayo, esa discriminación positiva a favor de la democracia, que tantos beneficios trajo a países como Alemania, Italia y Japón hace medio siglo, no las aplican los países democráticos hoy con el resto del mundo, o las practican de una manera parcial e hipócrita (es el caso de Cuba, por ejemplo).

Pero tal vez ahora tengan un incentivo mayor para actuar de manera más firme y principista en favor de la democracia en el mundo de la tiniebla autoritaria. Y la razón es, precisamente, aquella que el señor Robert D. Kaplan menciona al profetizar, en términos apocalípticos, un futuro gobierno mundial no-democrático, de poderosas empresas transnacionales operando, sin frenos, en todos los rincones del globo. Esta visión catastrofista apunta a un peligro real, del que es imprescindible ser consciente. La desaparición de las fronteras económicas y la multiplicación de mercados mundiales estimulan las fusiones y alianzas de empresas, para competir más eficazmente en todos los campos de la producción. La formación de gigantescas corporaciones no constituye, de por sí, un peligro para la democracia, mientras esta sea una realidad, es decir, mientras haya leyes justas y gobiernos fuertes (lo que para un liberal no significa grandes, sino más bien pequeños y eficaces) que las hagan cumplir. En una economía de mercado, abierta a la competencia, una gran corporación beneficia al consumidor porque su escala le permite reducir precios y multiplicar los servicios. No es en el tamaño de una empresa donde acecha el peligro; este se halla en el monopolio, que es siempre fuente de ineficacia y corrupción. Mientras haya gobiernos democráticos que hagan respetar la ley, sienten en el banquillo de los acusados a un Bill Gates si piensan que la transgrede, mantengan mercados abiertos a la competencia y firmes políticas antimonopólicas, bienvenidas sean las grandes corporaciones, que han demostrado en muchos casos ser la punta de lanza del progreso científico y tecnológico.

Ahora bien, es verdad que, con esa naturaleza camaleónica que la caracteriza, y que tan bien describió Adam Smith, la empresa capitalista, institución bienhechora de desarrollo y de progreso en un país democrático, puede ser una fuente de vesanias y catástrofes en países donde no impera la ley, no hay libertad de mercados y donde todo se resuelve a través de la omnímoda voluntad de una camarilla o un líder. La corporación es amoral y se adapta con facilidad a las reglas de juego del medio en el que opera. Si en muchos países tercermundistas el desempeño de las transnacionales es reprobable, la responsabilidad última recae en quien fija las reglas de juego de la vida económica, social, política, no en quien no hace más que aplicar estas reglas en procura de beneficios.

De esta realidad, el señor Kaplan extrae esta conclusión pesimista: el futuro de la democracia es sombrío, porque en el siguiente milenio las grandes corporaciones actuarán en Estados Unidos y Europa occidental con la impunidad con que actuaban, digamos, en la Nigeria del difunto coronel Abacha.

En verdad, no hay ninguna razón histórica ni conceptual para semejante extrapolación. La conclusión que se impone, más bien, es la siguiente: la imperativa necesidad de que Nigeria y los países hoy sometidos a dictaduras evolucionen cuanto antes hacia la democracia, y pasen también a tener una legalidad y una libertad que obligue a las corporaciones que en ellos operan a actuar dentro de las reglas de juego de equidad y limpieza con que están obligadas a hacerlo en las democracias avanzadas. La globalización económica podría convertirse, en efecto, en un serio peligro para el porvenir de la civilización —y, sobre todo, para la ecología planetaria— si no tuviera como su correlato la globalización de la legalidad y la libertad. Las grandes potencias tienen la obligación de promover los procesos democráticos en el Tercer Mundo por razones de principio y moral; pero, también, porque, debido a la evaporación de las fronteras, la mejor garantía de que la vida económica discurra dentro de los límites de libertad y competencia que benefician a los ciudadanos, es que ella tenga, en todo el ancho mundo, los mismos incentivos, derechos y frenos que la sociedad democrática le impone.

Nada de esto es fácil ni será logrado en poco tiempo. Pero, para los liberales, es un gran aliciente saber que se trata de una meta posible y que la idea de un mundo unido en torno a la cultura de la libertad no es una utopía, sino una hermosa realidad alcanzable que justifica nuestro empeño. Lo dijo Karl Popper, uno de nuestros mejores maestros: «El optimismo es un deber. El futuro está abierto. No está predeterminado. Nadie puede predecirlo, salvo por casualidad. Todos nosotros contribuimos a determinarlo por medio de lo que hacemos. Todos somos igualmente responsables de aquello que sucederá».

Berlín, mayo de 1998

CONFESIONES DE UN LIBERAL[*]

Estoy especialmente reconocido a quienes me han otorgado este premio porque, según sus considerandos, se me confiere no solo por mi obra literaria, sino también por mis ideas y tomas de posición política. Eso es, créanme ustedes, toda una novedad. En el mundo en el que yo me muevo más, América Latina y España, lo usual es que, cuando alguien o alguna institución elogia mis novelas o mis ensayos literarios, se apresure inmediatamente a añadir, «pese a que discrepe de», «aunque no siempre coincida con», o «esto no significa que acepte las cosas que él (yo) critica o defiende en el ámbito político». Acostumbrado a esta partenogénesis de mí, me siento, ahora, feliz, reintegrado a la totalidad de mi persona, gracias al Premio Irving Kristol que, en vez de practicar conmigo aquella esquizofrenia, me identifica como un solo ser, el hombre que escribe y el que piensa y en el que, me gustaría creer, ambas cosas son una sola e irrompible realidad.

Pero, ahora, para ser honesto con ustedes y responder de algún modo a la generosidad de la American Enterprise Institute y al Premio Irving Kristol, siento la obligación de explicar mi posición

---

[*] Conferencia en el AEI (American Enterprise Institute for Public Policy Research), Washington D. C., el 4 de marzo de 2005, al recibir el Irving Kristol Award.

política con cierto detalle. No es nada fácil. Me temo que no baste afirmar que soy —sería más prudente decir «creo que soy»— un liberal. La primera complicación surge con esta palabra. Como ustedes saben muy bien, *liberal* quiere decir cosas diferentes y antagónicas, según quien la dice y dónde se dice. Por ejemplo, mi añorada abuelita Carmen decía que un señor era un liberal cuando se trataba de un caballero de costumbres disolutas que, además de no ir a misa, hablaba mal de los curas. Para ella, la encarnación prototípica del «liberal» era un legendario antepasado mío que, un buen día, en mi ciudad natal, Arequipa, dijo a su mujer que iba a comprar un periódico a la Plaza de Armas y no regresó más a su casa. La familia solo volvió a saber de él treinta años más tarde, cuando el caballero prófugo murió en París. «¿Y a qué se fugó a París ese tío liberal, abuelita?». «A qué iba a ser, hijito. ¡A corromperse!». No sería extraño que aquella historia fuera el origen remoto de mi liberalismo y mi pasión por la cultura francesa.

Aquí, en Estados Unidos, y, en general en el mundo anglosajón, la palabra *liberal* tiene resonancias de izquierda y se identifica a veces con socialista y radical. En América Latina y en España, donde la palabra *liberal* nació en el siglo XIX para designar a los rebeldes que luchaban contra las tropas de ocupación napeolónicas, en cambio, a mí me dicen liberal —o, lo que es más grave, neoliberal— para exorcizarme o descalificarme, porque la perversión política de nuestra semántica ha mutado el significado originario del vocablo —amante de la libertad, persona que se alza contra la opresión— reemplazándolo por la de conservador y reaccionario, es decir, algo que, en boca de un progresista, quiere decir cómplice de toda la explotación y las injusticias de que son víctimas los pobres del mundo.

Ahora bien, para complicar más las cosas, ni siquiera entre los propios liberales hay un acuerdo riguroso sobre lo que entendemos por aquello que decimos y queremos ser. Todos quienes han tenido ocasión de asistir a una conferencia o congreso de liberales saben que estas reuniones suelen ser muy divertidas, porque en ellas las discrepancias prevalecen sobre las coincidencias y porque, como ocurría con los trotskistas cuando todavía existían, cada liberal es, en sí mismo, potencialmente, una herejía y una secta.

Como el liberalismo no es una ideología, es decir, una religión laica y dogmática, sino una doctrina abierta que evoluciona y se pliega a la realidad en vez de tratar de forzar a la realidad a plegarse a ella, hay, entre los liberales, tendencias diversas y discrepancias profundas. Respecto a la religión, por ejemplo, o a los matrimonios gays, o al aborto, y, así, los liberales que, como yo, somos agnósticos, partidarios de separar a la Iglesia del Estado, y defendemos la descriminalización del aborto y el matrimonio homosexual, somos a veces criticados con dureza por otros liberales, que piensan en estos asuntos lo contrario que nosotros. Estas discrepancias son sanas y provechosas, porque no violentan los presupuestos básicos del liberalismo que son la democracia política, la economía de mercado y la defensa del individuo frente al Estado.

Hay liberales, por ejemplo, que creen que la economía es el ámbito donde se resuelven todos los problemas y que el mercado libre es la panacea que soluciona desde la pobreza hasta el desempleo, la marginalidad y la exclusión social. Esos liberales, verdaderos logaritmos vivientes, han hecho a veces más daño a la causa de la libertad que los propios marxistas, los primeros propagadores de esa absurda tesis según la cual la economía es el motor de la historia de las naciones y el fundamento de la civilización. No es verdad. Lo que diferencia a la civilización de la barbarie son las ideas, la cultura, antes que la economía y esta, por sí sola, sin el sustento de aquella, puede producir sobre el papel óptimos resultados, pero no da sentido a la vida de las gentes, ni les ofrece razones para resistir la adversidad y sentirse solidarios y compasivos, ni las hace vivir en un entorno impregnado de humanidad. Es la cultura, un cuerpo de ideas, creencias y costumbres compartidas —entre las que, desde luego, puede incluirse la religión— la que da calor y vivifica la democracia y la que permite que la economía de mercado, con su carácter competitivo y su fría matemática de premios para el éxito y castigos para el fracaso, no degenere en una darwiniana batalla en la que —la frase es de Isaiah Berlin— «los lobos se coman a todos los corderos». El mercado libre es el mejor mecanismo que existe para producir riqueza y, bien complementado con otras instituciones y usos de la cultura democrática, dispara el progreso material de una nación a los vertiginosos adelantos que sabemos. Pero es, también, un mecanismo implacable que, sin esa dimensión espiritual e intelectual que representa la cultura, puede reducir la vida a una feroz y egoísta lucha en la que solo sobrevivirían los más fuertes.

Pues bien, el liberal que yo trato de ser, cree que la libertad es el valor supremo, ya que gracias a la libertad la humanidad ha podido progresar desde la caverna primitiva hasta el viaje a las estrellas y la revolución informática, desde las formas de asociación colectivista y despótica hasta la democracia representativa. Los fundamentos de la libertad son la propiedad privada y el Estado de Derecho, el sistema que garantiza las menores formas de injusticia, que produce mayor progreso material y cultural, que más ataja la violencia y el que respeta más los derechos humanos. Para esa concepción del liberalismo, la libertad es una sola y la libertad política y la libertad económica son inseparables, como el anverso y el reverso de una medalla. Por no haberlo entendido así, han fracasado tantas veces los intentos democráticos en América Latina. Porque las democracias que comenzaban a alborear luego de las dictaduras respetaban la libertad política pero rechazaban la libertad económica, lo que, inevitablemente, producía más pobreza, ineficiencia y corrupción, o porque se instalaban gobiernos autoritarios, convencidos de que solo un régimen de mano dura y represora podía garantizar el funcionamiento del mercado libre. Esta es una peligrosa falacia. Nunca ha sido así y por eso todas las dictaduras latinoamericanas «desarrollistas» fracasaron, porque no hay economía libre que funcione sin un sistema judicial independiente y eficiente ni reformas que tengan éxito si se emprenden sin la fiscalización y la crítica que solo la democracia permite. Quienes creían que el general Pinochet era la excepción a la regla, porque su régimen obtuvo algunos éxitos económicos, descubren ahora, con las revelaciones sobre sus asesinados y torturados, cuentas secretas y sus millones de dólares en el extranjero, que el dictador chileno era igual que todos sus congéneres latinoamericanos, un asesino y un ladrón.

Democracia política y mercados libres son dos fundamentos capitales de una postura liberal. Pero, formuladas así, estas dos expresiones tienen algo de abstracto y algebraico, que las deshumaniza y aleja de la experiencia de las gentes comunes y corrientes. El liberalismo es más, mucho más que eso. Básicamente, es tolerancia y respeto a los demás, y, principalmente, a quien piensa distinto de nosotros, practica otras costumbres y adora otro dios o es un incrédulo. Aceptar esa coexistencia con el que es distinto ha sido el paso más extraordinario dado por los seres humanos en el camino de la civilización, una actitud o disposición que precedió a la democracia y la hizo posible, y contribuyó más que ningún descubrimiento científico o sistema filosófico a atenuar la violencia y el instinto de dominio y de muerte en las relaciones humanas. Y lo que despertó esa desconfianza natural hacia el poder, hacia todos los poderes, que es en los liberales algo así como nuestra segunda naturaleza.

No se puede prescindir del poder, claro está, salvo en las hermosas utopías de los anarquistas. Pero sí se puede frenarlo y contrapesarlo para que no se exceda, usurpe funciones que no le competen y arrolle al individuo, ese personaje al que los liberales consideramos la piedra miliar de la sociedad y cuyos derechos deben ser respetados y garantizados porque, si ellos se ven vulnerados, inevitablemente se desencadena una serie multiplicada y creciente de abusos que, como las ondas concéntricas, arrasan con la idea misma de la justicia social.

La defensa del individuo es consecuencia natural de considerar a la libertad el valor individual y social por excelencia. Pues la libertad se mide en el seno de una sociedad por el margen de autonomía de que dispone el ciudadano para organizar su vida y realizar sus expectativas sin interferencias injustas, es decir, por aquella «libertad negativa» como la llamó Isaiah Berlin en un célebre ensayo. El colectivismo, inevitable en los primeros tiempos de la historia, cuando el individuo era solo una parte de la tribu, que dependía del todo social para sobrevivir, fue declinando a medida que el progreso material e intelectual permitía al hombre dominar la naturaleza, vencer el miedo al trueno, a la fiera, a lo desconocido, y al otro, al que tenía otro color de piel, otra lengua y otras costumbres. Pero el colectivismo ha sobrevivido a lo largo de la historia, en esas doctrinas e ideologías que pretenden convertir la pertenencia de un individuo a una determinada colectividad en el valor supremo, la raza, por ejemplo, la clase social, la religión o la nación. Todas esas doctrinas colectivistas, el nazismo, el fascismo, los integrismos religiosos, el comunismo, son por eso los enemigos naturales de la libertad, y los más enconados adversarios de los liberales. En cada época, esa tara atávica, el colectivismo, asoma su horrible cara y amenaza con destruir la civilización y retrocedernos a la barbarie. Ayer se llamó fascismo y comunismo, hoy se llama nacionalismo y fundamentalismo religioso.

Un gran pensador liberal, Ludwig von Mises, fue siempre opuesto a la existencia de partidos liberales, porque, a su juicio, estas formaciones políticas, al pretender monopolizar el liberalismo, lo desnaturalizaban, encasillándolo en los moldes estrechos de las luchas partidarias por llegar al poder. Según él, la filosofía liberal debe ser, más bien, una cultura general, compartida por todas las corrientes y movimientos políticos que coexisten en una sociedad abierta y sostienen la democracia, un pensamiento que irrigue por igual a socialcristianos, radicales, socialdemócratas, conservadores y socialistas democráticos. Hay mucho de verdad en esta teoría. Y así, en nuestro tiempo, hemos visto el caso de gobiernos conservadores, como los de Ronald Reagan, Margaret Thatcher y José María Aznar, que impulsaron reformas profundamente liberales, en tanto que, en nuestros días, corresponde más bien a dirigentes nominalmente socialistas, como Tony Blair, en el Reino Unido, y Ricardo Lagos, en Chile, llevar a cabo unas políticas económicas y sociales que solo se pueden calificar de liberales.

Aunque la palabra *liberal* sigue siendo todavía una mala palabra a la que todo latinoamericano políticamente correcto tiene la obligación de abominar, lo cierto es que, de un tiempo a esta parte, ideas y actitudes básicamente liberales han comenzado también a contaminar tanto a la derecha como a la izquierda en el continente de las ilusiones perdidas. No otra es la razón de que, en estos últimos años, pese a las crisis económicas, a la corrupción, al fracaso de tantos gobiernos para satisfacer las expectativas puestas en ellos, las democracias que tenemos en América Latina no se hayan desplomado ni sido reemplazadas por dictaduras militares. Desde luego, todavía está allí, en Cuba, ese fósil autoritario, Fidel Castro, quien ha conseguido ya, en los cuarenta y seis años que lleva esclavizando a su país, ser el dictador más longevo de la historia de América Latina. Y la desdichada Venezuela padece ahora a un impresentable aspirante a ser un fidel castro con minúsculas, el comandante Hugo Chávez. Pero esas son dos excepciones en un continente en el que, vale la pena subrayarlo, nunca en el pasado hubo tantos gobiernos civiles, nacidos de elecciones más o menos libres, como ahora. Y hay casos interesantes y alentadores, como el de Lula, en Brasil, quien, antes de ser elegido presidente, predicaba una doctrina populista, el nacionalismo económico y la hostilidad tradicional de la izquierda hacia el mercado, y es, ahora, un practicante de la disciplina fiscal, un promotor de las inversiones extranjeras, de la empresa privada y de la globalización, aunque se equivoca al oponerse al ALCA, Área de Libre Comercio de las Américas (Free Trade Area of the Americas). En Argentina, aunque con una retórica más encendida y llena a veces de bravatas, el presidente Kirchner está siguiendo sus pasos, afortunadamente, aunque a veces parezca hacerlo a regañadientes y dé algún tropezón. Y, asimismo, hay indicios de que el gobierno que asumirá el poder próximamente en Uruguay presidido por el doctor Tabaré Vázquez, se dispone, en política económica, a seguir el ejemplo de Lula en vez de la vieja receta estatista y centralista que tantos estragos ha causado en nuestro continente. Incluso, esa izquierda no ha querido dar marcha atrás en la privatización de las pensiones —que han llevado a cabo hasta el momento once países latinoamericanos—, en tanto que la izquierda de Estados Unidos, más atrasada, se opone a privatizar aquí el *Social Security*. Son síntomas positivos de una cierta modernización de una izquierda que, sin reconocerlo, va admitiendo que el camino del progreso económico y de la justicia social pasa por la democracia y por el mercado, como hemos sostenido los liberales siempre, predicando en el vacío durante tanto tiempo. Si en los hechos, la izquierda latinoamericana comienza a hacer en la práctica una política liberal, aunque la disfrace con una retórica que la niega, en buena hora: es un paso adelante y significa que hay esperanzas de que América Latina deje por fin, atrás, el lastre del subdesarrollo y de las dictaduras. Es un progreso, como lo es la aparición de una derecha civilizada que ya no piense que la solución de los problemas está en tocar las puertas de los cuarteles, sino en aceptar el sufragio, las instituciones democráticas y hacerlas funcionar.

Otro síntoma positivo, en el panorama tan cargado de sombras de la América Latina de nuestros días, es el hecho de que el viejo sentimiento antinorteamericano que alentaba en el continente ha disminuido considerablemente. La verdad es que el antinorteamericanismo es hoy día más fuerte en países como España y Francia, que en México o en el Perú. De hecho, la guerra en Iraq, por ejemplo, ha movilizado en Europa a vastos sectores de casi todo el espectro político, cuyo único denominador común parecía ser no el amor por la paz, sino el rencor o el odio hacia Estados Unidos. En América Latina esa movilización ha sido marginal y prácticamente confinada a los sectores más irreductibles de la ultraizquierda. El cambio de actitud hacia Estados Unidos obedece a dos razones, una pragmática y otra principista. Los latinoamericanos que no han perdido el sentido común entienden que por razones geográficas, económicas y políticas una relación de intercambios comerciales fluida y robusta con Estados Unidos es indispensable para nuestro desarrollo. Y, por el otro lado, el hecho de que a diferencia de lo que ocurría en el pasado, la política exterior norteamericana, en vez de apoyar a las dictaduras, mantenga ahora una línea constante de sostén a las democracias y de rechazo a los intentos autoritarios, ha contribuido mucho a reducir la desconfianza y hostilidad de los sectores democráticos de América Latina, hacia el poderoso vecino del norte. Este acercamiento y colaboración son indispensables, en efecto, para que América Latina pueda quemar etapas en su lucha contra la pobreza y el atraso.

El liberal que les habla se ha visto con frecuencia en los últimos años enfrascado en polémicas, defendiendo una imagen real de Estados Unidos que la pasión y los prejuicios políticos deforman a veces hasta la caricatura. El problema que tenemos quienes intentamos combatir estos estereotipos es que ningún país produce tantos materiales artísticos e intelectuales antiestadounidenses como el propio Estados Unidos —el país natal, no lo olvidemos de Michael Moore, Oliver Stone y Noam Chomsky—, al extremo de que a veces uno se pregunta si el antinorteamericanismo no será uno de esos astutos productos de exportación, manufacturados por la CIA, de que el imperialismo se vale para tener ideológicamente manipuladas a las muchedumbres tercermundistas. Antes, el antiamericanismo era popular sobre todo en América Latina, pero ahora ocurre más en ciertos países europeos, sobre todo aquellos que se aferran a un pasado que se fue, y se resisten a aceptar la globalización y la interdependencia de las naciones en un mundo en el que las fronteras, antes sólidas e inexpugnables, se van volviendo porosas y desvaneciendo poco a poco. Desde luego, no todo lo que ocurre en Estados Unidos me gusta, ni muchos menos. Por ejemplo, lamento que todavía haya muchos estados donde se aplique esa aberración que es la pena de muerte y un buen número de cosas más, como que en la lucha contra las drogas se privilegie la represión sobre la persuasión, pese a las lecciones de la llamada Ley Seca (*The Prohibition*). Pero, hechas las sumas y las restas, creo que, entre las democracias del mundo, la de Estados Unidos es la más abierta y funcional, la que tiene mayor capacidad autocrítica, y la que, por eso mismo, se renueva y actualiza más rápido en función de los desafíos y necesidades de la cambiante circunstancia histórica. Es una democracia en la que yo admiro sobre todo aquello que el profesor Samuel Huntington teme: esa formidable mezcolanza de razas, culturas, tradiciones, costumbres, que aquí consiguen convivir sin entrematarse, gracias a esa igualdad ante la ley y a la flexibilidad del sistema para dar cabida en su seno a la diversidad, dentro del denominador común del respeto a la ley y a los otros.

La presencia en Estados Unidos de unos cuarenta millones de ciudadanos de origen latinoamericano, desde mi punto de vista, no atenta contra la cohesión social ni la integridad de la nación; más bien, la refuerza añadiéndole una corriente cultural y vital de gran empuje donde la familia es sagrada, que con su voluntad de superación, su capacidad de trabajo y deseo de triunfar, esta sociedad abierta aprovechará exitosamente. Sin renunciar a sus orígenes, esta comunidad se va integrando con lealtad y con amor a su nueva patria y forjando un vínculo creciente entre las dos Américas. Esto es algo de lo que puedo testimoniar casi casi en primera persona. Mis padres, cuando ya habían dejado de ser jóvenes, fueron dos de esos millones de latinoamericanos que, buscando las oportunidades que no les ofrecía su país, emigraron a Estados Unidos. Durante cerca de veinticinco años vivieron en Los Ángeles, ganándose la vida con sus manos, algo que no habían tenido que hacer nunca en el Perú. Mi madre trabajó muchos años como obrera, en una fábrica textil llena de mexicanos y centroamericanos, entre los que hizo excelentes amigos. Cuando mi padre falleció, yo creí que ella volvería al Perú, como yo se lo pedía. Pero, por el contrario, decidió quedarse aquí, viviendo sola e incluso pidió y obtuvo la nacionalidad estadounidense, algo que mi padre nunca quiso hacer. Más tarde, cuando ya los achaques de la vejez la hicieron retornar a su tierra natal, siempre recordó con orgullo y gratitud a Estados Unidos, su segunda patria. Para ella nunca hubo incompatibilidad alguna, ni el menor conflicto de lealtades, entre sentirse peruana y norteamericana.

Quizá este recuerdo sea algo más que una evocación filial. Quizá podamos ver en este ejemplo un anticipo del futuro. Soñemos, como hacen los novelistas: un mundo desembarazado de fanáticos, terroristas, dictadores, un mundo de culturas, razas, credos y tradiciones diferentes, coexistiendo en paz gracias a la cultura de la libertad, en el que las fronteras hayan dejado de serlo y se hayan vuelto puentes, que los hombres y mujeres puedan cruzar y descruzar en pos de sus anhelos y sin más obstáculos que su soberana voluntad.

Entonces, casi no será necesario hablar de libertad porque esta será el aire que respiremos y porque todos seremos verdaderamente libres. El ideal de Ludwig von Mises, una cultura planetaria signada por el respeto a la ley y a los derechos humanos, se habrá hecho realidad.

Washington D. C., marzo de 2005

BOSTEZOS CHILENOS

Quienes, como yo, han seguido de cerca las elecciones chilenas, en las que Michelle Bachelet, la candidata de centro izquierda, se impuso al candidato de centro derecha, Sebastián Piñera, deben haber experimentado, además de cierta envidia, una considerable sorpresa. ¿Era aquello Chile, un país latinoamericano? La verdad es que esa competencia electoral parecía una de aquellas aburridas justas cívicas en que los suizos o los suecos cambian o confirman cada cierto número de años a sus gobiernos, mucho más que una elección tercermundista, en la que un país se juega en las ánforas el modelo político, la organización social y, a menudo, hasta la simple supervivencia.

Lo prototípico de una elección tercermundista es que en ella todo parece estar en cuestión y volver a fojas cero, desde la naturaleza misma de las instituciones hasta la política económica y las relaciones entre el poder y la sociedad. Todo puede revertirse de acuerdo con el resultado electoral y, en consecuencia, el país retroceder de golpe, perdiendo de la noche a la mañana todo lo ganado a lo largo de años o seguir perseverando infinitamente en el error. Por eso, lo característico del subdesarrollo es vivir saltando, más hacia atrás que hacia delante, o en el mismo sitio, sin avanzar.

Aunque no sea aún un país del Primer Mundo, y le falte bastante para serlo, Chile ya no es un país subdesarrollado. En el último cuarto de siglo ha progresado de manera sistemática, afianzando su sistema democrático, abriendo su economía e integrándose al mundo y fortaleciendo su sociedad civil de una manera que no tiene parangón en el continente latinoamericano. Su progreso ha sido simultáneo en los ámbitos político, social, económico y cultural. Ha reducido los niveles de pobreza en un 18% de la población (el promedio en América Latina es de 45%), ritmo de progreso comparable al de España o Irlanda, y su clase media ha crecido sin tregua hasta ser, hoy, comparativamente, la más extendida de América Latina. Un millón de chilenos han dejado de ser pobres en los últimos diez años. A ello se debe la extraordinaria estabilidad de que goza la sociedad chilena y que sea capaz de atraer todas las inversiones extranjeras que quiere y que con tanta facilidad firme tratados de libre comercio con medio mundo (Estados Unidos, la Unión Europea, Corea del Sur y ahora los negocia con India, China y Japón).

Todo ello ha aflorado de manera prístina en estas elecciones. En el debate entre Michelle Bachelet y Sebastián Piñera, que tuvo lugar pocos días antes del final de la segunda vuelta, había que ser vidente o rabdomante para descubrir aquellos puntos en que los candidatos de la izquierda y la derecha discrepaban de manera frontal. Pese a sus respectivos esfuerzos para distanciarse uno de otro, la verdad es que las diferencias no tocaban ningún tema neurálgico, sino asuntos más bien cuantitativos (para no decir nimios). Piñera, por ejemplo, quería poner más policías en las calles que la Bachelet.

Cuando una sociedad abierta alcanza esos niveles de consenso, está bien enrumbada en el camino de la civilización. Esta es una palabreja muy poco admirada por los intelectuales enamorados de la barbarie —es cierto que esta última es, vista desde lejos y en lugar seguro, mucho más divertida y excitante que aquella, sinónimo de tedio y rutina—, pero el marco más efectivo para derrotar el hambre, el desempleo, la ignorancia, los atropellos a los derechos humanos y la corrupción. Y el único entorno que garantiza a los ciudadanos el ejercicio de la libertad.

El presidente Ricardo Lagos deja el poder con un 75% de aprobación, porcentaje realmente insólito en una democracia: solo los dictadores, gracias a sus estadísticas amañadas, aparentan alcanzar semejante cota de popularidad. En el caso de Ricardo Lagos es perfectamente merecida. Ha sido un socialista que, como Felipe González o Tony Blair, supo aprovechar las lecciones de la historia y promover, sin complejos de inferioridad, una política económica moderna, de corte liberal, de apertura al mundo, de apoyo a la iniciativa privada y de diseminación de la propiedad, que en sus años de gobierno ha impulsado en Chile un formidable crecimiento.

Se trata, por otra parte, de un político inteligente y con ideas, de palabra sobria, nada carismático, un gobernante al que se puede hacer el mejor de los elogios: que deja a su país mucho mejor de como lo encontró. Durante su administración, los vestigios antidemocráticos que la dictadura de Pinochet sembró han ido corrigiéndose y desapareciendo. Y el propio ex dictador, en estos años, gracias a la acción tenaz y paciente de algunos jueces, ha ido apareciendo ante el mundo sin las caretas de autócrata probo que sus partidarios le habían fabricado. Ya nadie se atrevería a afirmar que Pinochet «fue el único dictador que no robó». Robó, y a manos llenas, y por eso él y sus familiares y cómplices más cercanos están hoy enjuiciados e investigados para que respondan por transacciones mal habidas de por lo menos treinta y cinco millones de dólares.

En estas elecciones, la derecha chilena, gracias a la irrupción de Sebastián Piñera, se ha sacudido, sino todo, buena parte de su pecado original: sus vinculaciones con la dictadura. Piñera hizo campaña contra el dictador en el referéndum y nadie que lo conozca pondría en duda sus convicciones democráticas. El que haya construido un verdadero imperio económico, pensaron muchos, sería un serio obstáculo para alcanzar un liderazgo político. Pero no ha sido así, y, por el contrario, la energía y la inteligencia con que defendió su candidatura, parecen haberle garantizado un sólido futuro como líder de la derecha chilena.

La victoria de Michelle Bachelet es, además de otras cosas, una reparación moral del pueblo de Chile a todos quienes fueron afrentados, torturados, exiliados o amordazados en los años de la dictadura. Y un paso gigante hacia la igualdad de hombres y mujeres en un país donde el machismo parecía inamovible. (Ha sido el último país de América Latina en aprobar el divorcio). Pero no solo la promoción de la mujer en la sociedad chilena recibirá, con la nueva presidenta de Chile, un apoyo importante. También el laicismo, ese indispensable requisito del progreso democrático. La Iglesia católica ha tenido en Chile una influencia mucho mayor que en todo el resto de América Latina.

Pese a todos estos indicios promisorios, Chile no puede dormirse sobre sus laureles si quiere seguir progresando. Una de sus carencias más graves es la energía, para hacer frente a la demanda creciente de su industria e infraestructura en expansión. Para ello es imprescindible que Chile lime las asperezas que dificultan y a rato crispan sus relaciones con sus vecinos, en especial Bolivia, a quien la opone un conflicto que hunde sus raíces en la guerra del Pacífico, de 1879, en razón de la cual el país del Altiplano perdió su acceso al mar. Uno de los grandes desafíos que tiene por delante el gobierno de Michelle Bachelet es poner fin de una vez por todas al diferendo con Bolivia, y las rencillas marítimas con el Perú, de modo que la colaboración activa entre estos tres países traiga a unos y otros beneficios tangibles: la energía que Chile necesita y que en Bolivia abunda, y a esta y al Perú el próspero mercado chileno para sus productos y las inversiones y la tecnología que requieran para su propio desarrollo y que Chile está en condiciones de brindar. Esa colaboración, además, permitirá que cese, y comience a reducirse, el inútil y peligroso armamentismo, de nefasta memoria en la región, y fuente de la suspicacia y desconfianza que alienta los nacionalismos xenófobos. Chile es el país que más gasta en armamento en América del Sur y solo en el gobierno de Lagos se han invertido dos mil quinientos millones de dólares en equipos militares.

Comparado con sus vecinos, el civilizado Chile de nuestros días es un país muy aburrido. Nosotros, en cambio, los peruanos, los bolivianos, los argentinos, los ecuatorianos, vivimos peligrosamente y no nos aburrimos nunca. Por eso nos va como nos va. ¡Quién como los chilenos que ahora buscan experiencias fuertes en la literatura, el cine o los deportes en vez de la política!

Lima, enero de 2006

DENTRO Y FUERA
DE AMÉRICA LATINA[*]

Yo descubrí América Latina en París, en los años sesenta. Hasta entonces había sido un joven peruano que, además de leer a los escritores de mi propio país, leía casi exclusivamente a escritores norteamericanos y europeos, sobre todo franceses. Con excepción de algunas celebridades, como Pablo Neruda y Jorge Luis Borges, apenas conocía a alguno que otro escritor hispanoamericano y en esos años jamás pensé en América Latina como una comunidad cultural, más bien como un archipiélago de países muy poco relacionados entre sí.

Que era algo muy distinto, lo aprendí en París, ciudad que, en los años sesenta, se convirtió, en palabras de Octavio Paz, en la capital de la literatura latinoamericana. En efecto, la mayoría de los escritores más importantes de esa región del mundo había vivido, o vivía en París, o pasaba por esa ciudad, y los que no, de todas maneras, terminaban siendo descubiertos, traducidos y promovidos por Francia, gracias a lo cual América Latina reconocía y empezaba a leer a sus propios escritores.

---

[*] Conferencia leída en la Universidad Humboldt con motivo de la concesión del Doctorado Honoris Causa. Berlín, 13 de octubre de 2005.

Los sesenta fueron unos años exaltantes. América Latina pasó a estar en el centro de la actualidad gracias a la Revolución cubana y a las guerrillas y a los mitos y ficciones que pusieron en circulación. Muchos europeos, norteamericanos, africanos y asiáticos, veían surgir en el continente de los cuartelazos y de los caudillos una esperanza política de cambio radical, el renacimiento de la utopía socialista y un nuevo romanticismo revolucionario. Y, al mismo tiempo, descubrían la existencia de una literatura nueva, rica, pujante e inventiva, que, además de fantasear con libertad y con audacia, experimentaba nuevas maneras de contar historias y quería desacartonar el lenguaje narrativo tradicional.

Mi descubrimiento de América Latina, en esos años, me catapultó a leer a sus poetas, historiadores y novelistas, a interesarme por su pasado y su presente, a viajar por todos sus países y a vivir sus problemas y sus luchas políticas como si fueran míos. Desde entonces comencé a sentirme, ante todo, un latinoamericano. Lo he seguido siendo todos estos años y lo seré los que me quedan por vivir, aunque ahora entienda mejor que antaño que lo latinoamericano no es más que una expresión de lo universal, sobre todo de lo occidental, y aunque mis ilusiones de una América Latina libre, próspera, impregnada con la cultura de la libertad, hayan pasado muchas veces del optimismo al pesimismo y de este otra vez al optimismo, y de nuevo al pesimismo, a medida que el mundo en el que nací parecía encontrar el rumbo democrático o caía una y otra vez más en el autoritarismo, el desorden y la violencia.

¿Qué significa sentirse un latinoamericano? Desde mi punto de vista, primero que nada, tener conciencia de que las demarcaciones territoriales que dividen a nuestros países son artificiales, úcases políticos impuestos de manera arbitraria en los años coloniales y que los líderes de la emancipación y los gobiernos republicanos en vez de reparar, legitimaron y a veces agravaron, dividiendo y aislando a sociedades en las que el denominador común era mucho más profundo que las diferencias particulares. Esta balcanización forzada de América Latina, a diferencia de lo que ocurrió en América del Norte, donde las trece colonias se unieron y su unión disparó el despegue de Estados Unidos, ha sido uno de los factores más conspicuos de nuestro subdesarrollo, pues estimuló los nacionalismos, las guerras y conflictos en que los países latinoamericanos se han desangrado, malgastando ingentes recursos que hubieran podido servir para su modernización y progreso. Solo en el campo de la cultura la integración latinoamericana ha llegado a ser algo real, impuesto por la experiencia y la necesidad —todos quienes escriben, componen, pintan y realizan cualquier otra tarea creativa descubren que lo que los une es mucho más importante que lo que los separa de los otros latinoamericanos—, en tanto que en los otros dominios, la política y la economía sobre todo, los intentos de unificar acciones gubernativas y mercados se han visto siempre frenados por los reflejos nacionalistas, por desgracia muy enraizados en todo el continente: es la razón por la que todos los organismos concebidos para unir a la región, desde el Pacto Andino hasta Mercosur, nunca han prosperado.

Las fronteras nacionales no señalan las verdaderas diferencias que existen en América Latina. Ellas se dan en el seno de cada país y de manera transversal, englobando regiones y grupos de países. Hay una América Latina occidentalizada, que habla en español, portugués e inglés (en el Caribe y en Centroamérica) y es católica, protestante, atea o agnóstica, y una América Latina indígena, que, en países como México, Guatemala, Ecuador, Perú y Bolivia, consta de muchos millones de personas y conserva instituciones, prácticas y creencias de raíz prehispánica. Pero la América indígena no es homogénea, sino, a su vez, otro archipiélago y experimenta distintos niveles de modernización. En tanto que algunas lenguas y tradiciones son patrimonio de vastos conglomerados sociales, como el quechua y el aimara, otras, como es el caso de las culturas amazónicas, sobreviven en comunidades pequeñas, a veces de apenas un puñado de familias.

El mestizaje, por fortuna, está muy extendido y tiende puentes, acerca y va fundiendo a estos dos mundos. En algunos países, como en México, ha integrado cultural y racialmente a la mayoría de la sociedad —es tal vez el único logro de la Revolución mexicana—, dejando convertidas en minorías a aquellos dos extremos étnicos. Esta integración, por cierto, es mucho menos dinámica en el resto del continente, pero continúa ocurriendo y, a la larga, terminará por prevalecer, dando a América Latina el perfil distintivo de un continente mestizo. Aunque, esperemos, sin uniformarla totalmente y privarla de matices, algo que no parece posible ni deseable en el siglo de la globalización y la interdependencia entre naciones. Lo indispensable es que, más pronto que tarde, gracias a la democracia —la libertad y la legalidad conjugadas— todos los latinoamericanos, con prescindencia de raza, lengua, religión y cultura, sean iguales ante la ley, disfruten de los mismos derechos y oportunidades y coexistan en la diversidad sin verse discriminados ni excluidos. América Latina no puede renunciar a esa diversidad multicultural que hace de ella un prototipo del mundo. Sigo fiel al compromiso con América Latina que contraje en París, pronto hará medio siglo. Cualquiera que eche una ojeada a lo que llevo escrito comprobará que, a lo largo del tiempo, aunque mis opiniones literarias y mis juicios políticos y mis entusiasmos y críticas hayan cambiado muchas veces de blanco y de contenido —todas las veces que la mudable realidad me lo exigía—, mi interés, mi curiosidad y también mi pasión por el mundo en que nací, complejo, trágico y formidable, de inmensa vitalidad y de sufrimiento y penalidades indecibles, en el que las formas más refinadas de la civilización se mezclan con las de la peor barbarie, se han conservado intactos hasta hoy.

Unas de las obsesiones recurrentes de la cultura latinoamericana ha sido definir su identidad. A mi juicio, se trata de una pretensión inútil, peligrosa e imposible, pues la identidad es algo que tienen los individuos y de la que carecen las colectividades, una vez que superan los condicionamientos tribales. Pero, al igual que en otras partes del mundo, esta manía por determinar la especificidad histórico-social o metafísica de un conjunto gregario ha hecho correr océanos de tinta en América Latina y generado feroces diatribas e interminables polémicas. La más célebre y prolongada de todas, aquella que enfrentó a hispanistas, para quienes la verdadera historia de América Latina comenzó con la llegada de españoles y portugueses y el engranaje del continente con el mundo occidental, e indigenistas, para quienes la genuina y profunda realidad de América está en las civilizaciones prehispánicas y en sus descendientes, los pueblos indígenas, y no en los herederos contemporáneos de los conquistadores, que todavía hoy marginan y explotan a aquellos.

Aunque apagada por largos periodos, esta visión esquizofrénica y racista de lo que es América Latina nunca ha desaparecido del todo. De tiempo en tiempo, reflota, en el campo político, porque, como todas las simplificaciones maniqueas, permite a los demagogos agitar las pasiones colectivas y dar respuestas superficiales y esquemáticas a problemas complejos. En verdad, América Latina es a la vez española, portuguesa, india, africana y varias realidades más. Cualquier empeño por fijar una identidad única a América Latina tiene el inconveniente de practicar una cirugía discriminatoria que excluye y abole a millones de latinoamericanos y a muchas formas y manifestaciones de su frondosa variedad cultural.

La riqueza de América Latina está en ser tantas cosas a la vez que hacen de ella un microcosmos en el que cohabitan casi todas las razas y culturas del mundo. A cinco siglos de la llegada de los europeos a sus playas, cordilleras y selvas, los latinoamericanos de origen español, portugués, italiano, alemán, chino o japonés, son tan oriundos del continente como los que tienen sus antecesores en los antiguos aztecas, toltecas, mayas, quechuas, aimaras o caribes. Y la marca que han dejado los africanos en el continente, en el que llevan también cinco siglos, está presente por doquier: en los tipos humanos, en el habla, en la música, en la comida y hasta en ciertas maneras de practicar la religión. No es exagerado decir que no hay tradición, cultura, lengua y raza que no haya aportado algo a ese fosforescente vórtice de mezclas y alianzas que se dan en todos los órdenes de la vida en América Latina. Esta amalgama es su mejor patrimonio. Ser un continente que carece de una identidad porque las tiene todas. Y porque sigue transformándose cada día.

Aunque no suele abordarse de manera explícita, un asunto merodea por todos los vericuetos de la cultura latinoamericana: la abismal contradicción que existe entre su realidad social y política y su producción literaria y artística. El mismo continente que, por sus astronómicas diferencias de ingreso entre pobres y ricos, sus niveles de marginación, desempleo y pobreza, por la corrupción que socava sus instituciones, por sus gobiernos dictatoriales y populistas, por los niveles de analfabetismo y de escolaridad, sus índices de criminalidad y narcotráfico y el éxodo de sus pobladores, es la encarnación misma del subdesarrollo, detenta un alto coeficiente de originalidad literaria y artística. En el campo de la cultura solo se puede hablar de subdesarrollo en América Latina en su vertiente sociológica: la pequeñez del mercado cultural, lo poco que se lee, el ámbito restringido de las actividades artísticas. Pero, en lo tocante a la producción, ni sus escritores, ni sus cineastas, ni sus pintores, ni sus músicos (que hacen bailar al mundo entero) podrían ser llamados subdesarrollados. En sus mejores exponentes, el arte y la literatura latinoamericanos han dejado atrás hace tiempo lo pintoresco y lo folclórico y alcanzado unos niveles de elaboración y de originalidad que les garantizan una audiencia universal.

¿Cómo explicar esta paradoja? Por los grandes contrastes de la realidad de América Latina, donde no solo conviven todas las geografías, las etnias, las religiones y las costumbres, sino también todas las épocas históricas, como lo mostró Alejo Carpentier en *Los pasos perdidos,* ese viaje novelesco en el espacio de la urbe industrial más moderna a la vida rural más primitiva que es a la vez un viaje en el tiempo. En tanto que las elites culturales se modernizaban y abrían al mundo y se renovaban gracias a un cotejo constante con los grandes centros de pensamiento y creación cultural de la vida contemporánea, la vida política, con muy pocas excepciones, permanecía anclada en un pasado autoritario de caudillos y camarillas que ejercitaban el despotismo, saqueaban los recursos públicos, y mantenían la vida económica congelada en el feudalismo y el mercantilismo. Un divorcio monstruoso se produjo: en tanto que los pequeños reductos de la vida cultural —mínimos espacios de libertad librados a su suerte por un poder político generalmente primario y desdeñoso de la cultura— se hallaban en contacto con la modernidad y evolucionaban y salían de ellos escritores y artistas de alto nivel, el resto de la sociedad permanecía poco menos que inmovilizada en un anacronismo autodestructor. Es verdad que en los últimos tiempos han mejorado algo las cosas, pues hay ahora en América Latina una gran mayoría de gobiernos democráticos. Pero algunos de ellos se tambalean por su incapacidad para satisfacer las demandas sociales y por la corrupción que los corroe, y el continente tiene todavía, como recuerdo emblemático de su pasado, la dictadura más longeva del mundo: la de Fidel Castro (cuarenta y seis años en el poder). Y, en Venezuela, el populismo resucita con fuerza torrencial.

No se puede entender América Latina sin salir de ella y observarla con los ojos y, también, los mitos y estereotipos que se han elaborado sobre ella en el extranjero, porque esa dimensión mítica es inseparable de la realidad histórica de una comunidad, y, asimismo, porque muchos de esos mitos y estereotipos América Latina los ha hecho suyos y metabolizado, empeñándose a menudo en ser lo que, por razones ideológicas y folclóricas, muchos europeos y norteamericanos decían que era y querían que fuera, empezando por el cronista colonial Antonio León Pinelo, quien «demostró» que en la Amazonía se encontraba el Paraíso Terrenal y, terminando con mi amigo Regis Débray, que en los años sesenta detectó en América Latina un nuevo modelo para hacer la revolución y cambiar la historia y que, no hace mucho, sentenció que las proclamas del subcomandante Marcos, el enmascarado de Chiapas, era la mejor prosa de la lengua española. Muchos pensadores y escritores como ellos, sin ser latinoamericanos, han tenido una influencia relevante en la vida cultural y política del continente, y, como premio o castigo, merecerían serlo.

Entre esas influencias ha prevalecido, en buena parte de la historia latinoamericana, la cultura europea, principalmente francesa. Desde los tiempos de la independencia, en que las ideas de los enciclopedistas y los doctrinarios de la revolución dejaron una huella fundamental en los ideales de la emancipación, y pasando por el positivismo, que marcó el quehacer intelectual y cívico de un confín a otro de la región, pero, sobre todo, a Brasil y México, hasta hace relativamente poco tiempo los modelos estéticos, las ideologías, los valores filosóficos, los temas y prioridades del debate intelectual en América Latina han seguido muy de cerca lo que ocurría en Europa. Y, a menudo, lo que llegaba hasta nosotros de otras culturas lo hacía a través de las traducciones, las modas y las interpretaciones europeas. Eso ha cambiado en nuestro tiempo, con la ramificación de centros culturales y la desaparición de las fronteras, pero, hasta mi generación por lo menos, la vida artística y cultural de América Latina sería incomprensible sin la fecundación occidental.

Esto me lleva a formular otra interrogación que ha sido objeto también de apasionadas querellas (y lo sigue siendo todavía): ¿forma parte América Latina de Occidente, culturalmente hablando, o es algo esencialmente distinto, como lo serían China, India o Japón? A mí la respuesta me parece obvia —sí, América Latina es una prolongación ultramarina de Occidente, que, naturalmente, ha adquirido considerables matices y diferencias propias, las que, sin emanciparla del tronco común, le dan cierta singularidad—, pero esta es una opinión lejos de ser compartida por todos los latinoamericanos. A menudo es rebatida con el argumento de que, si fuera así, América Latina carecería de voz propia y sería apenas, en su cultura y en su arte, un epígono colonial.

Quienes piensan así son, a veces sin advertirlo, nacionalistas convencidos de que cada pueblo o nación tiene una configuración anímica y metafísica propia, de la que su cultura es la expresión. Ya he dicho que, culturalmente hablando, América Latina es tantas cosas disímiles, que solo fragmentándola y excluyendo buena parte de esos fragmentos que componen su realidad, se podría determinar un único rasgo específico para el continente que, desde la llegada a sus playas de las tres carabelas de Colón, articuló su historia con la del resto del mundo. En verdad, lo diverso, que es su condición característica, es en buena parte consecuencia de las fuentes occidentales que la nutren. Por eso, los latinoamericanos se expresan sobre todo en español, inglés, portugués y francés. Por eso son católicos, protestantes, ateos o agnósticos. Y los que son ateos o agnósticos lo son a la manera que aprendieron de Occidente, igual que sus reaccionarios y sus revolucionarios, y sus demócratas y sus liberales. Ahora bien, en sus momentos más creativos, los latinoamericanos no fueron nunca un mero «calco y copia» de lo que tomaban de la cultura occidental. La frase es de José Carlos Mariátegui, uno de los escasísimos marxistas latinoamericanos que, en efecto, no se limitó a repetir como un ventrílocuo a los marxistas occidentales europeos en cuyas páginas se formó, sino utilizó aquellas lecciones para hacer un análisis propio, original, aunque no siempre acertado, de la problemática social y económica de su país, el Perú.

Otro ejemplo interesante de lo que trato de ilustrar es Euclides da Cunha, el escritor brasileño que en *Os Sertões* trató de escudriñar lo ocurrido en la guerra de Canudos, en el nordeste brasileño, a fines del siglo XIX, valiéndose de todas las teorías sociológicas y filosóficas imperantes en la Europa de su tiempo. El resultado de su investigación fue exactamente lo contrario a lo que había previsto: en vez de desentrañar el sentido profundo de aquella guerra desatada por un movimiento mesiánico, quedó patente que aquellos esquemas conceptuales europeos eran insuficientes para explicar cabalmente aquel conflicto, que había nacido precisamente como consecuencia de una distorsión profunda de ciertos valores y doctrinas religiosas que, en el mundo primitivo y aislado del interior de Bahía, se transformaron hasta convertirse en algunos casos en sus antípodas. Los campesinos rebeldes se alzaron contra la República porque creían que era la encarnación del demonio y los republicanos progresistas, para entenderlos mejor y odiarlos con buena conciencia, veían en los campesinos milenaristas a los agentes de la monarquía y de Inglaterra.

Mariátegui y Da Cunha son dos ejemplos, entre muchos, de la manera como América Latina, partiendo de unas fuentes europeas, ha sabido encontrar una música propia, que la emancipa, sin enemistarla, de la influencia del viejo mundo. En la literatura creativa hay también casos muy semejantes a los del pensamiento sociológico e histórico. Juan Rulfo, en México; José María Arguedas, en el Perú; y Augusto Roa Bastos, en Paraguay, para citar a solo tres contemporáneos, han construido unos mundos ficticios que utilizan como materia prima las realidades indígenas de sus países, que los tres conocían íntimamente. Pero sus hazañas artísticas hubieran sido imposibles sin una destreza verbal y técnicas formales que alcanzaron gracias a modelos de la literatura europea y norteamericana, que supieron aclimatar a su propio mundo. ¿No es esto el rasgo más valioso de lo que llamamos cultura occidental? La perpetua renovación de las formas y de las ideas, en función de la crítica y la autocrítica. La constante asimilación de valores y principios importados que enriquecen los propios. Todo ello dentro de una coexistencia de las diferencias que solo hacen posible la libertad, el espíritu crítico y la vocación de universalidad.

Un fenómeno curioso es que quienes más se han empeñado en alejar a América Latina de Occidente hayan sido aquellos escritores, pensadores o políticos occidentales que, hastiados o decepcionados de su propia cultura, salen en busca de otras que, creen o se empeñan en creer, pueden satisfacer mejor sus apetitos de exotismo, primitivismo, magia, irracionalidad y de la inocencia del buen salvaje rousseauniano, y han hecho de América Latina la meta de sus utopías. Esto ha dado a veces excelentes frutos literarios, como las novelas latinoamericanas de Joseph Conrad, D. H. Lawrence y Malcolm Lowry, aunque, por lo general, catastróficas confusiones políticas. Como las de aquellos amantes de cataclismos para los que América Latina no parece tener otra razón de ser que servir de escenario a las fantasías guerrilleras románticas que el espacio europeo, con sus aburridas democracias, ya no tolera en su seno. Lo más grave, tal vez, es que América Latina a menudo se ha esforzado en representar aquellas ficciones que inventaban para ella europeos como Antonio León Pinelo, que, incapaz de encontrarlo en Europa, decidió que el Paraíso Terrenal se encontraba en el corazón de la Amazonía y que el Arca de Noé se había salvado del Diluvio flotando en las aguas verdosas del río de las Amazonas. ¿No es esta una prueba de que el famoso «realismo mágico» que para muchos es la marca más indeleble de la literatura latinoamericana, es nada más que una expresión literaria de aquella vieja costumbre europea de volcar sobre el nuevo continente sus más audaces anhelos y, a veces, también, sus pesadillas?

Quien les habla se ha sentido siempre en Europa como en su casa, ni más ni menos que en América Latina. Naturalmente que no me identifico con todo lo que contiene la tradición occidental, porque, no lo olvidemos, también son productos occidentales cosas tan aberrantes y repelentes como el antisemitismo, el nacionalismo, el fascismo y el comunismo. La tradición occidental que he hecho mía es la de la cultura democrática, de la legalidad, de la racionalidad, de la tolerancia y de la libertad. Y su riquísimo patrimonio literario, filosófico y artístico.

Pero me ocurre algo idéntico con América Latina. Aunque sea de allá, y mis raíces estén bien hundidas en su suelo, rechazo con todas mis fuerzas la barbarie que representan los caudillos militares y las dictaduras de los hombres fuertes —todas, sin excepción, de derecha o de izquierda— el estúpido machismo, el nacionalismo que es la gran cortina de humo tras la cual los gobiernos justifican el armamentismo y los cuantiosos robos que permite, así como la visión patriotera y provinciana de la cultura y la política, que es como la contracarátula del nacionalismo, y la mejor receta para no salir nunca del subdesarrollo. Pero América Latina no es solo eso, ni mucho menos. Es, asimismo, un mundo lleno de energía y creatividad, más fecundo y exaltante que la imagen que ofrecen de él sus elites políticas, y que, en las artes y en las letras, sobre todo, ha podido salvar las limitaciones del tercermundismo y alcanzar una ciudadanía universal.

En esos órdenes en que un europeo y un latinoamericano se entienden y coinciden, ambos expresan lo mejor que ha dado al mundo la cultura de Occidente. Quizá no esté de más recordarlo en la universidad que lleva el nombre del Barón de Humboldt, uno de los europeos que más hizo por presentar al viejo y al nuevo mundo como el anverso y el reverso de una misma civilización.

Berlín, octubre de 2005

CAPÍTULO 5

LOS BENEFICIOS
DE LA IRREALIDAD:
ARTE Y LITERATURA
LATINOAMERICANA

PARADISO, DE JOSÉ LEZAMA LIMA

José Lezama Lima es una de las víctimas de la incomunicación cultural entre los países latinoamericanos; su nombre y sus libros son apenas conocidos fuera de Cuba, y esto no solo es una injusticia para con él (a quien, probablemente, la poca difusión de sus escritos no le importa tanto), sino también para con los lectores de América, a los que la falta de editoriales y revistas de circulación continental, el escaso contacto literario entre países de una lengua y una historia comunes, mantenidos en mutua ignorancia por el subdesarrollo claustral, han privado hasta ahora de una obra muy valiosa y, sobre todo, original. La aparición, a principios de año, en la colección «Contemporáneos» de la Uneac (Unión Nacional de Escritores y Artistas de Cuba), de *Paradiso*[1], libro que corona la tarea creadora de Lezama Lima, debería poner fin de una vez por todas a ese desconocimiento y ganarle la admiración que merece.

---

[1] *Paradiso,* de José Lezama Lima. La Habana, 617 págs., 1966.

¿Quién es Lezama Lima?

Lezama Lima nació a fines de 1910, en el campamento militar de La Habana, Columbia, donde su padre era coronel de artillería; su madre pertenecía a una familia de emigrados revolucionarios y se había educado en Estados Unidos. La infancia de Lezama transcurrió en un mundo castrense de uniformes, entorchados y ritos, y de todo ello él parece haber conservado un recuerdo muy vívido y un curioso amor por la disciplina, las jerarquías, los emblemas y los símbolos. El coronel murió cuando Lezama Lima tenía nueve años y esto lo afectó tanto que, según Armando Álvarez Bravo (de quien tomo estos datos biográficos)[2], sus ataques de asma recrudecieron al extremo de obligarlo a pasar largas temporadas en cama. Fue, desde entonces, un ser enfermizo y solitario, que jugó poco de niño y, en cambio, leyó vorazmente. A partir de 1929, vivió solo con su madre, que ejerció una influencia decisiva en su formación y en su vocación, y por quien él profesó una devoción casi religiosa. («Casi un año antes de la muerte de su madre, —dice Álvarez Bravo— Lezama la presiente y cae en un estado de abatimiento que le hace abandonar su trabajo, perder el interés por todo, encerrarse en sí mismo»). Lezama estudió leyes y cuando estaba en la universidad, en 1930, tuvo lugar su única militancia política, en contra de la dictadura de Machado. Aparte de este episodio, su vida ha estado consagrada, por un lado, a las forzosas actividades alimenticias —como abogado y funcionario— y, por otro, a una indesmayable vocación de lector universal y, desde luego, al ejercicio de la poesía.

La llegada de Juan Ramón Jiménez a la isla fue un gran estímulo para la generación de Lezama Lima, que lo rodeó y asimiló mucho de su prédica esteticista a favor de un arte puro, minoritario y exclusivo. El primer libro de Lezama Lima, *Muerte de Narciso*, es de 1937, y desde entonces ha publicado otros diez (*Enemigo rumor*,

---

[2] *Orbita de José Lezama Lima*. Ensayo preliminar, selección y notas de Armando Álvarez Bravo. La Habana, 1964.

1941; *Aventuras sigilosas,* 1945; *La Fijeza,* 1945; *Arístides Fernández,* 1950; *Analecta del Reloj,* 1953; *La expresión americana,* 1957; *Tratados en La Habana,* 1958; *Dador,* 1960; una monumental *Antología de la poesía cubana* en tres tomos, 1965, y *Paradiso,* 1966), en los que la poesía ocupa el lugar principal, pero que comprenden también relatos, ensayos, crítica literaria y artística. Curiosamente, este hombre tan ajeno a la acción, tan entregado toda su vida al estudio y a la realización de su obra creadora, ha sido también un activo animador cultural. En 1937 sacó tres números de una revista, *Verbum;* luego, entre 1939 y 1941, seis de otra, *Espuela de Plata;* entre 1942 y 1944, diez números de una nueva, *Nadie parecía,* entre 1944 y 1957, cuarenta números de una de las más sugestivas y coherentes publicaciones literarias del continente: *Orígenes.* Luego del triunfo de la revolución, Lezama Lima dirigió el Departamento de Literatura y Publicaciones del Consejo Nacional de Cultura, fue nombrado vicepresidente de la Uneac y es, en la actualidad, asesor del Centro Cubano de Investigaciones Literarias. Su adhesión a la revolución no ha alterado sus convicciones literarias ni religiosas (aunque, probablemente, muchos católicos deben hallarlo singularmente heterodoxo), ni su apacible sistema de vida, en su casa de La Habana Vieja, atestada de libros que han desbordado los estantes de cuartos y pasillos y aparecen regados por los suelos o formando pirámides en los rincones, y de cuadros y objetos que sorprenden a los visitantes, tal vez no tanto por su intrínseca riqueza como por la lujosa manera como va mostrándolos el propio Lezama Lima, impregnándoles ese colorido, esa abrumadora erudición y esa mitología privada con que él imprime un sello personal a todo cuanto habla o escribe. Hombre muy cordial, prodigiosamente culto, conversador fascinante mientras el asma no le guillotine la voz, ancho y risueño, parece difícil aceptar que este gran conocedor de la literatura y de la historia universales, que habla con la misma versación picaresca de los postres bretones, de las modas femeninas victorianas o de la arquitectura vienesa, no haya salido de Cuba sino dos veces en su vida, y ambas por brevísimo tiempo: una a México y otra a Jamaica (uno de sus más hermosos poemas, *Para llegar a la Montego Bay,* refiere esta última experiencia como una proeza no menos fastuosa que el retorno de Ulises a Ítaca). Aunque muchos, tal vez la mayoría, de los poetas y escritores jóvenes cubanos se hallan ahora lejos de los principios artepuristas y un tanto herméticos de *Orígenes,* todos reconocen la deuda que tienen contraída con esta revista y con el propio Lezama Lima, y este es respetado y querido por ellos como un clásico vivo.

Paradiso: una *summa* poética, una tentativa imposible

En un inteligente artículo titulado «Las tentativas imposibles», el escritor chileno Jorge Edwards establecía hace poco un parentesco, una filiación entre una serie de grandes obras de la literatura narrativa en la que los autores se habían propuesto agotar una materia a sabiendas de que esta era, en sí misma, inagotable, encerrar en un libro todo un mundo de por sí ilimitado, aprisionar algo que no tiene principio ni fin. Empresas destinadas al fracaso en el sentido de no alcanzar el propósito que las forjó —pues el propósito era, deliberadamente, inalcanzable—, a ellas debemos, sin embargo, novelas como *Finnegans Wake,* de Joyce; *Bouvard et Pécuchet,* de Flaubert; y *El hombre sin cualidades,* de Musil, que aunque den la impresión de obras inconclusas, fragmentarias, figuran entre las más renovadoras de la literatura moderna. *Paradiso* es también una tentativa imposible, semejante a aquellas, por la voluntad que manifiesta de describir, en sus vastos lineamientos y en sus más recónditos detalles, un universo fraguado de pies a cabeza por un creador de una imaginación ardiente y alucinada. Lezama Lima se reclama el inventor de una interpretación poética del mundo, de la que toda su obra —sus poemas, sus relatos, sus ensayos— habría sido, hasta la publicación de *Paradiso,* una descripción parcial y dispersa. El gran intento de totalización de este sistema, su demostración encarnada, es este libro, que él ha llamado novela, y que es la obra de gran parte de su vida, pues los primeros capítulos aparecieron en los comienzos de *Orígenes*.

Nada más difícil que tratar de explicar, en unas líneas, en qué consiste este sistema poético del mundo en el que Lezama Lima ha comenzado por excluir todo elemento racional y que aparece monopolizado por la metáfora y la imagen, a las que él confiere funciones poco menos que sobrenaturales: ellas no son solo los instrumentos de la poesía y también sus orígenes, sino las herramientas que tiene el hombre para comprender la historia, entender la naturaleza, vencer a la muerte y alcanzar la resurrección. La evolución de la humanidad, por ejemplo, es para Lezama Lima una sucesiva cadena de metáforas que se van enlazando, como en el interior de un poema, para configurar una infinita imagen del hombre: «Existe un periodo indumeico o de fabulación fálica en que todavía el ser humano está unido al vegetal y en que el tiempo, por la hibernación, no tiene el significado que después ha alcanzado entre nosotros. En cada una de las metamorfosis humanas, la durmición creaba un tiempo fabuloso. Así aparece la misteriosa tribu de Idumea, en el Génesis, donde la reproducción no se basaba en el diálogo carnal por parejas donde impera el dualismo germinativo. Adormíase la criatura a la orilla fresca de los ríos, bajo los árboles de anchurosa copa, y brotaba con graciosa lentitud del hombro humano un árbol. Continuaba el hombre dormido y el árbol crecía haciéndose anchuroso de corteza y de raíz que se acercaba a la secreta movilidad del río. Se desprendía en la estación del estío propicio la nueva criatura del árbol germinante y, sonriente, iniciaba sus cantos de boga en el amanecer de los ríos». Las civilizaciones primitivas, las grandes culturas orientales de la antigüedad, los primeros imperios, figuran en esta nueva organización de la historia, dentro de un sistema rigurosamente jerárquico en el que los puestos de mayor relieve se otorgan, no por los progresos alcanzados en el dominio de la ciencia, de la economía, de la justicia social, no por la duración ni la extensión geográfica que alcanzaron o por lo que construyeron o destruyeron en la realidad visible, sino por el brillo, la gracia, la singularidad metafórica que las exprese. Sin sonreír, en una entrevista con Álvarez Bravo, Lezama Lima afirma: «Así descubro o paso a un nuevo concepto: los reyes como metáforas, refiriéndome a los monarcas como San Luis, ..., Eduardo el Confesor, San Fernando, Santa Isabel de Hungría, Alfonso X el Sabio, en los cuales la persona llegó a constituirse en una metáfora que progresaba hacia el concepto de pueblo rezumando una gracia y penetrando en el valle del esplendor, en el camino de la gloria, anticipo del día de la Resurrección, cuando todo brille, hasta las cicatrices de los santos, con el brillo del metal estelar. Y más tarde añade que «no solo en lo histórico, sino en determinadas situaciones corales, se presenta este fenómeno. Puede verse en los hombres, los guerreros que duermen a la sombra de las murallas que van a asaltar. Como los que formaron lo que se llamó en el periodo napoleónico «la Grande Armée», que atravesaron toda Europa. Un conjunto de hombres que en la victoria o la derrota conseguían una unidad donde la metáfora de sus enlaces lograba la totalidad de una imagen».

Así pues, aunque la razón esté ausente de ese sistema poético —o desempeñe una función insignificante—, el humor ocupa en él un lugar preponderante y disimula sus lagunas, justifica muchas veces las sutiles alteraciones que Lezama Lima introduce en la verdad histórica en sus fuentes culturales, para, como lo hace también Borges, redondear más excelentemente una frase o un argumento. Pero todo lo que puede haber de risueño, de ligero, de exageradamente lúdico en esta teoría poética de la existencia y de la historia, se convierte en rigor, en trabajo voluntarioso y severo en lo estrictamente literario. *Paradiso* no consigue en modo alguno lo que tal vez se proponía Lezama Lima: construir una *summa* que mostrara, en todas sus minucias y enormidades, su concepción del arte y de la vida humana y es probable que, al terminar la lectura del libro, el lector siga teniendo, respecto a su sistema poético, el mismo desconcierto en que lo dejaban sus ensayos o entrevistas. Pero, en cambio, como universo narrativo, como realidad encarnada a través de la palabra, *Paradiso* es sin lugar a dudas una de las más osadas aventuras literarias realizadas por un autor de nuestro tiempo.

Una realidad sensorial y mítica, un exotismo diferente

El argumento de *Paradiso* está construido en torno a un personaje central, José Cemí, en el que, obviamente, Lezama Lima ha volcado su experiencia vital. José Cemí es, también, hijo de un coronel de artillería que muere prematuramente, víctima de ataques de asma que le provocan pesadillas y lo aíslan del mundo de la acción obligándolo a refugiarse en la meditación y en las lecturas. Profesa a su madre una veneración total. El libro se inicia cuando el personaje es aún niño —con una escena atroz: los brutales remedios que aplica una criada despavorida al pequeño cuerpo atacado por el asma y las ronchas— y termina más de veinte años después ante el cadáver de Oppiano Licario, misteriosa figura que aparece como maestro, precursor y protector espiritual de Cemí, cuando este, terminada ya la etapa de formación y aprendizaje, va a entrar en el mundo a cumplir su vocación artística, de cuyo nacimiento y desarrollo la novela da minuciosa cuenta. En sí mismos, los hechos descritos de la niñez y de la juventud de José Cemí son poco excepcionales (sus viajes al campo, sus primeras experiencias de colegio, sus relaciones con amigos y parientes, sus conversaciones y discusiones literarias con compañeros de universidad que, como él, cultivan también lecturas copiosas y excéntricas), pero con más precisión se podría afirmar que, en este libro, los hechos, los actos humanos son siempre insignificantes, superfluos. Lezama Lima no se detiene casi en ellos, los menciona muy de paso, constantemente los omite: a él le interesa otra cosa. Esta es la primera y tal vez la mayor dificultad que debe enfrentar el lector de *Paradiso*. En muy contados momentos del libro, lo narrado se sitúa en la realidad exterior, en ese nivel donde se registran las acciones, las conductas de los personajes. Pero esto no significa, tampoco, que la realidad primordial de *Paradiso* sea una subjetividad, la capilla secreta de una conciencia donde se refracta todo lo que ocurre para ser allí analizado, interrogado, explorado en todos sus ángulos (como ocurre por ejemplo en Proust, aunque la deuda de Lezama con este sea muy grande), sino más bien, en un orden puramente sensorial en el que los hechos, los acontecimientos, se disuelven y confunden, formando extrañas entidades, huidizas formas cambiantes llenas de olores, de músicas, de colores y de sabores, hasta ser borrosos o ininteligibles. Rara vez se tiene un conocimiento cabal de lo que ha ocurrido o está ocurriendo a José Cemí: su vida parece ser una torrentosa corriente de sensaciones auditivas, táctiles, olfativas, gustativas y visuales, que nos es comunicada mediante metáforas. Lezama ha realizado, en este sentido, verdaderos prodigios: la descripción de las sensaciones angustiosas de José Cemí durante un ataque nocturno de asma (págs. 176-178) valiéndose de imágenes oníricas y saturninas, y la relación de esa manifestación de estudiantes atacada por guardias a caballo (págs. 298-305) aludiendo únicamente a sus valores plásticos, en los que estos, como en un cuadro de Turner, acaban de devorar a su propia materia, no tienen probablemente equivalente, y, por ejemplo, reducen a débiles intentos los experimentos realizados por J. M. Le Clézio en este campo que han impresionado tanto a los críticos europeos.

Este universo sensorial, privado de actos y de psicología, cuyos seres se nos aparecen como monstruos sin conciencia, consagrados a la voluptuosa tarea de *sentir*, es también mítico: todo en él, aun lo más nimio, está bañado de misterio, de significaciones simbólicas, de religiosidad recóndita y vive una eternidad sin historia. Seres, sensaciones, objetos son siempre aquí meros pretextos, referencias que sirven para poner al lector en contacto con otros seres, otras sensaciones y otros objetos, que a su vez remiten a otros, en un juego de espejos inquietante y abrumador, hasta que de este modo surge la extraña sustancia inapresable y fascinante que es el elemento en el que vive José Cemí, su horrible y maravilloso «paraíso».

Si hubiera que elegir una palabra que definiera de algún modo la característica mayor de este paraíso, yo elegiría *exótico*. Aun cuando Lezama Lima sea profundamente cubano, y en muchas páginas de su novela evoque con pasión imágenes del campo y la ciudad de su país (pienso en la visión semimágica, por ejemplo, de esas dos calles paralelas de La Habana Vieja, donde José Cemí va a merodear por las librerías), y aun cuando se trate de un escritor condicionado por la circunstancia latinoamericana, su curiosidad, su imaginación, su cultura se vuelven sobre todo hacia otros mundos geográficos y literarios en busca de materiales que sirvan de elementos de comparación, de refuerzo y apoyo a su universo. No creo que ni en los más «exotistas» poetas latinoamericanos —Rubén Darío, por ejemplo, o en Borges—, considerando toda su obra reunida, haya tantas citas, referencias y alusiones a la cultura europea, o a las civilizaciones clásicas, o al mundo asiático, como en esta novela de Lezama. Ese despliegue casi desesperante de erudición, sin embargo, revela engolosinamiento, avidez, alegría infantil por toda esa vasta riqueza foránea, pero —y ahí está la gran diferencia con Darío o Borges— nunca beatería: Lezama no se despersonaliza y deshace dentro de ese magnífico caos, no se convierte en un epígono: más bien se apodera de él, lo adultera y lo adapta a sus propios fines. Le impone su propia personalidad. Para Lezama Lima la cultura occidental, los palacios y parques franceses, las catedrales alemanas e italianas, esos castillos medievales, ese Renacimiento, esa Grecia, así como esos emperadores chinos o japoneses o esos escribas egipcios o esos hechiceros persas, son «temas», objetos que lo deslumbran porque su propia imaginación los ha rodeado de virtudes y valores que tienen poco que ver con ellos mismos, y que él utiliza como motores de su espeso río de metáforas, usando de ellos con la mayor libertad y aun inescrupulosidad, integrándolos así a una obra de estirpe netamente americana. Se trata de un exotismo al revés: Lezama hace con Europa y Asia lo que hacían con el Japón los simbolistas, lo que hicieron con África, América Latina y Asia escritores como Paul Morand o Joseph Kessel (para no citar a Maurice Dekobra), lo que hicieron con la antigüedad griega Pierre Louÿs o Marcell Schwob. Así como en la obra de estos escritores aquellos mundos exóticos servían para conformar una interpretación, o una simple visión, «europeas» de realidades exóticas, del mismo modo en *Paradiso* la historia de la humanidad y la tradición cultural europea aparecen resumidas, deformadas hasta la caricatura, pero a la vez enriquecidas poéticamente, y asimiladas a una gran fábula narrativa americana.

Digo americana y tal vez hubiera sido preferible decir cubana. Porque Lezama Lima es un escritor avasalladoramente tropical, un prosista que ha llevado ese exceso verbal, esa garrulería de que han sido tan acusados los escritores latinoamericanos, a una especie de apoteosis, a un clímax tan extremo que a esas alturas el defecto ha cambiado de naturaleza y se ha vuelto virtud. No siempre, desde luego. Hay muchas páginas de *Paradiso* en las que el enrevesamiento, la oceánica acumulación de adjetivos y de adverbios, la sucesión de frases parásitas, el abuso de símiles, de paréntesis, el recargamiento y el adorno y el avance zigzagueante, las idas y venidas del lenguaje resultan irresistibles y desalientan al lector. Pero a pesar de ello, cuando uno termina el libro, estos excesos quedan enterrados por la perpleja admiración que deja en el lector esta expedición por ese *Paradiso* concebido por un gran creador y propuesto a sus contemporáneos como territorios de goces infinitos.

Londres, 1966

CIEN AÑOS DE SOLEDAD: EL *AMADÍS* EN AMERICA

La aparición de *Cien años de soledad*, de Gabriel García Márquez, constituye un acontecimiento literario de excepción: con su presencia luciferina esta novela que tiene el mérito poco común de ser, simultáneamente, tradicional y moderna, americana y universal, volatiliza las lúgubres afirmaciones según las cuales la novela es un género agotado y en proceso de extinción. Además de escribir un libro admirable, García Márquez —sin proponérselo, acaso sin saberlo— ha conseguido restaurar una filiación narrativa interrumpida hace siglos, resucitar la noción ancha, generosa y magnífica del realismo literario que tuvieron los fundadores del género novelístico en la Edad Media. Gracias a *Cien años de soledad* se consolida más firmemente el prestigio alcanzado por la novela americana en los últimos años y esta asciende todavía a una cima más alta.

Un colombiano trotamundos

¿Quién es el autor de esta hazaña? Un colombiano de treinta y nueve años, nacido en Aracataca, un pueblecito de la costa que conoció a principios de siglo la fiebre, el auge del banano, y luego el derrumbe económico, el éxodo de sus habitantes, la muerte lenta y sofocante de las aldeas del trópico. De niño, García Márquez escuchó, de labios de su abuela, las leyendas, las fábulas, las prestigiosas mentiras con que la imaginación popular evocaba el antiguo esplendor de la región, y revivió junto a su abuelo, un veterano de las guerras civiles, los episodios más explosivos de la violencia colombiana. El abuelo murió cuando él tenía ocho años. «Desde entonces no me ha pasado nada interesante», declaró hace poco a un periodista. Le ocurrieron muchas cosas, sin embargo: fue periodista en Bogotá; en 1954, *El Espectador* lo envió a Italia a cubrir la muerte de Pío XII y como esta defunción demoró varios años, se las arregló entretanto para estudiar cine en Roma y viajar por toda Europa. Un día quedó varado en París, sin trabajo y sin dinero; allí, en un pequeño hotel del Barrio Latino, donde vivía de fiado, escribió once veces una obra breve y maestra: *El coronel no tiene quien le escriba*. Antes había terminado una novela que estuvo olvidada en el fondo de una maleta, sujeta con una corbata de colores, apolillándose, hasta que unos amigos la descubrieron y la llevaron a la imprenta. En 1956 regresó fugazmente a Colombia, para casarse con una bella muchacha de rasgos egipcios llamada Mercedes. Pasó luego a Venezuela, donde estuvo dos años trabajando en revistas y periódicos. En 1959 abrió la oficina de Prensa Latina en Bogotá y al año siguiente fue corresponsal en Nueva York de esta agencia cubana.

En 1960 hizo un viaje homérico por carretera a través del Deep South, con los libros de Faulkner bajo el brazo. «Volver a oír hablar el castellano y la comida caliente nos decidieron a quedarnos en México». Desde entonces hasta este año ha vivido en la capital mexicana, escribiendo guiones cinematográficos. Su tercer y cuarto libros, *Los funerales de la Mamá Grande* y *La mala hora*, aparecieron en 1962, al mismo tiempo que la editorial Julliard lanzaba en París la versión francesa de *El coronel no tiene quien le escriba*. Un día en 1965, cuando viajaba de la ciudad de México a Acapulco, García Márquez «vio», de pronto, la novela que venía trabajando mentalmente desde que era un adolescente. «La tenía tan madura que hubiera podido dictarle allí mismo el primer capítulo, palabra por palabra, a una mecanógrafa», confesó a Ernesto Shoó, de *Primera Plana*. Se encerró entonces en su escritorio, provisto de grandes reservas de papel y cigarrillos, y ordenó que no se lo molestara con ningún motivo durante seis meses. En realidad, estuvo dieciocho meses amurallado en esa habitación de su casa. Cuando salió de ahí, eufórico, intoxicado de nicotina, al borde del colapso físico, tenía un manuscrito de mil trescientas cuartillas (y una deuda casera de diez mil dólares). En el canasto de papeles quedaban unas cinco mil cuartillas desechadas. Había trabajado durante año y medio, a un ritmo de ocho a diez horas diarias. Cuando *Cien años de soledad* apareció editada, unos meses más tarde, un público voraz agotó veinte mil ejemplares en pocas semanas, y una crítica unánime confirmó lo que habían proclamado los primeros lectores del manuscrito: que la más alta creación literaria americana de los últimos años acababa de nacer.

    Cien años de soledad prolonga y magnifica el mundo imaginario erigido por los cuatro primeros libros de García Márquez, pero significa también una ruptura, un cambio cualitativo de esa realidad seca y áspera, asfixiante, donde trascurren las historias de *La hojarasca*, *El coronel no tiene quien le escriba*, *La mala hora* y *Los funerales de la Mamá Grande*. En la primera novela, este mundo aparecía descrito como pura subjetividad, a través de los monólogos torturados y fúnebres de unos personajes sonámbulos a los que una borrosa fatalidad persigue, incomunica y precipita en la tragedia. Macondo era todavía, como el condado de Yoknapatawpha de Faulkner, como el puerto de Santa María de Onetti, un territorio mental, una proyección de la conciencia culpable del hombre, una patria metafísica. En los libros siguientes, este mundo desciende de las nebulosas del espíritu, a la geografía y a la historia: *El coronel no tiene quien le escriba*, lo dota de sangre, músculos y huesos; es decir, de un paisaje, de una población, de usos y costumbres, de una tradición, en los que, inesperadamente, se reconocen los motivos más recurrentes del costumbrismo y criollismo americanos, pero utilizados en un sentido radicalmente nuevo: no como valores sino como desvalores, no como pretextos para exaltar el «color local» sino como símbolo de frustración, de ruindad y de miseria. El famoso gallo de lidia que atraviesa, rumboso y encrespado, la peor literatura latinoamericana como apoteosis folclórica, cruza metafóricamente las páginas que describen la agonía moral del coronel que aguarda la imposible cesantía, encarnando la sordidez provinciana y el suave horror cotidiano de América. En *Los funerales de la Mamá Grande* y en *La mala hora,* Macondo (o su álter ego, «el pueblo») adquiere una nueva dimensión: la mágica. Además de ser un recinto dominado por el mal, los zancudos, el calor, la violencia y la pereza vegetal, este mundo es escenario de sucesos inexplicables y extraños: llueven pájaros del cielo; misteriosas ceremonias de hechicería se consuman en el interior de las viviendas de cañabrava; la muerte de una anciana centenaria aglomera en Macondo a personajes procedentes de los cuatro puntos cardinales del planeta; un cura divisa al Judío Errante ambulando por las calles de Macondo y conversa con él.

Este mundo, pese a su coherencia, a su vitalidad, a su significación simbólica, adolecía de una limitación que hoy descubrimos, retrospectivamente, gracias a *Cien años de soledad*: su modestia, su brevedad. Todo en él pugnaba por desarrollarse y crecer; hombres, cosas, sentimientos y sueños sugerían más de lo que mostraban, porque una camisa de fuerza verbal recortaba sus movimientos, medía sus apariciones, los atajaba y borraba en el momento mismo en que parecían a punto de salir de sí mismos y estallar en una fantasmagoría incontrolable y alucinante. Los críticos (y tenían razón) elogiaban la precisión, la economía, la perfecta eficacia de García Márquez, en la que nunca sobraba una palabra, en la que todo estaba dicho con una compacta, terrible sencillez; aplaudían la limpia, ceñida construcción de sus historias, su asombroso poder de síntesis, la tranquila parquedad de sus diálogos, la diabólica facilidad que le permitía armar una tragedia con una exclamación, despachar a un personaje con una frase, resolver una situación con un simple adjetivo. Todo esto era verdad y era admirable y delataba a un escritor original, perfectamente consciente de sus recursos expresivos, que había domesticado a sus demonios y los gobernaba a su antojo. ¿Qué pudo decidir a García Márquez, esta tarde ya lejana entre Acapulco y México, a abrir las jaulas a esos demonios, a entregarse a ellos para que lo arrastraran en una de las más locas y temerarias aventuras de estos tiempos? La creación es siempre enigmática y sus raíces se pierden en una zona oscura del hombre a la que no podemos acceder por la estricta razón. Nunca sabremos qué misterioso impulso, qué escondida ambición precipitó a García Márquez en esta empresa gigantesca y riesgosa que se proponía convertir un muro de adobes, en una muralla china, transformar la apretada, concreta aldea de Macondo en un universo, en una Brocelandia de inagotables maravillas, pero sabemos, en cambio, y eso nos basta, que triunfó su increíble pretensión.

Una imaginación temeraria y veraz

En *Cien años de soledad* asistimos, ante todo, a un prodigioso enriquecimiento. La prosa matemática, contenida y funcional se ha convertido en un estilo de respiración volcánica, en un río poderoso y centellante capaz de comunicar el movimiento, la gracia, la vida a las más audaces criaturas de la imaginación. Macondo, de este modo, ensancha sus límites físicos, históricos y oníricos hasta un extremo que era difícil prever con la sola lectura de los libros anteriores de García Márquez, a la vez que espiritual y simbólicamente alcanza una profundidad, una complejidad, una variedad de matices y significados que lo convierten en uno de los más vastos y durables mundos literarios forjados por un creador de nuestro tiempo. La imaginación, aquí, ha roto todas sus amarras y galopa, desbocada, febril, vertiginosa, autorizándose todos los excesos, llevándose de encuentro todas las convenciones del realismo naturalista, de la novela psicológica o romántica, hasta delinear en el espacio y en el tiempo, con el fuego de la palabra, la vida de Macondo, desde su nacimiento hasta su muerte, sin omitir ninguno de los órdenes o niveles de realidad en que se inscribe: el individual y el colectivo, el legendario y el histórico, el social y el psicológico, el cotidiano y el mítico.

Desde que Cervantes —como enseñan los profesores de literatura— clavó un puñal a las novelas de caballería y las mató de ridículo, los novelistas habían aprendido a sujetar su fantasía, a elegir una zona de la realidad como asiento de sus fábulas con exclusión de las otras, a ser medidos en sus empresas. Y he aquí que un colombiano trotamundos, agresivamente simpático, con una risueña cara de turco, alza sus espaldas desdeñosas, manda a paseo cuatro siglos de pudor narrativo, y hace suyo el ambicioso designio de los anónimos brujos medievales que fundaron el género: competir con la realidad de igual a igual, incorporar a la novela cuanto existe en la conducta, la memoria, la fantasía o las pesadillas de los hombres, hacer de la narración un objeto verbal que refleje al mundo tal como es: múltiple y oceánico.

La ronda de las maravillas

Como en los territorios encantados donde cabalgaron y rompieron lanzas el Amadís, el Tirante, el Caballero Cifar, el Espliandán y Florisel de Nisea, en Macondo han volado en pedazos las fronteras mezquinas que separan la realidad y la irrealidad, lo posible y lo imposible. Todo puede ocurrir aquí: la desmesura y el exceso constituyen la norma cotidiana, la maravilla y el milagro alimentan la vida humana y son tan veraces y carnales como la guerra y el hambre. Hay alfombras voladoras que pasean a los niños por los techos de la ciudad; imanes gigantes que, al pasar por la calle, arrebatan las sartenes, los cubiertos, las ollas y los clavos de las casas; galeones varados en la maleza, a doce kilómetros del mar; una peste de insomnio y de olvido que obliga a los habitantes a marcar cada objeto con su nombre (en la calle central un letrero recuerda: «Dios existe»); gitanos que conocen la muerte pero que regresan a la vida porque «no pueden soportar la soledad»; mujeres que levitan y ascienden al cielo en cuerpo y alma; parejas cuyas fornicaciones formidables propagan en torno suyo la fecundidad animal y la feracidad vegetal, y un héroe inspirado directamente en los cruzados de los libros caballerescos que promueve treinta y dos guerras, tiene diecisiete hijos varones en diecisiete mujeres distintas, que son exterminados en una sola noche, escapa a catorce atentados, a setenta y tres emboscadas y a un pelotón de fusilamiento, sobrevive a una carga de estricnina que habría bastado para matar a un caballo, no permite jamás que lo fotografíen y termina sus días, apacible y nonagenario, fabricando pescaditos de oro en un rincón de su casa. Así como García Márquez rinde homenaje público, en su libro, a tres grandes creadores americanos, invitando a Macondo, discretamente, a personajes suyos (al Víctor Hugues de Alejo Carpentier en la página 84, al Lorenzo Gavilán de Carlos Fuentes en la página 254 y al Rocamadour de Julio Cortázar en la página 342), en uno de los episodios más fascinantes de *Cien años de soledad* —la relación de los levantamientos armados del coronel Aureliano Buendía— destella una palabra luminosa, que es al mismo tiempo una clave y un desagravio al calumniado Amadís: Neerlandia.

Una magia y un simbolismo americanos

Pero, atención, es preciso que nadie se engañe: Macondo es Brocelandia y *no lo es*, el coronel Aureliano Buendía se parece al Amadís, pero es memorable porque *no es él*. La imaginación desenfrenada de García Márquez, su cabalgata por los reinos del delirio, la alucinación y lo insólito no lo llevan a construir castillos en el aire, espejismos sin raíces en una zona específica, temporal y concreta de la realidad. La grandeza mayor de su libro reside, justamente, en el hecho de que todo en él —las acciones y los escenarios, pero también los símbolos, las visiones, las hechicerías, los presagios y los mitos— está profundamente anclado en la realidad de América Latina, se nutre de ella y, transfigurándola, la refleja de manera certera e implacable. Nada ha sido omitido ni disimulado. En los paisajes de Macondo, esta aldea encajonada entre sierras abruptas y ciénagas humosas, desfila toda la naturaleza americana, con sus nieves eternas, sus cordilleras, sus desiertos amarillos, sus lluvias y sus sismos.

Un olor a plantaciones de banano infecta el aire del lugar y atrae, primero, a aventureros y traficantes sin escrúpulos; luego, a los rapaces emisarios del imperio. Unas pocas páginas y un personaje menor, Mister Brown, que se desplaza en un ostentoso trencito de vidrio, le bastan a García Márquez para describir la explotación colonial de América y las injusticias, la mugre que engendra. No todo es magia, sueño, fantasía y fiesta erótica en Macondo: un fragor de hostilidades sordas entre poderosos y miserables resuena constantemente tras esas llamaradas, una pugna que a veces (como en un episodio atroz, basado en un hecho real, la matanza de obreros en huelga en la estación de ferrocarril) estalla en orgía de sangre. Y hay, además, en los desfiladeros y los páramos de la sierra, esos ejércitos que se buscan y se despedazan interminablemente, esa guerra feroz que diezma a los hombres del país y malogra su destino, como ocurrió (ocurre todavía) en la historia de Colombia. En la crónica de Macondo aparece, refractada como un rayo de luz en el espectro, la cruel mistificación del heroísmo, el sabotaje de las victorias liberales alcanzadas por guerreros como Aureliano Buendía y Gerineldo Márquez por obra de políticos corruptos que, en la remota capital, negocian estos triunfos y los convierten en derrotas. Unos acartonados hombrecillos llegan de cuando en cuando a Macondo, flamantes de ridículo, a inaugurar estatuas y a repartir medallas: son los representantes del poder, las pequeñas imposturas animadas que segrega una gran impostura institucional. García Márquez los describe con un humor caricatural y sarcástico que llega, incluso, al encarnizamiento. Pero en *Cien años de soledad* no solo hay una transposición conmovedora del rostro físico, la condición social y la mitología de América; hay, también, y esto era mucho más difícil de trasladar a la ficción, una representación ejemplarmente lúcida y feliz del desamparo moral del hombre americano, un retrato cabal de la alienación que corroe la vida individual, familiar y colectiva en nuestras tierras. La bíblica tribu de los Buendía, esa estirpe obsesiva donde los Aurelianos suceden a los Aurelianos y los Arcadios a los Arcadios, en un juego de espejos inquietante y abrumador —tan parecido, por otro lado, al de esos laberintos genealógicos indescifrables que pueblan las historias de los Amadises y Palmerines—, se reproduce y extiende en un espacio y un tiempo condenados. Su escudo de armas, sus blasones, ostentan una mancha fatídica: la soledad. Todos ellos luchan, aman, se juegan enteros en empresas descabelladas o admirables. El resultado es siempre el mismo: la frustración, la infelicidad. Todos son, tarde o temprano, burlados, humillados, vencidos en las acciones que acometen. Desde el fundador de la dinastía, que nunca encuentra el camino del mar, hasta el último Buendía, que vuela con Macondo, arrebatado por el viento, en el instante mismo que descubre el santo y seña de la sabiduría, todos nacen y mueren sin alcanzar, pese a sus titánicas aptitudes, a sus proezas desmesuradas, la más simple y elemental de las ambiciones humanas: la alegría. En Macondo, esa tierra donde todo es posible, no existen, sin embargo, la solidaridad ni la comunicación entre los hombres. Una tristeza tenaz empaña los actos y los sueños, un sentimiento continuo de fracaso y de catástrofe. ¿Qué ocurre? En la tierra de las maravillas todo está regulado por leyes secretas, invisibles, fatídicas, que escapan al control de los hombres de Macondo, que los mueven y deciden por ellos: nadie es libre. Incluso en sus bacanales, cuando comen y beben pantagruélicamente o estupran como conejos insaciables, no se encuentran a sí mismos ni gozan de veras: cumplen un rito ceremonial cuyo sentido profundo les resulta hermético.

¿No es este el destino trágico en que se traduce, a escala individual, el drama de América Latina? Las grandes lacras que asuelan nuestras tierras —la sujeción a una metrópoli extranjera, la prepotencia de las castas locales, la ignorancia, el atraso— ¿no significan acaso esa mutilación de la persona moral, esa falta de identidad, ese sonambulismo hipnótico que envilece todas las manifestaciones de la vida americana? Como cualquiera de los Buendía, los hombres nacen en América, hoy día condenados a vivir en soledad, y a engendrar hijos con colas de cerdo, es decir, monstruos de vida inhumana e irrisoria, que morirán sin realizarse plenamente, cumpliendo un destino que no ha sido elegido por ellos.

En los últimos años, ha aparecido, en distintos lugares de América, una serie de libros que imprimen a la ficción una dignidad, una altura, una originalidad que pone a nuestra literatura en un plano de igualdad con las mejores del mundo. *Cien años de soledad* es, entre esos libros, uno de los más deslumbrantes y hermosos.

Londres, primavera de 1967

LA SUNTUOSA ABUNDANCIA

En alguna noche de *Las mil y una noches* se cuenta que la más apetecible criatura del harén de Harún Arrashid era una joven de caderas tan abundantes que debía permanecer siempre acostada, pues, si se ponía de pie, perdía el equilibrio y se caía (debería decir, tal vez, se derramaba). Identificar la belleza con la flacura es occidental y moderno, un prejuicio probablemente anglosajón y seguramente protestante. En los pueblos antiguos, en las culturas primitivas, en las sociedades rurales del mundo católico, la delgadez produce repugnancia o espanto porque se asocia al hambre y a la enfermedad. La tradición grecolatina estableció un canon de belleza fundado en la armonía de los miembros, lo que no excluía la robustez; más bien, en la mayor parte de las épocas históricas, la reclamaba. Todavía hoy, en la España rural, la palabra *hermosa*, aplicada a una persona, quiere decir gorda.

Cuando Fernando Botero era niño, la tradición que emparenta la abundancia a la belleza estaba muy viva en América Latina. Toda una mitología erótica la fomentaba, en los grabados de las revistas y en los chistes obscenos de las cantinas, en la moda, en las canciones, en la literatura popular y, sobre todo, en las películas que el cine mexicano propagaba por todos los rincones del continente. Las formas exuberantes de aquellas artistas de altos peinados que cantaban boleros, bailaban guarachas y vestían apretados vestidos que hinchaban sus pechos y sus nalgas con sabia vulgaridad —ellas hicieron las delicias de nuestra generación y espolearon nuestros primeros deseos— debieron quedar cautivas en la subsconciencia del niño de Medellín. Más tarde, se fundirían, en insólita alianza, con las vírgenes y madonas del Cuatrocientos italiano, a cuyos pies alcanzó Botero la madurez artística, para constituir esa materia prima de la que surgen las siluetas desmesuradas de sus cuadros. Todo, en el arte de Botero, resulta de semejante alquimia: la tradición estética occidental, que estudió devotamente en Italia, refundida con la experiencia de la América Latina provinciana, exuberante y vital, de su juventud.

Según una leyenda, que refiere Germán Arciniegas[1], los seres de su mundo empezaron a engordar un día preciso, en un lugar determinado, y poco menos que de casualidad. Era 1956, en un parque de la ciudad de México. Un joven colombiano de veinticuatro años tenía un lápiz y un cuaderno de dibujo en las manos. En un momento de distracción, de manera casi inconsciente, empezó a garabatear las formas de una mandolina. Sin proponérselo, por deliberación, se diría, de los dedos que empuñaban el lápiz, este alteró las proporciones del objeto, enanizando el hueco central, con lo que el resto del instrumento pareció crecer, devorar la superficie del contorno y erigirse sobre ella como un gigante. Botero habría reconocido de inmediato, al examinar el dibujo recién salido de sus manos, que acababa de ocurrirle algo esencial y comprendido que su obra, a partir de este instante, sería distinta. ¿Sucedió realmente así? Como todas las leyendas, esta debe tener algo de cierto. En todo caso, la primera vez que aparecen en sus telas, de manera sistemática, personajes de cuerpos inflados es en la exposición de la Unión Panamericana de Washington —del 17 de abril al 15 de mayo de 1957—, en la que exhibe treinta y un cuadros pintados en el año que pasó en México, y, entre ellos, ese hito, *Naturaleza muerta con mandolina*, el primero de la serie que establecería, definitivamente, su temática y su estilo. Muchos años después, Botero afirmó que

---

[1] Germán Arciniegas, *Fernando Botero*, traducido por Gabriela Arciniegas. Nueva York: Harry N. Abrams, 1977, pág. 36.

engordar aquella mandolina fue para él «como cruzar una puerta para entrar a otro cuarto»[2]. Un cuarto que en los años siguientes iría enriqueciéndose hasta adquirir las dimensiones de un mundo suntuoso, inusitado, risueño, tierno, inocente, sensual, en el que el conocimiento y la razón, azuzados por la nostalgia, están continuamente buceando en la memoria para, simulando reproducirla, rectificar la vida.

La característica más saltante de este mundo es la inflación que aqueja a hombres, animales y cosas, pero también al aire, a los colores, al espíritu. Cuando un crítico le preguntó por qué pintaba «figuras gordas», Botero repuso: «No lo son. A mí me parecen esbeltas». Y añadió: «El problema es determinar de dónde viene el placer cuando se mira un cuadro. Para mí, viene de la exaltación de la vida que comunica la sensualidad de las formas. Por lo tanto, mi problema formal es crear sensualidad a través de las formas... Engordo a mis personajes para darles sensualidad. No estoy interesado en los gordos por los gordos»[3]. Ocurre que hay gordura y gordura: la de Rabelais, la de Rubens, la de Gauguin, la de las figurillas barrigonas de la artesanía, la que resulta del abandono a los apetitos como en Baco, la que nace de la fe religiosa —Buda— o de un deporte ritual (los practicantes de sumo en el Japón). En cada uno de estos casos, y en otros muchos, sea plástica, literaria, folclórica o existencial, la gordura expresa algo diverso y tiene distinta fisonomía. En Botero la obesidad es, como él dice, vehículo de sensualidad, pero habría que entender esto en una acepción artística antes que vivida. La gordura es para él un punto de vista y un método más que una realidad concreta. Sus gordos testimonian un amor de la forma, del volumen, del color. Son una fiesta visual antes que glorificación del deseo, canto a los apetitos o defensa del instinto. La gordura es, en su obra, instrumento de

---

[2] «Entrevista con Cynthia Jaffe McCabe y Sareen R. Gerson». Catálogo de la retrospectiva de Botero en el Hirshhorn Museum and Sculpture Garden. Washington D. C., Smithsonian Institution Press, 1979, pág. 13.

[3] Doctor Wibke von Bonin, «An interview with Fernando Botero», en el Catálogo de la Exposición de Botero en la Marlborough Gallery, Nueva York, 1972, págs. 9-10.

transformación de la vida antes que la vida misma, una manera de imprimir a la realidad recreada en sus telas, cartulinas y esculturas, unas características propias e instituibles que trascienden lo adiposo.

Sensualidad no es sinónimo obligatorio de sexualidad; puede, en determinados casos —uno de ellos es el mundo plástico de Botero— ser su antónimo. Sus elefantiásicas mujeres de inmensos muslos y cuellos de buey son carnosas, pero no carnales. Tienen todas —es una ley sin excepciones— un sexo casi invisible de puro pequeño, una menuda matita de vello, perdida y como avergonzada entre las torrentosas masas de las piernas. No es casual. En estas gordas, a diferencia, por ejemplo, de las odaliscas de Ingres o de las bañistas de Courbet —pienso en la formidable grupa de una de *Les baigneuses*, de 1853, que hizo preguntar a la ruborizada emperatriz Eugenia si la bañista provenía también, como las yeguas percheronas, de la región de Perche— en las que los rollos de carne y la disposición ondulante de los cuerpos rezuman sexualidad y nos sugieren los desbordes del amor físico, no hay lascivia, el ingrediente sexual es ínfimo, por no decir inexistente. Son gordas plácidas, inocentes y maternales. Aun cuando estén desnudas, bebiendo, bailando muy apretadas o tendidas en las camas de esos burdeles pobretones que llevan siempre los nombres de sus dueñas —la casa de Ana Molina, la casa de las Mellizas Arias, la casa de Raquel Vega— nos dan la impresión de ser eunucas e inhibidas. Miran el mundo —o, mejor dicho, nos miran, pues los ojos de los personajes de Botero habitualmente están clavados en quienes los miramos en una suerte de pasivo desafío— atónitas y bovinas, como petrificadas por abulia ontológica. Su gordura no solo es física: también anímica, en el sentido preciso en que Cyril Connolly escribió, en *Palinurus*: «*Fatness is a mental illness*». En este mundo esencialmente matriarcal, los machos buscan en las hembras, más aun que placer, compañía y protección. Junto a ellas se los ve pequeñitos e indefensos. Las gordas de Botero no resultan solo, con sus encrespadas permanentes, sus uñas escarlatas y sus frondosas arquitecturas sin huesos, una estilizada fantasía de la «hembra ideal» del mundo latinoamericano de los años cuarenta y cincuenta; sus espesas figuras encarnan, sobre todo, la mujer-madre, el supremo tabú, la que da el ser, amamanta a la especie y es columna vertebral del hogar. Antes que ramera, monja, presidenta o santa, la gorda de Botero es —ha sido o será— madre (o, como en el óleo *Las hermanas*, de 1959, un ser poseído por la esperanza de serlo o frustrada por no haberlo sido). Es esta función la que prevalece sobre las otras y la que, de forma explícita o implícita, determina la actitud —púdica, tímida— con que los hombres se acercan a ella.

Al inflarse, las personas y las cosas de Botero se alivianan y serenan, alcanzan una naturaleza primeriza e inocua. Y, asimismo, se detienen. La inmovilidad cae sobre ellas como sobre la mujer de Lot al sucumbir a la curiosidad y volverse a mirar. El gigantismo que las redondea y acerca a un punto pasado el cual reventarían o se elevarían por los aires, ingrávidas, parece también vaciarlas de todo contenido: deseos, emociones, ilusiones, sentimientos. Son solo cuerpos, físico incontaminado de psicología, densidad pura, superficies sin alma. Sin embargo, sería injusto llamarlas caricaturas, por lo que tiene esta palabra de peyorativo. No son versiones degradadas de los seres de carne y hueso del mundo real: son seres plásticos, ciudadanos de un mundo de colores y formas dotado de soberanía propia. Al doctor Wibke von Bonin, que utilizó la palabra *caricatura* para referirse a sus gordos, Botero replicó: «Deformación sería la palabra exacta. En arte, si uno tiene ideas y piensa se ve obligado a deformar la naturaleza. Arte es deformación. No hay obra de arte verdaderamente realista»[4]. En efecto, nada más lejos de la pintura de Botero que ánimo de ridiculizar o zaherir. Que entre sus personajes aparezcan a veces dictatorzuelos, agentes represores, o hechos de valencia obviamente negativa como la guerra o el abuso, no debe confundirnos: igual que sus rameras o sus santas, esos generales y gendarmes han mudado de naturaleza y alcanzado la mansedumbre benigna que les infunde la gordura. Han sido despojados de toda

---

[4] Doctor Wibke von Bonin, entrevista citada.

otra sustancia que la rica personalidad sensorial con que se ofrecen a nuestros ojos y a nuestra imaginación. Si es preciso compararlos con algo, antes que usar como término de referencia a la humanidad viviente, recurramos a algo que les es más afín: la juguetería, ese mundo ficticio cuyas fronteras un niño confunde con las de la realidad. Mundo inocuo, bello, inocente, fijo, está cerca del de los soldaditos de plomo y las muñecas por su colorido, su gracia, su poder encantatorio, y, también, porque de él ha sido extraído el tiempo, esa maldición que hace intensa la vida que carcome. A diferencia de lo que ocurre con el acontecer humano, el mundo de Botero es un mundo congelado, tiempo que se ha vuelto espacio.

La estirpe latinoamericana

Sus temas son de estirpe inequívocamente latinoamericana. Pero América Latina es una realidad múltiple y pueden atribuirse a su representación las cosas más diversas: el indigenismo de Diego Rivera y los totems africanos de Lam, las vírgenes y arcángeles de la pintura colonial cusqueña o quiteña y los «santos» puertorriqueños, los aposentos de reminiscencias prehispánicas de Szyszlo o los luminosos paisajes «caribeños» de Obregón, los primitivos haitianos, las calaveras de Posada, los monstruos de Cuevas, las pesadillas de Matta y las siluetas fabricadas con desechos urbanos de Berni. Las obras tan diversas de estos artistas, y de otros como ellos, expresan algún aspecto del caleidoscopio que es la experiencia latinoamericana. Esta resulta tanto de una historia y una geografía vividas como de otras, fantaseadas por los creadores e impuestas a la realidad en forma de obras artísticas.

La América Latina reinventada por Botero hunde sus raíces en las alturas andinas de la región antioqueña de Colombia, donde él nació —en Medellín— en 1932, en una familia de clase media. Colombia es el país donde los conservadores derrotaron a los liberales en la clásica guerra que desangró a todo el continente en el siglo XIX y donde el castellano y la religión católica han permanecido más castizos, menos permeables a la modernización. También, las costumbres y la moral, los ritos y las instituciones. El padre de Botero era un agente viajero al que el niño veía partir a caballo por esas serranías que son, allá, verdes y ubérrimas. De seis a once años estudió en una escuela primaria, el Ateneo Antioqueño, y, luego, la secundaria, en el Colegio Bolivariano, de los jesuitas, de donde, al parecer, fue expulsado por su artículo «Picasso y la inconformidad en el arte» (aparecido en *El Colombiano*, Medellín, 17 de julio de 1949), que los padres encontraron subversivo. Fue a terminar su liceo al Colegio San José, en la localidad vecina de Marinilla, que, se dice, era la ciudad más conservadora del país. Aunque duró solo unos meses, esta inmersión en un estrato aun más profundo de la vida de provincia, se le grabó de manera indeleble, según les confesó a Cynthia Jaffe McCabe y a Sareen R. Gerson, que lo entrevistaron con motivo de la retrospectiva de su obra en el Hirshhorn Museum de Washington. En Marinilla, les dijo, «la atmósfera era muy colombiana, los techos, las casas, tal como son en mis cuadros. Esa ciudad pequeña, las ciudades de pequeña burguesía en esa época, de ahí es donde vienen mis temas»[5]. Cuando Botero dejó Medellín, para ir a instalarse a Bogotá, en enero de 1951, luego de un paso fugaz por el Liceo de la Universidad de Antioquia, tenía diecinueve años.

Pintaba desde niño y mientras era escolar había trabajado como dibujante e ilustrador para el suplemento literario de *El Colombiano* y expuesto dos acuarelas en una exposición de pintores antioqueños. También tuvo una breve experiencia como escenógrafo cuando la compañía española Lope de Vega hizo una temporada en Medellín. Pero no es la actividad artística de estos años en los que, dicen sus amigos, soñaba con ser torero, lo que tiene más reverberaciones en su obra futura, sino la marca que dejan en su sensibilidad las gentes que conoció, los paisajes que vio, las cosas que hizo en ese mundo aislado, pintoresco, ritualista, tradicional, en el que vivió

---

[5] Cynthia Jaffe McCabe y Sareen R. Gerson, entrevista citada, pág. 12

hasta los umbrales de su mayoría de edad. Creía abandonarlo para siempre cuando emprendió el viaje a la capital y al resto del mundo. Estaba, probablemente, como todo joven inconforme y ambicioso, asqueado de su pequeñez y mojigatería, de su atmósfera embotellada y su cultura arcaica, ávido de cosmopolitismo y vanguardia. Pero lo cierto es que se llevaba ese mundo provinciano grabado a fuego en la memoria. Gracias a él forjaría su personalidad artística. Esas imágenes le permitirían crear un mundo propio y lo preservarían del riesgo —al que cedieron tantos artistas latinoamericanos al descubrir los ismos europeos— de disolverse en la imitación y el formalismo, de ser un simple epígono.

El mundo de Botero es americano, andino, provinciano, porque sus temas inventan una mitología a partir de aquellas imágenes almacenadas en su memoria desde la infancia, ese periodo en el que se fraguan las experiencias capitales de todo artista. En sus telas, viajeros a caballo recorren las campiñas, como lo hacía su padre, y familias numerosas, estables, muy católicas, se endomingan para posar, tiesas, ante el recuerdo del pintor. Todavía no existen los edificios y los automóviles resultan inútiles, pues las calles son demasiado estrechas y las distancias tan cortas que uno va a la oficina a pie. El máximo orgullo de las madres es tener un hijo cura, y si llega a cardenal ¡qué felicidad! Tampoco está mal visto que otro de los vástagos sea militar. Las gentes viven en casitas coloniales, de techos a dos aguas y tejas color naranja, congregadas apaciblemente al pie de la iglesia cuyo campanario es todavía la cumbre del lugar. Por las callecitas de adoquines se espían y cuchichean las vecinas y desde cualquier esquina se divisa el campo multicolor. Las casas tienen patios y huertas donde prolifera una vegetación lujuriosa y abundan las frutas: sandías, naranjas, bananas, chirimoyas, mangos, peras. Las cocinas y despensas exhiben sus provisiones con orgullo, entre moscas y avispas zumbonas; aquí, comer está bien visto, es signo de salud y prosperidad, uno de los pocos placeres con derecho reconocido por la moral imperante. Mundo de gentes atildadas, de rutinas estrictas, de caballeros —abogados, sin duda— con espejuelos, que se recortan el bigotito al milímetro, usan chaleco, no se quitan jamás la corbata y se engominan el pelo. A las muchachas les encantan los uniformes operáticos de los militares y a las ancianas los hábitos tornasolados de curas y monjas. Las diversiones son escasas: salir a cazar, la caminata por el campo, la merienda al aire libre, la tertulia y el ágape. Mundo reprimido, machista, de instintos embridados por la religión y el qué dirán, se desborda en esa institución maldita y codiciable, tan sólida como la familia, su álter ego, a la que se acude de noche y a escondidas: el burdel. Allí, el leguleyo puntilloso y el funcionario puntual, el beato rentista y el militar reglamentario, pueden sacar a la luz los demonios que mantienen ocultos ante sus familias y de día y tocar la guitarra, contar porquerías, emborracharse hasta perder el tino y fornicar como sapos. Pueden, incluso, si por ahí les da el capricho, transvestirse de mujer y posar como odaliscas, junto a un gato negro, en un sillón seudofrancés.

No se necesita haber visitado los pueblos colombianos antioqueños en la década de los cuarenta para identificar la realidad social que sirve de telón de fondo a la imaginería de Botero. Como yo revivo en ella, invenciblemente, el Perú de mi niñez —Arequipa en el sur, Piura en el norte—, cualquier latinoamericano reconoce en ese carrusel de imágenes ciertas maneras de sentir, soñar y actuar prototípicas de las ciudades y pueblos del interior de cualquier país del continente. Gracias a la fuerza evocadora que emana de ellas todo un mundo resucita, cierto y falso, real y ficticio, transmutado en arte.

A este mundo Botero le ha impreso un sello personal, trastornándolo de raíz. Ante todo, ya lo hemos visto, lo ha inflado, vaciado de psicología y paralizado. No solo lo ha sustraído del tiempo; también, de la violencia, la sordidez y las pugnas que, en el mundo real, son la contrapartida de la idílica vida de aldea. El mundo de Botero nos da una impresión de equilibrio y de paz; ningún exceso parece concebible en su soñolienta atmósfera. Se trata de un mundo compacto, no fragmentado, aséptico, seguro de sí mismo, que opone a los mundos caóticos convulsionados e irracionales de los artistas contemporáneos, la serenidad y la lógica, un orden cotidiano, amor y confianza en la vida y un sentido de la elegancia y del adorno, clásicos. La fealdad, la grosería, el horror mudan en él de significado; se mitigan y engalanan hasta volverse sus opuestos. Ocurre que, en este mundo, la idea de morir, como la de sufrir, resulta incomprensible.

¿Es el de Botero un mundo naif? Lo es en la medida en que se puede llamar naif a la obra de un Fra Angelico o de un Miró, pero no en el sentido en que lo son las del Douanier Rousseau, del polaco Wribel o de los naifs haitianos. El mundo de Botero tiene de «ingenuo» la actitud de sus personajes, la visión decorativa y afirmativa de la existencia, su defensa de la anécdota, de lo pintoresco, del folclore como medios de expresión artística, sus colores vivos y contrastados, sus tonos fuertes, saludables, optimistas y todo un arsenal de motivos asimilables exteriormente al arte popular: esas viborillas enroscadas en las ramas de los árboles que penden sobre las parejas entregadas a las siestas virgilianas o que se han deslizado lujuriosamente en los aposentos de las gordas; esos gusanillos que sacan el cuerpo de las frutas; los gatos y perritos falderos con aires de dijes y las moscas invasoras que tachonan las paredes de todos los cuartos y manchan la viandas de todas las despensas; las colillas de cigarrillos regadas por los suelos y esas colinas del paisaje que tienen, siempre, formas de pechos de mujer; las banderitas airosas en las ventanas y los zorros de las damas encopetadas que parecen fugados de un cuento infantil. Es naif el amor al ceremonial y a los trapos de este mundo en el que, refutando el refrán, el hábito sí hace al monje: obispos, monjas, vírgenes, generales, santas, son, en él, no una manera de ser sino de aparecer y de vestirse (cuando están vestidos). Su apariencia es todo lo que son, de modo que en ellos ha dejado de tener sentido la dicotomía ser/parecer. Su apariencia es su esencia.

Aunque su contenido y sus anécdotas rocen lo naif, por su depurada técnica y sus planteamientos intelectuales el mundo de Botero está más cerca de la academia que de la calle (que es donde plantan sus caballetes los artistas populares). Tal vez habría que decirlo de otro modo. Si los temas de Botero enraizan su pintura en América Latina, pues allí están sus fuentes —la provincia, la mitología, los modelos de los años cuarenta y cincuenta—, esos apoyos en la realidad para la fantasía, sus técnicas, ambiciones y recursos, la entroncan, más bien, con esa tradición occidental a la que, desde que la descubrió, no ha cesado de estudiar y reivindicar, enfrentándose a quienes pretendían rechazarla.

Un latinoamericano entre los clásicos

¿América Latina es, culturalmente, parte o negación de Occidente? Se trata de una vieja polémica que nunca se resolverá teóricamente, pues es un círculo vicioso en el que los argumentos a favor o en contra de cada tesis pueden revertirse como un guante. Pero en la obra de sus grandes creadores —poetas, plásticos, músicos, prosistas— a diario descubrimos que culturalmente América Latina es y no es Europa y que no puede ser otra cosa que hermafrodita. No es Europa ya que América es también lo prehispánico y lo africano que se han fundido o conviven en ella con lo que nos llegó de Europa, y los mestizajes que han suscitado. Pero lo es porque de Europa vinieron a América Latina las lenguas que la integraron al resto del mundo, las religiones y creencias que le organizaron la vida y la muerte, las instituciones que —buenas o malas, bien o mal aplicadas— regulan sus sociedades y son las coordenadas dentro de las cuales los latinoamericanos piensan, actúan, gozan o sufren. También llegaron de Europa las ideas y un sistema de valores que constituyen el contexto cultural a partir del cual deben afirmar su identidad —su diferencia— cuando inventan, meditan, escriben o pintan. La negación radical de lo «europeo» ha dado siempre en América Latina productos chabacanos, sin vuelo creativo; por otra parte, su imitación beata ha dado obras afectadas y literatura del periodo romántico. En cambio, todo cuanto América Latina ha producido de durable en el ámbito artístico se halla en una curiosa relación de atracción/rechazo con lo europeo: se vale de esa tradición para otros fines o introduce en ella unas formas, unos motivos, unas ideas, que la cuestionan o ponen en tela de juicio sin negarla.

En pocos artistas contemporáneos se advierte mejor esta ambigüedad latinoamericana —ser y no ser Occidente— que en Fernando Botero. La profunda filiación latinoamericana de su arte se debe también, además del rescate de una experiencia de lo propio, a una inmersión profunda, deliberada, lúcida, en una tradición artística que el pintor ha hecho suya, sin el menor complejo, con la tranquila convicción de que al hacerlo ejercía un derecho. Y Europa ha ayudado a Botero extraordinariamente a ser Botero, a expresar, a través de su pintura, ese matiz del Occidente que es América Latina.

En un célebre ensayo contra las veleidades nacionalistas en el orden cultural, Jorge Luis Borges escribió: «Creo que nuestra tradición es toda la cultura occidental y creo también que tenemos derecho a esa tradición, mayor que el que pueden tener los habitantes de una u otra nación occidental... Creo que los... sudamericanos... podemos manejar todos los temas europeos, manejarlos sin supersticiones, con una irreverencia que puede tener, y ya tiene, consecuencias afortunadas»[6]. La obra de Botero es una de esas afortunadas consecuencias. Su pintura es una excepcional prueba de cómo un artista latinoamericano puede hallarse a sí mismo —y expresar, por lo tanto, a su mundo—, estableciendo un diálogo creativo con Europa, nutriéndose en sus fuentes, estudiando sus técnicas, emulando sus patrones artísticos. La condición es: no errar en cuanto a la elección de los modelos, saber llegar a las fuentes realmente genuinas de su arte y no extraviarse en el relumbrón ni renunciar frívolamente a las motivaciones íntimas ni a la experiencia propia por seguir las modas. En esto, el caso de Botero es ejemplar.

Sus primeras influencias, allá en Medellín y Bogotá, parecen haber sido los muralistas mexicanos, y en especial Orozco, de quien se advierten huellas en algunas de las acuarelas que exhibe en su primera exposición, en la galería Arte-Foto Estudio Leo Matiz, en Bogotá, en junio de 1951. Luego de esta exposición, y con lo que

---

[6] Jorge Luis Borges, *El escritor argentino y la tradición*, en *Obras completas*, Buenos Aires, Emecé Editores, 1974, pág. 273.

obtiene de ella, Botero se instala en un pequeño poblado de la costa Caribe de su país —Tolú— y pasa allí unos meses, entregado —¿siguiendo el ejemplo de Gauguin?— a pintar el mundo de los nativos y los paisajes marinos del golfo de Morrosquillo (Tolú, Coveñas, las islas de San Bernardo). En mayo de 1952 expone, en la misma galería de Leo Matiz, el resultado de esos meses de trabajo en el aislamiento del litoral. Uno de esos cuadros —*Frente al mar*—, que gana un premio en el *IX Salón Anual de Artistas Colombianos*, desarrolla una escena dramática: dos hombres arrastran, atado de pies y manos a dos varas de madera —como se cuelga a los grandes animales cazados en el bosque—, a un hombre que mira angustiosamente. Ni el patetismo de la anécdota, ni el movimiento coreográfico en que están dibujadas las figuras, ni el «realismo» con que está pintada la escena, tienen mucho que ver con lo que será el estilo Botero. Pero, en cambio, despunta en el cuadro un elemento que, con el tiempo, cobrará importancia decisiva en su obra: la monumentalidad.

Con el dinero que gana en esta exposición parte a Europa, donde permanece cerca de tres años. Este periodo en el que, en vez de pintar obras originales, se dedica a copiar obras clásicas, a ver y reflexionar, transforma al joven pintor inquieto, con grandes disposiciones y una vocación avasalladora, en un artista consciente de la complejidad del hecho artístico y convencido de la necesidad del aprendizaje metódico, del esfuerzo continuo y del conocimiento como cimientos de la intuición y la inspiración para lograr una auténtica originalidad.

Botero permanece unos días en Barcelona, luego unos meses en Madrid, donde toma un curso en la Academia de San Fernando —pero dedica lo mejor de su tiempo a copiar los Goyas y los Velázquez del Prado—, luego unos meses en París, donde siente un rechazo visceral contra la pintura contemporánea que se exhibe en las galerías, y luego se instala en Florencia. Allí, aprendiendo la técnica del fresco en la Academia de San Marco, escuchando las conferencias universitarias del crítico Roberto Longhi, y, sobre todo, copiando a los renacentistas, y, entre ellos, principalmente, a los maestros del Cuatrocientos —Masaccio, Mantegna, Andrea del Castagno, Paolo Uccello, Piero della Francesca— completa su formación. En un doble sentido: aprende o refina ciertas técnicas y decide qué clase de pintor quiere ser.

Esta última elección tiene consecuencias trascendentales para su pintura. Ella es clarísima: a favor de los clásicos y en contra de la vanguardia; a favor de la tradición y en contra de los ismos. Esa actitud, de apariencia conservadora, era en verdad inconformista. Consistía en dar la espalda a los convencionalismos que la crítica y el público habían entronizado, al experimentalismo frenético —el conformismo del momento— para buscar, en los maestros que fundaron la sensibilidad plástica moderna, los recursos formales y artesanales con que emprender, en nuestros días, una obra que tuviera la solidez, la ambición, la novedad y la permanencia que ellos lograron en las suyas.

El arte como placer

Quizá su concepto de placer sea el rasgo más renacentista, el menos contemporáneo de Botero. El goce, la alegría, el disfrute vital, son actitudes de los que el arte moderno desconfía y a los que condena como irreales o inmorales. Los artistas modernos se asignan la función de expresar los grandes traumas y desequilibrios, la desgracia, el furor, la desesperación y la angustia del hombre moderno. Por eso, la estética contemporánea ha instaurado la belleza de la fealdad, rescatado para el arte todo lo que antaño, en la experiencia humana, repelía a la representación artística. En el mundo de Botero —como en el de sus modelos clásicos— la vida vale la pena de vivirse, pues en ella la felicidad es posible. La estética de Botero es la negación del feísmo, la más alta conquista del arte contemporáneo. La antigua creencia de que la misión del arte no es identificarse con las manifestaciones tristes, repugnantes o abyectas de lo humano y expresarlas a través de un lenguaje que no las traicione, sino utilizar sus recursos para embellecerlas, elevando, en un acto de prestidigitación artística, lo sombrío de la realidad, mediante la pulcritud y la elegancia formales, a un plano en el que solo pueden ser apreciados y juzgados como objetos de placer, tiene en Botero un raro sobreviviente en nuestros días. Él lo ha dicho claramente en una declaración que ya he citado: «El problema es determinar de dónde viene el placer cuando uno mira un cuadro».

Cuando nosotros miramos sus cuadros sabemos de dónde viene, *también*, el placer que nos producen: del placer con que han sido pintados. La felicidad no está en los temas de sus cuadros. Sus personajes no parecen divertirse, no están risueños sino graves y pasmados, aun cuando protagonicen las acciones más placenteras (bailar, beber, amar). Está en la forma luminosa y sensual, gozosa, con que han sido delineadas sus amplias curvas, la delicadeza de miniaturista con que el pincel ha fruncido sus boquitas, depilado sus cejas, señalado sus lunares, el primor con que los ha vestido y adornado, y la generosidad con que ha derrochado y matizado los colores para que las modestas viviendas que habitan luzcan palaciegas y sus ridículos y anticuados trajes nos deslumbren como atavíos reales. Hay en esta forma minuciosa y espléndida, algo regocijado y dichoso: la mano —el hombre— que la ha trazado y coloreado ha gozado haciéndolo y ese goce, impreso como un aura impalpable alrededor de los seres y las cosas, nos contagia algo de su dicha en esos productos que la han plasmado. Muchos artistas modernos pintan como si aullaran de dolor, se suicidaran de desesperación o vomitaran insultos; crear, para ellos, es inmolarse. Botero pinta como si hiciera el amor o degustara un manjar. Todo aquello que dibuja, pinta o esculpe, por el hecho de ser dibujado, pintado o esculpido, despierta su solidaridad y su afecto y es enaltecido. La famosa expresión de Saint John-Perse, «*Je parle dans l'estime*», podría ser su divisa. «Pinto en la estima», es decir, en el entusiasmo y el fervor por los seres y las cosas del mundo.

¿Hay un denominador común para los innumerables movimientos y tendencias del arte moderno? Sí. Haber establecido que una actitud moral o un principio ideológico puede conferir categoría estética. Estas actitudes y principios varían, son a veces antagónicos, pero ninguna de las distintas corrientes hace suyo el deslinde que caracterizó al arte del pasado, para el cual la belleza artística, inseparable del cotejo de la obra con la naturaleza, derivaba exclusivamente de ciertas formas y patrones formales: la composición, la perspectiva, el volumen, la línea, el color. Ni siquiera en los momentos de mayor religiosidad —la Edad Media— fue el arte juzgado prioritariamente como un acto de fe o una toma de posición doctrinaria. La función moralizadora o catequista del arte, para el artista medieval, empezaba después que la obra artística era reconocida como tal, es decir, cuando había alcanzado determinado coeficiente estético que se atribuía según el sistema de valores universalmente acatado. La originalidad, fenómeno individual, destacaba la silueta del artista contra un fondo homogéneo conformado por la manera de ver y de juzgar que compartían sus contemporáneos. En nuestros días, para ser artísticos, un cuadro o una escultura debe expresar una idea, proponer una cierta concepción de la sociedad del hombre o del quehacer artístico, ejemplificar una posición ética. La confusión que reina en el arte contemporáneo se debe a que no hay *un* sistema de valores que aglutine a las obras que se producen, las que resultan de puntos de vista, esquemas teóricos o posturas sin denominador común. Esta proliferación de estéticas —o, mejor dicho, de actitudes que pretenden encarnar una estética— ha llegado a tales extremos que no es exagerado afirmar que cada artista u obra artística aspira a ser entendida y juzgada según un sistema que él o ella fundan. El resultado es la incertidumbre y la anarquía.

Quizá una de las razones que hayan contribuido al éxito de Botero, además de su enorme talento de pintor, es que su obra nos recuerda el orden que regulaba la vida artística antes de la behetría presente y nos prueba que él puede todavía seguir regulándola en nuestros días, ya que no está reñido con la innovación y la invención. Su pintura nos resulta familiar: expresión actual de una manera de entender y practicar el arte que fue la de nuestros abuelos y padres y a la que por lo mismo podemos juzgar según patrones ya consolidados a lo largo de la historia de Occidente. Su pintura refracta una naturaleza inteligible y es, ante todo, pintura; no jus tifica sus formas y colores en ninguna moral o tabla de principios. Sus referentes son, simultáneamente, el mundo visible y la tradición artística a los que remiten sus técnicas y anécdotas. En un mundo de crisis de valores artísticos —todos han sido, son o serán cuestionados y reemplazados por otros, y estos, a su vez, sustituidos, en un vértigo sin fin— la obra de Botero, con sus constantes referencias al arte del pasado, su equilibrio racional, su exquisita manufactura, su visión benévola, unitaria y optimista, sin tensiones ni angustias, su sensualidad, sus rasgos de humor, y, sobre todo, su hedonismo artístico, su apasionada reivindicación del arte de pintar como una actividad que se justifica en el placer que lo produce y que ofrece, nos devuelve la confianza y nos persuade de que el hambre de belleza es todavía un apetito legítimo.

Lima, agosto de 1984

LAS FICCIONES DE BORGES*

Cuando yo era estudiante, leía con pasión a Sartre y creía a pie juntillas sus tesis sobre el compromiso del escritor con su tiempo y su sociedad. Que las «palabras eran actos» y que, escribiendo, un hombre podía actuar sobre la historia. Ahora, en 1987, semejantes ideas pueden parecer ingenuas y provocar bostezos —vivimos una ventolera escéptica sobre los poderes de la literatura y también sobre la historia—, pero en los años cincuenta la idea de que el mundo podía ser cambiado para mejor y que la literatura debía contribuir a ello, nos parecía a muchos persuasiva y exaltante.

El prestigio de Borges comenzaba ya a romper el pequeño círculo de la revista *Sur* y de sus admiradores argentinos y en diversas ciudades latinoamericanas surgían, en los medios literarios, devotos que se disputaban como tesoros las rarísimas ediciones de sus libros, aprendían de memoria las enumeraciones visionarias de sus cuentos —la de «El Aleph», sobre todo, tan hermosa— y se prestaban sus tigres, sus laberintos, sus máscaras, sus espejos y sus cuchillos, y también sus sorprendentes adjetivos y adverbios para sus escritos. En

---

* Conferencia leída en la Anglo-Argentinian Society de Londres, en la Fifth Annual Jorge Luis Borges Lecture, el 28 de octubre de 1987.

Lima, el primer borgeano fue un amigo y compañero de generación, con quien compartíamos libros e ilusiones literarias. Borges era un tema inagotable en nuestras discusiones. Para mí representaba, de manera químicamente pura, todo aquello que Sartre me había enseñado a odiar: el artista evadido de su mundo y de la actualidad en un universo intelectual de erudición y de fantasía; el escritor desdeñoso de la política, de la historia y hasta de la realidad que exhibía con impudor su escepticismo y su risueño desdén sobre todo lo que no fuera la literatura; el intelectual que no solo se permitía ironizar sobre los dogmas y utopías de la izquierda sino que llevaba su iconoclasia hasta el extremo de afiliarse al Partido Conservador con el insolente argumento de que los caballeros se afilian de preferencia a las causas perdidas.

En nuestras discusiones yo procuraba, con toda la malevolencia sartreana de que era capaz, demostrar que un intelectual que escribía, decía y hacía lo que Borges, era de alguna manera corresponsable de todas las iniquidades sociales del mundo, y sus cuentos y poemas nada más que «*bibelots d'inanité sonore*» (dijes de inanidad sonora) a los que la historia —esa terrible y justiciera Historia con mayúsculas que los progresistas blanden, según les acomode, como el hacha del verdugo, la carta marcada del tahúr o el pase mágico del ilusionista— se encargaría de dar su merecido. Pero, agotada la discusión, en la soledad discreta de mi cuarto o de la biblioteca, como el fanático puritano de *Lluvia,* de Somerset Maugham, que sucumbe a la tentación de aquella carne contra la que predica, el hechizo literario borgeano resultaba irresistible. Y yo leía sus cuentos, poemas y ensayos con un deslumbramiento al que, además, el sentimiento adúltero de estar traicionando a mi maestro Sartre, añadía un perverso placer.

He sido bastante inconstante con mis pasiones literarias de adolescencia; muchos de los que fueron mis modelos ahora se me caen de las manos cuando intento releerlos, entre ellos el propio Sartre. Pero, en cambio, Borges, esa pasión secreta y pecadora, nunca se desdibujó; releer sus textos, algo que he hecho cada cierto tiempo, como quien cumple un rito, ha sido siempre una aventura feliz. Ahora mismo, para preparar esta charla, releí de corrido toda su obra y, mientras lo hacía, volví a maravillarme, como la primera vez, por la elegancia y la limpieza de su prosa, el refinamiento de sus historias y la perfección con que sabía construirlas. Sé lo transeúntes que pueden ser las valoraciones artísticas; pero creo que en su caso no es arriesgado afirmar que Borges ha sido lo más importante que le ocurrió a la literatura en lengua española moderna y uno de los artistas contemporáneos más memorables.

Creo, también, que la deuda que tenemos contraída con él quienes escribimos en español es enorme. Todos, incluso aquellos que, como yo, nunca han escrito un cuento fantástico ni sienten una predilección especial por los fantasmas, los temas del doble y del infinito o la metafísica de Schopenhauer.

Para el escritor latinoamericano, Borges significó la ruptura de un cierto complejo de inferioridad que, de manera inconsciente, por supuesto, lo inhibía de abordar ciertos asuntos y lo encarcelaba dentro de un horizonte provinciano. Antes de él, parecía temerario o iluso, para uno de nosotros, pasearse por la cultura universal como podía hacerlo un europeo o un norteamericano. Cierto que lo habían hecho, antes, algunos poetas modernistas, pero esos intentos, incluso los del más notable entre ellos —Rubén Darío— tenían algo de «pastiche», de mariposeo superficial y un tanto frívolo por un territorio ajeno. Ocurre que el escritor latinoamericano había olvidado algo que, en cambio, nuestros clásicos, como el Inca Garcilaso o Sor Juana Inés de la Cruz, jamás pusieron en duda: que era parte constitutiva, por derecho de lengua y de historia, de la cultura occidental. No un mero epígono ni un colonizado de esta tradición sino uno de sus componentes legítimos desde que, cuatro siglos y medio atrás, españoles y portugueses extendieron las fronteras de esta cultura hasta el hemisferio austral. Con Borges esto volvió a ser una evidencia y, asimismo, una prueba de que sentirse partícipe de esta cultura no resta al escritor latinoamericano soberanía ni originalidad.

Pocos escritores europeos han asumido de manera tan plena y tan cabal la herencia de Occidente como este poeta y cuentista de la periferia. ¿Quién, entre sus contemporáneos, se movió con igual desenvoltura por los mitos escandinavos, la poesía anglosajona, la filosofía alemana, la literatura del Siglo de Oro, los poetas ingleses, Dante, Homero, y los mitos y leyendas del Medio y el Extremo Oriente que Europa tradujo y divulgó? Pero esto no hizo de Borges un «europeo». Yo recuerdo la sorpresa de mis alumnos, en el Queen Mary College de la Universidad de Londres, en los años sesenta, con quienes leíamos *Ficciones* y *El Aleph*, cuando les dije que en América Latina había quienes acusaban a Borges de «europeísta», de ser poco menos que un escritor inglés. No podían entenderlo. A ellos, ese escritor en cuyos relatos se mezclaban tantos países, épocas, temas y referencias culturales disímiles, les resultaba tan exótico como el chachachá (que estaba de moda entonces). No se equivocaban. Borges no era un escritor prisionero de los barrotes de una tradición nacional, como puede serlo a menudo el escritor europeo, y eso facilitaba sus desplazamientos por el espacio cultural, en el que se movía con desenvoltura gracias a las muchas lenguas que dominaba. Su cosmopolitismo, esa avidez por adueñarse de un ámbito cultural tan vasto, de inventarse un pasado propio con lo ajeno, es una manera profunda de ser argentino, es decir, latinoamericano. Pero, en su caso, aquel intenso comercio con la literatura europea fue, también, un modo de configurar una geografía personal, una manera de ser Borges. Sus curiosidades y demonios íntimos fueron enhebrando un tejido cultural propio de gran originalidad, hecho de extrañas combinaciones, en el que la prosa de Stevenson y *Las mil y una noches* (traducidas por ingleses y franceses) se codeaban con los gauchos del *Martín Fierro* y con personajes de las sagas islandesas y en el que dos compadritos de un Buenos Aires más fantaseado que evocado intercambiaban cuchilladas en una disputa que parecía prolongar la que, en la alta Edad Media, llevó a dos teólogos cristianos a morir en el fuego. En el insólito escenario borgeano desfilan, como en el «aleph» del sótano de Carlos Argentino, las más heterogéneas criaturas y asuntos. Pero, a diferencia de lo que ocurre en esa pantalla pasiva que se limita a reproducir caóticamente los ingredientes del universo, en la obra de Borges todos ellos están reconciliados y valorizados por un punto de vista y una expresión verbal que les da un perfil autónomo.

Y este es otro dominio en el que el escritor latinoamericano debe mucho al ejemplo de Borges. Él no solo nos mostró que un argentino podía hablar con solvencia sobre Shakespeare o concebir persuasivas historias situadas en Aberdeen, sino, también, revolucionar su tradición estilística. Atención: he dicho ejemplo, que no es lo mismo que influencia. La prosa de Borges, por su furiosa originalidad, ha causado estragos en incontables admiradores a los que el uso de ciertos verbos o imágenes o maneras de adjetivar que él inauguró volvió meras parodias. Es la «influencia» que se detecta más rápido, porque Borges es uno de los escritores de nuestra lengua que llegó a crear un modo de expresión tan suya, una música verbal (para decirlo con sus palabras) tan propia, como los más ilustres clásicos: Quevedo (a quien él tanto admiró) o Góngora (que nunca le gustó demasiado). La prosa de Borges se reconoce al oído, a veces basta una frase e incluso un simple verbo (*conjeturar*, por ejemplo, o *fatigar* como transitivo) para saber que se trata de él.

Borges perturbó la prosa literaria española de una manera tan profunda como lo hizo, antes, en la poesía, Rubén Darío. La diferencia entre ambos es que Darío introdujo unas maneras y unos temas —que importó de Francia, adaptándolos a su idiosincrasia y a su mundo— que de algún modo expresaban los sentimientos (el esnobismo, a veces) de una época y de un medio social. Por eso pudieron ser utilizados por muchos otros sin que por ello los discípulos perdieran su propia voz. La revolución de Borges es unipersonal; lo representa a él y solo de una manera muy indirecta y tenue al ambiente en el que se formó y que ayudó decisivamente a formar (el de la revista *Sur*). En cualquier otro que no sea él, por eso, su estilo suena a caricatura.

Pero ello, claro está, no disminuye su importancia ni rebaja en lo más mínimo el enorme placer que da leer su prosa, una prosa que se puede paladear, palabra a palabra, como un manjar. Lo revolucionario de ella es que en la prosa de Borges hay casi tantas ideas como palabras, pues su precisión y su concisión son absolutas, algo que no es infrecuente en la literatura inglesa e incluso en la francesa, pero que, en cambio, en la de lengua española tiene escasos precedentes. Un personaje borgeano, la pintora Marta Pizarro (de «El duelo») lee a Lugones y a Ortega y Gasset y estas lecturas, dice el texto, confirman «su sospecha de que la lengua a la que estaba predestinada es menos apta para la expresión del pensamiento o de las pasiones que para la vanidad palabrera». Bromas aparte, y si se suprime en ella lo de «pasiones», la sentencia tiene algo de cierto. El español, como el italiano o el portugués, es un idioma palabrero, abundante, pirotécnico, de una formidable expresividad emocional, pero, por lo mismo, conceptualmente impreciso. Las obras de nuestros grandes prosistas, empezando por la de Cervantes, aparecen como soberbios fuegos de artificio en los que cada idea desfila precedida y rodeada de una suntuosa corte de mayordomos, galanes y pajes cuya función es decorativa. El color, la temperatura y la música importan tanto en nuestra prosa como las ideas, y en algunos casos —Lezama Lima, por ejemplo— más. No hay en los excesos retóricos típicos del español nada de censurable: expresan la idiosincrasia profunda de un pueblo, una manera de ser en la que lo emotivo y lo concreto prevalecen sobre lo intelectual y lo abstracto. Es esa fundamentalmente la razón de que un Valle-Inclán, un Alfonso Reyes, un Alejo Carpentier o un Camilo José Cela —para citar a cuatro magníficos prosistas— sean tan numerosos (como decía Gabriel Ferrater) a la hora de escribir. La inflación de su prosa no los hace ni menos inteligentes ni más superficiales que un Valéry o un T. S. Eliot. Son, simplemente, distintos, como lo son los pueblos iberoamericanos del pueblo inglés y del francés. Las ideas se formulan y se captan mejor, entre nosotros, encarnadas en sensaciones y emociones, o incorporadas de algún modo a lo concreto, a lo directamente vivido, que en un discurso lógico. (Esa es la razón, tal vez, de que tengamos en español una literatura tan rica y una filosofía tan pobre, y de que el más ilustre pensador moderno del idioma, Ortega y Gasset, sea sobre todo un literato).

Dentro de esta tradición, la prosa literaria creada por Borges es una anomalía, una forma que desobedece íntimamente la predisposición natural de la lengua española hacia el exceso, optando por la más estricta parquedad. Decir que con Borges el español se vuelve «inteligente» puede parecer ofensivo para los demás escritores de la lengua, pero no lo es. Pues lo que trato de decir (de esa manera «numerosa» que acabo de describir) es que, en sus textos, hay siempre un plano conceptual y lógico que prevalece sobre todos los otros y del que los demás son siempre servidores. El suyo es un mundo de ideas, descontaminadas y claras —también insólitas— a las que las palabras expresan con una pureza y un rigor extremados, a las que nunca traicionan ni relegan a segundo plano. «No hay placer más complejo que el pensamiento y a él nos entregamos», dice el narrador de «El inmortal», con frases que retratan a Borges de cuerpo entero. El cuento es una alegoría de su mundo ficticio, en el que lo intelectual devora y deshace siempre lo físico.

Al forjar un estilo de esta índole, que representaba tan genuinamente sus gustos y su formación, Borges innovó de manera radical nuestra tradición estilística. Y, al depurarlo, intelectualizarlo y colorearlo del modo tan personal como lo hizo, demostró que el español —idioma con el que solía ser tan severo, a veces, como su personaje Marta Pizarro— era potencialmente mucho más rico y flexible de lo que aquella tradición parecía indicar, pues, a condición de que un escritor de su genio lo intentara, era capaz de volverse tan lúcido y lógico como el francés y tan riguroso y matizado como el inglés. Ninguna obra como la de Borges para enseñarnos que, en materia de lengua literaria, nada está definitivamente hecho y dicho, sino siempre por hacer.

El más intelectual y abstracto de nuestros escritores fue, al mismo tiempo, un cuentista eximio, la mayoría de cuyos relatos se lee con interés hipnótico, como historias policiales, género que él cultivó impregnándolo de metafísica. Tuvo, en cambio, una actitud desdeñosa hacia la novela, en la que, previsiblemente, le molestaba la inclinación realista, el ser un género que, *malgré* Henry James y alguna que otra ilustre excepción, está como condenado a confundirse con la totalidad de la experiencia humana —las ideas y los instintos, el individuo y la sociedad, lo vivido y lo soñado— y que se resiste a ser confinado en lo puramente especulativo y artístico. Esta imperfección congénita del género novelesco —su dependencia del barro humano— era intolerable para él. Por eso escribió, en 1941, en el prólogo a *El jardín de los senderos que se bifurcan*: «Desvarío laborioso y empobrecedor el de componer vastos libros; el de explayar en quinientas páginas una idea cuya perfecta exposición oral cabe en pocos minutos». La frase presupone que todo libro es una disquisición intelectual, el desarrollo de un argumento o tesis. Si eso fuera cierto, los pormenores de una ficción serían, apenas, la superflua indumentaria de un puñado de conceptos susceptibles de ser aislados y extraídos como la perla que anida en la concha. ¿Son reducibles a una o a unas cuantas ideas *El Quijote, Moby Dick, La cartuja de Parma, Los demonios*? La frase no sirve como definición de la novela pero es, sí, indicio elocuente de lo que son las ficciones de Borges: conjeturas, especulaciones, teorías, doctrinas, sofismas.

El cuento, por su brevedad y condensación, era el género que más convenía a aquellos asuntos que a él lo incitaban a crear y que, gracias a su dominio del artificio literario, perdían vaguedad y abstracción y se cargaban de atractivo e, incluso, de dramatismo: el tiempo, la identidad, el sueño, el juego, la naturaleza de lo real, el doble, la eternidad. Estas preocupaciones aparecen hechas historias que suelen comenzar, astutamente, con detalles de gran precisión realista y notas, a veces, de color local, para luego, de manera insensible o brusca, mudar hacia lo fantástico o desvanecerse en una especulación de índole filosófica o teológica. En ellas los hechos no son nunca lo más importante, lo verdaderamente original, sino las teorías que los explican, las interpretaciones a que dan origen. Para Borges, como para su fantasmal personaje de «Utopía de un hombre que está cansado», los hechos «son meros puntos de partida para la invención y el razonamiento». Lo real y lo irreal están integrados por el estilo y la naturalidad con que el narrador circula por ellos, haciendo gala, por lo general, de una erudición burlona y apabullante y de un escepticismo soterrado que rebaja lo que podía haber en aquel conocimiento de excesivo.

En escritor tan sensible —y en persona tan civil y frágil como fue, sobre todo desde que la creciente ceguera hizo de él poco menos que un inválido— sorprenderá a algunos la cantidad de sangre y de violencia que hay en sus cuentos. Pero no debería; la literatura es una realidad compensatoria y está llena de casos como el suyo. Cuchillos, crímenes, torturas, atestan sus páginas; pero esas crueldades están distanciadas por la fina ironía que, como un halo, suele circundarlas y por el glacial racionalismo de su prosa que jamás se abandona a lo efectista, a lo emotivo. Esto confiere al horror físico una cualidad estatuaria, de hecho artístico, de realidad desrealizada.

Siempre estuvo fascinado por la mitología y los estereotipos del «malevo» del arrabal o el «cuchillero» de la pampa, esos hombres físicos, de bestialidad inocente e instintos sueltos, que eran sus antípodas. Con ellos pobló muchos de sus relatos, confiriéndoles una dignidad borgeana, es decir, estética e intelectual. Es evidente que todos esos matones, hombres de mano y asesinos truculentos que inventó son tan literarios —tan irreales— como sus personajes fantásticos. Que lleven poncho a veces, o hablen de un modo que finge ser el de los compadritos criollos o el de los gauchos de la provincia, no los hace más realistas que los heresiarcas, los magos, los inmortales y los eruditos de todos los confines del mundo de hoy o del remoto pasado que protagonizan sus historias. Todos ellos proceden, no de la vida sino de la literatura. Son, ante y sobre todo, ideas, mágicamente corporizadas gracias a las sabias combinaciones de palabras de un gran prestidigitador literario.

Cada uno de sus cuentos es una joya artística y algunos de ellos —como «Tlön, Uqbar, Orbis Tertius», «Las ruinas circulares», «Los teólogos», «El Aleph»— obras maestras del género. A lo inesperado y sutil de los temas se suma siempre una arquitectura impecable, de estricta funcionalidad. La economía de recursos es maniática:

nunca sobra ni un dato ni una palabra, aunque, a menudo, han sido escamoteados algunos ingredientes para hacer trabajar a la inteligencia del lector. El exotismo es un elemento indispensable: los sucesos ocurren en lugares distantes en el espacio o en el tiempo a los que esa lejanía vuelve pintorescos o en unos arrabales porteños cargados de mitología. En uno de sus famosos prólogos, Borges dice de un personaje: «El sujeto de la crónica era turco; lo hice italiano para intuirlo con más facilidad». En verdad, lo que acostumbraba hacer era lo inverso; mientras más distanciados de él y de sus lectores, podía manipularlos mejor atribuyéndoles las maravillosas propiedades de que están dotados o hacer más convincentes sus a menudo inconcebibles experiencias. Pero, atención, el exotismo y el color local de los cuentos de Borges son muy diferentes de los que caracterizan a la literatura regionalista, en escritores como Ricardo Güiraldes o Ciro Alegría, por ejemplo. En estos, el exotismo es involuntario, resulta de una visión excesivamente provinciana y localista del paisaje y las costumbres de un medio al que el escritor regionalista identifica con el mundo. En Borges, el exotismo es una coartada para escapar de manera rápida e insensible del mundo real, con el consentimiento —o, al menos, la inadvertencia— del lector, hacia aquella irrealidad que, para Borges, como cree el héroe de «El milagro secreto», «es la condición del arte».

Complemento inseparable del exotismo es, en sus cuentos, la erudición, algún saber especializado, casi siempre literario, pero también filológico, histórico, filosófico o teológico. Este saber se exhibe con desenfado y aun insolencia, hasta los límites mismos de la pedantería, pero sin pasar nunca de allí. La cultura de Borges era inmensa, pero la razón de la presencia de la erudición en sus relatos no es, claro está, hacérselo saber al lector. Se trata, también, de un recurso clave de su estrategia creativa, muy semejante a la de los lugares o personajes «exóticos»: infundir a las historias una cierta coloración, dotarlas de una atmósfera sui géneris. En otras palabras, cumple una función exclusivamente literaria que desnaturaliza lo que esa erudición tiene como conocimiento específico de algo, reemplazando este o subordinándolo a la tarea que cumple dentro del relato: decorativa, a veces y, a veces, simbólica. Así, en los cuentos de Borges, la teología, la filosofía, la lingüística y todo lo que en ellos aparece como saber especializado se vuelve literatura, pierde su esencia y adquiere la de la ficción, torna a ser parte y contenido de una fantasía literaria.

«Estoy podrido de literatura», le dijo Borges a Luis Harss, el autor de *Los nuestros*. No solo él: también el mundo ficticio que inventó está impregnado hasta el tuétano de literatura. Es uno de los mundos más literarios que haya creado escritor alguno, porque en él los personajes, los mitos y las palabras fraguados por otros escritores a lo largo del tiempo comparecen de manera multitudinaria y continua, y de forma tan vívida que han usurpado en cierta forma a aquel contexto de toda obra literaria que suele ser el mundo objetivo. El referente de la ficción borgeana no lo es, sino la literatura. «Pocas cosas me han ocurrido y muchas he leído. Mejor dicho: pocas cosas me han ocurrido más dignas de memoria que el pensamiento de Schopenhauer o la música verbal de Inglaterra», escribió con coquetería en el epílogo de *El hacedor*. La frase no debe ser tomada al pie de la letra, pues toda vida humana real, por apacible que haya sido, esconde más riqueza y misterio que el más profundo poema o el sistema de pensamiento más complejo. Pero ella nos dice una insidiosa verdad sobre la naturaleza del arte de Borges, que resulta, más que ningún otro que haya producido la literatura moderna, de metabolizar, imprimiéndole una marca propia, la literatura universal. Esa obra narrativa, relativamente breve, está repleta de resonancias y pistas que conducen hacia los cuatro puntos cardinales de la geografía literaria. Y a ello se debe, sin duda, el entusiasmo que suele despertar entre los practicantes de la crítica heurística, que pueden eternizarse en el rastreo e identificación de las infinitas fuentes borgeanas. Trabajo arduo, sin duda, y además inútil porque lo que da grandeza y originalidad a esos cuentos no son los materiales que él usó sino aquello en que los transformó: un pequeño universo ficticio, poblado de tigres y lectores de alta cultura, saturado de violencia y de extrañas sectas, de cobardías y heroísmos laboriosos, donde el verbo y el sueño hacen las veces de realidad objetiva y donde el quehacer intelectual de razonar fantasías prevalece sobre todas las otras manifestaciones de la vida.

Es un mundo fantástico, pero solo en este sentido: que en él hay seres sobrenaturales y ocurrencias prodigiosas. No en el sentido en el que Borges, en una de esas provocaciones a las que estaba acostumbrado desde su juventud ultraísta y a las que nunca renunció del todo, empleaba a veces el apelativo: de mundo irresponsable, lúdico, divorciado de lo histórico e incluso de lo humano. Aunque sin duda hay en su obra mucho de juego y más dudas que certidumbres sobre las cuestiones esenciales de la vida y la muerte, el destino humano y el más allá, no es un mundo desasido de la vida y de la experiencia cotidiana, sin raíz social. Está tan asentado sobre los avatares de la existencia, ese fondo común de la especie, como todas las obras literarias que han perdurado. ¿Acaso podría ser de otra manera? Ninguna ficción que rehuya la vida y que sea incapaz de iluminar o de redimir al lector sobre algún aspecto de ella, ha alcanzado permanencia. La singularidad del mundo borgeano consiste en que, en él, lo existencial, lo histórico, el sexo, la psicología, los sentimientos, el instinto, etcétera, han sido disueltos y reducidos a una dimensión exclusivamente intelectual. Y la vida, ese hirviente y caótico tumulto, llega al lector sublimada y conceptualizada, mudada en mito literario por el filtro borgeano, un filtro de una pulcritud lógica tan acabada y perfecta que parece, a veces, no quintaesenciar la vida sino abolirla.

Poesía, cuento y ensayo se complementan en la obra de Borges y a veces es difícil saber a cuál de los géneros pertenecen sus textos. Algunos de sus poemas cuentan historias y muchos de los relatos (los más breves, sobre todo) tienen la compacta condensación y la delicada estructura de poemas en prosa. Pero son, sobre todo, el ensayo y el cuento los géneros que intercambian más elementos en el texto borgeano, hasta disolver sus fronteras y confundirse en una sola entidad. La aparición de *Pálido fuego*, de Nabokov, novela donde ocurre algo similar —una ficción que adopta la apariencia de edición crítica de un poema— fue saludada por la crítica en Occidente como una hazaña. Lo es, desde luego. Pero lo cierto era que Borges venía haciendo ilusionismos parecidos hacía años y con idéntica maestría. Algunos de sus relatos más elaborados, como «El acercamiento a Almotásim», «Pierre Ménard, autor del Quijote» y «Examen de la obra de Herbert Quain», fingen ser reseñas bio-bibliográficas. Y en la mayoría de sus cuentos, la invención, la forja de una realidad ficticia, sigue una senda sinuosa que se disfraza de evocación histórica o de disquisición filosófica o teológica. Como la sustentación intelectual de estas acrobacias es muy sólida, ya que Borges sabe siempre lo que dice, la naturaleza de lo ficticio es en esos cuentos ambigua, de verdad mentirosa o de mentira verdadera, y ese es uno de los rasgos más típicos del mundo borgeano. Y lo inverso puede decirse de muchos de sus ensayos, como *Historia de la eternidad* o su *Manual de zoología fantástica* en los que por entre los resquicios del firme conocimiento en el que se fundan se filtra, como sustancia mágica, un elemento añadido, de fantasía e irrealidad, de invención pura, que los muda en ficciones.

Ninguna obra literaria, por rica y acabada que sea, carece de sombras. En el caso de Borges, su obra adolece, por momentos, de etnocentrismo cultural. El negro, el indio, el primitivo en general, aparecen a menudo en sus cuentos como seres ontológicamente inferiores, sumidos en una barbarie que no se diría histórica o socialmente circunstanciada, sino connatural a una raza o condición. Ellos representan una infrahumanidad, cerrada a lo que para Borges es lo humano por excelencia: el intelecto y la cultura literaria. Nada de esto está explícitamente afirmado ni es, sin duda, consciente; se trasluce, despunta al sesgo de una frase o es el supuesto de determinados comportamientos. Como para T. S. Eliot, Papini o Pío Baroja, para Borges la civilización solo podía ser occidental, urbana y casi casi blanca. El Oriente se salvaba, pero como apéndice, es decir, filtrado por las versiones europeas de lo chino, lo persa, lo japonés o lo árabe. Otras culturas, que forman también parte de la realidad latinoamericana —como la india y la africana—, acaso por su débil presencia en la sociedad argentina en la que vivió la mayor parte de su vida, figuran en su obra más como un contraste que como otras variantes de lo humano. Es esta una limitación que no empobrece los demás admirables valores de la obra de Borges, pero que conviene no soslayar dentro de una apreciación de conjunto de lo que ella significa. Una limitación que, acaso, sea otro indicio de su humanidad, ya que, como se ha repetido hasta el cansancio, la perfección absoluta no parece de este mundo, ni siquiera en obras artísticas de creadores que, como Borges, estuvieron más cerca de lograrla.

Marbella, octubre de 1978

LA TROMPETA DE DEYÁ

A Aurora Bernárdez

Aquel domingo de 1984 acababa de instalarme en mi escritorio para escribir un artículo, cuando sonó el teléfono. Hice algo que ya entonces no hacía nunca: levantar el auricular. «Julio Cortázar ha muerto —ordenó la voz del periodista—. Dícteme su comentario».

Pensé en un verso de Vallejo —«Español de puro bestia»— y, balbuceando, le obedecí. Pero aquel domingo, en vez de escribir el artículo, me quedé hojeando y releyendo algunos de sus cuentos y páginas de sus novelas que mi memoria conservaba muy vivos. Hacía tiempo que no sabía nada de él. No sospechaba ni su larga enfermedad ni su dolorosa agonía. Pero me alegró saber que Aurora había estado a su lado en esos últimos meses y que, gracias a ella, tuvo un entierro sobrio, sin las previsibles payasadas de los cuervos revolucionarios, que tanto se habían aprovechado de él en los últimos años.

Los había conocido a ambos un cuarto de siglo atrás, en casa de un amigo común, en París, y desde entonces, hasta la última vez que los vi juntos, en 1967, en Grecia —donde oficiábamos los tres de traductores, en una conferencia internacional sobre el algodón—, nunca dejó de maravillarme el espectáculo que significaba ver y oír conversar a Aurora y Julio, en tándem. Todos los demás parecíamos sobrar. Todo lo que decían era inteligente, culto, divertido, vital. Muchas veces pensé: «No pueden ser siempre así. Esas conversaciones las ensayan, en su casa, para deslumbrar luego a los interlocutores con las anécdotas inusitadas, las citas brillantísimas y esas bromas que, en el momento oportuno, descargan el clima intelectual».

Se pasaban los temas el uno al otro como dos consumados malabaristas y con ellos uno no se aburría nunca. La perfecta complicidad, la secreta inteligencia que parecía unirlos era algo que yo admiraba y envidiaba en la pareja tanto como su simpatía, su compromiso con la literatura —que daba la impresión de ser excluyente y total— y su generosidad para con todo el mundo, sobre todo, los aprendices como yo.

Era difícil determinar quién había leído más y mejor, y cuál de los dos decía cosas más agudas e inesperadas sobre libros y autores. Que Julio escribiera y Aurora *solo* tradujera (en su caso ese *solo* quiere decir todo lo contrario de lo que parece) es algo que yo siempre supuse provisional, un transitorio sacrificio de Aurora para que, en la familia, hubiera de momento nada más que un escritor. Ahora, que vuelvo a verla, después de tantos años, me muerdo la lengua las dos o tres veces que estoy a punto de preguntarle si tiene muchas cosas escritas, si va a decidirse por fin a publicar... Luce los cabellos grises, pero en lo demás es la misma. Pequeña, menuda, con esos grandes ojos azules llenos de inteligencia y la abrumadora vitalidad de antaño. Baja y sube las peñas mallorquinas de Deyá con una agilidad que a mí me deja todo el tiempo rezagado y con palpitaciones. También ella, a su modo, luce aquella virtud cortazariana por excelencia: ser un Dorian Gray.

Aquella noche de fines de 1958 me sentaron junto a un muchacho muy alto y delgado, de cabellos cortísimos, lampiño, de grandes manos que movía al hablar. Había publicado ya un librito de cuentos y estaba por reeditar una segunda recopilación, en una pequeña colección que dirigía Juan José Arreola, en México. Yo estaba por sacar, también, un libro de relatos y cambiamos experiencias y proyectos, como dos jovencitos que hacen su vela de armas literaria. Solo al despedirnos me enteré —pasmado— que era el autor de *Bestiario* y de tantos textos leídos en la revista de Borges y de Victoria Ocampo, *Sur*, el admirable traductor de las obras completas de Poe que yo había devorado en dos voluminosos tomos publicados por la Universidad de Puerto Rico. Parecía mi contemporáneo y, en realidad, era veintidós años mayor que yo.

Durante los años sesenta, y, en especial, los siete que viví en París, fue uno de mis mejores amigos, y, también, algo así como mi modelo y mi mentor. A él di a leer en manuscrito mi primera novela y esperé su veredicto con la ilusión de un catecúmeno. Y cuando recibí su carta, generosa, con aprobación y consejos, me sentí feliz. Creo que por mucho tiempo me acostumbré a escribir presuponiendo su vigilancia, sus ojos alentadores o críticos encima de mi hombro. Yo admiraba su vida, sus ritos, sus manías y sus costumbres tanto como la facilidad y la limpieza de su prosa y esa apariencia cotidiana, doméstica y risueña, que en sus cuentos y novelas adoptaban los temas fantásticos. Cada vez que él y Aurora llamaban para invitarme a cenar —al pequeño apartamento vecino a la rue de Sèvres, primero, y luego a la casita en espiral de la rue du Général Bouret— era la fiesta y la felicidad. Me fascinaba ese tablero de recortes de noticias insólitas y los objetos inverosímiles que recogía o fabricaba, y ese recinto misterioso, que, según la leyenda, *existía* en su casa, en el que Julio se encerraba a tocar la trompeta y a divertirse como un niño: el cuarto de los juguetes. Conocía un París secreto y mágico, que no figuraba en guía alguna, y de cada encuentro con él yo salía cargado de tesoros: películas que ver, exposiciones que visitar, rincones por los que merodear, poetas que descubrir y hasta un congreso de brujas en la Mutualité que a mí me aburrió sobremanera, pero que él evocaría después, maravillosamente, como un jocoso apocalipsis.

Con ese Julio Cortázar era posible ser amigo pero imposible intimar. La distancia que él sabía imponer, gracias a un sistema de cortesías y de reglas a las que había que someterse para conservar su amistad, era uno de los encantos del personaje: lo nimbaba de cierto misterio, daba a su vida una dimensión secreta que parecía ser la fuente de ese fondo inquietante, irracional y violento, que trasparecía a veces en sus textos, aun los más mataperros y risueños. Era un hombre eminentemente privado, con un mundo interior construido y preservado como una obra de arte al que probablemente solo Aurora tenía acceso, y para el que nada, fuera de la literatura, parecía importar, acaso existir.

Esto no significa que fuera libresco, erudito, intelectual, a la manera de un Borges, por ejemplo, que con toda justicia escribió: «Muchas cosas he leído y pocas he vivido». En Julio la literatura parecía disolverse en la experiencia cotidiana e impregnar toda la vida, animándola y enriqueciéndola con un fulgor particular sin privarla de savia, de instinto, de espontaneidad. Probablemente ningún otro escritor dio al juego la dignidad literaria que Cortázar ni hizo del juego un instrumento de creación y exploración artística tan dúctil y provechoso. Pero diciéndolo de este modo tan serio, altero la verdad: porque Julio no jugaba *para* hacer literatura. Para él escribir era jugar, divertirse, organizar la vida —las palabras, las ideas— con la arbitrariedad, la libertad, la fantasía y la irresponsabilidad con que lo hacen los niños o los locos. Pero jugando de este modo la obra de Cortázar abrió puertas inéditas, llegó a mostrar unos fondos desconocidos de la condición humana y a rozar lo trascendente, algo que seguramente nunca se propuso. No es casual —o, más bien sí lo es, pero en ese sentido de orden de lo casual que él describió en *62. Modelo para armar*— que la más ambiciosa de sus novelas llevara como título *Rayuela*, un juego de niños.

Como la novela, como el teatro, el juego es una forma de ficción, un orden artificial impuesto sobre el mundo, una representación de algo ilusorio, que reemplaza a la vida. Sirve al hombre para distraerse, olvidarse de la verdadera realidad y de sí mismo, viviendo, mientras dura aquella sustitución, una vida aparte, de reglas estrictas, creadas por él. Distracción, divertimento, fabulación, el juego es también un recurso mágico para conjurar el miedo atávico del ser humano a la anarquía secreta del mundo, al enigma de su origen, condición y destino. Johan Huizinga, en su célebre *Homo Ludens*, sostuvo que el juego es la columna vertebral de la civilización y que la sociedad evolucionó hasta la modernidad lúdicamente, construyendo sus instituciones, sistemas, prácticas y credos, a partir de esas formas elementales de la ceremonia y el rito que son los juegos infantiles.

En el mundo de Cortázar el juego recobra esa virtualidad perdida, de actividad seria y de adultos, que se valen de ella para escapar a la inseguridad, a su pánico ante un mundo incomprensible, absurdo y lleno de peligros. Es verdad que sus personajes se divierten jugando, pero muchas veces se trata de diversiones peligrosas, que les dejarán, además de un pasajero olvido de sus circunstancias, algún conocimiento atroz, o la enajenación o la muerte.

En otros casos, el juego cortazariano es un refugio para la sensibilidad y la imaginación, la manera como seres delicados, ingenuos, se defienden contra las aplanadoras sociales o, como escribió en el más travieso de sus libros —*Historias de cronopios y de famas*—, «para luchar contra el pragmatismo y la horrible tendencia a la consecución de fines útiles». Sus juegos son alegatos contra lo prefabricado, las ideas congeladas por el uso y el abuso, los prejuicios y, sobre todo, la solemnidad, bestia negra de Cortázar cuando criticaba la cultura y la idiosincrasia de su país.

Pero hablo del juego y, en verdad, debería usar el plural. Porque en los libros de Cortázar juega el autor, juega el narrador, juegan los personajes y juega el lector, obligado a ello por las endiabladas trampas que lo acechan a la vuelta de la página menos pensada. Y no hay duda que es enormemente liberador y refrescante encontrarse de pronto, entre las prestidigitaciones de Cortázar, sin saber cómo, parodiando a las estatuas, repescando palabras del cementerio (los diccionarios académicos) para inflarles vida a soplidos de humor, o saltando entre el cielo y el infierno de la rayuela.

El efecto de *Rayuela* cuando apareció, en 1963, en el mundo de lengua española, fue sísmico. Removió hasta los cimientos las convicciones o prejuicios que escritores y lectores teníamos sobre los medios y los fines del arte de narrar y extendió las fronteras del género hasta límites impensables. Gracias a *Rayuela* aprendimos que escribir era una manera genial de divertirse, que era posible explorar los secretos del mundo y del lenguaje pasándola muy bien, y que, jugando, se podía sondear misteriosos estratos de la vida vedados al conocimiento racional, a la inteligencia lógica, simas de la experiencia a las que nadie puede asomarse sin riesgos graves, como la muerte y la locura. En *Rayuela* razón y sinrazón, sueño y vigilia, objetividad y subjetividad, historia y fantasía perdían su condición excluyente, sus fronteras se eclipsaban, dejaban de ser antinomias para confundirse en una sola realidad, por la que ciertos seres privilegiados, como la Maga y Oliveira, y los célebres *piantados* de sus futuros libros, podían discurrir libremente. (Como muchas parejas lectoras de *Rayuela*, en los sesenta, Patricia y yo empezamos también a hablar en *gíglico*, a inventar una jerigonza privada y a traducir a sus restallantes vocablos esotéricos nuestros tiernos secretos).

Junto con la noción de juego, la de libertad es imprescindible cuando se habla de *Rayuela* y de todas las ficciones de Cortázar. Libertad para violentar las normas establecidas de la escritura y la estructura narrativas, para reemplazar el orden convencional del relato por un orden soterrado que tiene el semblante del desorden, para revolucionar el punto de vista del narrador, el tiempo narrativo, la psicología de los personajes, la organización espacial de la historia, su ilación. La tremenda inseguridad que, a lo largo de la novela, va apoderándose de Horacio Oliveira frente al mundo (y confinándolo más y más en un refugio mental) es la sensación que acompaña al lector de *Rayuela* a medida que se adentra en ese laberinto y se deja ir extraviando por el maquiávelico narrador en los vericuetos y ramificaciones de la anécdota. Nada es allí reconocible y seguro: ni el rumbo, ni los significados, ni los símbolos, ni el suelo que se pisa. ¿Qué me están contando? ¿Por qué no acabo de comprenderlo del todo? ¿Se trata de algo tan misterioso y complejo que es inaprensible o de una monumental tomadura de pelo? Se trata de ambas cosas. En *Rayuela* y en muchos relatos de Cortázar la burla, la broma y el ilusionismo de salón, como las figuritas de animales que ciertos virtuosos arman con sus manos o las monedas que desaparecen entre los dedos y reaparecen en las orejas o la nariz, están a menudo presentes, pero, a menudo, también, como en esos famosos episodios absurdos de *Rayuela* que protagonizan la pianista Bertha Trépat, en París, y el del tablón sobre el vacío en el que hace equilibrio Talita, en Buenos Aires, sutilmente se transmutan en una bajada a los sótanos del comportamiento, a sus remotas fuentes irracionales, a un fondo inmutable —mágico, bárbaro, ceremonial— de la experiencia humana, que subyace a la civilización racional y, en ciertas circunstancias, reflota en ella, desbaratándola. (Este es el tema de algunos de los mejores cuentos de Cortázar, como «El ídolo de las cícladas» y «La noche boca arriba», en los que vemos irrumpir de pronto, en el seno de la vida moderna y sin solución de continuidad, un pasado remoto y feroz de dioses sangrientos que deben ser saciados con víctimas humanas).

Rayuela estimuló las audacias formales en los nuevos escritores hispanoamericanos como pocos libros anteriores o posteriores, pero sería injusto llamarla una novela *experimental*. Esta calificación despide un tufillo abstracto y pretencioso, sugiere un mundo de probetas, retortas y pizarras con cálculos algebraicos, algo desencarnado, disociado de la vida inmediata, del deseo y el placer. *Rayuela* rebosa vida por todos sus poros, es una explosión de frescura y movimiento, de exaltación e irreverencia juveniles, una resonante carcajada frente a aquellos escritores que, como solía decir Cortázar, se ponen cuello y corbata para escribir. Él escribió siempre en mangas de camisa, con la informalidad y la alegría con que uno se sienta a la mesa a disfrutar de una comida casera o escucha un disco favorito en la intimidad del hogar. *Rayuela* nos enseñó que la risa no era enemiga de la gravedad y todo lo que de ilusorio y ridículo puede anidar en el afán experimental, cuando se toma demasiado en serio. Así como, en cierta forma el marqués de Sade agotó de antemano todos los posibles excesos de la crueldad sexual, llevándola en sus novelas a extremos irrepetibles, *Rayuela* constituyó una suerte de apoteosis del juego formal, luego de lo cual cualquier novela *experimental* nacía vieja y repetida. Por eso, como Borges, Cortázar ha tenido incontables imitadores, pero ningún discípulo.

Desescribir la novela, destruir la literatura, quebrar los hábitos al «lector-hembra», desadornar las palabras, escribir mal, etcétera, en lo que insistía tanto el Morelli de *Rayuela*, son metáforas de algo muy simple: la literatura se asfixia por exceso de convencionalismos y de seriedad. Hay que purgarla de retórica y lugares comunes, devolverle novedad, gracia, insolencia, libertad. El estilo de Cortázar tiene todo eso y sobre todo cuando se distancia de la pomposa prosopopeya taumatúrgica con que su álter ego Morelli pontifica sobre literatura, es decir, en sus cuentos, los que, de manera general, son más diáfanos y creativos que sus novelas, aunque no luzcan la vistosa cohetería que aureola a estas últimas.

Los cuentos de Cortázar no son menos ambiciosos ni iconoclastas que sus textos narrativos de aliento. Pero lo que hay en ellos de original y de ruptura suele estar más metabolizado en las historias, rara vez se exhibe con el virtuosismo impúdico con que lo hace en *Rayuela*, *62. Modelo para armar* y *El libro de Manuel*, donde el lector tiene a veces la sensación de ser sometido a ciertas pruebas de eficiencia intelectual. Esas novelas son manifiestos revolucionarios, pero la verdadera revolución de Cortázar está en sus cuentos. Más discreta pero más profunda y permanente, porque solivió a la naturaleza misma de la ficción, a esa entraña indisociable de forma-fondo, medio-fin, arte-técnica que ella se vuelve en los creadores más logrados. En sus cuentos, Cortázar no experimentó: encontró, descubrió, creó algo imperecedero.

Así como el rótulo de escritor *experimental* le queda corto, sería insuficiente llamarlo escritor *fantástico*, aunque, sin duda, puestos a jugar a las definiciones, esta le hubiera gustado más que la primera. Julio amaba la literatura fantástica y la conocía al dedillo y escribió algunos maravillosos relatos de ese sesgo, en los que ocurren hechos extraordinarios, como la imposible mudanza de un hombre en una bestezuela acuática, en «Axolotl», pequeña obra maestra, o la voltereta, gracias a la intensificación del entusiasmo, de un concierto baladí en una desmesurada masacre en que un público enfervorizado salta al escenario a devorar al maestro y a los músicos («Las ménades»). Pero también escribió egregios relatos del realismo más ortodoxo. Como la maravilla que es «Torito», historia de la decadencia de un boxeador contada por él mismo, que es, en verdad, la historia de su manera de hablar, una fiesta lingüística de gracia, musicalidad y humor, la invención de un estilo con sabor a barrio, a idiosincrasia y mitología de pueblo. O como «El perseguidor», narrado desde un sutil pretérito perfecto que se disuelve en el presente del lector, evocando de este modo subliminalmente la gradual disolución de Johnny, el *jazzman* genial cuya alucinada búsqueda del absoluto, a través de la trompeta, llega a nosotros mediante la reducción «realista» (racional y pragmática) que de ella lleva a cabo un crítico y biógrafo de Johnny, el narrador Bruno.

En verdad, Cortázar era un escritor realista y fantástico al mismo tiempo. El mundo que inventó tiene de inconfundible precisamente ser esa extraña simbiosis, que Roger Caillois consideraba la única con títulos para llamarse *fantástica*. En su prólogo a la *Antología de literatura fantástica* que él mismo preparó, Caillois sostuvo que el arte *de veras* fantástico no nace de la deliberación de su creador sino escurriéndose entre sus intenciones, por obra del azar o de más misteriosas fuerzas. Así, según él, lo fantástico no resulta de una técnica, no es un simulacro literario, sino un imponderable, una realidad que, sin premeditación, *sucede* de pronto en un texto literario. Recuerdo una larga y apasionada conversación con Cortázar, en un bistró de Montparnasse, sobre esta tesis de Caillois, el entusiasmo de Julio con ella y su sorpresa cuando yo le aseguré que aquella teoría me parecía calzar como un anillo a lo que ocurría en sus ficciones.

En el mundo cortazariano la realidad banal comienza insensiblemente a resquebrajarse y a ceder a unas presiones recónditas, que la empujan hacia lo prodigioso, pero sin precipitarla de lleno en él, manteniéndola en una suerte de intermedio, tenso y desconcertante territorio en el que lo real y lo fantástico se solapan sin integrarse. Este es el mundo de «Las babas del diablo», de «Cartas de mamá», de «Las armas secretas», de «La puerta condenada» y de tantos otros cuentos de ambigua solución, que pueden ser igualmente interpretados como realistas o fantásticos, pues lo extraordinario en ellos es, acaso, fantasía de los personajes o, acaso, milagro.

Esta es la famosa ambigüedad que caracteriza a cierta literatura fantástica clásica, ejemplicada en *Otra vuelta de tuerca*, de Henry James, delicada historia que el maestro de lo incierto se las arregló para contar de tal manera que no haya posibilidad de saber si lo fantástico que ocurre en ella —la aparición de fantasmas— realmente ocurre o es alucinación de un personaje. Lo que diferencia a Cortázar de un James, de un Poe, de un Borges o de un Kafka, no es la ambigüedad ni el intelectualismo, que en aquel son propensiones tan frecuentes como en estos, sino que en las ficciones de Cortázar las más elaboradas y cultas historias nunca se desencarnan y trasladan a lo abstracto, siguen plantadas en lo cotidiano y lo concreto y tienen la vitalidad de un partido de fútbol o una parrillada. Los surrealistas inventaron la expresión «lo maravilloso-cotidiano» para aquella realidad poética, misteriosa, desasida de la contingencia y las leyes científicas, que el poeta puede percibir por debajo de las apariencias, a través del sueño o el delirio, y que evocan libros como *El campesino de París*, de Aragon, o la *Nadja,* de Breton. Pero creo que a ningún otro escritor de nuestro tiempo define tan bien como a Cortázar, vidente que detectaba lo insólito en lo sólito, lo absurdo en lo lógico, la excepción en la regla y lo prodigioso en lo banal. Nadie dignificó tan literariamente lo previsible, lo convencional y lo pedestre de la vida humana, que, en los juegos malabares de su pluma, denotaban una recóndita ternura o exhibían una faz desmesurada, sublime u horripilante. Al extremo de que, pasadas por sus manos, unas instrucciones para dar cuerda al reloj o para subir una escalera podían ser, a la vez, angustiosos poemas en prosa y carcajeantes textos de patafísica.

La explicación de esa alquimia que funde en las ficciones de Cortázar la fantasía más irreal con la vida jocunda del cuerpo y de la calle, la vida libérrima, sin cortapisas, de la imaginación con la vida restringida del cuerpo y de la historia, es el estilo. Un estilo que

maravillosamente finge la oralidad, la soltura fluyente del habla cotidiana, el expresarse espontáneo, sin afeites ni petulancias del hombre
común. Se trata de una ilusión, desde luego, porque, en verdad, el
hombre común se expresa con complicaciones, repeticiones y confusiones que serían irresistibles trasladadas a la escritura. La lengua de
Cortázar es también una ficción, primorosamente fabricada, un artificio tan eficaz que parecía *natural*, un habla reproducida de la vida,
que manaba al lector directamente de esas bocas y lenguas animadas
de los hombres y mujeres de carne y hueso, una lengua tan transparente y llana que se confundía con lo que nombraba, las situaciones,
las cosas, los seres, los paisajes, los pensamientos, para mostrarlos mejor, como un discreto resplandor que los iluminaría desde adentro,
en su autenticidad y verdad. A ese estilo deben las ficciones de Cortázar su poderosa verosimilitud, el hálito de humanidad que late en
todas ellas, aun las más intrincadas. La funcionalidad de su estilo es
tal, que los mejores textos de Cortázar parecen *hablados*.

Sin embargo, la limpidez del estilo nos engaña a menudo,
haciéndonos creer que el contenido de esas historias es también diáfano, un mundo sin sombras. Se trata de otra prestidigitación. Porque, en verdad, ese mundo está cargado de violencia; el sufrimiento,
la angustia, el miedo acosan sin tregua a sus habitantes, los que, a
menudo, para escapar a lo insoportable de su condición se refugian
(como Horacio Oliveira) en la locura o algo que se le parece mucho. Desde *Rayuela* los locos ocupan un lugar central en la obra
de Cortázar. Pero la locura asoma en ella de manera engañosa, sin
las acostumbradas reverberaciones de amenaza o tragedia, más bien
como un disfuerzo risueño y algo tierno, manifestación de la ab-
surdidad esencial que anida en el mundo detrás de sus máscaras de
racionalidad y sensatez. Los *piantados* de Cortázar son entrañables y
casi siempre benignos, seres obsesionados con desconcertantes proyectos lingüísticos, literarios, sociales, políticos, éticos, para —como
Ceferino Pérez— reordenar y reclasificar la existencia de acuerdo
con delirantes nomenclaturas. Entre los resquicios de sus extravagancias, siempre dejan entrever algo que los redime y justifica: una

insatisfacción con lo existente, una confusa búsqueda de otra vida, más imprevisible y poética (a veces pesadillesca) que aquella en la que estamos confinados. Algo niños, algo soñadores, algo bromistas, algo actores, los *piantados* de Cortázar lucen una indefensión y una suerte de integridad moral que, a la vez que despiertan una inexplicable solidaridad de nuestra parte, nos hacen sentir acusados.

Juego, locura, poesía, humor, se alían como mezclas alquímicas, en esas misceláneas, *La vuelta al día en ochenta mundos*, *Último round* y el testimonio de ese disparatado peregrinaje final por una autopista francesa, *Los autonautas de la cosmopista*, en los que volcó sus aficiones, manías, obsesiones, simpatías y fobias con un alegre impudor de adolescente. Estos tres libros son otros tantos jalones de una autobiografía espiritual y parecen marcar una continuidad en la vida y la obra de Cortázar, en su manera de concebir y practicar la literatura, como un permanente disfuerzo, como una jocosa irreverencia. Pero se trata también de un espejismo. Porque, a finales de los años sesenta, Cortázar protagonizó una de esas transformaciones que, como lo diría él, solo-ocurren-en-la-literatura. También en esto fue Julio un imprevisible cronopio.

El cambio de Cortázar, el más extraordinario que me haya tocado ver nunca en ser alguno, una mutación que muchas veces se me ocurrió comparar con la que experimenta el narrador de «Axolotl», tuvo lugar, según la versión oficial —que él mismo consagró—, en el Mayo francés del 68. Se le vio entonces, en esos días tumultuosos, en las barricadas de París, repartiendo hojas volanderas de su invención, y confundido con los estudiantes que querían llevar «la imaginación al poder». Tenía cincuenta y cuatro años. Los dieciséis que le faltaban vivir sería el escritor comprometido con el socialismo, el defensor de Cuba y Nicaragua, el firmante de manifiestos y el *habitué* de congresos revolucionarios que fue hasta su muerte.

En su caso, a diferencia de tantos colegas nuestros que optaron por una militancia semejante pero por esnobismo u oportunismo —un modus vivendi y una manera de escalar posiciones en el establecimiento intelectual, que era y en cierta forma sigue siendo monopolio de la izquierda en el mundo de lengua española—, esta mudanza fue genuina, más dictada por la ética que por la ideología (a la que siguió siendo alérgico) y de una coherencia total. Su vida se organizó en función de ella, y se volvió pública, casi promiscua, y buena parte de su obra se dispersó en la circunstancia y en la actualidad, hasta parecer escrita por otra persona, muy distinta de aquella que, antes, percibía la política como algo lejano y con irónico desdén. (Recuerdo la vez que quise presentarle a Juan Goytisolo: «Me abstengo —bromeó—. Es demasiado político para mí»). Como en la primera, aunque de una manera distinta, en esta segunda etapa de su vida dio más de lo que recibió, y aunque creo que se equivocó muchas veces —como aquella en que afirmó que todos los crímenes del estalinismo eran un mero «*accident de parcours*» del comunismo—, incluso en esas equivocaciones había tan manifiesta inocencia e ingenuidad que era difícil perderle el respeto. Yo no se lo perdí nunca, ni tampoco el cariño y la amistad, que —aunque a la distancia— sobrevivieron a todas nuestras discrepancias políticas.

Pero el cambio de Julio fue mucho más profundo y abarcador que el de la acción política. Yo estoy seguro de que empezó un año antes del 68, al separarse de Aurora. En 1967, ya lo dije, estuvimos los tres en Grecia, trabajando juntos como traductores. Pasábamos la mañana y la tarde sentados a la misma mesa, en la sala de conferencias del Hilton, y las noches en los restaurantes de Plaka, al pie de la Acrópolis, donde infaliblemente íbamos a cenar. Y juntos recorrimos museos, iglesias ortodoxas, templos, y, en un fin de semana, la islita de Hydra. Cuando regresé a Londres, le dije a Patricia: «La pareja perfecta existe. Aurora y Julio han sabido realizar ese milagro: un matrimonio feliz». Pocos días después recibí carta de Julio anunciándome su separación. Creo que nunca me he sentido tan despistado.

La próxima vez que lo volví a ver, en Londres, con su nueva pareja, era otra persona. Se había dejado crecer el cabello y tenía unas barbas rojizas e imponentes, de profeta bíblico. Me hizo llevarlo a comprar revistas eróticas y hablaba de marihuana, de mujeres, de revolución, como antes de jazz y de fantasmas. Había siempre en él esa simpatía cálida, esa falta total de la pretensión y de las poses que casi inevitablemente vuelven insoportables a los escritores de éxito a partir de los cincuenta años, e incluso cabía decir que se había vuelto más fresco y juvenil, pero me costaba trabajo relacionarlo con el de antes. Todas las veces que lo vi después —en Barcelona, en Cuba, en Londres o en París, en congresos o mesas redondas, en reuniones sociales o conspiratorias— me quedé cada vez más perplejo que la vez anterior: ¿era él? ¿Era Julio Cortázar? Desde luego que lo era, pero como el gusanito que se volvió mariposa o el faquir del cuento que luego de soñar con marajás, abrió los ojos y estaba sentado en un trono, rodeado de cortesanos que le rendían pleitesía.

Este otro Julio Cortázar, me parece, fue menos personal y creador como escritor que el primigenio. Pero tengo la sospecha de que, compensatoriamente, tuvo una vida más intensa y, acaso, más feliz que aquella de antes en la que, como escribió, la existencia se resumía para él en un libro. Por lo menos, todas las veces que lo vi, me pareció joven, exaltado, dispuesto.

Si alguien lo sabe, debe ser Aurora, por supuesto. Yo no cometo la impertinencia de preguntárselo. Ni siquiera hablamos mucho de Julio, en estos días calientes del verano de Deyá, aunque él está siempre allí, detrás de todas las conversaciones, llevando el contrapunto con la destreza de entonces. La casita, medio escondida entre los olivos, los cripreses, las buganvilias, los limoneros y las hortensias, tiene el orden y la limpieza mental de Aurora, naturalmente, y es un inmenso placer sentir, en la pequeña terraza junto a la quebrada, la decadencia del día, la brisa del anochecer, y ver aparecer el cuerno de la Luna en lo alto del cerro. De rato en rato, oigo desafinar una trompeta. No hay nadie por los alrededores. El sonido sale, pues, de ese cartel del fondo de la sala, donde un chiquillo larguirucho y lampiño, con el pelo cortado a lo alemán y una camisita de mangas cortas —el Julio Cortázar que yo conocí— juega a su juego favorito.

Noviembre de 1992

JOSÉ DONOSO O LA VIDA
HECHA LITERATURA

Era el más literario de todos los escritores que he conocido, no solo porque había leído mucho y sabía todo lo que es posible saber sobre vidas, muertes y chismografías de la feria literaria, sino porque había modelado su vida como se modelan las ficciones, con la elegancia, los gestos, los desplantes, las extravagancias, el humor y la arbitrariedad de que suelen hacer gala sobre todo los personajes de la novela inglesa, la que prefería entre todas.

Nos conocimos en 1968, cuando él vivía en las alturas mallorquinas de Pollensa, en una quinta italiana desde la que contemplaba las estrictas rutinas de dos monjes cartujos, sus vecinos, y nuestro primer encuentro estuvo precedido de una teatralidad que nunca olvidaré. Llegué a Mallorca con mi mujer, mi madre y mis dos hijos pequeñitos y Donoso nos invitó a almorzar a todos, a través de María del Pilar, su maravillosa mujer, la jardinera de sus neurosis. Acepté, encantado. Un día después, volvió a llamar María del Pilar para explicar que, considerándolo mejor, Pepe pensaba que era preferible excluir a mi madre de la invitación porque su presencia podía perturbar nuestro primer contacto. Acepté, intrigado. La víspera del día fasto, nueva llamada de María del Pilar: Pepe había pedido el espejito y el almuerzo debería tal vez cancelarse. ¿Qué espejito era ese? El que Pepe pedía aquellas tardes en que sentía a las Parcas rondándolo, el que escrutaba con obstinación en espera de su último aliento. Repuse a María del Pilar que, almuerzo o no almuerzo, espejito o no espejito, yo iría a Pollensa de todas maneras a conocer en persona a ese loco furioso.

Fui y sedujo a toda la familia con su brillantez, sus anécdotas y, sobre todo, con sus obsesiones, que él exhibía ante el mundo con el orgullo y la munificencia con que otros exhiben sus colecciones de cuadros o estampillas. En aquellas vacaciones nos hicimos muy amigos y nunca dejamos de serlo, a pesar de que jamás, creo, estuvimos de acuerdo con nuestros gustos y disgustos literarios, y de que yo conseguí, varias veces, en los años siguientes, sacarlo de sus casillas asegurándole que él elogiaba *Clarissa*, *Middlemarch* y otros bodrios parecidos solo porque se los habían hecho leer a la fuerza sus profesores de Princeton. Palidecía y se le inyectaban los ojos, pero no me apretaba el pescuezo porque esas intemperancias son inadmisibles en las buenas novelas.

Estaba escribiendo en esa época su novela más ambiciosa, *El obsceno pájaro de la noche*, y, secundado hasta extremos heroicos por María del Pilar, revivía y padecía en carne propia las manías, traumas, delirios y barrocas excentricidades de sus personajes. Una noche, en casa de Bob Flakoll y Claribel Alegría, nos tuvo hipnotizados a una docena de comensales, escuchándolo referir —no, más bien, interpretar, cantar, mimar—, como un profeta bíblico o brujo en trance, historias ciertas o supuestas de su familia: una tatarabuela cruzaba los Andes en una homérica carreta de mulas, acarreando putas para los burdeles santiaguinos, y otra, presa de manía envoltoria y paquetera, guardaba sus uñas, sus pelos, las sobras de la comida, todo lo que dejaba de servir o ser usado, en primorosas cajitas y bolsas que invadían clósets, armarios, rincones, cuartos y, por fin, su casa entera. Hablaba con tanta pasión, gesticulando, transpirando, echando llamas por los ojos, que contagió a todo su auditorio su fascinación y cuando aquello terminó, como quien ve caer el telón al término de una obra de Ghelderode o llega al punto final del

Obsceno pájaro de la noche, todos nos sentimos tristísimos, abatidos de tener que abandonar aquellos apocalípticos delirios por la mediocre realidad. Digo todos, y miento; en realidad, allí también estaba un cuñado de Claribel, noruego y biólogo marino, que no entendía español. Estuvo toda la noche lívido y encogido en el borde del asiento, temblando; más tarde, confesó que, en muchos momentos de aquella memorable, incomprensible y ruidosa velada, pensó que no iba a sobrevivir, que sería sacrificado.

Todo en José Donoso fue siempre literatura, pero de la mejor calidad, y sin que ello quiera decir mera pose, superficial o frívola representación. Componía sus personajes con el esmero y la delicadeza con que el artista más depurado pinta o esculpe y luego se transustanciaba en ellos, desaparecía en ellos, recreándolos en sus menores detalles y asumiéndolos hasta las últimas consecuencias. Por eso, no es de extrañar que el personaje más hechicero que inventó fuera aquel conmovedor viejo trasvestido de *El lugar sin límites,* que, en el mundillo de camioneros y matones semianalfabetos en el que vive, se disfraza de manola y baila flamenco aunque en ello le vaya la vida. Aunque escribió historias de más empeño y más complejas, este relato es el más acabado de los suyos, en el que más perfectamente está fingido ese mundo enrevesado, neurótico, de rica imaginería literaria, reñido a muerte con el naturalismo y el realismo tradicionales de la literatura latinoamericana, hecho a imagen y semejanza de las pulsiones y fantasmas más secretos de su creador, que deja a sus lectores.

Entre los muchos personajes que Pepe Donoso encarnó, varios de los cuales tuve la suerte de conocer y gozar, me quedo ahora con el aristócrata, tipo Tomasso de Lampedusa, que fue los años que vivió en las sierras de Teruel, en el pueblecito de Calaceite, donde reconstruyó una hermosa casa de piedra y donde las travesuras de mis hijos y su hija Pilar le sugirieron la historia de su novela *Casa de campo* (1978). El pueblo estaba lleno de enlutadas viejecitas, lo que acabó de encantarlo, pues la vejez había sido, con las enfermedades, una de sus vocaciones más precoces —describiendo sus males y sín-

tomas alcanzaba unos niveles de inspiración rayanos en la geniali-
dad que ni siquiera sus cuentos de viejos y viejas arterioescleróticos
superaban— y tenía un solo médico, hipocondriaco como él, que,
cada vez que Pepe iba a darle cuenta de sus enfermedades, lo paraba
en seco, lamentándose: «A mí me duele la cabeza —la espalda, el estómago, los músculos— más que a usted». Se llevaban de maravilla,
por supuesto.

La primera vez que fui a pasar unos días con él a Calaceite,
me informó que ya se había comprado una tumba en el cementerio
del lugar, porque ese paisaje de rugosa aspereza y montes lunares era
el que más convenía a sus pobres huesos. La segunda, comprobé que
tenía en su poder las llaves de las iglesias y sacristías de toda la región,
sobre las que ejercía una especie de tutoría feudal, pues nadie podía
visitarlas ni entrar a orar en ellas sin su permiso. Y, la tercera, que,
además de pastor supremo o supersacristán de la comarca, oficiaba
también de juez, pues, sentado en la puerta de su casa y embutido en
alpargatas y un mameluco de avispero, dirimía los conflictos locales
que los vecinos ponían a su consideración. Representaba maravillosamente ese papel y hasta su aspecto físico, la melena gris y las barbas
descuidadas, la mirada profunda, el ademán paternal, la mueca bon-
dadosa, el desvaído vestuario, hacían de él un patriarca intemporal,
un señor de esos de horca y cuchilla de los tiempos idos.

La época en que lo vi más fue la de Barcelona, entre 1970
y 1974, cuando, por una conspiración de circunstancias, la bella
ciudad mediterránea se convirtió en la capital de la literatura latinoamericana o poco menos. Él describe una de esas reuniones —en
casa de Luis Goytisolo— en su *Historia personal del «boom»*, que
jalonan aquellos años exaltantes, en que la literatura nos parecía tan
importante y tan capaz de cambiar la vida de las gentes, y en los
que milagrosamente parecía haberse abolido el abismo que separa a
escritores y lectores españoles e hispanoamericanos, y en los que la
amistad nos parecía también irrompible, con una nostalgia que se
trasluce entre las líneas de su prosa empeñada en guardar una inglesa
circunspección. Es una noche que yo recuerdo muy bien, porque la

viví y porque la reviví leyéndola en su libro, y hasta podría ponerle una apostilla de algo que él suprimió, aquella anécdota que solía contar cuando estaba embalado y en confianza —y la contaba de tal modo que era imposible no creérsela— de cuando era pastor en las soledades magallánicas, y castraba carneros a la manera primitiva, es decir, a mordiscos («¡Así, así, juás, juás!») y escupiendo luego las preseas a veinte metros de distancia. Alguna vez lo oí jactarse de haber dado cuenta, él solo y con sus dientes, de la virilidad de por lo menos un millar de indefensos carneros del remoto Magallanes.

Las dos últimas veces que lo vi, el año pasado y hace unos meses, en Santiago, supe que, esta vez, la literatura ya no estaba de por medio, o, más bien, que aquello era literatura realista, documental puro. Había enflaquecido muchísimo y apenas podía hablar. La primera vez, en la clínica donde acababan de operarlo, me habló de Marruecos y comprendí que me había confundido con Juan Goytisolo, de quien había leído no hacía mucho un libro que le daba vueltas en la memoria. Cuando me despedí de él, la segunda vez, estaba tendido en su cama y casi sin aliento. «Henry James es una mierda, Pepe». Él me apretó la mano para obligarme a bajar la cabeza hasta ponerla a la altura de su oído: «Flaubert, más».

Pepe querido: este no es un homenaje. Esto es solo un artículo. El verdadero homenaje te lo voy a rendir ahora, a solas, leyendo de principio a fin, con esa mirada atenta, intensa y un poco malévola con que debe leerse la buena literatura, tus *Conjeturas sobre la memoria de mi tribu*, que compré en el aeropuerto de Madrid hace una semana, que hacía cola en mi velador entre los libros por leer y que he decidido poner a la cabeza de la fila.

Londres, diciembre de 1996

CABRERA INFANTE

El humor, el juego verbal, el cine y una nostalgia pertinaz por una ciudad que tal vez nunca existió son los ingredientes principales de la obra de Guillermo Cabrera Infante. La Habana que aparece en sus cuentos, novelas y crónicas, y que deja un recuerdo tan vívido en la memoria del lector, debe seguramente —como el Dublín de Joyce, el Trieste de Svevo o el Buenos Aires de Cortázar— mucho más a la fantasía del escritor que a sus recuerdos. Pero ella está ahora allí, contrabandeada en la realidad, más verdadera que la que le sirvió de modelo, viviendo casi exclusivamente de noche, en unos convulsos años prerrevolucionarios, sacudida de ritmos tropicales, humosa, sensual, violenta, periodística, bohemia, risueña y gansteril, en su sabrosa eternidad de palabras. Ningún escritor moderno de nuestra lengua, con la excepción tal vez del inventor de Macondo, ha sido capaz de crear una mitología citadina de tanta fuerza y color como el cubano.

Desde que leí *Tres tristes tigres*, en manuscrito (el libro se llamaba entonces *Vista del amanecer desde el trópico*), en 1964, supe que Guillermo Cabrera Infante era un grandísimo escritor y peleé como un león para que ganara el Premio Biblioteca Breve, del que yo era jurado. Dos días después, en mi escritorio de la Radio-Televisión Francesa, donde me ganaba la vida, sonó el teléfono. «Soy Onelio Jorge Cardoso —dijo la tronante voz—. ¿Te acuerdas? Nos conocimos en Cuba, el mes pasado. Oye, ¿por qué le dieron el premio ese, en Barcelona, al antipático de Cabrera Infante?». «Su novela era la mejor —le respondí, tratando de recordar a mi interlocutor—. Pero, tienes razón. Lo conocí la noche del premio, y, en efecto, me pareció antipatiquísimo». No mucho después, recibí un ejemplar de *Así en la paz como en la guerra* con una dedicatoria incomodísima: «Para Mario, de un tal Onelio Jorge Cardoso». Más tarde, cuando el azar hizo que, desterrado de Cuba y expulsado de España, que le negó el asilo político, Guillermo fuera a refugiarse en Londres, en un sótano situado en Earl's Court, a media cuadra de mi casa, me confesó que, por mi culpa, no había vuelto a jugarles a sus amigos la broma de la falsa identidad.

Naturalmente, era falso. Por un chiste, una parodia, un juego de palabras, una acrobacia de ingenio, una carambola verbal, Cabrera Infante ha estado siempre dispuesto a ganarse todos los enemigos de la Tierra, a perder a sus amigos, y acaso hasta la vida, porque, para él, el humor no es, como para el común de los mortales, un recreo del espíritu, una diversión que distiende el ánimo, sino una compulsiva manera de retar al mundo tal como es y de desbaratar sus certidumbres y la racionalidad en que se sostiene, sacando a luz las infinitas posibilidades de desvarío, sorpresa y disparate que esconde, y que, en manos de un diestro malabarista del lenguaje como él, pueden trocarse en un deslumbrante fuego de artificio intelectual y en delicada poesía. El humor es su manera de escribir, es decir, algo muy serio, que compromete profundamente su existencia. Es su manera de defenderse de la vida, el método sutil de que se vale para desactivar las agresiones y frustraciones que acechan a diario, deshaciéndolas en espejismos retóricos, en juegos y burlas. Pocos sospechan que buena parte de sus más hilarantes ensayos y crónicas, como los aparecidos a fines de los sesenta en *Mundo Nuevo*, los escribió cuando, convertido poco menos que en paria y confinado en Londres, sin pasaporte, sin saber si su solicitud de asilo sería aceptada por el gobierno británico, sobreviviendo a duras penas con sus dos hijas pequeñas, gracias al amor y la reciedumbre de la extraordinaria Miriam Gómez, y atacado sin tregua por valientes gacetilleros que, encarnizándose con él, ganaban sus credenciales de «progresistas», el mundo parecía venírsele encima. Y, sin embargo, de la máquina de escribir de ese escribidor acosado, con los nervios a punto de estallar, en vez de lamentos o injurias, salían carcajadas, retruécanos, disparates geniales y fantásticos pases de ilusionismo retórico.

Por eso, su prosa es una de las creaciones más personales e insólitas de nuestra lengua, una prosa exhibicionista, lujosa, musical e intrusa, que no puede contar nada sin contarse a la vez a sí misma, interponiendo sus disfuerzos y cabriolas, sus desconcertantes ocurrencias, a cada paso, entre lo contado y el lector, de modo que este, a menudo, mareado, escindido, absorbido por el frenesí del espectáculo verbal, olvida el resto, como si la riqueza de la pura forma volviera pretexto, accidente prescindible el contenido. Discípulo aprovechado de esos grandes malabaristas anglosajones del lenguaje, como Lewis Carroll, Laurence Sterne y James Joyce (de quien ha traducido, de modo impecable, *Dublineses*), su estilo es, sin embargo, inconfundiblemente suyo, de una sensorialidad y euritmia, que él, a veces, en uno de esos arrebatos de nostalgia de la tierra que le arrebataron y sin la cual no puede vivir ni, sobre todo, escribir, se empeña en llamar «cubanas». ¡Como si los estilos literarios tuvieran nacionalidad! No la tienen. En realidad, es un estilo solo suyo, creado a su imagen y semejanza, por sus fobias y sus filias —su oído finísimo para la música y para el lenguaje oral, su memoria elefantiásica para retener los diálogos de las películas que le gustaron y las conversaciones con los amigos que quiso y los enemigos que detestó, su pasión por el gran arte latinoamericano y español del cotilleo y la broma delirante, y la oceánica información literaria, política, cinematográfica y personal que se arregla para que llegue cada día a su cubil empastelado de libros, revistas y videos de Gloucester Road—, y que está a años luz de distancia de los de otros escritores tan cubanos como él: Lezama Lima, Virgilio Piñera o Alejo Carpentier.

Como el cine le gusta tanto, ve tantas películas, ha escrito guiones y reunidos varios volúmenes de ensayos y críticas cinematográficas, muchos tienen la impresión de que Guillermo Cabrera Infante está, en realidad, más cerca del llamado sétimo arte que de la vieja literatura. Es un error explicable, pero garrafal. En verdad, y aunque él mismo no lo quiera así, y acaso ni lo sepa, se trata de uno de los escritores más literarios que existen, es decir, más esclavizado al culto de la palabra, de la frase, de la expresión lingüística, a tal extremo que esta feliz servidumbre lo ha llevado al extremo de crear una literatura que está hecha esencialmente de un uso exclusivo y excluyente de la palabra antes que de cualquier otra cosa, una literatura que por embelesarse de tal modo con ellas, por potenciarlas, darles la vuelta, exprimirlas y lucirlas y jugar con ellas, consigue a menudo disociarlas de lo que las palabras representan *también*: las personas, las ideas, los objetos, las situaciones, los hechos, de la realidad vivida. Algo que, en nuestra literatura, no había vuelto a ocurrir desde los tiempos gloriosos del Siglo de Oro, con los paroxismos conceptistas de Quevedo o las laberínticas arquitecturas de imágenes de Góngora. Cabrera Infante se ha servido mucho más del cine que lo ha servido, como hacía Degas con el ballet, Cortázar con el jazz, Proust con las marquesas y Joanot Martorell con los rituales caballerescos. Leer sus crónicas y comentarios de películas —sobre todo, esa deslumbrante colección que es *Un oficio del siglo XX* (1963)— es leer un género nuevo, con la apariencia de la crítica, pero en verdad mucho más artístico y elaborado que la reseña o el análisis, un género que participa tanto del relato como de la poesía, solo que su punto de partida, la materia que le da el ser, no es la experiencia vivida, ni la soñada por su autor, sino la vivida por esos ensueños animados que son los héroes de las películas y los esforzados directores, guionistas, técnicos y actores que las realizan, una materia prima que a Cabrera Infante lo estimula, dispara su imaginación y su verba y lo lleva a inventar esos preciosos objetos tan persuasivos que parecen recrear y explicar el cine (la vida), cuando, en verdad, son nada más que (nada menos que) ficciones, literatura.

Cabrera Infante no es un político y estoy seguro de que suscribiría con puntos y comas la frase de Borges: «La política es una de las formas del tedio». Su oposición a la dictadura cubana tiene una razón más moral y cívica que ideológica —un amor a la libertad más que una adhesión a alguna doctrina partidista— y por eso, aunque en su larga vida de exiliado han salido muchas veces de su pluma y su boca rotundos vituperios contra el castrismo y sus cómplices, siempre ha preservado su independencia, sin identificarse nunca con alguna de las tendencias de la oposición democrática cubana, del interior o del exilio. Pese a ello, durante un par de décadas por lo menos, fue un apestado para gran parte de la clase intelectual de América Latina y de España, sobornada o intimidada por la Revolución cubana. Ello le significó infinitas penalidades y, casi casi, la desintegración. Pero, gracias a su vocación, a su terquedad y, por supuesto, a la maravillosa compañía de Miriam, resistió la cuarentena y el acoso de sus colegas como había resistido el otro exilio, hasta que, a pocos, lo sucedido en el campo político en los últimos años y el cambio de los vientos y las realidades ideológicas, ha ido por fin haciendo posible que su talento sea reconocido en amplios sectores y devolviéndole el derecho de ciudad. El Premio Cervantes que se le acaba de conceder no solo es un acto de justicia para con un gran escritor. Es, también, un desagravio a un creador singular que, por culpa de la intolerancia, el fanatismo y la cobardía, ha pasado más de la mitad de su vida viviendo como un fantasma y escribiendo para nadie, en la más irrestricta soledad.

Berlín, diciembre de 1997

BIENVENIDA A
FERNANDO DE SZYSZLO*

Conocí a Szyszlo a mediados de 1958, cuando él se disponía a partir a Washington y yo tenía ya hecha las maletas para viajar a Europa. Él vivía entonces en un altillo construido en la azotea de una casa de la avenida Arenales, un cálido y endeble reducto que lucía, en su informalidad bohemia, reminiscencias parisinas. En aquel breve encuentro hablamos del poeta César Moro, amigo suyo fallecido hacía poco, para cuyos poemas y prosas inéditos, cuya edición yo ayudaba a preparar a André Coyné, fuimos a pedir ayuda a Szyszlo. Nos la dio, desde luego —se podría escribir una larguísima historia de poetas y escribidores menesterosos que, desde hace medio siglo, como nosotros aquella vez, han ido a tocar las puertas del taller de Szyszlo y salido de allí con el dibujo, el grabado, la ilustración, la suscripción y el aliento que buscaban—. Pero, a mí, aquella rápida conversación, además de ganarme un amigo, me dio también la idea de un pintor que, fuera de pintar muy bien, sabía de poesía y de literatura, citaba a Proust y a Rilke, amaba la cultura y tenía ideas y razones, además del instinto,

---

* Conferencia leída en la ceremonia de incorporación de Fernando de Szyszlo a la Academia Peruana de la Lengua, en Lima, el 13 de noviembre de 1997.

las intuiciones y la artesanía en que parecía confinado el talento de todos los pintores que hasta entonces yo había tratado. Cuarenta años después y, por lo menos, un par de centenares de pintores más en mi haber de conocidos, debo confesar que solo un puñado de ellos me han dado la impresión que da Szyszlo a quienes lo frecuentan, de un creador excepcionalmente culto e inteligente, que se mueve con desenvoltura en el mundo del saber y puede opinar con agudeza sobre su oficio y muchos otros temas relativos a la cultura.

No se necesita ser muy leído ni inteligente para ser un gran pintor, desde luego, ni estar dotado de lucidez intelectual y entender cabalmente lo que uno hace cuando tiene el pincel en la mano y poder formularlo luego por escrito. Ambas son cosas distintas. La historia del arte está repleta de grandes artistas que no sabían lo que hacían, aunque lo hicieran maravillosamente bien. El ejemplo más meridiano es Picasso, el gran trastornador de la pintura moderna, la frontera viviente donde las actitudes, las ambiciones, las técnicas, la estética del pasado, mudaron de naturaleza y se trasformaron y disgregaron en las mil y una direcciones del arte contemporáneo. Ningún artista ha marcado más su tiempo y el quehacer artístico de su edad que Picasso, cuyos hallazgos, experimentos, acrobacias, delirios y juegos, además de producir una floración de obras maestras, han inseminado las tendencias más diversas de la pintura moderna, desde el cubismo hasta el *pop art*, desde el surrealismo hasta la abstracción y el arte conceptual. El genio de Picasso fue esencialmente intuitivo, nada intelectual; la osadía y originalidad que estallan por doquier en sus cuadros y esculturas, sin embargo, podían tornarse en patético balbuceo de banalidades o meros disfuerzos, en las contadas ocasiones en que intentó teorizar, razonar sobre lo que hacía y explicarlo conceptualmente. Y, desde el punto moral y político, es mejor voltear rápidamente la página, pues, el genio indiscutido del arte moderno murió sin que las pavorosas revelaciones sobre los millones de muertos en el Gulag perturbaran lo más mínimo la buena conciencia con que homenajeó a Stalin y al régimen que presidía, un régimen que, por lo demás, consideró siempre el arte de Picasso como despreciable, por decadente y burgués. Su caso no es infrecuente; abundan los creadores en los que, expresarse en las imágenes que proyectan sus telas, les absorbe totalmente el ánimo, sin dejarles, se diría, el tiempo, la energía o la curiosidad para interesarse por otros órdenes de la vida espiritual. Y, los que, al igual que un Picasso, actúan como si el genio exonerase de aquellas servidumbres éticas y cívicas que gravitan sobre el común de los mortales.

No es el caso de Fernando de Szyszlo. El suyo, como el de un Tàpies o el de un Mondrian, es el de un artista en el que la intuición y la maestría han sido siempre irrigadas por una poderosa energía intelectual, el saber racional y una reflexión sobre el propio quehacer, algo que se refleja en su obra, a la que añade una dimensión que trasciende lo estrictamente plástico. Sus cuadros chisporrotean de alusiones y reverberaciones sobre otros órdenes del conocimiento, como observó Emilio Adolfo Westphalen, comentando una exposición de pinturas de Szyszlo inspiradas en la elegía quechua anónima *Apu Inca Atawallpaman*, traducida al castellano por José María Arguedas. Los pintores que he citado son muy diferentes entre sí, aunque, los tres, hayan hecho pintura no figurativa. Pero, lo que, en verdad, tienen de común es que el peruano, el catalán y el holandés hayan sido, a la vez que artistas originales, hombres de pensamiento y de cultura, cuya sensibilidad se refinó en un comercio intenso con la vida intelectual, capaces de crear y tomar una perspectiva crítica con lo que creaban, introspección permanente que les permitía explicar lo que hacían, situarse a voluntad dentro de una tradición y una vanguardia que en su obra se enfrentaban en un tirante diálogo, y opinar con tino y buen juicio sobre el fenómeno artístico.

La obra de Szyszlo es una de esas islas artísticas en las que podemos refugiarnos, hoy, cuando nos sentimos abrumados por la profusión de falsos ídolos, de exitosos prestidigitadores a los que entroniza la frivolidad y la publicidad hace pasar por grandes artistas. En esta obra pisamos tierra firme y, desde la primera ojeada, sabemos a qué atenernos respecto a su calidad y a su factura, a la unidad que cohesiona los temas y designios que la animan y las formas que la plasman. Tal vez a algunos espectadores estos cuadros no les gusten, o les gusten menos que los de otros creadores: es su derecho. Pero nadie que se coloque frente a ellos y se deje invadir por su fuerza comunicativa, la suntuosidad y sutileza con que en ellos se combinan los colores para crear unos espacios y temas que remiten unos a otros hasta constituir un mundo propio, diferenciado del mundo del espectador y de otros mundos creados por el arte, puede dejar de respetarlo, ni negar su vigorosa singularidad.

La pintura de Szyszlo, como la de todos los grandes creadores, está hecha de alianzas disímiles, a las que él ha añadido, por supuesto, invenciones de su cosecha. Esta es una generalidad, la formulo solo para añadir lo que, a partir de esa evidencia, me parece destacable: que las fuentes en que bebe el arte de Szyszlo revelan al hombre universal que es, al curioso impenitente y múltiple que hay en él.

No deja de ser una instructiva paradoja, desde luego, que en un pintor no figurativo, las antiguas culturas precolombinas hayan dejado una huella más memorable que en los llamados pintores indigenistas, los que reivindicaban a voz en cuello, con una sinceridad que no hay por qué poner en duda, aquella tradición y se empeñaban en continuarla. Pero, en verdad, con excepciones escasas, el llamado indigenismo mimó y, a menudo, caricaturizó los motivos del arte prehispánico, trasladándolos a sus cuadros por su exterior pintoresco y sin mayor reelaboración. Este arte ronda como un fantasma por la pintura de Szyszlo —«pena» en ella, diríamos, utilizando una expresión peruana—, pero no es fácil circunscribir su presencia, pues se ha disuelto en su contexto, y es, como el alimento que el organismo torna sangre, nervio y músculo, algo transmutado, que ha servido al artista para erigir su propia mitología. Sin embargo, el legado de los antiguos artesanos que, en el valle de Chancay, en Paracas o en Chavín, produjeron esos objetos de barro, esos tejidos en plumas, las pinturas y los ídolos de metal —sobre los que Szyszlo ha escrito, en muchas ocasiones, con devoción— está inconfundiblemente allí, como un sedimento o un aura, en esos ámbitos que sugieren el templo votivo, la cámara de los sacrificios o la práctica mágica del ser pre-racional de tantas telas de Szyszlo, despuntando a veces en formas alusivas —como tótems, puertas, curvas, escaleras y diversos motivos geométricos— o en un estallido particularmente violento de los colores, que, advertimos en el acto, tienden un puente sutil entre esta obra tan visiblemente instalada en la modernidad y el oscuro y diestro oficio de esos remotos maestros que hacían arte sin saberlo, creyendo que, haciendo aquello, adoraban a sus dioses y exorcizaban los pavorosos peligros del mundo.

En los cuadros de Szyszlo, los antiguos peruanos se dan la mano con el cubismo europeo, en el que dio sus primeros pasos de pintor, y con una amplia panoplia de artistas de tres mundos, entre los que, algunos nombres —Rothko, Tamayo, Zadkine, Motherwell— y poetas como Octavio Paz, son imprescindibles de citar. La manera como la poesía ha estimulado el quehacer artístico de Szyszlo daría materia para un estudio. Una de sus primeras exposiciones rendía homenaje a dos insobornables: Rimbaud y André Breton. En 1950, en París, produjo una serie de litografías cuya fuente de inspiración era el impacto que había hecho en él la poesía de César Vallejo. Westphalen comentó así aquel encuentro: «La poesía convulsionada, desgarrada y tierna de Vallejo había removido profundamente el espíritu de Szyszlo y el impulso creador así suscitado se resolvió en imágenes que decían de la tristeza e incertidumbre del hombre frente a un mundo hostil de 'sol negro' y angustia constante pero, también, donde insólitamente florecen el amor y la dicha. El universo de Vallejo y el de Szyszlo pudieron acercarse, pero prosiguieron sus destinos independientes, girando dentro de sus órbitas propias».

Octavio Paz, a quien conoció en 1949, en París, cuando escribía *El laberinto de la soledad*, ensayo que, según confesión propia, ayudó de manera decisiva a Szyszlo a asumir su condición de latinoamericano, ha sido una continua referencia a lo largo de su vida. Siempre ha admirado su poesía, y, también, sus ensayos y textos críticos, por los que han desfilado, sin exageración, todos los grandes problemas artísticos, literarios y políticos de nuestro tiempo. La influencia de la reflexión crítica de Octavio Paz sobre la modernidad y el pasado mexicano, como una continuidad sin cesuras, contribuyó, sin duda, a reavivar la pasión que desde joven despertó en Szyszlo el arte prehispánico. Escuchémoslo: «Creo que para Paz, que es profundamente mexicano, como para una persona nacida en cualquier parte de la zona andina del continente, es una sensación estimulante e intoxicante esa de saber que en estos mismos lugares hace milenios se había desarrollado una civilización totalmente autónoma que por su propio talento inventó la agricultura y tuvo entonces el tiempo para elaborar una visión del mundo circundante y con ello desarrollar una teoría religiosa y su componente inseparable, el arte. Siempre estuvo y está presente en la palabra de Octavio Paz esta independencia, esta seguridad de que él es una persona que no viene de un mundo colonial y derivado, sino de un grupo que había sido por siglos productor de cultura». Es obvio, en esta cita, que, hablando de Octavio Paz, Szyszlo habla también de sí mismo y de la fecunda relación que su arte de vanguardia tiene con las antiquísimas culturas de la prehistoria andina.

Este tema, el de la identidad, siempre me ha parecido peligroso, pues, a menos de acotarlo en la esfera exclusiva del individuo, lo encuentro reñido con la libertad. La única identidad admisible es aquella que significa autocreación, un continuo esfuerzo del individuo soberano para irse haciendo, definiendo frente a aquellas imposiciones y herencias del medio en que se desenvuelve, la geografía que lo rodea, la historia que lo precede, la lengua, las costumbres, la fe y las convicciones dentro de las que se formó. Pero nada de ello es naturaleza, condición irrenunciable; es cultura, es decir, algo que la razón y la sensibilidad del individuo pueden asumir, rechazar o enmendar gracias a su conciencia crítica y en función de sus propias inclinaciones, ideas o devociones. Una identidad no puede ser un campo de concentración del que, por la banal razón del nacimiento, el individuo no pueda escapar jamás y donde esté condenado a vivir siempre idéntico a sí mismo y a sus compañeros de esa prisión —esa patria, esa iglesia, esa cultura— fuera de cuyas alambradas perdería su alma, se volvería nadie, nada.

Sin embargo, la preocupación por la identidad, que, seguramente, nace de un recóndito miedo a la libertad, a la obligación de tener que crearse a sí mismo, cada día, eligiendo y rechazando distintas opciones, en vez de abandonarse a la confortable inercia de la pertenencia a un supuesto ser colectivo, del que el individuo sería mero epifenómeno, ha sido una constante de la cultura latinoamericana, por lo menos desde el inicio de la vida independiente de nuestros países.

Según las épocas y las modas dominantes, los artistas latinoamericanos se han considerado blancos, indios o mestizos. Y cada una de esas definiciones —el hispanismo, el indigenismo, el criollismo— ha significado una mutilación, ha excluido de nuestra personalidad cultural algunas vetas que tenían tanto derecho a representarnos como la elegida.

Pero, a pesar de los innumerables tratados, artículos, debates, simposios sobre un tema que nunca se agota, porque es en gran parte ficticio —el de nuestra identidad—, lo cierto es que cada vez que tenemos la suerte de hallarnos ante una genuina obra de creación surgida en nuestro entorno, la duda se evapora: lo latinoamericano existe, está allí, es eso que vemos y gozamos, que nos turba y exalta y que, por otra parte, nos delata. Eso que nos pasa con los cuentos de Borges, los poemas de Vallejo o de Neruda, los cuadros de Tamayo o de Matta, nos ocurre también con la pintura de Szyszlo: eso es América Latina en su más alta expresión, en ella está lo mejor que somos y tenemos. Porque en ella está soterrado el mundo entero.

Rastrear en esos cuadros turbadores las huellas de nuestra identidad resulta vertiginoso, pues ellos delinean una geografía laberíntica, donde el más diestro explorador se extravía. Hijo de un científico polaco y de una peruana del litoral, Szyszlo está también escindido en relación con sus fuentes artísticas: el arte precolombino, las vanguardias europeas, un mosaico de pintores norteamericanos y latinoamericanos. Pero, quizá, el paisaje que lo ha rodeado la mayor parte de su vida —el cielo gris de Lima, su ciudad, los desiertos llenos de historia y muerte de la costa, y ese mar que comparece con tanta fuerza en una época de su pintura— haya sido una influencia tan determinante para configurar su mundo como el legado de los anónimos artesanos precolombinos cuyas máscaras, mantos de plumas, figurillas de greda, símbolos y colores aparecen quintaesenciados en sus telas. O como las refinadas audacias, negaciones y experimentos del arte occidental moderno —el cubismo, la no-figuración, el surrealismo—, sin los cuales la pintura de Szyszlo tampoco sería lo que es.

Las raíces de un artista son profundas e inextricables, como las de los grandes árboles, y si uno se empeña en seguirlas hasta sus confines, descubre que es imposible sujetarlas dentro de una comarca, nación o continente, pues corren, libérrimas, por todos los territorios de lo humano, ese universo. Es útil estudiarlas, pues ellas nos acercan a ese misterioso centro del que nace la belleza, esa indefinible fuerza que ciertos objetos creados por el hombre son capaces de desatar y que nos desarma y subyuga. Pero el conocerlas sirve también para saber sus límites, pues las fuentes de que se nutre no explican jamás una obra de arte. Por el contrario, muestran cómo un artista va siempre más allá de todo aquello que formó su sensibilidad y perfeccionó su técnica.

Lo personal —oscura materia hecha de sueños y deseos, de pálpitos, reminiscencias e inconscientes impulsos— es en Szyszlo tan importante como las corrientes pictóricas en las que su obra pueda filiarse, o que aquello que ha admirado y emulado. Y, en ese reducto secreto de su personalidad, yace aquella inaccesible clave del misterio que, junto con la elegancia y la destreza, es el gran protagonista de sus cuadros.

Algo ocurre en ellos, siempre. Algo que es más que la forma y el color. Un espectáculo difícil de describir aunque no de sentir. Una ceremonia que parece a veces de inmolación o sacrificio y que se celebra sobre un ara primitiva. Un rito bárbaro y violento, en el que alguien se desangra, desintegra, entrega y también, acaso, goza. Algo, en todo caso, que no es inteligible, que hay que llegar a aprehender por la vía tortuosa de la obsesión, la pesadilla, la visión. Muchas veces, mi memoria ha actualizado de pronto ese extraño tótem, despojo visceral o monumento recubierto de inquietantes ofrendas —ligaduras, espolones, soles, rajas, incisiones, astas— que es desde hace mucho tiempo un personaje recurrente de los lienzos de Szyszlo. Y me he hecho incontables veces la misma pregunta: ¿de dónde sale?, ¿quién, qué es?

Sé que no hay respuesta para esas preguntas. Pero que sea capaz de suscitarlas y mantenerlas vivas en el recuerdo de aquellos que entran en contacto con su mundo es la mejor credencial de autenticidad del arte de Fernando de Szyszlo. Un arte que, como América Latina, carece de identidad porque las tiene todas: se hunde en la noche de las civilizaciones extinguidas y se codea con las novísimas, aparecidas en cualquiera de los rincones del globo. Que se yergue en la encrucijada de todos los caminos, ávido, curioso, sediento, libre de prejuicios, abierto a cualquier influencia. Pero enconadamente leal con su secreto corazón, esa soterrada y caliente intimidad donde se metabolizan las experiencias y las enseñanzas y donde la razón se pone al servicio de la sinrazón para que broten la personalidad y el genio de un artista.

La pintura de Szyszlo, como la de todo artista mayor, se ha valido de todo lo que se puso a su alcance para dar apariencia a aquella informe necesidad de expresión que lo animaba. Cuando, luego de conquistar una voz personal, esas materias ajenas consiguieron verterse en obras concretas, acabaron expresándolo solo a él. Eso es lo que en definitiva nos importa saber cuando caemos bajo el hechizo de una de sus telas: que ese intenso espectáculo que parece estar pugnando por salir disparado de su violenta quietud, de su inmovilidad beligerante de colores y formas, resume, en su recóndita anatomía, el quehacer, la fantasía, la técnica y también los miedos y los sueños, de un ciudadano del mundo, que, aunque sin romper nunca con el barro nutricio, siempre ejerció su vocación de artista con la conciencia cabal de que lo que hacía no tenía ni debía tener otras fronteras que las de la humana condición, aquel denominador común de la especie, sobre el que todo arte genuino testimonia y al que todo arte genuino ayuda a sobrellevar los trabajos y los días.

Quisiera, para terminar, referirme a las credenciales cívicas del nuevo académico. Estas son prendas que, lo sé muy bien, no se toman nunca en cuenta —o muy rara vez— a la hora de elegir a un nuevo miembro, en este tipo de corporación. (Reconozcamos, entre paréntesis, que si ellas fueran requisitos indispensables, estas andarían sin duda bastante despobladas). Pero, como a Fernando de Szyszlo sí lo adornan, otra de las rarezas de su currículo ¿por qué no mencionarlas? Aunque nunca le ha interesado mayormente la política, ni sido un político, ni haya participado en empresas de esta índole sino como ciudadano comprometido con algunos ideales, pero desinteresado del poder, y se haya mostrado celoso siempre de conservar su independencia frente a este, de Fernando de Szyszlo se puede decir que en toda su vida no hay un solo episodio, caída o concesión, que mancille o tuerza su permanente defensa de la libertad, entendido esto, claro está, de la única manera en que se puede medir: por su rechazo de las dictaduras y su defensa de la democracia. Lo cual significa que, en un país como el nuestro, donde la democracia ha sido una flor más bien exótica, y el autoritarismo una enfermedad crónica, Szyszlo se ha pasado la vida, o poco menos, en los limbos de la oposición. Ni las dictaduras de derecha como la de Odría, o la actual, la solapada de los señores Fujimori, Nicolás De Bari Hermoza y Montesinos, o las de izquierda, como la del general Velasco, podrían preciarse de haber sobornado a Szyszlo con sus halagos ni de haberlo intimidado con sus chantajes: él siempre ha estado allí, defendiendo con voz clara, para su infortunado país, el régimen de legalidad y de libertad que es el de la civilización, y que, en el Perú, una y otra vez se ha derrumbado, vez que empezaba a florecer. Si algún día el Perú consigue romper ese ciclo infernal de longevas dictaduras y fugaces periodos democráticos, se deberá, sobre todo, a esos peruanos limpios y perseverantes que, como él, nunca perdieron la esperanza ni dejaron de bregar cotidianamente, en la modesta medida de sus fuerzas, con el ejemplo de su conducta, para acercar ese día.

Desde que yo tengo memoria, siempre ha habido, en Lima, alguna figura que, por su contagioso entusiasmo, don de gentes, amor a la cultura y al arte y su capacidad de atraer en torno a personas afines, ha cumplido la función de un animador cultural de primer orden, y, transmitiendo informaciones, alentando los proyectos, las vocaciones ajenas y proyectando en torno un clima auspicioso, cálido, estimulante, ha encarnado como una suerte de símbolo la vida de la cultura en el Perú. Una persona así fue Sebastián Salazar Bondy, compañero de generación y aliado o adversario fraterno en las batallas estéticas de juventud de Fernando de Szyszlo. Lo fue, también, de una manera tan admirable y tan discreta, el arquitecto Luis Miró Quesada, el inolvidable *Cartucho*, cuya ausencia ha dejado, en la vida intelectual y cívica del país, un vacío tan grande como en la vida de sus amigos. Al igual que ellos, y que unos pocos otros, Szyszlo es, desde hace muchos años, uno de esos símbolos a los que nos hace bien volver la mirada en el Perú, cuando nos sentimos desanimados. Él, con una manera de ser y de actuar, con su obra viva y en perpetua renovación, con su generosidad, su rigor y su ambición de artista, nos devuelve la ilusión y nos recuerda que aquí también es posible, como en los más altos centros intelectuales y artísticos, hacer una obra que puede parangonarse a la de los mejores, y mantener, aun en las circunstancias más difíciles, la moral alta y la integridad invicta.

Incorporando a su seno a Fernando de Szyszlo, la Academia de la Lengua lo premia y se premia. Querido Gody: bienvenido.

Río de Janeiro, noviembre de 1997

RESISTIR PINTANDO

Frida Kahlo es extraordinaria por muchas razones, y, entre ellas, porque lo ocurrido con su pintura muestra la formidable revolución que puede provocar, a veces, en el ámbito de las valoraciones artísticas, una buena biografía. Y, por eso mismo, lo precarias que han llegado a ser en nuestros días las valoraciones artísticas.

Hasta 1983, Frida Kahlo era conocida en México y en un círculo internacional restringido de aficionados a la pintura, más como una curiosidad surrealista elogiada por André Breton, y como mujer de Diego Rivera, que como una artista cuya obra merecía ser valorizada por sí misma, no como apéndice de una corriente ni como mero complemento de la obra del célebre muralista mexicano. En 1983 apareció en Estados Unidos el libro de Hayden Herrera: *Frida: A Biography of Frida Kahlo*. Esta fascinante descripción de la odisea vital y artística de la pintora mexicana, que fue leída con justa devoción en todas partes, tuvo la virtud de catapultar a Frida Kahlo al epicentro de la curiosidad en los polos artísticos del planeta, empezando por Nueva York, y en poco tiempo convirtió su obra en una de las más celebradas y cotizadas en el mundo entero. Desde hace unos diez años, los raros cuadros suyos que llegan a los remates de Sotheby's o Christie's logran los precios más elevados que haya alcanzado nunca un pintor latinoamericano, incluido, por supuesto,

Diego Rivera, quien ha pasado a ser conocido cada vez más como el marido de Frida Kahlo.

Lo más notable de esta irresistible y súbita ascensión del prestigio de la pintura de Frida Kahlo es la unanimidad en que se sustenta —la elogian los críticos serios y los frívolos, los inteligentes y los tontos, los formalistas y los comprometidos, y al mismo tiempo que los movimientos feministas la han erigido en uno de sus íconos, los conservadores y antimodernos ven en ella una reminiscencia clásica entre los excesos de la vanguardia—. Pero, acaso sea aun más asombroso que aquel prestigio se haya consolidado antes incluso de que pudieran verse sus cuadros, pues, fuera de haber pintado pocos —apenas un centenar—, buena parte de ellos —los mejores— permanecían hasta hace poco confinados a piedra y lodo en una colección particular estrictísima, a la que tenían acceso solo un puñado de mortales.

Esta historia daría materia, desde luego, para una interesante reflexión sobre la veleidosa rueda de la fortuna que, en nuestros días, encarama a las nubes o silencia y borra la obra de los artistas por razones que a menudo tienen poco que ver con lo que de veras hacen. La menciono solo para añadir que, en este caso, por misteriosas circunstancias —el azar, la justicia inmanente, los caprichos de una juguetona divinidad— en vez de una de esas aberraciones patafísicas que suelen resultar de los endiosamientos inesperados que la moda produce, aquella biografía de Hayden Herrera y sus secuelas —todo habrá sido increíble en el destino de Frida Kahlo— han servido para colocar en el lugar que se merece, cuatro décadas después de su muerte, a una de las más absorbentes figuras del arte moderno.

Mi entusiasmo por la pintura de Frida Kahlo es recentísimo. Nace de una excursión de hace un par de semanas a la alpina Martigny, localidad suiza a la que, en dos mil años de historia, parecen haber acaecido solo dos acontecimientos dignos de memoria: el paso por allí de las legiones romanas —dejaron unas piedras que se exhiben ahora con excesiva veneración— y la actual exposición dedicada a Diego Rivera y Frida Kahlo, organizada por la Fundación Pierre Gianadda. La muestra es un modelo en su género, por la calidad de la selección y la eficacia con que cuadros, dibujos, fotografías y gráficos han sido dispuestos a fin de sumergir al espectador durante unas horas en el mundo de ambos artistas.

La experiencia es concluyente: aunque Diego Rivera tenía más oficio y ambición, fue más diverso y curioso y pareció más universal porque aprovechó las principales corrientes plásticas de su tiempo para sumergirse, luego, en su propia circunstancia histórica y dejó una vastísima obra, Frida Kahlo, a pesar de las eventuales torpezas de su mano, de sus patéticas caídas en la truculencia y la autocompasión, y también, por cierto, de la chirriante ingenuidad de sus ideas y proclamas, fue el más intenso y personal artista de los dos —diría el más auténtico si esta denominación no estuviera preñada de malentendidos—. Venciendo las casi indescriptibles limitaciones que la vida le infligió, Frida Kahlo fue capaz de elaborar una obra de una consumada coherencia, en la que la fantasía y la invención son formas extremas de la introspección, de la exploración del propio ser, del que la artista extrae, en cada cuadro —en cada dibujo o boceto— un estremecedor testimonio sobre el sufrimiento, los deseos y los más terribles avatares de la condición humana.

Vi por primera vez algunos cuadros de Frida Kahlo en su casa-museo de Coyoacán, hace unos veinte años, en una visita que hice a la Casa Azul con un disidente soviético que había pasado muchos años en el Gulag, y al que la aparición en aquellas telas de las caras de Stalin y de Lenin, en amorosos medallones aposentados sobre el corazón o las frentes de Frida y de Diego, causó escalofríos. No me gustaron a mí tampoco y de ese primer contacto saqué la impresión de una pintora naif bastante cruda, más pintoresca que original. Pero su vida me fascinó siempre, gracias a unos textos de Elena Poniatowska, primero, y, luego, con la biografía de Hayden Herrera quedé también subyugado, como todo el mundo, por la sobrehumana energía con que esta hija de un fotógrafo alemán y una criolla mexicana, abatida por la polio a los seis años, y a los diecisiete por ese espantoso accidente de tránsito que le destrozó la columna vertebral y la pelvis —la barra del ómnibus en que viajaba le entró por el cuello y le salió por la vagina— fue capaz de sobrevivir, a eso, a las treinta y dos operaciones a que debió someterse, a la amputación de una pierna, y, a pesar de ello, y de tener que vivir por largas temporadas inmóvil, y, a veces, literalmente colgada de unas cuerdas, y con asfixiantes corsés, amó ferozmente la vida, y se las arregló no solo para casarse, descasarse y volverse a casar con Diego Rivera —el amor de su vida—, tener abundantes relaciones sexuales con hombres y mujeres (Trotsky fue uno de sus amantes), viajar, hacer política, y, sobre todo, pintar.

Sobre todo, pintar. Comenzó a hacerlo poco después de aquel accidente, dejando en el papel un testimonio obsesivo de su cuerpo lacerado, de su furor y de sus padecimientos, y de las visiones y delirios que el infortunio le inspiraba, pero, también, de su voluntad de seguir viviendo y exprimiendo todos los jugos de vida —los dulces, los ácidos, los venenosos—, hasta la última gota. Así lo hizo hasta el final de sus días, a los cuarenta y siete años. Su pintura, observada en el orden cronológico con que aparece en la exposición de Martigny, es una hechizante autobiografía, en la que cada imagen, a la vez que grafica algún episodio atroz de su vida física o anímica —sus abortos, sus llagas, sus heridas, sus amores, sus deseos delirantes, los extremos de desesperación e impotencia en que a veces naufraga— hace también las veces de exorcismo e imprecación, una manera de librarse de los demonios que la martirizan trasladándolos al lienzo o al papel y aventándolos al espectador como una acusación, un insulto o una desgarrada súplica.

La tremenda truculencia de algunas escenas o la descarada vulgaridad con que en ellas aparece la violencia física que padecen o infligen los seres humanos están siempre bañadas de un delicado simbolismo que las salva del ridículo y las convierte en inquietantes alegatos sobre el dolor, la miseria y el absurdo de la existencia. Es una pintura a la que difícilmente se la podría llamar bella, perfecta o seductora, y, sin embargo, sobrecoge y conmueve hasta los huesos, como la de un Munch o la del Goya de la Quinta del Sordo, o como la música del Beethoven de los últimos años o ciertos poemas del Vallejo agonizante. Hay en esos cuadros algo que va más allá de la pintura y del arte, algo que toca ese indescifrable misterio de que está hecha la vida del hombre, ese fondo irreductible donde, como decía Bataille, las contradicciones desaparecen, lo bello y lo feo se vuelven indiferenciables y necesarios el uno al otro, y también el goce y el suplicio, la alegría y el llanto, esa raíz recóndita de la experiencia que nada puede explicar, pero que ciertos artistas que pintan, componen o escriben como inmolándose son capaces de hacernos presentir. Frida Kahlo es uno de esos casos aparte que Rimbaud llamaba: «*les horribles travailleurs*». Ella no vivía para pintar, pintaba para vivir y por eso en cada uno de sus cuadros escuchamos su pulso, sus secreciones, sus aullidos y el tumulto sin freno de su corazón.

Salir de esa inmersión de buzo en los abismos de la condición humana a las apacibles calles de Martigny y al limpio y bovino paisaje alpino que rodea a la ciudad en esta tarde fría y soleada es un anticlímax intolerable. Y, por más que hago todo lo que, como forastero, debo hacer —saludar a las piedras romanas, llenarme los pulmones de tonificantes brisas, contemplar los pastos, las vacas y ordenar una *fondue*—, el recuerdo de las despellejadas y punzantes imágenes que acabo de ver no me da tregua. Está siempre conmigo, susurrándome que toda esa tranquilizadora y benigna realidad que me rodea ahora es espejismo, apariencia, que la verdadera vida no puede excluir todo lo que quedó allá, en esos cuerpos desollados y fetos sangrantes, en los hombres arbolados y mujeres vegetales, en las fantasías dolorosas y los exultantes aullidos de la exposición. Una exposición de la que, como ocurre con pocas en estos tiempos, uno sale mejor o peor, pero ciertamente distinto de lo que era cuando entró.

Martigny, marzo de 1998

EL LENGUAJE DE LA PASIÓN

A la muerte de André Breton, Octavio Paz, en el homenaje que le rindió, dijo que hablar del fundador del surrealismo sin emplear el lenguaje de la pasión era imposible. Lo mismo podría decirse de él, pues, a lo largo de su vida, sobre todo las últimas décadas, vivió en la controversia, desatando a su alrededor adhesiones entusiastas o abjuraciones feroces. La polémica continuará en torno a su obra, ya que toda ella está impregnada hasta las heces del siglo en que vivió, desgarrado por la confrontación ideológica y las inquisiciones políticas, las guerrillas culturales y la vesania intelectual.

Vivió espléndidamente sus ochenta y cuatro largos años, zambullido en la vorágine de su tiempo por una curiosidad juvenil que lo acompañó hasta el final. Participó en todos los grandes debates históricos y culturales, movimientos estéticos o revoluciones artísticas, tomando siempre partido y explicando sus preferencias en ensayos a menudo deslumbrantes por la excelencia de su prosa, la lucidez del juicio y la vastedad de su información. No fue nunca un diletante ni un mero testigo, siempre un actor apasionado de lo que ocurría en torno suyo y uno de esos rara avis entre las gentes de su oficio que no temía ir contra la corriente ni afrontar la impopularidad. En 1984, poco después de que una manifestación de perfectos idiotas mexicanos lo quemara en efigie (coreando, frente a la embajada de Estados Unidos: «Reagan rapaz, tu amigo es Octavio Paz»), por sus críticas al gobierno sandinista, coincidí con él: en vez de deprimido, lo encontré regocijado como un colegial. Y tres años más tarde no me sorprendió nada, en Valencia, en medio de un alboroto con trompadas durante el Congreso Internacional de Escritores, verlo avanzar hacia la candela remangándose los puños. ¿No era imprudente querer dar sopapos a los setenta y tres años? «No podía permitir que le pegaran a mi amigo Jorge Semprún», me explicó.

Pasar revista a los temas de sus libros produce vértigo: las teorías antropológicas de Claude Lévy-Strauss y la revolución estética de Marcel Duchamp; el arte prehispánico, los *haiku* de Basho y las esculturas eróticas de los templos hindúes; la poesía del Siglo de Oro y la lírica anglosajona; la filosofía de Sartre y la de Ortega y Gasset; la vida cultural del Virreinato de la Nueva España y la poesía barroca de sor Juana Inés de la Cruz; los meandros del alma mexicana y los mecanismos del populismo autoritario instaurado por el PRI; la evolución del mundo a partir de la caída del Muro de Berlín y el desplome del imperio soviético. La lista, si se añaden los prólogos, conferencias y artículos, podría continuar por muchas páginas, al extremo de que no es exagerado decir de él que todos los grandes hechos de la cultura y la política de su tiempo excitaron su imaginación y le suscitaron estimulantes reflexiones. Porque, aunque nunca renunció a esa pasión que bulle entre líneas aun de sus más reposadas páginas, Octavio Paz fue sobre todo un pensador, un hombre de ideas, un formidable agitador intelectual, a la manera de un Ortega y Gasset, acaso la más perdurable influencia de las muchas que aprovechó.

A él le hubiera gustado, sin duda, que la posteridad lo recordara ante todo como poeta, porque la poesía es el príncipe de los géneros, el más creativo y el más intenso, como él mismo mostró en sus hermosas lecturas de Quevedo y de Villaurrutia, de Cernuda, Pessoa y tantos otros, o en sus admirables traducciones de poetas ingleses, franceses y orientales. Y él fue un magnífico poeta, sin duda, como descubrí yo, todavía de estudiante, leyendo los fulgurantes versos de *Piedra de sol*, uno de los poemas de cabecera de mi juventud que siempre releo con inmenso placer. Pero tengo la impresión de que buena parte de su poesía, la experimental principalmente (*Blanco*, *Topoemas*, *Renga*, por ejemplo) sucumbió a ese afán de novedad que él describió en sus conferencias de Harvard (*La tradición de lo nuevo*) como un sutil veneno para la perennidad de la obra de arte.

En sus ensayos, en cambio, fue acaso más audaz y original que en sus poemas. Como tocó tan amplio abanico de asuntos, no pudo opinar sobre todos con la misma versación y en algunos de ellos fue superficial y ligero. Pero, incluso en esas páginas pergeñadas a vuela pluma sobre la India o el amor, que no dicen nada demasiado personal ni profundo, lo que dicen está dicho con tanta elegancia y claridad, con tanta inteligencia y brillo, que es imposible abandonarlas hasta el final. Fue un prosista de lujo, uno de los más sugestivos, claros y luminosos que haya dado la lengua castellana, un escritor que modelaba el idioma con soberbia seguridad, haciéndole decir todo lo que se le pasaba por la razón o por la fantasía —a veces, verdaderos delirios razonantes como los que chisporrotean en *Conjunciones y disyunciones*— con una riqueza de matices y sutilezas que convertían sus páginas en un formidable espectáculo de malabarismo retórico. Pero, a diferencia de un Lezama Lima, ni siquiera cuando se abandonaba al juego con las palabras, sucumbía en la *jitanjáfora* (como llamó Alfonso Reyes al puro verbalismo, sin nervio y sin hueso). Porque él amaba tanto el significado conceptual como la música de las palabras, y estas, al pasar por su pluma, siempre debían decir algo, apelar a la inteligencia del lector al mismo tiempo que a su sensibilidad y a sus oídos.

Como nunca fue comunista, ni compañero de viaje, y jamás tuvo el menor empacho en criticar a los intelectuales que, por convicción, oportunismo o cobardía fueron cómplices de las dictaduras (es decir, las cuatro quintas partes de sus colegas), estos, que envidiaban su talento, los premios que le llovían, su presencia continua en el centro de la actualidad, le fabricaron una imagen de conservador y reaccionario que, me temo, va a tardar en disiparse: los carroñeros han comenzado ya a ensañarse con sus despojos. Pero la paradójica verdad es que, en lo político, desde su primer libro de ensayos, de 1950, *El laberinto de la soledad*, hasta el último dedicado a este tema, de 1990 (*Pequeña crónica de grandes días*), el pensamiento de Paz estuvo mucho más cerca del socialismo democrático de nuestros días que del conservadurismo e, incluso, que de la doctrina liberal. De las simpatías trotskistas y anarquistas de su juventud marcada por el surrealismo evolucionó luego hasta la defensa de la democracia política, es decir, del pluralismo y el Estado de Derecho. Pero el mercado libre le inspiró siempre una desconfianza instintiva —estaba convencido de que anchos sectores de la cultura, como la poesía, desaparecerían si su existencia dependía solo del libre juego de la oferta y la demanda— y por ello se mostró a favor de un prudente intervencionismo del Estado en la economía para —sempiterno argumento socialdemócrata— corregir los desequilibrios y excesivas desigualdades sociales. Que alguien que pensaba así, y que había condenado con firmeza todos los actos de fuerza estadounidenses en América Latina, incluida la invasión de Panamá, fuera equiparado con Ronald Reagan y víctima de un acto inquisitorial por parte de la «progresía» dice leguas sobre los niveles de sectarismo e imbecilidad que ha alcanzado el debate político al sur del río Grande.

Pero es cierto que su imagen política se vio algo enturbiada en los últimos años por su relación con los gobiernos del PRI, ante los que moderó su actitud crítica. Esto no fue gratuito, ni, como se ha dicho, una claudicación debida a los halagos y pleitesías que multiplicaba hacia él el poder con el ánimo de sobornarlo. Obedecía a una convicción, que, aunque yo creo errada —a ello se debió el único diferendo que levantó una sombra fugaz en nuestra amistad de muchos años—, que Paz defendió con argumentos coherentes. Desde 1970, en su espléndido análisis de la realidad política de México, *Postdata*, sostuvo que la forma ideal de la imprescindible democratización de su país era la evolución, no la revolución, una reforma gradual emprendida al interior del propio sistema mexicano, algo que, según él, empezó a tener lugar con el gobierno de Miguel de la Madrid y se aceleró luego, de manera irreversible, con el de su sucesor, Salinas de Gortari. Ni siquiera los grandes escándalos de corrupción y crímenes de esta administración lo llevaron a revisar su tesis de que sería el propio PRI —esta vez simbolizado en el actual presidente Zedillo— quien pondría fin al monopolio político del partido gobernante y traería la democracia a México.

Muchas veces me pregunté en estos años por qué el intelectual latinoamericano que con mayor lucidez había autopsiado el fenómeno de la dictadura (en *El ogro filantrópico*, 1979) y la variante mexicana del autoritarismo, podía hacer gala en este caso de tanta ingenuidad. Una respuesta posible es la siguiente: Paz sostenía semejante tesis, menos por fe en la aptitud del PRI para metamorfosearse en un partido genuinamente democrático, que por su desconfianza pugnaz hacia las fuerzas políticas alternativas, el PAN (Partido de Acción Nacional) o el PRD (Partido Revolucionario Democrático). Nunca creyó que estas formaciones estuvieran en condiciones de llevar a cabo la transformación política de México. El PAN le parecía un partido provinciano, de estirpe católica, demasiado conservador. Y el PRD un amasijo de ex priistas y ex comunistas, sin credenciales democráticas, que, probablemente, de llegar al poder, restablecerían la tradición autoritaria y clientelista que pretendían combatir. Toquemos madera para que la realidad no confirme este sombrío augurio.

Como todos lo dicen, yo también me siento impulsado a decir que Octavio Paz, poeta y escritor abierto a todos los vientos del espíritu, ciudadano del mundo si los hubo, fue asimismo un mexicano raigal. Aunque, confieso, no tengo la menor idea de lo que eso pueda querer decir. Conozco muchos mexicanos y no hay dos que se parezcan entre sí, de modo que, respecto a las identidades nacionales suscribo con puntos y comas la afirmación del propio Octavio Paz: «La famosa búsqueda de la identidad es un pasatiempo intelectual, a veces también un negocio, de sociólogos desocupados». Salvo, claro está, que ser mexicano raigal quiera decir amar intensamente a México —su paisaje, su historia, su arte, sus problemas, su gente—, lo que, por cierto, volvería también mexicanos raigales a un Malcom Lowry y un John Huston. Paz amó México y dedicó mucho tiempo a reflexionar sobre él, a estudiar su pasado y discutir su presente, a analizar sus poetas y sus pintores, y en su obra inmensa México centellea con una luz de incendio, como realidad, como mito y como mil metáforas. Que este México sea seguramente mucho más fantaseado e inventado por la imaginación y la pluma de un creador fuera de serie que el México a secas, sin literatura, el de la pobre realidad, es transitorio. Si de algo podemos estar seguros es que, con el paso inexorable del tiempo, aquel abismo se irá cerrando, que el mito literario irá envolviendo y devorando a la realidad, y que, más pronto que tarde, fuera y dentro, México será visto, soñado, amado y odiado, en la versión de Octavio Paz.

Berlín, mayo de 1998

BIBLIOGRAFÍA

«El país de las mil caras». Publicado por primera vez en *The New York Times Magazine*, Nueva York, 20 de noviembre de 1983, con el título «*A Passion for Peru*».

«Carta abierta al general Juan Velasco Alvarado». Diario *Última Hora*. Lima, 3 de marzo de 1975.

«Carta al general Jorge Rafael Videla». *Index On Censorship*. Londres, 4 de marzo de 1977.

«La caída de Somoza». Revista *Caretas*. Lima, 2 de julio de 1979.

«Hacia el Perú totalitario». Diario *El Comercio*. Lima, 2 de agosto de 1987.

«La dictadura perfecta». Diario *El País*. Madrid, 1 de junio de 1992.

«¿Regreso a la barbarie?» Diario *El País*. Madrid, 14 de abril de 1992.

«Haití-La muerte». Diario *El País*. Madrid, 25 de abril de 1994.

«Jugar con fuego». Diario *El País*. Madrid, 7 de mayo de 1995.

«Las "putas tristes" de Fidel». Diario *El País*. Madrid, 31 de octubre de 2004.

«Las exequias de un tirano». Diario *El País*. Madrid, 17 de diciembre de 2006.

«Crónica de Cuba: I. Los intelectuales rompen el bloqueo. II. De sol a sol con Fidel Castro». Un fragmento de este texto, escrito en 1967, fue publicado en *Le Monde*, París.

«Carta a Haydée Santamaría». Revista *Casa de las Américas*. La Habana, 8 de julio de 1971.

«Carta a Fidel Castro». Revista *Cuadernos de Marcha*. Montevideo, mayo de 1971.

«La lógica del terror». Revistas *Caretas*. Lima, 5 de mayo de 1981.

«Nicaragua en la encrucijada: I. La oposición cívica y los "contras". II. La Iglesia Popular. III. El sandinista tranquilo». Versión editada del reportaje *In Nicaragua*, originalmente publicado en *The New York Times Magazine*. Nueva York, 28 de abril de 1985. El texto completo apareció posteriormente en *Contra viento y marea III (1964-1988)*, Seix Barral, Barcelona, 1990.

«Los buenos terroristas». Diario *El País*. Madrid, 24 de diciembre de 1996.

«La otra cara del Paraíso». Diario *El País*. Madrid, 15 de marzo de 1998.

«¡Abajo la ley de la gravedad!». Diario *El País*. Madrid, 3 de febrero de 2001.

«Apogeo del espanto». Diario *El País*. Madrid, 26 de diciembre de 2004.

«No más FARC». Diario *El País*. Madrid, 10 de febrero de 2008.

«Para la historia de la infamia». Diario *El País*. Madrid, 27 de julio de 2008.

«El juego sin reglas». Revista *Caretas*, Lima, 16 de octubre de 1979.

«El elefante y la cultura». Diario *El Comercio*. Lima, 13 y 14 de noviembre de 1981.

«Torrijos: la última entrevista». Revista *Caretas*. Lima, 10 y 17 de agosto de 1981.

«Queremos ser pobres». Diario *El País*. Madrid, 7 de julio de 2002.

«¡Fuera el loco!». Diario *El País*. Madrid, 23 de diciembre de 2001.

«¿Por qué? ¿Cómo?» Diario *El País*. Madrid, 7 de enero de 2002.

«Los hispanicidas». Diario *El País*. Madrid, 11 de mayo de 2003.

«Nostalgia del mar». Diario *El País*. Madrid, 25 de enero de 2004.

«Payasada con sangre». Diario *El País*. Madrid, 9 de enero de 2005.

«Raza, botas y nacionalismo». Diario *El País*. Madrid, 15 de enero de 2006.

«Charla con un viejo zorro». Revista *Caretas*. Lima, 3 de noviembre de 1977.

«Ganar batallas, no la guerra». *Mundo Color*. Barcelona 17 de enero de 1978.

«¿Libertad para los libres?». *Diario de Noticias*. Lisboa, 27 de febrero de 1983.

«Entre tocayos». Diario *El País*. Madrid, 14 y 15 de junio de 1984.

«Las metas y los métodos». Diario *El Comercio*. Lima, abril de 1984.

«Entre la libertad y el miedo». Diario *Expreso*. Lima, 7, 8 y 10 de noviembre de 1988.

«El liberalismo entre dos milenios». Revista *Instituto del Ciudadano*. Lima, julio de 1998.

«Confesiones de un liberal». Revista *Letras Libres*. México D. F., mayo de 2005.

«Bostezos chilenos». Diario *El País*. Madrid, 29 de enero de 2006.

«Dentro y fuera de América Latina». Revista *Letras Libres*, México D. F., diciembre de 2005.

«*Paradiso* de José Lezama Lima». Revista *Amaru*, Lima, enero de 1967.

«*Cien años de soledad*: el *Amadís* en América». Revista *Amaru*. Lima, julio de 1967.

«La suntuosa abundancia». El ensayo original fue publicado en: *Botero*, Editions de la Différence, París, 1984. Aquí se presenta una versión editada, publicada en la selección de artículos de Mario Vargas Llosa compilada y prologada por John King: *Making Waves*, Faber & Faber, Reino Unido, 1996.

«Las ficciones de Borges». *A Writer's Reality*, Constable London/Anglo-Argentine Society, Londres, 1988.

«La trompeta de Deyá». Diario *El País*. Madrid, 28 de julio de 1991.

«José Donoso o la vida hecha Literatura». Diario *El País*. Madrid, 15 de diciembre de 1996.

«Cabrera Infante». Diario *El País*. Madrid, 14 de diciembre de 1997.

«Bienvenida a Fernando de Szyszlo». Versión editada de la conferencia leída en la ceremonia de incorporación de Fernando de Szyszlo a la Academia de la Lengua, posteriormente publicada en la revista *Arinka*. Lima, enero de 1998.

«Resistir pintando». Diario *El País*. Madrid, 29 de marzo de 1998.

«El lenguaje de la pasión». Diario *El País*. Madrid, 10 de mayo de 1998.

ÍNDICE ONOMÁSTICO

Este libro se terminó de imprimir
en los talleres gráficos de D'vinni S. A.
en mayo de 2009.